# 深化教育教学改革
打造高质量育人新格局

首都经济贸易大学
教育教学改革论文集

主　编　李小牧
副主编　刘　强　孙　亮

首都经济贸易大学出版社
Capital University of Economics and Business Press
·北京·

图书在版编目（CIP）数据

深化教育教学改革　打造高质量育人新格局：首都经济贸易大学教育教学改革论文集／李小牧主编．－－北京：首都经济贸易大学出版社，2023.10
　ISBN 978-7-5638-3510-2

　Ⅰ．①深… Ⅱ．①李… Ⅲ．①高等学校-教育改革-北京-文集②高等学校-教学改革-北京-文集 Ⅳ．①G642.0-53

中国国家版本馆 CIP 数据核字（2023）第 070891 号

深化教育教学改革　打造高质量育人新格局
——首都经济贸易大学教育教学改革论文集
主　编　李小牧
副主编　刘　强　孙　亮
SHENHUA JIAOYU JIAOXUE GAIGE　DAZAO GAOZHILIANG YUREN XINGEJU
——SHOUDU JINGJI MAOYI DAXUE JIAOYU JIAOXUE GAIGE LUNWENJI

责任编辑	陈雪莲
封面设计	风得信·阿东 FondesyDesign
出版发行	首都经济贸易大学出版社
地　　址	北京市朝阳区红庙（邮编 100026）
电　　话	（010）65976383　65065761　65071505（传真）
网　　址	http：//www.sjmcb.com
E-mail	publish@cueb.edu.cn
经　　销	全国新华书店
照　　排	北京砚祥志远激光照排技术有限公司
印　　刷	人民日报印务有限责任公司
成品尺寸	170 毫米×240 毫米　1/16
字　　数	535 千字
印　　张	33.75
版　　次	2023 年 10 月第 1 版　2023 年 10 月第 1 次印刷
书　　号	ISBN 978-7-5638-3510-2
定　　价	85.00 元

图书印装若有质量问题，本社负责调换
版权所有　侵权必究

序言

教育是"国之大计、党之大计",党的二十大报告要求"办好人民满意的教育",人才培养是教育永不褪色的主题,也是建设教育强国的核心课题。近年来,首都经济贸易大学以习近平新时代中国特色社会主义思想为指导,全面贯彻习近平总书记关于教育的重要论述和全国教育大会的精神,持续推进本科教育教学综合改革,以新理念引领创新发展,提升教育对高质量发展的支撑力、贡献力。

第一,全面落实立德树人根本任务,"三全育人"综合改革落地生根。按照"制度设计+实施路径"的思路,研究制定《进一步健全"三全育人"体制机制的实施意见》等系列文件,构建起"大思政"新格局。以课程思政为抓手,落实立德树人根本任务,把育人要求细化到人才培养全过程。研究制定校院两级思政课质量提升25项举措,在市属高校率先全面开设习近平新时代中国特色社会主义思想概论课,开设校级特色大思政课"新时代首都发展",建成"数字马院教学资源互动共享平台"一期工程。学校相关工作案例获北京高校"三全育人"优秀成果一等奖,9门课程及教师团队获批教育部和北京市课程思政示范课程、教学名师和教学团队,3位教师主讲课程获北京高校教书育人"最美课堂"奖;获批北京市首批重点建设马克思主义学院、北京高校思政课教学改革示范点、北京市委宣传部名家工作室;获评"北京市十佳辅导员""首都大学生心理健康节特色工作奖"等。

第二,始终注重内涵发展,一流本科专业建设驶入快车道。聚焦本科人才培养质量,推动本科专业结构优化与水平提升。学校以"双万计划"为契机,不断夯实学科基础,提升专业教育质量,丰富个性教育内涵,一流本科专业建设驶入快车道,在国家级和北京市一流本科专业建设点申报中取得丰硕成果。获批国家级一流本科专业建设点25个,北京市一流专业建设点14个,北京市重点建设一流专业4个,一流专业建设点占学校全部招生专业的

92%，在市属高校中处于领先位置；顺利完成2018年本科教学审核评估以及整改工作；主动关、停、并、转、增10个本科专业，人才培养与新时代社会需求契合度进一步提升。

第三，注重本科师资队伍建设，全面提升教师团队育人水平。学校高度重视优质育人团队打造，引导教师潜心教书育人，严格执行新聘教师课堂准入、教学督导听课、期中教学检查等规章制度，组织学校第二届教学质量奖评选和北京市教学名师推荐申报工作，评选校级教学卓越奖和教学新秀奖，精心组织课程思政教学设计大赛、青年教师教学基本功大赛等赛事，以赛促教，全面提升专任教师的专业水平和教学能力。学校现有北京市教学名师24人，北京市优秀本科育人团队5个，累计20人次荣获学校教学卓越奖，18人次荣获学校教学新秀奖。

第四，始终强化过程管理，推动人才培养模式改革。人才培养坚持厚植基础、五育并举。学校不断推进人才培养模式改革，秉承"厚基础、宽口径"的人才培养理念，强调专业大类培养，逐步破除和减少学科、专业、学院间壁垒，已在城市经济与公共管理学院、工商管理学院、劳动经济学院、金融学院等7个学院实现大类招生和大类培养。学校重视理论基础学习，全面修订本科人才培养方案，学科基础课学分较2017版本科人才培养方案提高20%。学校贯彻落实国家和北京市教委关于劳动育人、美育、体育工作的最新文件精神，加快构建德智体美劳全面培养的教育体系，在培养方案中明确增加劳动育人实践教育环节，设定美育课程最低修读学分要求，并将通过大学生体质健康测试作为毕业审核条件。

第五，课堂教学坚持优质化、智慧化。学校坚持"以学生为主体、以教师为主导"的课堂教学，将课程、教材的建设与管理作为提升课堂教学质量的重要手段。连续两年开展校级课程建设立项工作，积极探索课程思政示范课程、线上课程和线上线下混合式课程等多种主流课程建设方法，累计资助课程建设项目97项，投入资金147万元。学校出台教材管理办法，成立教材管理领导机构，大力推进"马工程"重点教材选用工作。通过全校师生的共同努力，学校建设、选育了一批高水平课程和教材：10门课程获批国家级一流本科课程，1部教材获批全国优秀教材，21门课程获批北京市优质本科课程，20部教材（课件）获批北京市优质本科教材（课件）。学校着力打造智慧化教学环境，持续、深入推进信息技术与教学过程融合，加速教学信息化改革。学校现有智慧教室11间，在中国大学MOOC（慕课）平台、超星平台等多个信息化教学平台拥有自建课程、资源共享课程2 316门。教学信息化建设促进了课堂教学的灵活性与学生学习的主动性，为疫情防控期间本科课堂教学平稳进行提供了重要保障。

第六，实践教学坚持应用导向、行业共建。学校强化实践育人，稳步构建科学的实践教学体系。明确实践育人在人才培养过程中的重要地位，提高实践教学学分占总学分的比例，人文社科类专业为20%，理工类专业为25%，系统组织学生参与大学生创新创业实践项目，鼓励提交以实习、社会调查等实践性工作为基础的毕业论文（设计），近三年累计资助校级"大科创"项目1 200项，项目资助总金额约402万元。学生在各级各类竞赛中获省部级以上奖项逾千项，学生竞赛参与率超过50%。学校支持各类型、各级别的实践教学基地申报与建设工作，目前已拥有经济与管理实验教学中心1个，并与科研院所、行业企业共建国家级、省部级实习实训基地7个。

第七，学生发展坚持产出导向、国际视野。学校倡导基于学习产出（OBE）的教育理念，重视学生理想信念养成和学业成绩、综合素质提升。持续推进创新创业教育，获评北京市高校示范性创业中心，北京地区高校大学生优秀创业团队"优秀组织奖"等，学生创新创业能力显著增强。学校持续推进人才培养国际化进程，与美国加州大学圣地亚哥分校等高水平院校开展联合培养，通过"外培计划"项目累计派出学生33人次。2021年由教育部批准的中外合作办学项目正式招生。

第八，营造创新氛围，扎实推动教育教学改革。充分加强教学制度优化与创新。学校秉承管理育人、服务育人的理念和要求，持续加强教学制度优化与创新。近三年，学校制定、修订教学制度逾50项，探索教学运行管理模式创新，增强教学过程管理规范性，推行一批更加符合教学管理实际，更加具有前瞻性、引领性、可操作性的教学管理制度，系统梳理、修订完善相关教学制度，形成依法依规、宽严相济、科学管用的教学管理制度体系。近三年，学校本科教学建设与综合改革项目累计立项400余项，项目类别包括课程思政示范课程、线上课程、线上线下混合式课程、优质教材建设项目、教学改革研究项目、课程思政案例库建设项目等。积极组织申报教育部、北京市各类教育教学改革项目，共获批教育部课程思政示范项目1项，北京高等教育"本科教学改革创新项目"14项，其中重大委托项目1项、重点项目3项。

上述成果的取得，有赖于全校教师持续不断地进行教育教学改革探索。本次编写的《深化教育教学改革 打造高质量育人新格局——首都经济贸易大学教育教学改革论文集》是2022年学校教育教学改革项目研究的优秀成果论文集。从人才培养体系、课程思政建设、教学改革与管理、教学方法建设四个角度展示了学校教师的教育教学改革思考。

未来，首都经济贸易大学将继续深入学习贯彻党的二十大报告关于教育、科技、人才工作"三位一体"的战略部署，以新一轮本科教育教学评估为契机，系统推进本科人才培养数智化转型，完善本科人才培养体系。强化产教融合、科教融汇，推动本科教育教学改革，以"数智人文"要求为基础探索新文科背景下具有首经贸特色的拔尖创新人才培养路径。以"招生-培养-就业"联动机制为保障，建立健全学校专业建设与专业动态调整平台机制。以"数智化+"理念为核心打造一批高质量的本科专业、课程、教材、教学名师团队、实践教学基地和教研成果。持续推进大数据、云计算、人工智能、物联网等新技术与教育教学的深度融合，加快推进教学管理与服务流程的数字化建设。通过教育教学改革研究，进一步推动学校本科教育内涵式高质量发展，努力培养适应现代经济和社会发展需要，德智体美劳全面发展，理论基础扎实，实践能力突出，具有使命意识、国际视野的创新型、复合型、应用型人才。

目 录

第一篇　人才培养体系 ………………………………………… 1

"双万计划"背景下财经类高校专业结构优化及模式创新 …………… 3
新时代地方财经高校建设一流本科教育的探索与实践
——以首都经济贸易大学为例 ……………………………………… 16
新时代基于核心素养的经济学拔尖创新人才培养模式研究 ………… 32
新发展格局下北京财经三校公共管理专业人才培养方案修订比较
研究 …………………………………………………………………… 47
新商科背景下科研育人模式、体系与路径研究 ……………………… 99
城市管理专业建设能力培养和提升研究
——以国家级一流本科专业建设点首都经济贸易大学城市管理
专业为例 …………………………………………………………… 124
空间治理视域下财经类院校土地资源管理专业课程体系重构 …… 135
纳税检查教学改革 …………………………………………………… 145

第二篇　课程思政建设 ……………………………………… 155

探寻社会主义核心价值观融入法学专业教学的连接点
——首都经济贸易大学法学院的思考与实践 …………………… 157

新时代人才培养体系下安全工程专业思政建设的路径探索
——以首都经济贸易大学为例 ………………………………… 171

"三位一体"推进课程思政建设
——以社会保障基金管理课程建设为例 ………………………… 180

课程思政融入专业教育的路径研究
——以劳动法律制度课程为例 …………………………………… 189

房地产经济管理类课程思政的建设与评价 ………………………… 198

论高校体育课程思政元素中蕴含意识形态属性的必要性 ………… 210

新工科背景下融合课程思政的计算机专业教学研究与实践 ……… 225

课程思政背景下双语课程多元化立体教学模式研究
——以组织行为学课程为例 ……………………………………… 246

"八位一体"课程思政建设评价体系研究 ………………………… 260

第三篇　教学改革与管理 …………………………………… 267

大类招生背景下教学管理机制改革研究 …………………………… 269

企业大数据人才需求分析
——基于线上招聘需求文本数据的研究 ………………………… 292

"贯通培养"本科课程建设研究与实践
——以工商管理专业为例 ………………………………………… 311

法学实践"金课"打造的社会维度探讨 …………………………… 320

数字化人才需求导向下的学生培养和教学改革探索
——以人力资源管理专业为例 …………………………………… 334

新商科智慧实验室建设探讨

——以首都经济贸易大学为例 ·················· 347

基于大数据技术的学生评教语义分析研究 ············· 356

大学数学学困生的学习障碍成因与对策

——以首都经济贸易大学为例 ·················· 405

第四篇　教学方法建设　·················· 417

试论以自然文学为载体的美育在大学英语教学中的实施 ······ 419

教育信息化2.0落地解决教学困境研究 ··············· 432

线上线下融合式情境学习模式下的口译课程思政建设探究

——一项基于商务会议口译课程的实践研究 ············ 450

线上学习资源个性化推荐在混合式教学中的应用研究 ······· 468

后疫情时期基于教学支架的高校混合式教学模式构建与实验研究 ··· 481

面向留学生的分层级古诗词在线教学研究 ············· 498

教育信息化背景下虚拟仿真技术在法学实践教学中的应用研究 ···· 520

第一篇　人才培养体系

"双万计划"背景下财经类高校专业结构优化及模式创新

付志峰 刘 强 朱宁洁 任纪远
(首都经济贸易大学 教务处、发展规划与评估处)

【摘 要】 一流专业建设对本科教育质量的提升有着重要意义,本研究探讨了首都经济贸易大学面临财经类高校专业建设共性问题的情况下,以"双万计划"为契机,通过注重专业内涵建设、优化本科专业结构、建设国家一流专业等改革实践和创新举措,不断提高专业建设成效和本科教育教学水平,为高校推进一流专业建设、构建高质量的本科教育体系提供借鉴与参考。

【关键词】 "双万计划";专业内涵建设;一流专业;本科教育

一、一流专业建设的时代背景

(一) 价值:一流本科专业是一流本科教育体系的基础

高等教育的本质,就是建立在普通基础教育之上的专业教育。专业建设是本科教育的核心,是重要的教学基本建设,是大学教育的重要组成部分。高等学校的人才培养、科学研究、社会服务三大职能的发挥都离不开学科和专业领域。

正因为如此,世界各国都十分重视专业建设,并通过对它的不断调整来重新配置知识资源、教育资源和人才资源,使之得到合理有效的生产、传播与分配,优化教育结构和人才流向。专业的重要地位在我国高等学校中表现得更为明显,它已经成为我国高等学校本科教育人才培养的基本单位,变成一种独立的人才培养实体、组织或模式,确定了人才培养的发展方向。

我国承担本科教育的高校根据专业进行招生,组织具体教育教学活动,进行教育教学管理，分配基本的教育教学资源，并且按照专业指导毕业生就业。我国的高等教育主要通过专业将高等教育结构与社会行业结构、人才市场结构直接而紧密地联系起来，同时，经济结构、产业结构与人才市场结构的发展变化又反过来影响着高等教育专业的设置和调整变化。因此，专业的设置和调整，对实现我国高等教育人才培养结构与经济社会人才需求结构间的平衡具有重要意义。

（二）契机：以"双万计划"推动一流本科专业建设

2018年6月，在全国高等学校本科教育会议上，150所高校提出要加强建设一流本科教育。同年，教育部在"双一流"建设的指导意见中，提出把一流本科教育作为实现"双一流"的有效方法。一流本科教育是建设一流大学的必由之路，是所有普通本科院校追求的目标。但一流本科教育不是口号，它的实现需要条件支撑与资源保障。专业建设是实现一流本科教育的重要途径，是一流本科教育的核心基石。

2018年9月，教育部发布《关于加快建设高水平本科教育 全面提高人才培养能力的意见》，就加快建设高水平本科教育做出全面部署和顶层设计，提出建设高等教育强国必须坚持"以本为本"，大力推进一流专业建设。2019年4月，教育部办公厅发布《关于实施一流本科专业建设"双万计划"的通知》，正式启动一流专业建设"双万计划"，强调面向各类高校、全部专业，在不同赛道上建设一流专业，到2021年，教育部计划利用三年时间面向各类高校分别建设一万个左右国家级和一万个左右省级一流本科专业点，以推动本科教育发展。2019年12月，教育部办公厅公布了首批认定的4 054个国家级一流本科专业建设点和6 210个省级一流本科专业建设点。2021年2月，教育部办公厅公布了第二批认定的3 977个国家级一流本科专业建设点和4 448个省级一流本科专业建设点。2022年6月，教育部办公厅公布了最后一批认定的3 730个国家级一流本科专业建设点和5 069个省级一流本科专业建设点。

作为一流本科教育建设的具体行动，"双万计划"是推动高等教育内涵式发展的核心工程，对于促进高校聚力本科人才培养、提高人才培养质量有一定的导向作用。该计划以建设面向未来、适应需求、引领发展、理念先进、保障有力的一流专业为目标，成为各高等院校进行专业建设的政策指导。

"双万计划"强调一流专业建设点名额向地方高校倾斜，鼓励地方高校积极参与一流本科专业建设。地方高校要把一流专业建设与地方产业发展相结合，增强人才培养实力，提高社会贡献度。地方高校要把"区域特色"作为办学定位和实践需求，把服务区域发展与国家战略相结合作为核心导向和重要前提，充分利用优势专业提升自身地位。

在目标指向上，"双万计划"明确提出要着重培养创新思维、发展创新能力，适应时代潮流、结合新兴技术，着重建设新工科、新医科、新农科、新文科，这为高校树立培养具有创新思维、适应时代潮流人才的建设目标指明了方向。

在建设对象上，继"双一流"建设后的"双万计划"实现了由少数本科院校向大多数本科院校的覆盖，打破身份固化，使更多本科院校可以凭借专业建设，展现自身的专业特色与人才培养优势，为高校发展带来契机。"双万计划"为众多不同定位的高校展示自身专业的特色与优势提供了舞台，也为其带来了以点带面提升高校整体教学质量的机遇。

在调整机制上，"双万计划"实行动态调整机制，实时跟踪并对未达标的专业建设点进行强制撤销，为高校一流本科专业建设提供了公平竞争、有进有出的平台。

首都经济贸易大学（以下简称"首经贸"）以"双万计划"为契机整合资源，发挥优势，推动本科教育教学改革，提升本科教育教学水平，符合国家、首都社会对学校综合改革的要求与期待。本研究期望通过对近年来首经贸相关改革实践和模式创新的系统梳理和深入分析，为高校（特别是财经类高校）促进专业建设提供可复制和可借鉴的经验，从而实现课题研究的现实意义和实践价值。

二、财经类高校专业建设的现实困境

财经类高校在学校发展、本科教育、专业建设等方面存在着一些共性问题，其中最主要的问题体现在以下两个方面。

(一) 缺乏专业建设长远规划

财经类高校的专业集中度高，多集中在经济学和管理学等专业上，即使延伸，也仅能加上与经管专业有一定联系的法学、理学和外语等专业。由于经管专业的建设发展成本较低、见效较快，全国很多综合类大学以及诸如理工类、师范类大学也开设了相关专业，这也使得财经类高校的专业特色不如医学、语言等行业类大学那么突出，专业建设水平在本专业领域没有处于绝对领先地位。

一些高校在开设新专业前没有开展前期调研或制定专业规划，仅由于经管类专业的投入少、沉没成本低，为追求"大而全"而纷纷开设此类专业，在培养过程中，若发现此类专业在招生就业等领域处于颓势，再集中撤销。例如，近年来有83所高校撤销了"公共事业管理"专业。

(二) 专业结构不够清晰和科学

由于自身的特色属性，财经类高校不得不以二级学科（如金融学、会计学）来设置学院。这就导致了学院内部的专业划分更加"精细"，具体设置行政班级的时候又要划分"实验班""卓越班""国际班"等。过于细化的专业班级导致学校需要开设相应的有区分度的特色课程，这样既加重了教师的备课负担，也与学校专业改革、培养方案修订所追求的"大类招生、大类培养"的宗旨相违背。

三、首经贸专业建设的改革实践和创新举措

高等教育发展的核心要务在于人才培养，人才培养的好坏决定着高等教育的办学质量，而人才培养的重要工作抓手就是专业建设。首经贸在加强专业建设的过程中，根据国家和北京相关政策精神和学校实际需求，制定了相关文件和规定，出台了相关改革建议，形成了一定的改革举措，以期为学生提供更好的教育资源。其中，最主要的改革举措有：注重专业内涵建设、优化本科专业结构、建设国家一流专业。三项改革举措环环相扣、互相促进。

(一) 举措一：注重专业内涵建设

加强专业建设的前提是对专业的发展水平有明确清晰的认识。关于认识

专业的发展水平，可以从内部和外部两个角度考量。从内部考察就是要关注专业在高校内部的发展潜力、发展特色，从外部考察就是要在全国范围内横向比较专业的排名高低、发展状况。只有对学校的各个专业水平有着清晰的认识，通过一系列科学的方案对各个专业有着合理的评价，才能统筹考量学校各个专业的发展状态，才能有效推进专业的内涵建设。

1. 把握专业发展趋势，制订专业建设评价方案

高等教育已经从数量发展模式转变为高质量发展模式，跑马圈地般盲目扩张专业或学科数量已经不可取了。专业发展应当关注自身的优势与特色，不应一味地追求专业门类的大而全。专业的建设要突出内涵发展，要将专业建设的思路从以往的做多做大转变为做强做精。

在一流专业建设方面，财经类高校的经管专业具有一定的竞争力和优势。市场对财经类人才的需求庞大，为财经类高校的专业建设提供了广阔的发展空间和良好的就业机会，事实也证明，财经类高校培养的人才在区域、行业中都具有良好的口碑和认同度。在国家一流专业建设的大背景下，财经类高校应当以人才培养为中心，坚持学生中心、产出导向、持续改进的基本理念，深化教育教学改革，全面提升人才培养质量。

2. 制定专业发展规划，关注"后进专业"

在首经贸专业建设工作规范中，明确了要定期对专业建设状况进行审核。根据"十四五"时期发展规划的工作重点，学校也以学院为单位，对每个专业都进行了摸排定位。

专业数量较多曾经是制约本科教育发展的一个原因。二级学院下设专业过多过杂，不同形式的班级类别过于细分，同专业类别跨学院建设，各专业融合深度不够，课程细碎、协同不够，专业边界模糊。一些新建专业、缺乏对应硕士点和博士点学科支持的专业，发展潜力始终有限，加之已招聘教师不好调整，导致专业建设处于"不上不下"的尴尬境地。

为扭转局面，学校制定了《首都经济贸易大学"十四五"时期发展规划（2021—2025年）》，让各个专业加强总结，厘清自身的专业建设现状。同时，在学校把控的宏观招生层面进一步加强大类招生改革，通过专业分流、转专业等多种途径确定薄弱专业，一定程度削减薄弱专业的招生人数，执行好专业动态调整机制。对"后进专业",无论是支持改革谋求发展还是调整撤销,均要有举措、有魄力去推进。

（二）举措二：优化本科专业结构

专业设置和调整应符合国家和所在市经济与社会发展的需要,遵循教育规律。从学校发展的角度而言,专业结构优化和专业调整需要正确处理好学校资源与社会需要、招生数量与培养质量、近期目标与长远规划、局部利益与整体发展的关系。

专业的设置与调整并不是一成不变的,而是要随着社会经济发展需要不断进行更新调整。同时不可否认的是,专业的热门和冷门具有一定的趋势性和时代性,例如土木、经管、生物等专业都曾红极一时,计算机类相关专业现在也处于热门状态。因此,随着技术的变革和新时代的到来,学校、家长和学生对专业选择的偏好都会发生转变,专业的设置与建设方向也都应当相应地进行调整。专业结构调整不是一个独立的工作,而是在强调人才培养质量,关注学生学习、发展、成长的背景下进行的动态调整工作。

2017年,首经贸出台了《首都经济贸易大学本科专业管理办法》,其中强调了专业结构调整要"符合国家和北京市经济与社会发展的需要,遵循教育规律,正确处理好学校资源与社会需要、招生数量与培养质量、近期目标与长远规划、局部利益与整体发展的关系"。有些地方高校在进行专业调整时关注专业的"三率",即高考报考率、新生报到率和就业率,或是以"就业率"作为评价专业建设好坏的唯一指标。这样的评判标准失之偏颇。

首经贸优化专业结构工作主要分为制定专业发展指标和实施专业调整这两大步骤。

1. 制定专业发展指标

学校在对专业设置情况进行考察后,结合各方面因素,明确了专业结构调整的参考指标：

第一,关注学生报考情况。在高考招生环节中,现按招生专业分志愿填报进行招生。根据招生数据情况,学校可以通过测算每个招生专业学校内第一志愿录取比例、专业调剂生占比、大类组招生排序等指标,对各个专业在学生中的认知程度、认同程度进行衡量和比较。

第二，关注专业分流和转专业情况。学校针对一些学院和专业采取"大类招生、大类培养"的情况，在第四至第六学期采取专业分流的举措。学生可以按照志愿顺序填报一个大类招生内部的数个专业，通过此项也可衡量学生对学院中几个专业的认可度。除此之外，学校对学生转专业的限制相对而言比较宽松，学业排名前30%的学生均可转专业，年均转专业人数约200人，占学生比例约有10%。通过对转专业过程中的流入流出情况进行分析，一些优质专业形成了"虹吸效应"，每年都有优秀学生转入，但有一些学院专业存在着"单向转出"的情况。通过上述两个指标，可以评价各专业在学生心目中的认可状况。

第三，关注就业与升学数据。学生就业是评价一个专业是否具有吸引力、是否符合社会经济发展需要的重要指标。教育研究机构每年也会对本科专业发布"红黄绿"牌榜单，"红牌"就是一些失业量较大、大学生就业率持续走低、薪资也不理想的专业。因此，高校关注专业就业趋势，既要关注自身专业的就业情况，还要密切关注全社会背景下的行业发展状况，适时对专业建设方向作出调整。

第四，关注师资水平。师资水平反映专业的底蕴和发展潜力，学校不同专业之间的师资实力有着较大的差距。针对一些人才流失严重、发展态势不明朗的专业，应当进一步进行监督研判，确定该专业是否应当加大教师引进力度，是否应当进行调整重组。

第五，关注外部评价指标。自2021年起，上海软科发布了"中国大学专业排名"，通过学校条件、学科支撑、专业生源、专业就业、专业条件5个指标类别19项指标来衡量大学专业建设状况。这一外部指标评价了学校专业建设发展的状况，因此也可作为学校专业结构调整的一项佐证指标。

2. 实施专业调整

结合国家和北京需要，依托学校经济学、管理学等学科优势，根据分类施策显特色的思路，首经贸出台人才培养方案的指导性意见等系列文件和措施，推进大类招生和大类培养，形成专业动态调整机制，不断优化专业结构。对北京市专业评估排名名次低、学校评估不合格、招生调剂比例高、专业吸引力低的专业，学校发出专业预警，根据发展需要，对预警专业作出整改、减少招生规模、暂停招生或撤销的处理。

自 2017 年以来，首经贸关、停、并、转、增 10 个专业，占学校专业比例为 23%。同时，建立了首都经济贸易大学本科专业评估参考指标，采取定期专业评估的政策。现有 38 个在招专业在近三年的时间内均接受了校内评估，学校对各个专业的发展目标均进行了明确规范和调整，具体调整情况见表 1。

表 1　首都经济贸易大学专业调整一览

序号	专业代码	停招专业	学院	专业类	学位授予门类	备注
1	071202	应用统计学	统计学院	统计学类	理学	停招超过 8 年，2022 年撤销
2	120103	工程管理	管理工程学院	管理科学与工程类	管理学	2017 年停招
3	050201	英语	外国语学院	外国语言文学类	文学	2018 年停招
4	020105T	商务经济学	经济学院	经济学类	经济学	2019 年停招
5	082502	环境工程	管理工程学院	环境科学与工程类	工学	2019 年停招
6	050103	汉语国际教育	文化与传播学院	中国语言文学类	文学	2019 年停招
7	120401	公共事业管理	城市经济与公共管理学院	公共管理类	管理学	2021 年停招
8	120701	工业工程	管理工程学院	工业工程类	管理学	2020 年申请学位授予从工学调整为管理学，2021 年批复
9	080910T	数据科学与大数据技术	统计学院管理工程学院	计算机类	理学	2019 年招生
10	020107T	劳动经济学	劳动经济学院	经济学类	经济学	2022 年招生

（三）举措三：建设国家一流专业

1. 加强顶层设计

教育部启动的一流本科专业建设"双万计划"的核心理念就是通过选拔

性的评比工作，引导高校对自身所属专业进行分级分类评估，要求高校全面落实"以本为本、四个回归"，以立德树人为根本任务，切实巩固人才培养中心地位和本科教学基础地位，把思想政治教育贯穿人才培养全过程，着力深化教育教学改革，全面提升人才培养质量。

学校在《首都经济贸易大学"十四五"时期发展规划（2021—2025年）》中明确提出，要"建设好一批一流本科专业，国家和省部级一流本科专业要覆盖90%以上的本科生"。一流专业的建设目标就是要让更多学生受益，为达成此目标，学校修订培养计划，探索"大专业"人才培养模式，依托一流专业建设的成果，积极打造具有深厚专业大类底蕴的学科基础课程平台和具有鲜明专业特色的专业方向课程平台。

2. 打造一流专业

学校积极落实"双万计划"的顶层设计要求，完善协同育人和实践教学机制，汇集学校经管专业的优质资源，不断提升人才培养质量，以国家级一流专业建设为突破，推进专业建设和本科教育升级提速。

目前，学校各专业的建设有两个工作取向。其一，发展优秀、前景良好，对学校发展起推动作用的专业参与"双万计划"选拔，通过竞争建设来整合资源，使原本好的专业集中力量发展，学校利用优势专业提升自身地位；其二，发展相对落后、与学校发展大方向不符的专业，需要适当进行改进或剔除，刀刃向内、壮士断腕，进行专业调整，整合或者砍掉该类专业，确保学校更好地优化资源配置，集中力量办大事。

在一流专业建设的工作中，学校还强调通过多种途径拓宽学生视野。通过教育信息化和现代教学理念的融合，打造智慧教学环境，构建"互联网+人工智能+大数据+高等教育"新形态，激发人才创新活力。通过推进线上线下混合式教学常态模式，提高线上课程教学质量，利用实时交互式在线教学不断提升本科课堂教学质量。学校大力拓展学生国际视野，加强与国外高水平大学、顶尖科研机构的实质性交流合作，通过国际组织人才培养创新实践项目，培养一批国家战略发展需要的国际化人才。

3. 做好专业认证

"双万计划"三年期的建设工作已经结束，学校也在一流专业建设中取得了较好的成果，但接下来还要进一步做好专业认证工作。教育部相关文件提到要先建设再认证，"两步走"实施，"教育部组织开展专业认证，通过后再确定为国家级一流本科专业"。因此，在各专业申报成为一流专业建设点之后，还要进一步建设好这些一流专业，加大本科人才培养的力度，有节奏、分批次地做好专业认证工作。

在各学院申报一流专业建设点的工作中，存在着一些邻近专业之间缺乏区分度，各项申报成果不明晰的情况。因此，要以学院为单位加强对各专业的支持与引导，在专业建设的工作中既要有合作，又要有区分，避免各项成果杂糅，保障专业认证工作有序开展。

四、首经贸本科教育教学的成效总结

（一）专业建设成果丰厚

1. 一流专业数量不断增加

为推动本科教学质量提升，学校将一流专业建设深入融入教学管理、人才培养的全过程中，促进一流专业、一流人才培养与一流教学管理的深度融合、有机统一。学校不断挖掘潜力，分类分批申报一流本科专业项目，为加强本科管理、提升人才培养质量指明道路。

在首经贸38个在招本科专业中，国家级一流本科专业建设点总量达25个，覆盖全部在招本科专业的2/3，国家级一流本科专业建设点学生覆盖率超过80%。另获批北京市级一流本科专业建设点14个，北京市重点建设一流专业4个。学校一流本科专业建设点在全部在招本科专业中的覆盖率达到90%。

2. 专业管理机制不断健全

专业细分容易引起学校教学优质资源无法充分发挥效用、人才培养方案雷同、课程重复建设等一系列问题。二级学院在本科人才培养过程中，为了与其他学院相似专业的人才培养方案有区别，会尽力设置更具有专业特色的课程科目，此举虽意在强调学院之间的差异性，但也无形中设置了专业壁垒，这对本科生的学习和成长是不利的，也不利于学生综合素养的形成。

同样，专业细分也影响了教师的职业发展。过细的专业划分意味着教师要为不同专业的学生开设与专业相匹配的各种专业课程。大量相似而又需要有所差别的课程，将教师禁锢在讲台上，去教授那些杂而不精的"专业课"。专业划分过细，每班上课学生数较少，使得教师要花更多的时间在课堂上，减少了教研和科研的时间，甚至难以有时间去打磨课程，使教学效率下降。综合类大学的经管学院通常是在一个学院中以"经济系""金融系""会计系"等二级学科来设系开展教学的，在学院内统一调配教学资源，专业划分更为合理。

财经类高校的学科专业发展、院系设置受到历史背景、遗留问题等诸多因素的制约。因此，这类学校需要有更大的动力和决心来进行专业结构调整规划。学校亟须构建具有财经类高校特色的专业调整和管理机制；转变以往专业发展中追求"专业齐全"的思想观念，拥有"刀刃向内""砍专业"的勇气和魄力；建立起真正优胜劣汰的专业建设机制，深入推进大类培养；结合高等教育改革的各项要求，整合专业特色，构建完善、健康的专业体系，建立充分评估的专业调整和管理机制，推进一流专业建设。

（二）内涵建设成效凸显

1. 本科人才培养方案不断完善

为了更好地适应新时代经济社会发展对人才培养的多样化需求，加快构建德智体美劳五育并举的教育体系，完善专业建设，持续提升本科人才培养质量，学校修订2021版本科人才培养方案，进一步强化专业基础教育。学校参照普通高等学校本科专业类教学质量国家标准，适切性地根据经济社会发展需要进行改进，以高标准、高规格研制形成专业建设和人才培养的首经贸标准；参照一流专业建设的相关要求，科学制定专业办学与人才培养标准，明确建设目标、建设周期、建设重点，推动更加清晰、更具操作性的专业人才培养改革方案形成。

与此同时，学校还充分发挥优势专业、特色专业的带动、覆盖作用，提升人才培养的特色和质量。学校因"才"施"教"，突出经管和多样化培养特色，打造统计学（大数据分析）、信息管理与信息系统（大数据应用）、信息管理与信息系统（电子商务）和电子商务（商务智能）等"专业+"复合型专业；开展拔尖创新人才、国际化人才等多种类型人才培养，获得显著的培养效果。

2. 本科教育质量不断提升

本科生教育、本科人才培养质量是学校的根本，要以本为本，推进科学研究与学科建设，推进本科教育教学高质量内涵式发展。学校以一流专业建设推动一流本科教育，一流本科教育培养一流本科人才。通过专业结构调整和模式创新，深化学校教学改革，打造一批国家一流专业和北京一流专业，让更多学生享受到一流专业建设带来的红利。通过大类招生、专业分流、特色专业、质量提升等渐进式改革实践，促进专业定位、建设与学校人才培养目标、经济社会发展的契合度不断提升，促进本科教学管理效能提高和优质教学资源有效分配。

（三）人才培养体系趋于完善

1. "三全育人"体制机制不断创新

学校本科教育始终贯彻落实立德树人根本任务，不断优化顶层设计，创新"三全育人"体制机制，深化课程思政建设。学校各单位、各部门、全体教职员工以生为本，为培养担当民族复兴大任的时代新人协同配合，"三全育人"工作体系日益健全完善。学校全面推进"三全育人"，深化课程思政与专业思政一体化建设。以课程思政建设为抓手，形成"五二二"课程思政和专业思政一体化建设体系。夯实课程思政"七个一批"和"六个推进"工程，成立"课程思政教学研究中心"。

2. 宽口径厚基础人才培养得以实现

学校追求大类培养的专业建设，遵循人才培养规律，依托学科大类和专业大类探索"大专业"人才培养模式。夯实专业学科基础，让学生接受更严格的基础训练。落实"厚基础、宽口径"人才培养要求，突破相近专业壁垒，系统设计专业大类知识体系，积极打造具有深厚专业大类底蕴的学科基础课程平台和具有鲜明专业特色的专业方向课程平台。

参考文献

[1] 杜才平. 地方本科院校专业设置：现状、问题及结构调整策略 [J]. 黑

龙江高教研究，2011（8）：62-64.

[2] 房莹."双万计划"与"双一流"建设的政策接力研究[J]．现代大学教育，2021，37（5）：87-95，113.

[3] 冯向东．学科、专业建设与人才培养[J]．高等教育研究，2002（3）：67-71.

[4] 李立国．"双一流"背景下需求导向的学科专业调整优化[J]．大学教育科学，2017（4）：4-9，121.

[5] 李玉菊，朱俞青．一流专业人才培养的科教融合创新实践[J]．江苏大学学报（社会科学版），2021，23（6）：124-131.

[6] 林蕙青．高等学校学科专业结构调整研究[D]．厦门：厦门大学，2006.

[7] 林健．一流本科教育：认识问题、基本特征和建设路径[J]．清华大学教育研究，2019，40（1）：22-30.

[8] 马廷奇．"双万计划"与高等教育内涵式发展[J]．江苏高教，2019（9）：15-20.

[9] 梅雪．一流本科专业建设：何去何从[J]．江苏高教，2021（8）：66-71.

[10] 汪晓村，鲍健强，池仁勇，等．我国大学本科专业设置与调整的历史演变和现实思考[J]．高等教育研究，2006（11）：32-37.

[11] 王建华．关于一流本科专业建设的思考：兼评"双万计划"[J]．重庆高教研究，2019，7（4）：122-128.

[12] 许晶艳．一流学科与一流专业建设的协同体系研究[D]．武汉：武汉理工大学，2020.

[13] 闫长斌，时刚，张素磊，等．"双一流"和"双万计划"背景下学科、专业、课程协同建设：动因、策略与路径[J]．高等教育研究学报，2019，42（3）：35-43.

[14] 张德祥，王晓玲．高等学校专业动态调整的三重逻辑[J]．教育研究，2019，40（3）：99-106.

[15] 郑孟状，李学兰，林上洪，等．探索专业结构调整的动态优化机制：以宁波大学为例[J]．中国大学教学，2012（11）：30-32.

新时代地方财经高校建设一流本科教育的探索与实践
——以首都经济贸易大学为例

王传生

（首都经济贸易大学　管理工程学院）

【摘　要】作为高等教育体系中的重要部分，地方财经高校的发展水平既是我国高等教育特色的基础，也是建设社会主义现代化强国的重要力量。探索地方财经高校教育教学质量提升路径具有不可替代的必要性和重要性。发展一流本科教育既是新时代地方高校实现内涵式发展的内在要求，也是地方高校加快转型升级、实现弯道超车的必由之路。首都经济贸易大学立足自身特色，探索搭建以"价值引领、知识传授、能力培养、素质养成"为核心的一流本科教育体系，全面推进本科教育治理体系与治理能力的现代化。

【关键词】地方财经高校；一流本科教育；首都经济贸易大学

一、引言

2015年10月，国务院颁布《统筹推进世界一流大学和一流学科建设总体方案》，明确地提出了"双一流"建设要求。2016年3月，教育部部署直属高校"十三五"规划编制和央属高校教育教学改革专项工作会提出，将建设一流本科教育纳入"双一流"建设方案。2017年1月，教育部、财政部、国家发展改革委制定了《统筹推进世界一流大学和一流学科建设实施办法（暂行）》，"双一流"建设成为继"211工程"和"985工程"之后，又一个备受关注的高等教育发展战略。2018年，习近平总书记强调一流大学建设应充分重视本科教育的建设，进一步强调了一流本科教育在高等院校建设与发展过程中的重要性和必要性。

2017年10月，党的十九大明确指出，中国特色社会主义进入新时代。着眼新时代、新征程、新要求、新需求，习近平总书记关于教育的重要论述全面提升了社会各界对教育尤其是高等教育规律认识的高度。近年来，随着经济高质量发展以及社会信息化、网络化和智能化发展的快速推进，新时代对高素质本科人才的渴求日益迫切。

地方高校占全国高校总数的96%以上，可以说，地方高校本科教育质量是决定全国本科教育水平的关键。提升质量内涵、发展一流本科教育，是新时代地方高校尤其是地方财经高校的历史使命，也是其自身加快转型升级、健康持续发展、提升办学水平、实现弯道超车的必由之路。

二、地方高校的使命

高校的三大职能是培养人才、发展科技、服务社会，这在地方高校的发展过程中体现得较为突出。随着区域社会经济的不断发展，作为高等教育体系的重要组成部分，地方高校越发体现其不可替代的重要性。

地方高校由地方财政提供资金，其生源来自所在区域，就业方向也以其所在区域的单位为主。一方面，为了满足人民群众不断增长的需求，地方高校是高等教育"产品"的重要提供者；另一方面，作为区域发展过程中的重要影响因子，地方高校势必要结合经济社会发展需求完善培养目标，因此也是高素质专门人才的输送者。

（一）高等教育体系的主要力量

自1998年高校扩招以来，地方高校的数量和招生人数越来越多，逐渐成为承担高等教育大众化的主要力量（如图1、图2所示）。这既是满足人民群众对高等教育不断发展需求的必要途径，也是高等教育大众化的重要体现。教育部2022年5月的数据显示，从目前高等院校整体的结构来看，地方高校的数量和就学人数占全国总数的96%[①]以上，已经成为我国高等教育体系的主

---

① 数据来源：http：//www.moe.gov.cn/jyb_xxgk/s5743/s5744/A03/202206/t20220617_638352.html。

体部分。从规模和数量来看，地方院校无疑已经成为高等教育体系的主体力量。换句话说，我国高等教育质量的提高，很大程度上取决于地方高校的人才培养水平。

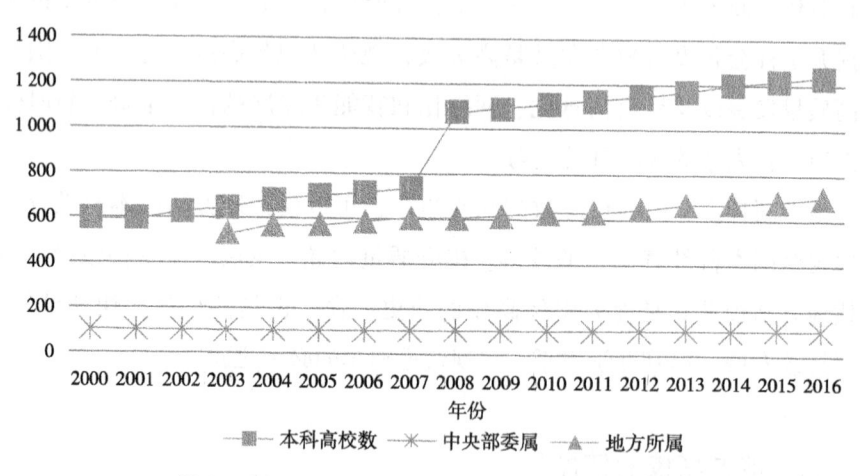

图1　我国本科院校数量变动（2000—2016年）①

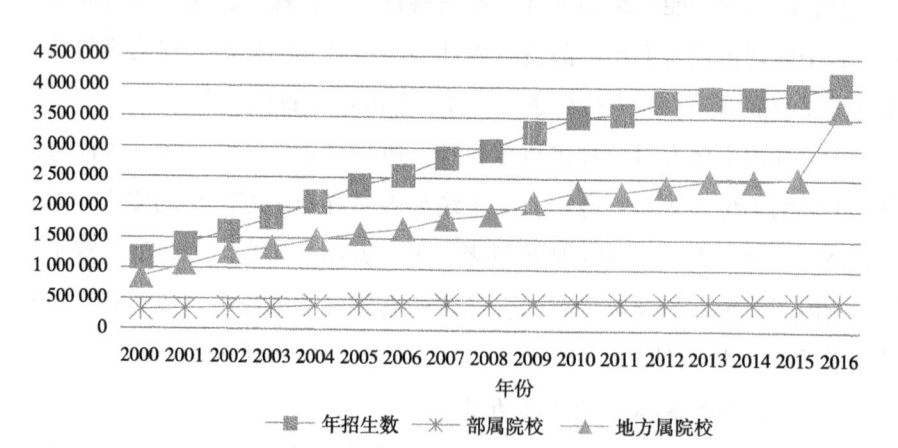

图2　我国本科院校招生人数（2000—2016年）②

结合近20年的研究成果发表趋势也可以看出，针对"地方高校"的研

---

① 数据来源：李晓贤. 地方院校推进一流本科教育的战略研究［D］. 太原：山西大学，2019：15-16.

② 数据来源：李晓贤. 地方院校推进一流本科教育的战略研究［D］. 太原：山西大学，2019：15-16.

究呈现逐年增长的趋势，且在近10年集中出现（如图3所示）。地方高校数量、规模的增加以及学者的聚焦，都进一步说明了地方高校在高等教育领域的关键地位，凸显了其在促进我国高等教育内涵式发展过程中责无旁贷的使命。

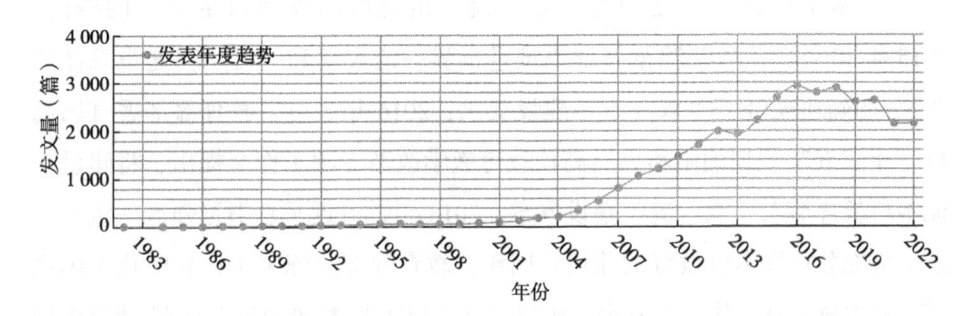

图3　近20年地方高校研究成果发表年度趋势

数据来源：中国知网。

（二）服务区域发展的人才基地

地方高校与区域社会经济发展关系甚为紧密，结合区域发展特点和需求，主动承担起了培养高素质专门人才的责任，其毕业生大量分布在地方经济的优势产业和龙头企业中，在服务地方经济方面发挥着重要的作用。由于充分结合了当地的实际情况和区域发展目标，地方高校的学术大师和研究智库也并不罕见，在区域产业、经济、文明和历史等方面都产生了不可小觑的影响。

从宏观层面看，地方院校已经成为高等教育的主要组成部分，其培养水平很大程度上影响着高等教育的质量。从微观层面看，地方院校也是向社会输送人才的"最强基地"，其培养水平很大程度上影响着人才的素质和能力，继而影响区域社会经济的发展水平。

三、一流本科教育的内涵

高教大计，本科为本。打造一流本科教育是实现高等教育内涵式发展的题中之义。顾名思义，一流指的是"第一流"，但其实"一流本科教育"中的"一流"更近于一种政策性的号召和口号。高校的发展就如同人才的培养，既要结合学校的办学历史和特色，也要结合其所处时代、区域的外在需求，很难用一套固定不变的标准或排序去衡量和评判。但可以确定的是，一流本科教育既不等于一流大学的本科教育，也并非一流大学的专利。

（一）政策性话语

"一流本科教育"是随着"双一流"语境的出现而衍生出来的概念。2015年10月，国务院颁布《统筹推进世界一流大学和一流学科建设总体方案》，明确地提出了"双一流"建设要求；2016年3月，教育部部署直属高校"十三五"规划编制和央属高校教育教学改革专项工作会提出，将建设一流本科教育纳入"双一流"建设方案。2018年，习近平总书记强调一流大学建设应充分重视本科教育的建设；同年，教育部部长陈宝生在新时代全国高等学校本科教育工作会上发表了题为《坚持以本为本 推进四个回归 建设中国特色、世界水平的一流本科教育》的讲话，指出新时代建设一流本科教育的重要性和必要性。而后，教育部先后出台"双万计划"等系列政策和文件，为高等院校打造一流本科教育提供了启示与发展思路。

（二）学术性概念

随着官方宣传的不断推进以及相应政策的出台，一流本科教育吸引了越来越多专家学者的目光。结合近年研究可以发现，早在1996年就有学者结合地方院校的建设与发展实践提出了"一流本科教育"[1]的概念，但直到2016年之后，学界才掀起了一股研究一流本科教育的热潮（如图4所示）。综合现有文献的研究内容来看，已经有学者超越了理念与实践层面，意识到概念内涵等抽象层面研究的必要性，并针对一流本科教育的内涵开展进一步研究[2]。

虽然一流本科教育是一个在学术上有争议的话题，关于其内涵及外延的评判因子众说纷纭，且很难从学术上作出准确界定，但从眼下既有的理论研究和实践探索来看，大部分学者主要从培养模式、教学体系、师资水平、学生的学习能力等各方面对一流本科教育进行定性的描述。有学者通过研究发现，对于不同类型的院校来说，一流本科教育的指标不尽相同。例如，世界

---

[1] 葛忠华. 加强本科教学工作 创立一流本科教育 [J]. 高教与经济，1996：4.
[2] 胡平平. 一流本科教育的内涵 [J]. 现代教育科学，2021（2）：1-4, 21.

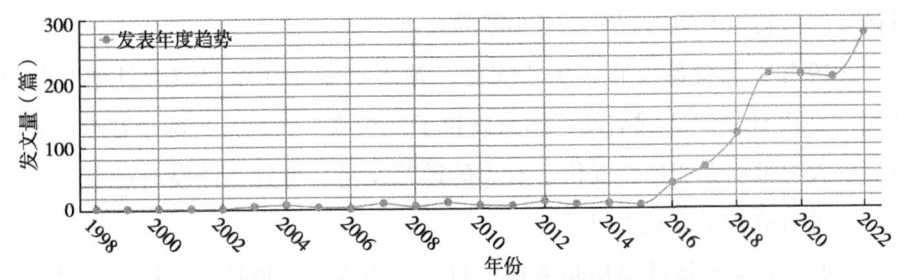

图 4 以"一流本科教育"为主题的研究成果发表年度趋势

数据来源：中国知网。

顶尖大学的一流本科教育面向高等教育与人类未来，表现为国际性、展望性和灵活性，而地方高校的一流本科教育则更侧重于为区域发展服务，表现为区域性、形成性和指导性[①]。

当前，我国高等教育已进入普及化阶段，建设一流本科教育具有时代必然性，是我国高等教育发展到现阶段的必然要求，是推动高等教育内涵式发展、建设高等教育强国的先行力量，其本质是高质量的本科教育教学体系。综观我国高等教育教学发展实践，一流本科教育应该是高质量本科教育教学管理理念和实践探索的有机耦合，一流本科教育的表现形式也应该是多元化和个性化的统一，不同类型高校一流本科教育的标准不应该，也不可能相同。地方高校一流本科教育教学体系的打造，很大程度上是在科学、合理的定位基础上，对高质量教学文化的追求和塑造。

四、地方财经高校转型升级面临的机遇与挑战

改革开放以来，随着我国社会主义市场经济体制建设的深入推进，市场在资源配置中的作用不断增强，与此同时财经类人才的需求迅速增长。面临前所未有的发展机遇，财经类院校招生规模不断扩大，可观的就业前景使其吸引了更多的学生。根据教育部2022年发布的全国普通高等学校名单统计，我国现有财经类本科院校占我国本科院校的比重接近8%。作为我国高等教育体系中的重要部分，财经类高校既是我国高等教育特色的基础，也是建设社会主义现代化强国的重要力量，而服务于区域发展的地方财经院校，更是促

---

① 张悦. 一流本科教育指标体系研究 [D]. 武汉：湖北大学，2018.

进区域经济转型升级过程中不可小觑的角色。

2019年,教育部发布《关于实施一流本科专业建设"双万计划"的通知》,"双万计划"正式启动,国家设置了"中央""地方"两个赛道,为地方高校大力推动专业建设提供了有力的政策支持,特别是给没有进入"双一流"的地方高校带来重大机遇。

新时代社会经济的高质量发展,对劳动力素质、科技创新提出了更高的要求,地方财经高校生存发展所面临的竞争比以往任何时候更激烈。地方财经高校更要立足现实,使人才培养效果契合地方经济建设发展需要,主动对接区域、市场与企业的需求,通过形成专业特色和服务能力打造具有自身特色的一流本科教育体系,增强对区域经济社会发展的贡献度,真正实现高质量发展。

五、新时代地方财经高校一流本科教育教学体系建设工作存在的问题

新时代高质量发展对财经高校人才培养提出了新要求。与此同时,面对经济社会的信息化、网络化和智能化发展新常态以及后疫情时代本科教育教学面临的新需求,不难看出,地方财经高校在打造新时代一流本科教育过程中还存在着明显的不足。

同研究型大学和应用型大学相比,地方财经高校虽有其独特的发展定位和特色,但综合发展能力方面还存在短板和不足。

(一)同质化倾向明显

由于地理位置、综合实力等存在差异,教育资源分配也存在一定区别,甚至区别很大。相对央属院校来说,地方院校处于劣势,获得的教育资源少、科研经费低、支持力度小,以至于承载教育人数最多的普通地方院校的发展遇到较大阻力,办学积极性也严重受挫。部分地方高校忽略自身办学特色,盲目效仿研究型大学或综合型大学,导致办学缺乏多样性。

(二)培养特色不突出

尽管地方财经高校在其所属区域范围内具有相对稳定的生源和就业市场,但其专业面较窄,综合实力相对较弱。综观多所国内知名财经类院校,可以

发现，其人才培养目标雷同度较高，特色不鲜明。

（三）与一流大学的差距更加凸显

国家实施的"211工程""985工程"以及近年来推出的"双一流"计划，使得实力强的高校坐拥优势资源，进一步拉大了地方院校与一流大学的差距，相对弱势的"非双"地方院校发展空间进一步被挤占。在资金支持和政策支持等都较弱的前提下，地方院校的生源质量、师资队伍、财政支持等各方面都受到不同程度的影响，与一流大学之间教育资源与办学实力的差距也更加凸显。

六、新时代地方财经高校建设一流本科教育教学体系的路径探索——以首都经济贸易大学为例

以育人为根、以本科为本是一流大学的重要特征和显著标志。2022年4月，习近平总书记在中国人民大学考察调研时再次强调：要坚持党的领导，坚持马克思主义指导地位，坚持为党和人民事业服务，落实立德树人根本任务，传承红色基因，扎根中国大地办大学，走出一条建设中国特色、世界一流大学的新路。习近平总书记关于教育的重要论述全面提升了社会各界对教育尤其是高等教育规律认识的高度。

探索新时代学校本科教育改革和发展理论架构、方向进路与路径选择，全面推进本科教育治理体系与治理能力的现代化，全面提升本科人才培养质量，是新时代地方高校尤其是地方财经高校的历史使命，也是其自身加快转型升级、实现弯道超车的必由之路。

（一）建设目标

本科教育是落实立德树人根本任务的核心阵地。财经类院校学生在长期的专业培养和就业导向过程中形成了特有的思维方式，"经济人"假设、个人主义被他们挂在嘴边，他们倾向于思考如何对稀缺资源进行优化配置，或以成本收益比较作为解决问题的基本思路。如果失去正确的引导，这种思维方式极易演变成功利主义，淡化新时代青年学生的社会责任感。

对于地方财经高校来说，要将本科教育作为落实立德树人根本任务的核心阵地，坚守本科教育的使命和初心，引导学生将实现个人价值同党和国家

的前途命运紧紧联系在一起，培养学生做社会主义核心价值观的坚定信仰者、积极传播者、模范践行者。

（二）建设思路

作为北京市属重点高校，首都经济贸易大学（简称"首经贸"）始终立足新时代、新要求，将思想政治教育贯穿本科教育全过程，全面落实立德树人根本任务，充分考虑新时代国家经济发展战略需求和北京"四个中心"功能定位实际，结合自身发展的特点和后疫情时代本科教育教学发展目标，致力于从机制体制架构入手，进一步夯实本科质量文化基础，深化教育教学改革，探索新时代学校本科教育改革和发展理论架构、方向进路与路径选择，着力建设以"价值引领、知识传授、能力培养、素质养成"为核心的一流本科教育教学体系（如图5所示），全面推进本科教育治理体系与治理能力的现代化，提升本科人才培养质量。

从宏观视角将"价值引领"内化到学校治理体系中，贯穿于人才培养的全过程。地方财经高校立足于新时代国家经济发展战略需求和北京"四个中心"功能定位实际，坚持为党育人的初心、为国育才的立场，实施"三全育人"综合改革，构建本科教育的"1235"发展模式，即"1个中心"——以人才培养质量为中心；"2条主线"——以专业建设与课程建设为发展主线；"3个推进"——推进思政教育建设，推进课程资源建设，推进教学环境智能化建设；"5个加强"——加强思政课程与课程思政建设，加强教学研究成果认定体系的构建，加强创新创业与实践教学，加强学生素质提升与职业发展，加强协同育人与国际化（如图6所示）。

（三）建设举措与成效

打造一流本科人才培养体系，要有一流的教学资源、一流的模式机制。这就要求高校推进一流本科教学资源建设，突出立德树人的价值导向，以多维度、多元化的呈现方式，呈现丰富的教学资源，完善更新与持续建设机制。

首都经济贸易大学遵循高等教育发展规律，以提高质量内涵为核心，以夯实质量文化基础、凝聚本科教育共识为主线，坚守思政育人目标，持续打造优质专业、课程、教材等教学资源，完善立体化人才培养体系，不断升级信息化教育教学环境，按照专业建设和人才培养的逻辑顺序，沿着科学、合

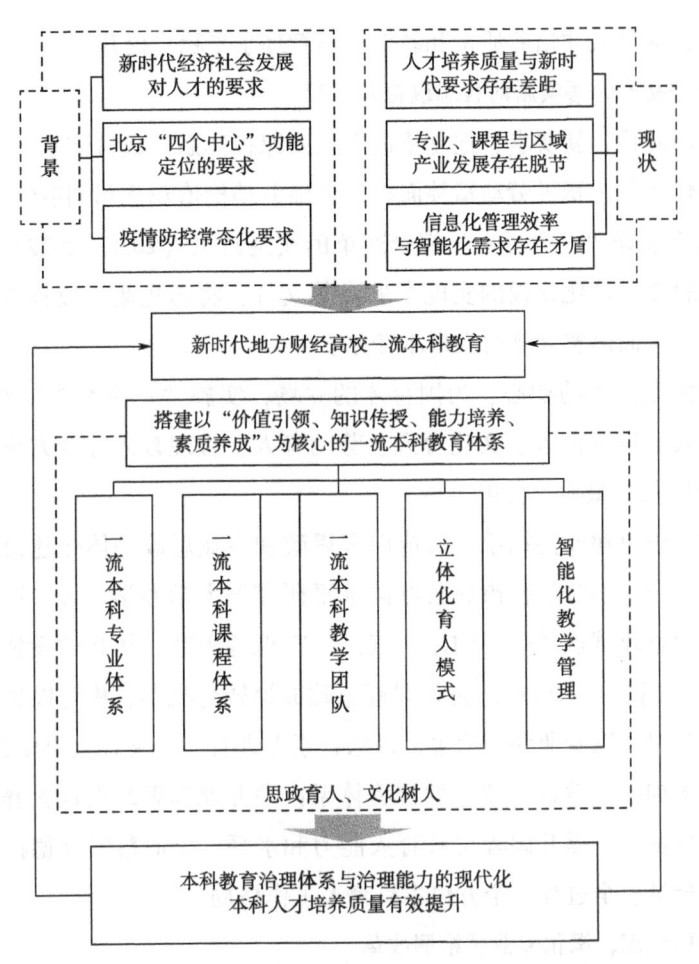

图 5 新时代地方财经高校一流本科教育建设路径逻辑框架

图 6 地方财经高校"1235"发展模式

理、可行、有效的建设路径，落实一系列教育教学管理举措，稳步推进教育

25

教学改革，促进人才培养质量和教育教学管理水平稳步提升。

1. 坚守初心，落实新时代思政育人目标

立足新时代、新要求，把立德树人融入课程体系、教材体系、管理体系，培育新时代大学生积极劳动精神面貌、正确劳动价值观念和创造性劳动能力。发布《关于推进"三全育人"综合改革的实施意见（2020—2022）》《关于推进课程思政一体化建设的实施意见》等文件，将思想政治教育贯穿本科教育全过程，全面落实立德树人根本任务。

坚持为党育人的初心、为国育才的立场，实施"三全育人"综合改革，从课程育人、科研育人、文化育人、劳动育人、管理育人等全方位入手，打通"三全育人"最后一公里。

以课程思政建设为抓手，形成课程思政和专业思政一体化建设的体制机制和实施路径。结合学校市属公办高水平研究型大学办学定位，选出7个学院作为课程思政试点学院，构建"五二二"课程思政一体化建设体系；成立"课程思政教学研究中心"，完善课程思政成果转化机制，构建以思政课程和课程思政为魂，以专业课程为主，以综合素养课程、人文社会科学课程为辅，以实践教学和劳动教育为特色的课程体系；举办课程思政设计大赛，将思政与课程有机融合，提升课程思政育人能力和水平，全面落实立德树人根本任务，推进全员、全过程、全方位本科育人工作格局。

2. 对标一流，深化专业供给侧改革

新时代产业转型升级步伐加快，战略性新兴产业蓬勃发展，京津冀协同发展新格局逐步形成，新形势、新需求倒逼高校进行专业调整。

地方财经高校的本科教育，主要面向地方区域经济和社会发展，其专业建设和发展与区域经济社会发展密切相关。要打造一流本科教育，地方财经高校的专业建设应该采取差异化战略，根据自身发展历史和实际条件，提炼自己的比较优势，立足国家和区域发展特色，结合学校发展定位和办学方向，围绕"特色"做文章。

首都经济贸易大学立足自身实际和办学特色，以财经类本科专业为重点，支持新文科、新工科专业建设与发展，根据经济社会发展和北京"四个中心"功能定位要求，构建以提升专业内涵发展为根本，以大类培养为突破的一流专业建设体系。在夯实本科质量文化基础上，加强专业布局顶层设计，建立健全专业动态调整机制。以学生全面发展为导向，坚持"厚基础、宽口径、重能力、强实践、求创新"的原则，推进大类培养模式改革。加强基础、尊重选择、促进交叉，加大学科基础课学时学分的占比，夯实学科基础，提高人才培养质量。保障学生学习的自主权、选择权，鼓励学生跨专业跨学科学习。加大本科专业调整力度，持续优化专业结构。

结合国家和北京市经济社会发展需求和人才培养指导意见，将"四新建设"作为调整、优化专业结构的重要突破口，积极探索相关新兴交叉专业建设模式。以国家级一流专业建设为突破口，落实"十四五"专业建设规划，推进专业建设升级提速。统筹整合全校资源，加大申报和建设力度。目前，学校已成功申报25个国家级和14个北京市级一流专业建设点，覆盖全校约80%的专业、95%以上的本科生。

3. 深耕细作，完善优质课程和教材资源

以新时代思政育人和一流本科专业建设为契机，结合产业战略转型和经济升级要求，构建层次多样、内容丰富的优质课程体系。严格执行课程准入制度，强调"两性一度"要求，出台激励制度措施，着力打造一批具有高阶性、创新性和挑战度的线下、线上、线上线下混合，以及虚拟仿真和社会实践结合的"金课"。突出本科课程的前沿性和时代性，确保授课内容的高阶性、创新性和挑战度。建立课程内容定期淘汰、更新机制，提升课程建设的先进性和互动性。持续推进线下课程建设，加大线上线下混合课程建设力度，加强微课、慕课及网络课程资源建设。搭建线上课程平台和课程资源共享平台，为推进一流课程建设提供资源与平台支撑。深入推进具有财经类特色的课程体系改革，加大优质教材建设力度，以优势学科、专业为基础，实现课程教材建设质量全面提升。

经过校内遴选、反复打磨、有序推进，自2020年至今，首都经济贸易大学共获批国家级一流课程3门（其中线下一流课程2门，线上线下混合式一流课程1门），北京市优质本科课程8门（含重点课程1门），国家级课程思政示范课程1门，北京市优质本科教材8部。

4. 凸显特色，搭建立体化人才培养体系

以新时代人才培养需求为基本依据，以突出大类培养为重要特色，紧紧围绕"培养什么人、怎样培养人、为谁培养人"的根本问题，强化价值引领，最大限度发挥课堂教学育人主渠道作用，把做人做事的基本道理、社会主义核心价值观的要求以及实现民族复兴的理想和责任融入本科人才培养方案，实现思政育人与专业育人同向同行。

弘扬首都经济贸易大学传统，紧扣专业发展前沿与专业人才未来需求，尊重教育教学规律，坚持守正创新，把握时代脉络，出台学校 2021 年新版人才培养方案修订指导意见并全面启动新一轮人才培养方案修订，不断优化人才培养模式。深入推进第二学位教育、辅修专业制度改革，优化人才培养结构。建立健全与第二学位、主辅修制度相适应的人才培养与资源配置、管理制度联动机制，形成特色化人才培养方案，加快培养一批国家急需、社会紧缺的知识面宽、学科交叉的高层次、复合型专门人才。继续深化国际合作与交流，推动中外合作办学项目纵深发展，加强与国外高水平大学、顶尖科研机构的实质性交流合作，探索本科层次的中外合作办学人才培养模式，积极推进学生海外交流学习活动，持续引进外方优质教育资源，推动优质教育模式的互学互鉴，进一步提升国际化水平，努力培养出具有国际竞争力的高素质人才。

5. 数字赋能，升级信息化教育教学环境

积极响应新时代信息化、智能化管理服务需求，结合疫情防控工作常态化的形势，构建新时代"互联网+高等教育"新形态。契合新需求，以服务师生为宗旨，构建以信息化、智能化为主要特征的一流本科教学管理新生态。

加强硬件建设和软环境建设，搭建智能化教学管理服务平台，打造一流的教学管理团队，提升师生服务质量、水平和效率，满足师生个性化、人性化需要，全面打造智能化本科教育教学管理体系。不断践行"我为师生办实事"的理念，提升师生的信息化服务体验，自 2020 年以来，通过开展在线教学培训、在线技术保障、在线实时咨询的"三在线"活动，顺利实现与学院、教师、学生"三对接"，圆满实现防控期间"停课不停教、停课不停学"，平稳实现线上、线下教学有序切换、无缝对接，全力保障线上、线下课堂教学质量同质等效；搭建全新的本科教育教学微服务平台，为师生提供更为全面、精准、高效的移动端本科教育教学服务，平台上线前3个月访问量高达3900万人次。

6. 激发活力，培育一流师资队伍

立足新时代经济社会需求特点，加强基层教学团队建设，注重学科专业教师的交叉融合，激发基层教学活力，逐步构建教学成果奖的培育体系，打造教学成果奖培育的"良性闭环系统"。重构教学研究成果认定体系，加大教学成果激励机制的效度，并将其纳入岗位聘任、职称晋升体系，提高教学成果认定在教师考核中的比例。完善教师绩效考核分配办法，健全教师激励约束机制。明确教师本科教学岗位职责，增加教学质量考核在绩效工资分配中的比重。

深化教师团队建设，打造新时代高水平教师队伍。依托教师教学发展中心和课程思政教学研究中心，开展教师教学能力提升培训、教师现代化教学方式培训等活动，提升教师课堂教学能力。大力培育"教学名师""优秀教师""示范团队"，打造重视教学研究、坚持教学改革与创新实践，在课程建设、资源建设、实验教学、网络教学诸方面都独树一帜的高水平教学团队。对接新要求，以教学研究为先导，打造新时代教学研究、教学实践、效果反馈的有机链条。构建以师资队伍建设为基础，具有国际化特点的一流本科教学团队。2020年至今，获评北京高校优秀本科育人团队3个，北京市优秀教学管理人员2名，北京市高等学校教学名师3名，北京市高等学校青年教学名师4名。

7. 凝聚共识，打造首经贸质量文化

秉承"崇德尚能、经世济民"的校训精神，将思想和行动凝聚为"博纳敏行、知行合一"的骆驼精神，提升本科质量意识，凝聚以本为本的本科教育共识，以文化传播学院为依托，总结、提炼中国传统文化、京商文化、西方文化、经贸文化等文化类课程教学实践经验，将文化树人贯穿于人才培养的全过程。构建教师乐教、学生乐学的教育教学生态，从教学、管理、服务、保障等全角度打造首经贸育人文化和质量文化。凝聚全校力量，加强顶层设计，强化质量意识，追求内涵发展，持续推进和谐教学生态的建设与发展，实现学生综合素质、教师教学能力和学校办学水平的提升。

传承首经贸人脚踏实地、苦干实干、精益求精的光荣传统，营造教学管理团队谨慎、务实、创新的文化氛围。全面梳理现有本科教学管理制度，结合工作实际，废止不再适应本科教育教学管理工作需求的制度，针对新工作、新情况出台新办法、新要求，完善既有教学管理制度体系，推进本科教学管理体系的科学化、规范化、制度化。不定期召开业务交流会、培训讲座，提高教学管理和课堂教学水平的同时，促进思政育人理念入脑入心，加速"三全育人"在业务工作中的进一步落实。营造科学诚信校园文化，遏制学术不端行为，举办"第三届毕业论文（设计）科研诚信大讲堂"，提高本科生毕业论文（设计）质量。

七、总结

地方高校的建设与发展对于我国高等教育实现高质量发展具有决定性作用。地方财经院校是我国高等教育体系的重要组成部分，也是促进区域经济发展、建设社会主义现代化强国的重要力量。

作为北京市市属重点院校，首都经济贸易大学始终立足新时代、新要求，结合自身历史沿革和后疫情时代本科教育教学发展目标，充分考虑新时代国家经济发展战略需求和北京"四个中心"功能定位实际，从机制体制架构入手尝试构建以"价值引领、知识传授、能力培养、素质养成"为核心的一流本科教育体系，并探索"1235"发展模式，力求全面推进本科教育治理体系与治理能力的现代化，提高本科人才培养质量，形成可持续、可借鉴的发展经验，为地方财经类高校建设一流本科教育提供有益借鉴。

参考文献

[1] 葛忠华. 加强本科教学工作，创立一流本科教育 [J]. 高教与经济，1996：4.

[2] 胡平平. 一流本科教育的内涵 [J]. 现代教育科学，2021（2）：1-

4，21．

[3] 张悦．一流本科教育指标体系研究［D］．武汉：湖北大学，2018．

[4] 周文清．地方普通本科高校应用性转型的困扰及其突破［J］．当代教育论坛，2022（1）：79-86

[5] 马海鸥，王杜春，韩文灏．一流本科教育建设的实践与思考：以东北农业大学为例［J］．东北农业大学学报（社会科学版），2018（12）：61-66．

[6] 李晓贤．地方院校推进一流本科教育的战略研究［D］．太原：山西大学，2019．

[7] 潘俊，潘鑫晨，肖奕萱．一流本科教育背景下地方高校本科专业建设的问题与改进对策［J］．科教文汇，2022（11）：1-3．

新时代基于核心素养的经济学拔尖创新人才培养模式研究

王 军 马 骁

(首都经济贸易大学 经济学院)

【摘 要】本文在理论上将经济学拔尖创新人才的核心素养分为基本核心素养和特别核心素养两大组成部分，基本核心素养包括思想信仰、专业素养、道德素质、创新能力、国际视野、自我管理等方面，特别核心素养包括创造性思维、跨学科交叉思维、批判性思维、科学精神等方面。在此基础上，本文构建了包含2个一级指标、10个二级指标、28个三级指标的经济学拔尖创新人才核心素养评价指标体系，并报告了首都经济贸易大学经济学院应用该指标体系推动经济学拔尖创新人才培养实践取得的成效。

【关键词】核心素养；指标体系；拔尖创新人才

一、新时代经济学拔尖创新人才核心素养体系构建

(一) 研究背景

党的十八大以来，以习近平同志为核心的党中央作出了全方位培养、引进、使用人才的系列重要部署，我国人才工作立足于新发展阶段、站在新的历史起点上，表现为党对人才工作的领导全面加强、人才队伍快速壮大、人才效能持续增强与人才比较优势稳步增强。党的十九大报告描绘了我国进入全面建设社会主义现代化国家、向第二个百年奋斗目标进军的宏伟蓝图。在新形势下继续深入贯彻实施人才强国战略，全方位培养、引进、用好人才，关系到实现中华民族伟大复兴的战略全局。

2022年6月，习近平总书记在湖北省武汉市考察时强调："科技创新，一

靠投入，二靠人才。"人才是经济发展的第一资源，富有科学精神、创新能力、批判性思维的高水平创新人才更是推动经济社会发展的战略性资源，要把更多的优秀人才集聚到党和人民的伟大奋斗中来。然而，必须看到，我国人才工作与社会主要矛盾变化带来的新特征新要求还有一些不适应的地方，现行拔尖创新人才培养模式仍存在许多不足之处，如何更好地营造有利于创新人才培养的良好环境，为经济社会发展提供智力支撑，是新时代经济学创新人才培养模式研究的着力点。

教育部印发的《关于全面深化课程改革 落实立德树人根本任务的意见》提出，核心素养是指学生所应具备的，能够适应终身发展和社会发展需要的必备品格和关键能力。借助核心素养这一关键桥梁，有利于新时代教育工作者将党的教育方针、教学培养目标更好地融入具体教育教学实践，从而回答"立什么德、树什么人"的根本问题。2018年9月，教育部、科技部、财政部、中国科学院、中国社会科学院、中国科学技术协会联合发布《教育部等六部门关于实施基础学科拔尖学生培养计划2.0的意见》，指出要选拔培养一批基础学科拔尖人才。根据建设创新型国家对拔尖创新人才需求的新形势，经济学院将培养学科拔尖创新人才作为学院人才培养模式改革的重要目标，努力探索经济学拔尖创新人才培养的路径。基于此，我们开展了基于核心素养的经济学拔尖创新人才培养模式研究，深入剖析经济学拔尖创新人才培养的关键路径和具体举措，回答"社会需要什么样的经济学拔尖创新人才？经济学拔尖创新人才需要具备哪些核心素养？如何围绕大学生核心素养的培养，构建起经济学拔尖创新人才培养的新模式？"等对于培养造就一批经济学拔尖创新人才有着重要的理论与实践意义的问题。

(二) 研究内容

本文基于教育学基本原理，立足于当代大学生核心素养的基本要求，充分考虑新时代经济社会发展对拔尖人才的需求，在对现有本科生基本素养以及社会对拔尖创新人才的需求作出充分调研的基础上构建拔尖创新人才的核心素养框架体系。细分来看，经济学拔尖创新人才的核心素养体系有两个重要组成部分，包括大学生在学习能力、思想品德、自主管理等方面的基本核心素养与批判性思维、创新性思维、跨学科交叉思维、严谨科学精神等特别核心素养，基本核心素养与特别核心素养共同搭建起以拔尖创新人才培养为目标，以核心素养为指引的系统化培养框架。

1. 基本核心素养

高校是大学生核心素养培养的主阵地。2016年9月，作为教育部委托课题，中国学生发展核心素养研究正式发布成果，该成果将中国学生发展核心素养分为文化基础、自主发展、社会参与3个方面。对经济学专业大学生的基本核心素养培养直接关系到学生是否能够成为真正意义上的"全面发展的人"，这也意味着要从多个维度定义经济学专业大学生的基本核心素养，构建以价值多元化为导向的大学生核心素养培育体系。基于此，本文从以下六个维度阐述经济学专业大学生基本核心素养应当包含的指标。

（1）思想信仰。坚持党的领导，坚持马克思主义指导地位，坚持为党和人民事业服务是中国教育事业的落脚点、出发点。从培养大学生基本核心素养的角度进一步落实立德树人根本任务，传承红色基因，是新时代经济学拔尖创新人才培养的前进方向与根本遵循。通过筑牢人才理想信念之基，使学生具有坚定的共产主义信仰和较高的马克思主义理论素养，充满对中国特色社会主义的道路自信、理论自信、制度自信和文化自信，成为一名爱党、爱国、爱人民的大学生和创新人才，积极投身到党和人民的伟大奋斗事业中来。

（2）专业素养。经济学拔尖创新人才要具有系统的中国特色社会主义政治经济学理论素养，系统掌握经济学基本理论和相关的基础专业知识，了解市场经济的运行机制，熟悉国家的经济方针、政策和法规，了解中外经济发展的历史和现状，善于运用现代经济学研究方法，具备研究中国经济改革与发展过程中的新问题的专业素质和能力。专业素养是经济学拔尖创新人才培养的基本核心素养，在具体教育教学实践中要充分重视大学生科研能力的养成，引导大学生夯实理论基础，培养其拓展研究的能力。

（3）道德素质。"大学之道，在明明德，在亲民，在止于至善。"[①] 经济学拔尖创新人才培养的重要意义在于培养有道德素养、有自我完善能力、

---

① 出自《礼记·大学》。

有服务社会热情的一代新人。以道德素质培养为重要组成部分的基本核心素养体系必须立足于培养什么人、怎样培养人这个根本问题来建设，旨在挖掘、教育、储备有良好道德素养和文化修养，有脚踏实地、扎根现实的作风，有敢于担当的爱国主义情怀和强烈的社会责任感的经济学拔尖创新人才。

（4）创新能力。当前我国经济社会发展机遇和挑战并存，且面临新的发展变化。创新是牵引发展的"牛鼻子"，未来经济运行稳中向好、持续增长与高质量发展很大程度上取决于在新时代培养出的大批具备卓越创新能力的经济学人才。在大学生创新能力的培养上，必须具备先进的教育理念。要突出培养经济学大学生独立思考的能力，使其有开拓性思维和创新性思维，能创造性地运用理论经济学知识和研究方法，研究中国问题，讲好中国故事，构建有中国特色的经济学理论体系。

（5）国际视野。当前中华民族伟大复兴的战略全局与世界百年未有之大变局的两个大局交织，经济学拔尖创新人才的国际视野对于其理解两个大局及其之间的关系变化、经济发展的阶段性变化及演进过程十分重要。要确保经济学专业人才具有宽阔的国际视野及优良的外语表达和沟通能力，能满足经济全球化和"一带一路"倡议下国内外企业和组织对经济学人才的需要，立足于首都经济贸易大学的区位优势，确立拔尖创新人才服务北京市政治中心、文化中心、国际交往中心、科技创新中心城市战略的人才战略定位。

（6）自我管理。自我管理与自我约束能力是成为学习成绩优良、科研能力突出的经济学拔尖创新人才的必要条件。要基于核心素养的经济学拔尖创新人才培养模式要求，强化自我管理在人才培养过程中的重要性，引导经济学专业人才充分调动自身的主观能动性，运用科学管理方法有效地利用和整合自我资源，培育其对于科研和学术问题实事求是的态度和精神，使其能做到遵守学术规范、恪守学术诚信、完善学术人格、摒弃学术不端行为。

2. 特别核心素养

拔尖创新人才指的是在国家各条战线，特别是科学技术和经济管理领域，具备学习能力、思想品德、自主管理等突出基本核心素养，且有着极强的创新精神和能力，能为国家和社会发展做出重大贡献的带头人和杰出人才。进一步地，经济学拔尖创新人才则是指经济理论和数理基础扎实、具有相当的研究创新能力和国际竞争力的高层次经济学相关领域专业化人才。"在激烈的国际竞赛中，惟创新者进，惟创新者强，惟创新者胜。"[①] 具备特别核心素养是经济学拔尖创新人才区别于其他人才的重要特征。本文从以下四个方面构建经济学拔尖创新人才培养的特别核心素养体系。

（1）创造性思维（creative thinking）。创造性思维是一种开创性的探索未知事物的高级复杂的思维，同时具备思维的求实性、连贯性、灵活性、跨越性与综合性等特征。着力培养经济学拔尖创新人才的创造性思维，有利于不断增加其知识总量，提高其认知能力，反馈激励其实践活动，从而极大地帮助经济学拔尖创新人才开拓经济学研究领域的新方法、新手段与新成果。实践是创造性思维的现实基础。从经济社会发展的需求来看，创造性思维的重要意义在于开拓创新。具备创造性思维的专业人才更加善于发现社会的隐性需求，从而在实践中运用创新思维准确识变、科学应变、主动求变，在充分尊重客观实际的基础上，缩小人类社会发展理想与现实之间的差距。

（2）跨学科交叉思维（cross thinking）。任何事物都是由相互联系、相互依存、相互制约的多层次、多方面的因素按照一定结构组成的有机整体，孤立地观察事物难以把握其完整的特点与规律。培养跨学科思维对于经济学拔尖创新人才掌握各学科知识、善于全方位思考、灵活处理并解决问题具有重要意义。将跨学科交叉思维列为经济学拔尖创新人才所应具备的特别核心素养之一，旨在引导专业人才打破学科间壁垒，做到触类旁通，在不同领域知识的交叉融合与对历史传统的比较中，面向未来前瞻性地开展思考并解决问题。具体到教育教学实践层面，经济学拔尖创新人才要认真研读经济学相关知识，充分重视、主动寻求与理工科、文科知识的交叉融合，立足于经济学经典理论与文献，在学科知识的不断交互中集成、启发、融通、创新。

（3）批判性思维（critical thinking）。思维惯性致使人们墨守成规，在历史上阻碍了与发展相适应的理念、路径、制度产生，也影响了当代专业人才

---

① 习近平. 在欧美同学会成立100周年庆祝大会上的讲话［N］. 人民日报，2013-10-22（2）.

在科研学术方面是否能摆脱思想观念束缚、打破思维定式。培养经济学拔尖创新人才的批判性思维旨在帮助其摒弃思维惯性、惰性，引导其独立思考、擅长发问、善于发现矛盾，并结合创造性思维与跨学科交叉思维，对现存事物及其关系进行合理、辩证的批判，在此基础上提出新的创见。

（4）科学精神（scientific spirit）。"善学者尽其理，善行者究其难。"[①] 无论是探索经济学理论前沿，还是发现和解决与当前经济社会发展相关的科学问题，都离不开经济学拔尖创新人才所应具备的科学精神。经济学与自然科学在方法论上类似，是一门将自然科学的科学精神和人文社会科学的人文关怀有机结合的学科。在对经济学专业人才的系统培养中，要充分重视对其追求真理、崇尚创新、实事求是的科学精神的培育，使其能够深入了解中国经济的发展实践，立足于中国经济社会发展现状，提出解决当前经济发展具体问题的观点、理论与方法，从而彰显新时代经济学拔尖创新人才的时代责任。

二、新时代经济学拔尖创新人才核心素养评价指标体系的构建

本文根据上一部分所构建的经济学拔尖创新人才核心素养体系，厘清基本核心素养与特别核心素养，进一步探索完善培养方案，进而形成新时代经济学拔尖创新人才核心素养的评价指标体系。

（一）构建原则

1. 系统性原则

经济学拔尖创新人才核心素养分为基本核心素养与特别核心素养，其中基本核心素养由六个维度组成，特别核心素养由四个维度组成，这表明对新时代经济学拔尖创新人才在核心素养层面的评价要从多要素、多层次、相互联系的指标体系中进行，不能失之偏颇。基于此，本文通过专家打分、层次分析法等统计方法，构建一套评价经济学专业拔尖创新人才核心素养水平的指标体系。

2. 实践性原则

实践是追求和完成创新的根本来源，也是新时代经济学拔尖创新人才

---

① 出自《荀子·大略》。

核心素养培育的现实基础。构建经济学拔尖创新人才的评价指标体系，要坚持理论与实践相结合，突出实践性，在实践中检验核心素养体系和评价指标体系的正确性。本文采用问卷调查的方式，对在校和毕业的经济学实验班学生进行跟踪回访，以评价经济学院现有的拔尖创新人才培养措施的实施效果。

3. 问题导向原则

现行拔尖创新人才培养模式仍存在一些不足之处，例如缺少教育基础理论的建构主义实践，与人工智能等前沿发展也有差距。要想培养出符合新时代需求的经济学拔尖创新人才，就要以问题为导向，从当前存在的问题出发，思考工作切入点，明确目前哪些地方做得还不够好，从而发现、研究、解决问题。因此，本文充分利用调研数据，分析目前经济学拔尖创新人才核心素养的短板所在。总结国外知名高校、国内主要高校，以及财经类院校在经济学拔尖人才方面的经验与教训。在对已毕业学生的调查中，本文根据受访者的反馈，对经济学拔尖创新人才核心素养评价体系进行修正完善。

4. 动态性原则

现有经济学拔尖创新人才核心素养的评价指标体系是根据当下的发展阶段、经济环境、教育教学实际等各类相关因素制定的，当上述各类相关因素发生变化时，评价经济学专业拔尖创新人才核心素养水平的指标体系也应当随之动态调整。因此，本文以2019年新入学的经济学实验班为样本，坚持每年的定期调查回访，以此判断现有的拔尖创新人才培养措施的动态实施效果。

（二）评价指标体系构建

基于上述原则和经济学拔尖创新人才培养的核心素养，本文构建包含基本核心素养与特别核心素养在内的新时代经济学拔尖创新人才核心素养的评价指标体系，共设2个一级指标、10个二级指标及若干三级指标（见表1），其中2个一级指标分别是基本核心素养与特别核心素养，10个二级指标则分别是思想信仰、专业素养、道德素质、创新能力、国际视野、自我管理、创造性思维、跨学科交叉思维、批判性思维、科学精神。由于一级指标和二级指标在上一部分已做过说明，故不再赘述，本节将对若干三级指标进行详细说明。

表1 基于核心素养的新时代经济学拔尖创新人才评价指标体系

评价目标	一级指标	二级指标	三级指标
经济学拔尖创新人才	基本核心素养	思想信仰	政治意识
			思想素质
			社会责任感
		专业素养	理论水平
			数理基础
			理论联系实际
		道德素质	道德水平与法律意识
			职业道德
			组织协调能力
		创新能力	求知欲与好奇心
			内在动机
		国际视野	国际交流能力
			外语水平
			符合首都人才战略定位
		自我管理	身体素质
			心理素质
	特别核心素养	创造性思维	认知能力
			实践能力
			灵活性与敏捷性
		跨学科交叉思维	复合型人才
			人文科学素养
			文字功底与写作能力
		批判性思维	独立思考
			擅长发问
			善于发现矛盾
		科学精神	追求真理
			崇尚创新
			实事求是

1. 思想信仰

本文将二级指标思想信仰进一步细分为以下 3 个三级指标。

（1）政治意识。人才培养要突出政治标准，经济学拔尖创新人才要从政治上看待、分析和处理问题，表现在其能否做到有方向、有立场、有信念、有原则，是否具有理解、熟悉、执行党和国家政策的能力。

（2）思想素质。思想素质是优秀拔尖人才培养的核心，也是经济学拔尖创新人才所应具备的基本条件和品质，衡量标准是其是否具有辩证唯物主义和历史唯物主义的世界观、以集体主义为价值取向的人生观。

（3）社会责任感。经济学拔尖创新人才作为高校为社会培养的高级专门人才，要树立强烈而牢固的社会责任感，在日常学习生活与日后科研学术中高度重视和自觉承担社会责任。

2. 专业素养

本文将二级指标专业素养进一步细分为以下 3 个三级指标。

（1）理论水平。经济学拔尖创新人才要充分重视理论知识学习，夯实理论基础，培养拓展研究的能力，具备把握经济运行的一般性规律并在此基础上提炼出新问题的能力。

（2）数理基础。数学是学习研究经济学知识的重要工具，经济学拔尖创新人才要学会从数量关系、理论模型来理解、印证、记忆当前日益丰富和深刻的经济理论，且同时具备利用数理模型构建和运用语言文字表述来开展经济学学术研究的能力。

（3）理论联系实际。经济学拔尖创新人才要充分了解经济体制改革的历史、现状、规律与发展，做到理论联系实际，善于运用现代经济学研究方法，具备解决经济社会发展过程中的新问题的专业素质和能力。

3. 道德素质

本文将二级指标道德素质进一步细分为以下 3 个三级指标。

（1）道德水平与法律意识。经济学拔尖创新人才要适应时代的要求，肩负起新的历史使命，立志于做出时代贡献，提高思想道德素质和法律素质。

（2）职业道德。培养经济学拔尖创新人才的根本目的是使专业人才更好地为国家、为人民服务。人才培养质量不仅取决于专业人才在校园的表现，还取决于社会力量对其职业道德的评价。

（3）组织协调能力。经济学拔尖创新人才要敢于面对挑战并妥善解决问题，思维活跃，责任意识强，通过积极参与社会志愿服务与学生干部工作，奠定良好的群众基础，锤炼个人的组织与协调能力。

4. 创新能力

本文将二级指标创新能力进一步细分为以下2个三级指标。

（1）求知欲与好奇心。科学研究特别是基础研究的出发点往往是科学家探究自然奥秘的好奇心，经济学在理论与方法上的重要突破也无外乎经济学家对看似天马行空、实则暗合规律的经济现象进行系统归纳、总结与阐释。能够时刻保持对经济学知识的求知欲与对经济运行现象的好奇心，是衡量经济学拔尖创新人才创新能力的重要标准。

（2）内在动机。创新的内在动机促使专业人才去发现问题、提出问题并解决问题。从社会的角度看，技术进步是由市场拉动、科技推动和政策激励等因素决定的，但从个人的角度看，由服务意识、社会责任感、利己或利他动机所决定的内在动机是经济学拔尖创新人才开展创新行为的动力来源。

5. 国际视野

本文将二级指标国际视野进一步细分为以下3个三级指标。

（1）国际交流能力。经济学拔尖创新人才无论是要走进来还是走出去，都必须加强其国际交流能力。要着力培养专业人才掌握跨文化知识、进行国际商务交往的能力，以及了解、尊重并调和文化差异的能力。

（2）外语水平。经济学拔尖创新人才要通过提高自身外语水平解决其在语言沟通、文化认同方面的障碍，具备娴熟地运用一门以上外语开展国际交流和商务活动的能力。

（3）符合首都人才战略定位。立足于首都经济贸易大学的区位优势，经济学拔尖创新人才要具备服务北京市政治中心、文化中心、国际交往中心、科技创新中心城市战略的国际视野与能力。

6. 自我管理

本文将二级指标自我管理进一步细分为以下2个三级指标。

（1）身体素质。身体素质是一个人体质强弱的表现，主要涉及人体生理机能、运动协调能力及对外界环境条件的适应力。健康的身体是人类知识的载体，经济学拔尖创新人才在学术科研层面成果的取得，离不开强健的体魄与良好的生活习惯。

（2）心理素质。经济学拔尖创新人才的正常科研学术工作离不开良好的心理素质，要养成乐观积极的人生观、强大的承压与抗压能力、理性的冒险精神与解决困难的能力。

7. 创造性思维

本文将二级指标创造性思维进一步细分为以下3个三级指标。

（1）认知能力。认知能力指经济学拔尖创新人才在自学、观察、模仿、判断、决策、抽象和资源整合等方面的能力。认知能力构成了创造性思维的内核，决定了专业人才在进行创新行为时是否具备相当的逻辑思维、知识储备与统筹能力。

（2）实践能力。实践是创造性思维的现实基础，专业人才在经济学理论、理念与方法上的创新不能脱离实际，不能搞空中楼阁。经济学拔尖创新人才要具备从实践中来、到实践中去，坚持实践是检验真理的唯一标准的科研学术取向。

（3）灵活性与敏捷性。解决问题的前提是发现问题、归纳问题、总结问题。经济学拔尖创新人才的培养要着力于对其灵活性与敏捷性的启发与培育，使其具备产生灵感、抓住灵感、升华灵感的综合素质。

8. 跨学科交叉思维

本文将二级指标跨学科交叉思维进一步细分为以下3个三级指标。

（1）复合型人才。具备复合学术背景的经济学专业人才是推动现代经济学理论发展、现代化经济体系构建的重要资源。经济学拔尖创新人才在做到深刻掌握本领域理论知识的基础上，要立足于经典理论，强化与理工科知识的交叉融合，把学科间知识融会贯通。

（2）人文科学素养。经济学理论研究无不体现经济学的人文关怀。经济学拔尖创新人才要充分利用课余时间研读其他社科类书籍，广泛涉猎，系统学习领会人文科学知识，不断提高个人人文科学素养。

（3）文字功底与写作能力。复杂高深的经济学理论和方法需要通过清晰明了的语言文字来准确表达。经济学拔尖创新人才要积极完成论文写作和报告撰写，提高个人的写作与表达能力。

9. 批判性思维

本文将二级指标批判性思维进一步细分为以下3个三级指标。

（1）独立思考。独立思考是专业人才的灵魂和特质，独立人格、独立精神、独立思考问题对经济学拔尖创新人才在学术、科研和创新方面成果的取得均有裨益。在人才培养过程中，要引导经济学拔尖创新人才提高对信息的辨别、分析、提取能力，避免人云亦云。

（2）擅长发问。经济学拔尖创新人才不仅要具备扎实的专业基础，而且要敢于发问、擅长发问，积极表达自己的观点，在学术讨论中启发自己、提高自己、完善自己。

（3）善于发现矛盾。矛盾分析法是马克思主义理论体系中认识世界和改造世界的根本方法。能否掌握和领会矛盾分析法并熟练运用于学习生活中，是衡量经济学拔尖创新人才批判性思维的重要标准。

10. 科学精神

本文将二级指标科学精神进一步细分为以下3个三级指标。

（1）追求真理。坚持科学精神是我们坚持真理尺度和价值尺度辩证统一的前提。经济学拔尖创新人才要在推动经济社会发展的时代大潮中体现个人价值，而个人价值的体现往往与其追求真理的取向是密不可分的。在人才培养过程中，要鼓励经济学拔尖创新人才坚持真理、追求真理，从而使其具备开启后续研究的能力。

（2）崇尚创新。人才的专业能力和素质是创新的要素，人才的创新精神则是人才完成创新的催化剂。新时代经济学拔尖创新人才的培养要崇尚科学精神，树立创新意识，培育专业人才应具备的创新观和创新精神。

（3）实事求是。经济学研究不能好大喜功、一拥而上、人云亦云，拥有一定科研能力与专业素质的专业人才之所以出现上述问题，究其根本是没有真正做到实事求是。经济学拔尖创新人才在学术科研中要耐得住寂寞、坐得住"冷板凳"，不夸大不缩小实际问题，对客观存在的一切事物，按照实际情况研究其内部联系，取得实实在在的学术科研成果。

三、基于核心素养的经济学拔尖创新人才培养模式实施成效

首都经济贸易大学经济学院按照经济学拔尖创新人才的培养规律，基于核心素养指标体系，不断深化改革经济学拔尖创新人才培养模式，组建了经济学实验班，借鉴国外著名大学的人才培养理念，实行导师制，强调理论方法与现代数量方法相结合，将中高级经济学理论与方法课程下沉到实验班的课程体系中，强调利用竞赛、课外实践活动提高学生的学习兴趣和学习效果。

学校 2005 年设立经济学实验班，强化理论和研究方法培养，一批经济学拔尖创新人才脱颖而出。从 2005 年到 2022 年，招收经济学实验班 18 届，毕业 14 届。经济学实验班学生在科研、深造、就业等方面成效显著，经济学专业已成为首都经济贸易大学最有影响的专业之一。经济学院借鉴国内外高校先进经验，制订了基于核心素养的经济学拔尖创新人才培养方案，并在实施中取得显著成效。

（1）建设课程和教材。对学院的核心课程，成立课程组，设立课程组负责人。由课程组负责制定课程建设规划，并负责加强教学过程、考试和教材建设的规范性。

（2）构建人才培养模式。将实践活动引向深入，开展品牌实践活动，主要包括：组织学生参加美国数学建模比赛和全国大学生数学建模比赛，组织学生参加全国商务模拟大赛，组织学生参与中国城市生活质量的调查和中国经济周期论坛，组织学生参与名师讲学计划。

（3）优化人才培养方案。长期以来，经济学院在强调学生应具备扎实的专业基础之外，也强调学生应具备广泛的非专业兴趣、较强的终身学习与持续发展能力，成为具备较强的创新精神和实践能力的复合型、外向型专业人才。具体到方案中，从夯实经济学基础和加强实验实践活动两个方面入手，使学生整体的综合素质、专业能力、竞争能力、发展能力明显高于校内同类专业学生，为经济学科创建一个基本与国际接轨的教学平台，进而体现出"复合型、外向型、国际化、有后劲"的人才培养特色。同时，通过积极的教学改革和合理的制度创新，引导学生在学识和思想上成长，保持实验班与普通班、不同专业之间的良性竞争，激发学生的活力与激情，形成蓬勃向上的

良好班风与学风。

（4）经济学拔尖创新人才培养氛围的营造。营造良好的氛围是实验班建设的重要环节。通过优选淘汰制、学分制、导师制、学生参与科研活动选拔制等一系列激励约束制度的设计与实施，在学生中形成良性竞争和良好学风；充分利用现有的学科和专业建设平台，为经济学拔尖创新人才的培育提供全面的支持；进一步坚持和加强现有的"名家进校园""学生论文大赛"等各种形式的学术活动和讲座，进一步营造浓厚的学术氛围和开放的交流平台，激发学生的求知欲和创新潜能。

随着经济学拔尖创新人才培养模式的不断深化，经济学院学生科学研究能力显著提升，2016年至今本科生在《中国软科学》《城市问题》《经济纵横》等期刊发表论文10篇。

2016年至今，经济学院共获国家级、省部级学科竞赛等奖项295个，获奖学生达640人次。2015年以来，多次荣获挑战杯大学生课外科技作品奖项。2019年，实验班学生获得第十六届全国挑战杯大学生课外学术科技竞赛三等奖一项，获得第十届挑战杯首都大学生校外学术科技作品竞赛特等奖一项、二等奖两项。2020年，实验班同学荣获美国数学建模竞赛特等奖。

2016年至2021年，经济学院各专业考研、保研学生总计295人，其中98人进入"985工程""211工程"院校深造；出国深造累计367人，其中51人进入国际TOP50高校深造。经济学实验班毕业生平均有2/3到国内外大学深造。

四、结语

经济学拔尖创新人才的培养是我国高等教育改革的重要组成部分，大力培育经济学拔尖创新人才是我国经济建设持续发展的必然趋势。只有面向经济社会的重大发展需求，培养造就一大批在知识、能力、思维、价值观多个维度核心素养全面发展的创新型经济学人才，才能更快更好地推进我国由高等教育大国向高等教育强国迈进，在未来全球化竞争中提供具有国际竞争力的人才支撑。

参考文献

[1] 崔丽. 北京城市战略定位下拔尖创新人才的核心素养和培养路径 [J]. 北京教育（高教），2018（4）：4.

[2] 黄光雄，蔡清田. 核心素养 [M]. 上海：华东师范大学出版社，2017.

[3] 连选，彭志宏，杏建军，等. 新工科建设背景下拔尖创新人才核心素养培育研究 [J]. 创新与创业教育，2020，11（6）：5.

[4] 刘福春，李梦冉. 两线五维：核心素养视域下高校"绿色育人"模式的探索 [J]. 沧州师范学院学报，2022，38（3）：13-18.

[5] 刘嘉. 大变革时代下，如何重新定义拔尖创新人才的核心素养 [J]. 中小学管理，2018（8）：4.

[6] 刘月霞，郭华. 深度学习：走向核心素养 [M]. 北京：教育科学出版社，2018.

[7] 钟启泉，崔允漷. 核心素养与教学改革 [M]. 上海：华东师范大学出版社，2018.

[8] 钟启泉. 教育的挑战 [M]. 上海：华东师范大学出版社，2019.

[9] 钟启泉. 课程的逻辑 [M]. 上海：华东师范大学出版社，2019.

[10] 钟启泉. 学校的变革 [M]. 上海：华东师范大学出版社，2019.

新发展格局下北京财经三校公共管理专业人才培养方案修订比较研究

张 杰 范雨婷 潘 娜 谭善勇 汪剑鲲 马京华 张馨丹
蔡 梦 陶欣然
(首都经济贸易大学 城市经济与公共管理学院)

【摘 要】本文针对北京财经三校,基于新发展格局下北京财经高校人才培养新定位的背景,进行了高校人才培养定位、模式与方案修订的文献综述,在北京财经三校公共管理类学院与专业基本情况比较分析的基础上,先后进行了三校公共管理类人才培养方案的培养定位与目标、培养方向与内容、培养模式与实施过程、培养效果与培养特色等四维比较分析,最终得出深化新定位、重构新体系、体现新特色等研究结论,并从论证、起草、复核三个阶段,给出了首都经济贸易大学公共管理专业人才培养的具体修订操作建议。

【关键词】北京财经三校;新发展格局;公共管理;人才培养方案

2022年4月13日,北京市朝阳区发布了2022年考试录用公务员拟录用人员公示。从公示名单来看,多数拟录用人员毕业于名牌大学。其中备受关注的是,酒仙桥街道的城管执法岗位的一名拟录用人员,毕业于北京大学,获得北京大学博士学位。

北京大学博士应聘城管的新闻,一时间引起全社会极大关注。一方面,北京是高校教学资源、人才资源、技术资源和信息资源荟萃之地,高精尖人才需求量在全国首屈一指;另一方面,大量专业本科、硕士、博士等人才"考公""上岸"基层城镇管理岗位,而且正在逐步向全国"普及"。是高校专业设置与社会需求脱节,还是人才专业与社会岗位出现结构性错配?是北京等地高级人才足够挑选，还是首都发展没有真正的人才储备？是北京市公共管理专业人才满足不了现实中城市管理岗位需求，还是当前各高校人才培养方向已经隐含甚至出现了某些问题？

上述现实在促使大家深入辨析人才价值和城市发展需求关系的同时，也在当前我国新发展格局和首都新发展态势背景下，引人深思北京财经高校人才培养的新定位和新动向。

一、新发展格局下北京财经高校人才培养新定位背景

（一）新发展格局及北京"两区"建设背景概述

2020年10月《中共中央关于制定国民经济和社会发展第十四个五年规划和二〇三五年远景目标的建议》发布，明确提出今后一段时期内要加快构建以国内大循环为主体、国内国际双循环相互促进的新发展格局。2022年4月《中共中央、国务院关于加快建设全国统一大市场的意见》发布，提出了构建新发展格局的基础支撑和内在要求。

新发展格局的提出既立足国内，又放眼全球。一是立足国内。近年来国内需求对经济增长的贡献率保持在90%以上，国内大循环动能明显增强。二是放眼全球。近年来逆全球化趋势加剧，尤其是2020年以来，新冠疫情影响深远，外部环境短期内难以发生根本性改变。因此，新发展格局既是我国面对当前全球政治经济环境变化的主动作为，也是我国高质量发展的长期战略。

首都发展是新发展格局的重中之重。面对新发展格局，2020年11月29日北京市委十二届十五次全会通过了《关于制定北京市国民经济和社会发展第十四个五年规划和二〇三五年远景目标的建议》，强调深入推进国家服务业扩大开放综合示范区和中国（北京）自由贸易试验区"两区"建设，以高水平对外开放打造国际合作和竞争新优势，统筹发展和安全，加快建设现代化经济体系，率先探索构建新发展格局的有效路径，推进首都治理体系和治理能力现代化。

建设国家服务业、扩大开放综合示范区是党中央、国务院对北京市服务业开放的最新部署。此前，国务院已批复在北京实施三轮服务业扩大开放综合试点，取得积极成效。此次建设综合示范区标志着综合试点进入了全面升

级的新阶段。北京自由贸易试验区是我国最新一批设立的自由贸易试验区之一，于2020年9月24日正式挂牌运行。目前全国已设立21个自由贸易试验区，形成了覆盖东西南北中的全方位开放新格局。

2021年，北京市已完成两个方案涉及的200项改革创新任务。2022年将聚焦科技创新、数字经济、生物医药、绿色金融四个重点领域，探索全产业链开放。"两区"建设急需北京高校尤其是财经高校人才的全力支持。而培养高校人才，关键点在于先要思考人才培养方案的新定位。

(二) 北京财经高校人才培养方案修订背景

地处首都的北京高校，面对国家新发展格局、北京"两区"建设新态势，在人才培养方面，必然要强调深入落实首都城市战略定位，大力加强"四个中心"功能建设，提高"四个服务"水平，在推进首都治理体系和治理能力现代化基本实现方面提供高级人才，因此公共管理专业人才培养目标明确、重任在肩、使命重大。

首都经济贸易大学、对外经济贸易大学、中央财经大学是三所北京市财经类重点大学。这三所财经高校都设有公共管理专业，其中，首都经济贸易大学城市经济与公共管理学院开设公共管理大类专业，含行政管理、公共事业管理、土地资源管理、城市管理等专业；对外经济贸易大学政府管理学院开设行政管理、公共事业管理等公共管理类专业；中央财经大学政府管理学院开设行政管理、公共事业管理、城市管理等公共管理类专业。

专业人才培养方案是高校人才培养的"宪法"，对于高校办学、人才定位、师资发展、社会服务等方面都有直接和间接影响。三所财经高校地处北京、公共管理专业办学模式类似、发展方向和定位各有区别，因此，其人才培养方案具有重要的相互借鉴意义。

在当前新发展格局下，比较分析北京财经三校公共管理专业人才培养方案，以思考北京财经高校人才培养面对新格局、新形势、新需求的改变举措，对于今后一段时期内首都财经高校人才培养定位、学科建设方向与首都发展，都具有重要的现实意义和深远影响。

二、高校人才培养定位、模式与方案修订文献综述

关于高校人才培养定位研究，李立国等提倡建立以人才培养定位为基础的高等教育聚类体系①；王新凤等思考了新高考背景下高校招生与人才培养的成效与困境，提出增加通识课、创新人才培养模式等建议②；彭安臣等从专业实践角度出发，探讨了高校实践教育的内涵、特点与功能③；王严淞等研究发现，我国一流大学普遍重点强调人才的国家性与社会性、创新性与视野性以及人才的综合素质，但同时存在人才培养目标方向不明确、人才培养定位保守等问题④；柳德荣研究了我国54所公办财经类本科院校办学定位的现状和存在的问题，提出应完善以人才培养定位为基础的高校分类体系，坚持高质量发展、特色发展、可持续发展和以本为本的办学定位理念⑤。

关于高校人才培养模式研究，李志义等借鉴工程人才培养成果导向理念（OBE），引入CDIO培养模式，提出"113"应用型人才培养新体系⑥；季波等分析美国一流研究型大学本科人才培养以学生发展、学生学习、学习效果等为中心的三个特征⑦；董泽芳等总结了异质多元生源结构等常春藤大学一流本科人才培养模式的共同特点⑧。

关于高校人才培养方案修订研究，王泳涛等提出建立培养目标与课程体系融于一体的人才培养方案评价改进制度、建立课程与知识/能力/素养要求

---

① 李立国，薛新龙．建立以人才培养定位为基础的高等教育分类体系［J］．教育研究，2018（3）：68-69．

② 王新凤，钟秉林．新高考背景下高校招生与人才培养的成效、困境及应对［J］．中国高教研究，2019（5）：53．

③ 彭安臣，王正明，李志峰．高校实践教育的内涵、特点与功能再审视［J］．教育科学探索，2022（2）：29．

④ 王严淞．论我国一流大学本科人才培养目标［J］．中国高教研究，2016（8）：18-19．

⑤ 柳德荣．我国公办财经类本科院校办学定位研究：基于54所院校关于办学定位的表述［J］．当代教育论坛，2022（2）：26-27．

⑥ 李志义，袁德成，汪滢，等．"113"应用型人才培养体系改革［J］．中国大学教育，2018（3）：57-58．

⑦ 季波，李劲湘，邱意弘，等．"以学生为中心"视角下美国一流研究型大学本科人才培养的特征研究［J］．中国高教研究，2019（12）：55-56．

⑧ 董泽芳，邹泽沛．常春藤大学一流本科人才培养模式的特点与启示［J］．高等教育研究，2019（10）：107-108．

的对应关系矩阵,以提升人才培养方案质量①;袁靖宇指出修订人才培养方案,应构建广博专精的知识结构,形成结构得当的课程体系,突出理实一体的实践教学,严把质量保证的毕业标准②。

综合来看,关于财经高校人才培养方案尤其是某一专业方案比较研究的文献研究还较为少见。尤其是北京财经高校,肩负首都发展的重任,进行公共管理专业人才培养方案的比较研究,具有重要理论意义和实践价值。

三、北京财经三校公共管理类学院与专业基本情况比较分析

（一）北京财经三校公共管理类学院发展情况比较

首都经济贸易大学、对外经济贸易大学、中央财经大学等三校的公共管理类学院,均历史悠久、特色鲜明。

1. 首都经济贸易大学城市经济与公共管理学院基本情况

城市经济与公共管理学院是首都经济贸易大学建院较晚但学科专业历史较长、具有城市研究背景和经济管理特色的公共管理学院。最早的工商行政管理专业创建于1981年,也是全国高校最早创建并享有良好声誉的专业。该专业连同城市经济、城市管理专业和区域经济学使首都经济贸易大学成为全国高校中较早从事这些领域研究的学校。2005年3月,由原公共管理系、城市经济系、首都经济研究所、不动产研究所等系所组建成城市学院。2011年3月,城市学院更名为城市经济与公共管理学院。

城市经济与公共管理学院拥有65人专职教师,其中,教授17人,副教授25人;博士生导师12人,硕士生导师42人。教师中,有北京市政府参事、市区政协常委或委员、相关公共部门专家团专家和政府顾问。

城市经济与公共管理学院拥有公共管理一级学科、区域经济二级学科和城市经济与战略管理交叉学科,形成公共管理、应用经济、管理科学与工程三大学科相互倚重、融合发展的复合优势。区域经济学科是北京市重点学科,行政管理是北京市重点建设学科。区域经济学、城市经济与战略管理（交叉

---

① 王泳涛,杨曦. 高校修订人才培养方案的现状透视与提升路径 [J]. 教育理论与实践,2021（27）:3-4.
② 袁靖宇. 高校人才培养方案修订的若干问题 [J]. 中国高教研究,2019（2）:7-8.

学科）具有博士学位授权资格，公共管理一级学科具有硕士学位授权资格，下设行政管理、土地资源管理、教育经济与管理和社会保障（在院外）二级学科硕士点，并拥有公共管理专业硕士（MPA）学位授权点。

设行政管理系、土地资源管理系、公共事业管理系、城市经济管理系、区域经济系和相应5个本科专业。在校本科生约600人，硕博研究生300余人。本科人才实施"一类二基三专四向五能"的培养流程，教学效果综合评价连年居于全校前5名，培养了一大批适应首都乃至全国经济社会发展需要的公共管理和经营管理人才。

注重实验教学和实习实践基地建设。拥有北京市工商局、贵州省麻江县等多个签约实习基地，深受学生欢迎。与美国罗格斯-新泽西州立大学、密苏里大学和台湾地区台南大学签约合作培养项目。学生考研率、出国率呈现持续稳定上升的发展态势，本科生历年一次就业率均保持在95%以上，研究生一次就业率达100%。

2. 对外经济贸易大学政府管理学院基本情况

对外经济贸易大学政府管理学院溯源于1974年创建的海关管理系，2006年成立公共管理学院，2020年更名为政府管理学院。

政府管理学院拥有一支长期从事行政管理、海关管理、公共经济管理、文化产业管理等领域教学与研究的高水平师资队伍。现有教职工63人，其中教授17人（含博士生导师13人）、副教授21人、专职外籍教师1人。90%以上教师拥有博士学位，80%为海归学者或具有海外访学经历。另聘兼职教授和外国专家10多名为学院国际暑期学校开课。学院具有国内外学者不断交流提高的教学科研氛围，也为学生提供更多元的学习视角。

经过40多年的发展，学院已经形成了完整的学科发展序列和本硕博培养体系，培养高级公共管理专门人才。本科层面拥有3个学士学位授予点，硕士层面拥有公共管理一级学科硕士学位授予权和公共管理硕士（MPA）专业学位授予权，博士层面拥有公共政策与管理二级博士学位授予权。招收行政管理本科留学生及海关管理和国际公共管理硕士留学生。

设有行政管理、海关管理、公共事业管理（公共经济管理方向）、文化产业管理等四个本科专业。其中，海关管理专业为传统优势特色专业，入选国家级一流本科专业建设点，文化产业管理专业依托文化和旅游部挂牌的文化和旅游研究基地，2021年软科中国大学文化产业管理专业排名全国第二。课程设置突出"专业+外语+经贸"，同时贯穿研讨、实习或社会实践，突出能力培养。

3. 中央财经大学政府管理学院基本情况

中央财经大学政府管理学院于2006年7月成立。学院现有教职工64人，其中教学科研岗教师50人（包括教授15人、副教授24人、讲师10人、师资博士后1人）。学院拥有获教育部优秀青年教师奖1人，国务院政府特殊津贴获得者1人，霍英东青年教师奖1人。

政府管理学院下设行政管理系、公共事业管理系、城市管理系、国际政治系4个系，以及中国政府战略研究与评价中心、公共管理研究中心、中国城市战略研究中心、教育经济与管理研究所等8个科研机构。

学院现有政府经济与管理二级学科博士点，公共管理一级学科硕士点（下设行政管理、教育经济与管理、城市规划与管理3个硕士点）和MPA专业学位硕士点，并设有行政管理、公共事业管理、城市管理、国际政治4个本科专业，逐步建立了具有"中央财经"特色的公共管理学科体系，形成了以全日制大学本科、学术型硕士、博士和MPA专业学位硕士教育为主、国际合作办学为辅的多层次、多渠道办学体系，与亚利桑那州立大学签署并实施了联合培养项目。

学院定期与国内外多所著名大学和科研机构广泛开展学术交流与实践活动，国内外影响力进一步扩大。赵景华教授担任全国最大的管理学学会——中国管理现代化研究会党委书记、副理事长兼秘书长，学会党委、秘书处、政府战略与公共政策研究专业委员会设在中央财经大学政府管理学院，每年举办"中国政府战略与公共政策论坛暨市长论坛""全国高校模拟市长大赛""中美国际领导力研修班"等丰富的学术活动。

（二）北京财经三校公共管理专业与课程设置特色比较

首都经济贸易大学、对外经济贸易大学、中央财经大学等三校的公共管理专业，各有其设置特色与办学方向（如表1所示）。

表 1　北京财经三校公共管理专业与课程设置特色比较

学校名称	学院名称	专业类别	专业方向（一流专业建设点）	公共管理大类招生与课程设置特色
首都经济贸易大学	城市经济与公共管理学院（2011年3月由城市学院更名）	公共管理	1. 行政管理（2022年国家级） 2. 公共事业管理（暂停） 3. 土地资源管理（2022年市级） 4. 城市管理（2021年国家级） 5. 城市管理（区域经济管理）	1. 公共管理大类招生。学生入学后经过3个学期统一课程学习，第4学期开始按分流专业培养方案培养 2. 课程设置突出"城市+管理+实践"
对外经济贸易大学	政府管理学院（2021年6月由公共管理学院更名）		1. 行政管理（2021年国家级） 2. 海关管理（2020年国家级） 3. 公共事业管理（公共经济管理方向） 4. 文化产业管理	1. 公共管理大类招生。学生入学后经过3个学期统一课程学习，第4学期开始按分流专业培养方案培养 2. 课程设置突出"专业+外语+经贸"
中央财经大学	政府管理学院		1. 行政管理（2021年国家级） 2. 公共事业管理（2022年国家级） 3. 城市管理（2022年市级） 4. 国际政治	1. 公共管理大类招生。大学一年级接受大类专业基础教育和通识教育，从二年级开始进行专业选择学习 2. 课程设置突出"治理+财经+研究+操作"

四、北京财经三校公共管理专业人才培养定位与培养目标比较研究

（一）北京财经三校公共管理人才培养定位比较分析

人才培养定位是学校培养人才的目标，即学校到底培养哪类人才、培养什么样的人才。北京财经三校公共管理人才培养在总体定位上具有相似性。根据三校的公共管理人才培养方案，三校均将高素质、复合型、应用型人才作为最终的培养定位，这也说明三校对于公共管理人才培养定位具有共性。但具体培养怎样的应用型人才，北京财经三校公共管理专业人才培养定位也具有各自的特点。

中央财经大学人才培养目标：依托传统优势学科，立足我国公共管理实践，培养具有扎实的管理学、政治学、经济学、心理学、社会学、统计学基础知识，系统掌握公共部门人力资源管理专业知识，熟悉公共部门人力资源管理相关政策、法律和法规，熟悉人力资源管理理论、实务与方法，掌握人力资源管理理念和操作技能，具有国际视野，德、智、体全面发展，具有初步科学研究和实际工作能力，能够在各类公共部门及企事业单位以及各类非营利组织从事人力资源管理工作的高素质、复合型和应用型人才。

对外经济贸易大学人才培养目标：集多学科知识体系，培养学生重点解决外经贸领域内的公共政策问题能力，为外经贸领域的政府和企业提供服务。培养的学生专业思维鲜明，理论基础扎实，适应面较宽，能够系统掌握政治学、行政学、经济学、管理学、法学以及涉外行政管理、涉外经济事务管理、海关管理和公共事业管理等专业领域的理论、方法与技术，具有较高的理论分析与解决实际问题的能力。依托国际化特色，努力培养"专业+外语"的复合型人才，使学生不仅具备坚实的专业基础，而且能灵活应用外语在涉外领域开展工作，使学生能以综合能力立足于经济飞速发展时代。

首都经济贸易大学人才培养目标：培养适应现代经济和社会发展需要，德智体美劳全面发展，具备扎实的行政管理理论基础，具有较深厚的人文素养和科学精神，知识结构完善合理，具有高度责任心和使命感，具备较高行政管理素质与较强行政管理能力，具有国际视野与创新精神，能在政府机关、企事业单位、咨询机构、非营利组织及社区从事公共行政、社会管理、市场监管、文秘助理、人力资源管理、政策分析、项目咨询等工作的高素质、复合型、应用型管理人才。

（二）北京财经三校公共管理人才培养目标比较分析

人才培养目标是办学方针以及培养过程的最终结果。由于公共管理专业人才实际毕业情况和去向往往混杂在全校的数据中难以获得。因此，可根据该专业人才毕业要求来类比分析北京财经三校公共管理人才培养目标。具体内容如表2所示。

表 2　北京财经三校公共管理人才培养目标对比（基于毕业要求）

学校名称	知识要求	专业要求	素质要求	其他
中央财经大学	具有广博的管理学、政治学、经济学、心理学、社会学、统计学等领域的基础知识，系统掌握人力资源管理专业知识，熟悉人力资源管理相关政策、法律和法规，理解公共部门和私营部门人力资源管理的基本规律与工具，具有国际化与前沿视野，熟悉本学科理论前沿与发展动态	掌握专业关键知识与技能、人力资源管理工具及软件应用、人力资源管理实务操作技能。掌握人力资源管理的定性、定量的分析方法，掌握文献检索、资料查询的基本方法，具有初步科学研究和实际工作能力，能够分析和解决人力资源管理实际问题	具有人文社会科学素养、社会责任感，能够在跨文化背景下进行沟通和交流，具有较强的人际沟通交流能力，不断提高职业素养和创新创业能力与意识	无
对外经济贸易大学	掌握马克思主义基本原理，熟悉党和国家的基本路线、方针、政策和法律、法规。掌握公共事业管理的科学理论和专门知识，具有宽厚的学科基础知识和复合型、应用型的知识结构。了解国内外公共事业管理改革的新形势和新特点，熟悉国家有关文化产业的法律、法规及相关政策，特别是文化事业管理制度的变迁与创新	具备从事公共事业管理与政策的分析能力，包括调研、决策、组织、协调等，能熟练运用多种管理技术与现代信息处理技术等方面的能力。具有较强的社会活动能力、实际工作能力和口头表达能力	具有创新意识和独立分析解决实际问题的能力	比较熟练地掌握一门外语，具有一定的跨文化交流能力和初步的科研能力

续表

学校名称	知识要求	专业要求	素质要求	其他
首都经济贸易大学	1. 掌握通识教育类、学科基础类、专业核心知识及相关学科知识 2. 熟悉国家治理以及公共管理方面的法律法规、方针、政策 3. 重视思维的多元化与系统性训练，构建跨学科与复合多元的知识体系	1. 能将所学知识用于分析公共管理领域现象和问题，并通过问题诊断、分析和研究，提出相应对策和建议并形成解决方案 2. 具备现代行政管理能力、公共政策分析能力、调查统计分析能力、组织策划能力、协调沟通能力、写作表达能力等 3. 能较全面地掌握并熟练运用行政管理、公共政策、信息管理、计算机、统计调查等多个交叉领域的知识，提升应对多元复杂问题的能力	1. 掌握马克思列宁主义、毛泽东思想、邓小平理论、"三个代表"重要思想、科学发展观和习近平新时代中国特色社会主义思想；具有全球视野、家国情怀、法治意识和公共观念 2. 有正确的世界观、人生观、价值观，具有良好的人文、艺术修养和审美情趣；积极参加实习实践活动，积极参加体育锻炼，保持身体、心理健康，有良好的社会适应能力、心理承受能力和人际交往能力 3. 有创新意识，对行政管理最新发展动态及本学科领域的国内外研究现状有一定了解，掌握进行创造活动的思维方法，能开展社会调查和科学研究，具有自主创新学习和终身学习的意识，具备一定的创新性思维和探索能力，为进一步学术深造打下坚实基础	具有突出的国际交往能力和国际化视野，熟悉国际惯例，比较系统熟练地掌握一门外语，积极参与多样化的国际交流活动，善于通过多种国际化渠道、赛事，提升国际事务的分析及处理能力，提高服务北京建设世界型城市的本领

资料来源：北京财经三校公共管理人才培养方案（2020年）。

从三校公共管理人才培养方案中的毕业要求可以看出：

一是北京财经三校不仅都要求公共管理专业人才毕业具备全面的专业知识体系、坚定的政治立场、必备的专业技能，还要求具备创新意识、人文社科素养以及分析和解决问题的能力，都实现了知识、技能、素质三大方面的全覆盖。

二是对外经济贸易大学和首都经济贸易大学对公共管理人才毕业的外语交流和科研能力提出了明确的要求，并在素质培养中明确要求公共管理专业学生具备国际视野，这一部分培养内容区别于中央财经大学（中央财经大学公共管理人才培养方案中较少提及）。

三是首都经济贸易大学公共管理人才培养明确指出服务于北京城市发展。

五、北京财经三校公共管理专业人才培养方向与重点内容比较研究

（一）北京财经三校专业办学方针与培养方向比较分析

高校办学方针是高校办学的总体指导思想，是学校全体成员的教育观念和教育价值的复合体现。北京财经三校的公共管理专业人才培养在办学方针上各有侧重，办学层次均包括了本科、硕士和博士。而由于办学方针的不同，专业发展层次在保持了专业人才基本要求的"同"的基础上具有明显的"异"。

北京财经三校的公共管理人才培养在办学方针和层次上的共同点体现在如下三个方面：

一是多学科融合办学。传统的公共管理专业人才培养局限于专业学科，较少将公共管理专业和其他相关专业联系起来，各个专业之间较为孤立。随后，人才培养慢慢融合其他学科，当前的人才培养方案突出多学科、跨学科融合的特点。北京财经三校公共管理人才培养办学方针均体现了这一点。公共管理学科涉及经济学、管理学、社会学等多学科相互交叉，以完备的知识体系培养全面型人才。

二是理论和方法融合。均强调系统掌握政治学、行政学、经济学、管理学、法学以及公共部门人力资源管理专业理论知识并能用于分析公共管理领域的现象和问题，均重视培养现代行政管理能力、公共政策分析能力、调查统计分析能力、组织策划能力、协调沟通能力、写作表达能力等。

三是培养应用型人才。当前的培养方案更加突出复合型、应用型人才培养方向。传统的公共管理专业强理论、轻应用，强讲授、轻实践，且培养方向并不清晰，学生毕业后在各行各业并不专长。北京财经三校公共管理专业明确人才达标方向，为各公共部门培养具有较高的理论分析与解决实际问题的能力的专业人才。

北京财经三校的办学方针与培养层次的差异主要体现在如下两个方面：

一是办学服务层次不同。从办学方针上，中央财经大学和对外经济贸易大学均是教育部直属全国重点大学。两校公共管理人才培养方案均体现了办学服务范围的全国性，从全国视角出发，为国家培养能够为各类公共部门和企事业单位以及非营利组织服务的高素质人才。首都经济贸易大学是北京市属重点高校，秉持"立足北京，服务北京，辐射全国，面向世界"的办学定位和方针，将办学服务范围定位为北京，主要为北京市的公共部门、企事业单位以及各类非营利组织培养公共管理专业人才。首都经济贸易大学在培养国际人才方面的定位也主要服务于"两区"建设战略和北京市建设世界型城市的发展战略等。

二是培养方向各有侧重。从北京财经三校公共管理类专业人才培养方案可以看出，中央财经大学和首都经济贸易大学均从传统优势学科出发，但中央财经大学的公共管理专业侧重于人力资源管理能力的培养，首都经济贸易大学则侧重于土地资源管理和城市管理能力的培养。对外经济贸易大学则将重点放在培养专业人才的外事能力，以及海关管理、涉外行政管理能力等，培养学生较强的外语和外交能力。表3展示了北京财经三校办学方针和培养层次的对比。

表3 北京财经三校办学方针和培养层次对比

分类	异同点	中央财经大学	对外经济贸易大学	首都经济贸易大学
相同点	多学科融合办学	融合管理学、政治学、经济学、心理学、社会学、统计学等学科	融合政治学、行政学、经济学、管理学、法学等学科	融合政治学、经济学、社会学、统计学、地理学等学科
	理论和方法融合	系统掌握公共部门人力资源管理专业知识，熟悉公共部门人力资源管理相关政策、法	系统掌握政治学、行政学、经济学、管理学、法学以及涉外行	掌握所学知识并用于分析公共管理领域的现象和问题，并通过问题诊

续表

分类	异同点	中央财经大学	对外经济贸易大学	首都经济贸易大学
相同点	理论和方法融合	律和法规，熟悉人力资源管理理论、实务与方法，掌握人力资源管理理念和操作技能，具有国际视野，德、智、体全面发展，具有初步科学研究和实际工作能力	政管理、涉外经济事务管理、海关管理和公共事业管理等专业领域的理论、方法与技术，具有较高的理论分析与解决实际问题的能力	断、分析和研究，提出相应对策和建议，并形成解决方案；具备现代行政管理能力、公共政策分析能力、调查统计分析能力、组织策划能力、协调沟通能力、写作表达能力等
	培养复合应用型人才	培养具有初步科学研究和实际工作能力，能够在各类公共部门及企事业单位以及各类非营利组织从事人力资源管理工作的高素质、复合型和应用型人才	培养具有较高的理论分析与解决实际问题的能力的"专业+外语"的复合型人才	培养能在政府机关、企事业单位、咨询机构、非营利组织及社区从事公共行政、社会管理、市场监管、文秘助理、人力资源管理、政策分析、项目咨询等工作的高素质、复合型、应用型管理人才
不同点	办学服务层次	全国	全国+涉外	北京
	培养能力侧重	人力资源管理能力	外事能力、海关管理、涉外行政管理等能力	土地资源管理、城市管理等能力

资料来源：北京财经三校公共管理人才培养方案（2020 年）。

（二）北京财经三校公共管理人才培养重点内容比较分析

中央财经大学、对外经济贸易大学和首都经济贸易大学虽均为财经院校，但在公共管理人才的培养方面，重点不同，也各具特色（如表 4 所示）。

表 4　北京财经三校公共管理人才培养重点内容对比

院校	培养重点与内容特色
中央财经大学	公共部门领域的人力资源管理能力

续表

院校	培养重点与内容特色
对外经济贸易大学	涉外事务管理、文化产业管理、海关管理；"专业+外语"特色
首都经济贸易大学	城市管理、土地资源管理、行政管理；交叉学科融合培养

资料来源：北京财经三校公共管理人才培养方案（2020年）。

中央财经大学立足传统优势学科，培养能够在公共部门人力资源岗位上具有专业能力、先进人力资源管理理念和操作技能的专业人才。其专业特色则是公共部门的人力资源管理。

对外经济贸易大学的特色则体现在培养公共管理领域具有较强涉外能力的人才，这种涉外能力主要包括外语沟通和写作能力、涉外事务管理能力等，公共管理人才培养方向主要为文化产业管理方向，此外还有一定的海关管理的特色方向。

首都经济贸易大学公共管理专业人才的培养集中在土地资源管理、城市管理以及行政管理等专业方向，在一定程度上囊括了部分地理学专业能力的培养，更加体现了首都经济贸易大学交叉学科融合发展的特色。

具体分析，三校公共管理专业人才培养的重点内容和培养倾向各有侧重。三校公共管理大类中，行政管理、城市管理、公共事业管理等方向的专业设置较为普遍，在此进行比较分析。

1. 行政管理专业培养内容比较

首都经济贸易大学侧重行政管理素质与能力的培养，提出培养具备较高行政管理素质与较强行政管理能力，具有国际视野与创新精神的高素质、复合型、应用型管理人才。在市场监管、国家公务员制度、公共管理等方面形成特色。

中央财经大学突出财经特色，提出培养有财经特色的现代行政管理人才，在政府战略与绩效管理、公共政策与政府预算、政府治理与府际关系等方面形成了鲜明特色。

对外经济贸易大学强调涉外公共事务管理，倾向于培养从事政府公共管理尤其是涉外公共事务和涉外经济事务治理等方面工作的卓越人才。具有良好的行政管理知识、涉外经济事务处理能力、娴熟的英语运用能力以及较强的语言表达能力，能够从事行政管理尤其是涉外经济事务的管理。

2. 城市管理专业培养内容比较

以首都经济贸易大学和中央财经大学的城市管理专业为例：

首都经济贸易大学瞄准首都北京发展定位，强化城市经济与管理的核心特色，致力于破解超大城市经济发展与精细化管理的难题。强化城市可视化分析与模拟仿真技术应用。依托经济与管理实验教学中心、城市群系统演化与可持续发展决策模拟实验室以及3D仿真实验室，提升学生解决城市与区域经济管理问题能力。

中央财经大学培养具备"管理思维+财经意识+理工技能"三位一体综合素质的专业人才，使其能够从事区域、城市规划与管理领域的专业工作。

3. 公共事业管理专业培养内容比较

首都经济贸易大学城市经济与公共管理学院，因该专业大类分流人数过少，目前暂停专业招生。因此，2020年版人才培养方案没有对其进行修订。

对外经济贸易大学公共事业管理（公共经济管理方向）：培养掌握坚实的经济学理论与方法、多学科交叉的知识体系，拥有较强的分析能力和较高的英语水平，具备较强的知识应用能力及扎实的工作技能，适应经济技术全球化背景，从事财政、预算、政策分析等相关公共经济管理工作的国际化、复合型高素质专门人才。

中央财经大学公共事业管理：培养懂经济、懂管理的公共事业单位和公共组织管理人才，在公共组织运行和人力资源管理方向形成特色。

六、北京财经三校公共管理专业人才培养模式与实施过程比较研究

（一）北京财经三校公共管理人才培养实施模式与影响因素比较分析

北京财经三校公共管理人才培养实施模式的分析主要聚焦于课程设置方面。根据三校的公共管理人才培养方案学分对比可以看出（如表5所示）：

其一，通识通修课程占比最大的是对外经济贸易大学，为50.9%，超过了总学分的一半；其次是首都经济贸易大学，占比为41.1%；中央财经大学占比最低，占比为35.9%。这说明，对外经济贸易大学更加重视公共管理专

业人才价值观、通识素质的培养。

其二，专业课占比最大的是中央财经大学，为59.2%，超过了总学分的一半；其次是首都经济贸易大学，占比为35.4%；最后是对外经济贸易大学，占比为32.9%。这说明，中央财经大学更加重视人才的专业素质培养，夯实理论知识。

其三，从实践和实验学分上看，首都经济贸易大学占比最高，为23.4%；其次是对外经济贸易大学，占比为16.2%；最后是中央财经大学，占比为4.9%。这说明，首都经济贸易大学相比于其他两校，更加重视公共管理人才的实验方法和实践技能的培养。

表5　北京财经三校公共管理人才培养课程学分设置对比

总学分/课程设置	中央财经大学	对外经济贸易大学	首都经济贸易大学
最低总学分	184	173	158
通识课程	11	14	65
通修课程	55	74	
通识通修课程占比（%）	35.9	50.9	41.1
专业必修课程	74	57	46
专业/通识选修课程	35	—	10
专业课程占比（%）	59.2	32.9	35.4
暑期学校	—	不少于2门	—
社会实践		5	
专业实习	9	11	14
毕业论文		12	4
专业实验	—	—	19
其他占比（%）	4.9	16.2	23.4

资料来源：北京财经三校公共管理人才培养方案（2020年）。

（二）北京财经三校公共管理人才培养实施过程比较分析

北京财经三校公共管理人才培养实施过程主要分为两个方面：一是理论授课，二是实践或实验。

从三校人才培养方案指导性教学计划中可以看出，三校都要求公共管理专业学生既具有扎实的理论知识基础，又具有较强的解决问题和实操技术能力。以本科生为例，该过程分为大学一年级到大学四年级共计 8 个学期，从这 8 个学期学分分布对比（如表 6 所示）可以看出：第 1~2 学期主要进行通识教育，培养学生的价值观，以及部分专业素养的传授；第 3~7 学期主要进行专业素质的培养，这部分是三校人才培养的重点；第 8 学期主要进行专业实习以及实践，锻炼学生的专业技能。

表 6　北京财经三校本科公共管理人才培养 8 个学期学分分布对比

学期	课程类别	中央财经大学	对外经济贸易大学	首都经济贸易大学
1	通识通修类	26	—	19
1	专业必修选修类	7	3	11
1	实验类、实习类	1	—	2
2	通识通修类	21	—	31
2	专业必修选修类	8	9	10
2	实验类、实习类	0	—	—
3	通识通修类	16	—	12
3	专业必修选修类	15	16	24
3	实验类、实习类	0	—	—
4	通识通修类	19	—	7
4	专业必修选修类	20	17	18
4	实验类、实习类	0	—	3
5	通识通修类	4	—	2
5	专业必修选修类	14	9	22
5	实验类、实习类	0	—	—
6	通识通修类	4	—	2
6	专业必修选修类	20	12	15
6	实验类、实习类	0	—	3
7	通识通修类	4	—	2
7	专业必修选修类	18	12	11
7	实验类、实习类	0	—	—

续表

学期	课程类别	中央财经大学	对外经济贸易大学	首都经济贸易大学
8	通识通修类	4	—	2
	专业必修选修类	0	0	0
	实验类、实习类	8	—	8

资料来源：北京财经三校公共管理人才培养方案（2020年）。

与此不同的是，首都经济贸易大学专业学分占总学分的比重虽没有中央财经大学大，但是学科门类跨度比中央财经大学大，专业课数目也比中央财经大学多，这说明首都经济贸易大学在专业素质的培养上的口径宽，究其原因，这与学院提倡多学科交叉、个性化发展有关。此外，对外经济贸易大学在公共管理本科生培养中还规定，在第二学年学生可以自主确定发展方向，通过个性化选修选择学术类、通用类、创业类三种发展方向，更加提高了人才发展的全面性和自主性。

七、北京财经三校公共管理专业人才培养效果与培养特色比较研究

（一）北京财经三校公共管理人才培养效果比较分析

关于三校公共管理人才培养效果分析，原拟发放三套问卷，同时采取抽样访谈的方式进行调研分析。但因调查期间海淀区（中央财经大学）、朝阳区（对外经济贸易大学）、丰台区（首都经济贸易大学）反复出现多轮疫情，因此未能进行实地调研访谈。考虑到网络调研样本及问卷效果有限，也未进行线上问卷调研。

本部分采用麦可思数据有限公司《首都经济贸易大学应届毕业生培养质量评价报告》和首都经济贸易大学、中央财经大学、对外经济贸易大学三校提供的数据进行三校公共管理人才培养效果比较分析。

1. 首都经济贸易大学公共管理人才培养效果分析

（1）学生学业成绩及综合素质表现情况。2018年以来学院全年级学生学业成绩平均学分绩点达到3.23，达到优良层次，综合素质不断提升。

（2）学生对自我学习与成长的满意度情况。经过几年努力探索，学院学风建设效果初显，学生综合素质较好，其中，行政管理国际班获校级"班级

最佳集体活动"奖、校级"十佳班集体"称号、北京市级"我的班级我的家"优秀班集体创建评选活动优秀奖；学院本科生党支部荣获北京高校"红色1+1"活动优秀奖；"青橙"学习小组被评为"百校千组学讲行"主题教育示范学习小组。

学院平均每年有24人获得校级"三好学生"荣誉称号，22人获得校级"优秀学生干部"荣誉称号，2个班级获得校级"先进班集体"，2个班级获得校级"优良学风班"。学生对自我学习与成长满意度较高。

(3) 学习效果。学生学习效果不断提升。主要表现在2018—2021年全院年均学业及格率达到92%，毕业生的升学率（国内读研率）从2018年的9.21%上升至2021年的13.86%，年均毕业率达到98.4%，考研比例从2018年的28.2%升至2021年的33.3%，出国留学比例保持在21.5%左右。

学生积极参加课外竞赛，并取得了优异成绩：先后获得全国大学生数学建模竞赛一等奖、二等奖；美国大学生数学建模竞赛二等奖（美国区）、H奖；北京市大学生交通科技大赛优秀奖，全国房地产策划大赛二等奖，历届全国大学生城市管理大赛一等奖、二等奖、优秀组织奖等；中国大学生公共管理案例大赛三等奖、北京市大学生电子商务"创意、创业、创新"挑战赛一等奖；等等。

(4) 毕业生的就业率与职业发展情况。学院2018—2020年本科生一次就业率均稳定在100%，2021年毕业去向落实率为92.36%，均高于全校平均值。毕业生职业发展良好。2021届毕业生的就业现状满意度为86%，比全国"211工程"本科院校2021届（77%）高9个百分点。城市经济与公共管理学院的就业现状满意度达到88.2%，高于学校平均水平。

(5) 用人单位对毕业生的评价。学校2016届有七成以上（73%）的毕业生表示愿意推荐母校，同时有九成以上（94%）的毕业生对母校表示满意。由此可见，毕业生对学校的整体认同程度较高，毕业生评价良好。

2. 对外经济贸易大学公共管理人才培养效果分析

毕业生由于专业基础扎实、知识面广、外语能力突出、综合素质高，受到了各行各业的广泛欢迎和好评。学院毕业生约30%考取研究生和出国留学深造，20%左右被海关系统、外交部、商务部、各级政府等中央和地方国家机关录用为公务员、选调生等，20%左右进入大型银行、四大会计师事务所等机构，20%左右进入国有企业和知名民营企业，10%左右进入外企。许多毕业生已成为单位的业务骨干，有的成为领导干部，在各领域发挥着重要作用。特别是在中央和地方国家机关始终保持着优势地位，有几十名校友担任司局级及以上高级领导。

3. 中央财经大学公共管理人才培养效果分析

本科生获得多项大学生创新计划国家级、北京市级项目立项，获全国大学生城市管理竞赛一等奖、美国大学生数学建模竞赛特等奖候选提名（F奖）、北京市普通高等学校优秀本科生毕业论文奖等，多人受邀赴美国参加哈佛大学模拟联合国大会等国际赛事，多支团队入围北京市"双百行动计划"等。学院学生每年平均发表高质量学术论文10余篇，在多个国内外重要学术会议中宣读论文并获优秀论文奖。

累计培养1 442名本科生，445名学术型研究生，56名博士研究生，1 222名公共管理硕士（MPA），为政府部门和企事业单位输送了大量高素质人才。本科生毕业深造率近50%，约30%的学生进入清华大学、北京大学、中国人民大学、复旦大学等国内知名高校继续深造；约20%的学生选择赴芝加哥大学、康奈尔大学、哥伦比亚大学、伦敦政治经济学院等境外高校继续深造。

毕业生就业领域广泛，主要就业单位包括政府机关、高校、国有大中型企业、各大银行及金融机构等。

（二）北京财经三校公共管理人才培养特色比较分析

首都经济贸易大学、对外经济贸易大学和中央财经大学三校公共管理大类专业设置不同，因此培养特色需要依托具体专业进行分析。

以三校均设置的行政管理专业为例，通过词云图进行展示比较。

1. 首都经济贸易大学行政管理专业培养特色

该专业突出以下培养特点：

突出服务首都北京，夯实经济行政的特色。结合首都北京的区位优势和学校经济管理资源优势，以及工商行政管理专业悠久的办学历史，紧密结合国家京津冀协同发展战略，助力首都"四个中心"建设，为首都经济建设和社会发展服务。培养"懂经济、知法律、擅行政、会管理"的行政管理、政府监督、市场监管专门人才。

强调知识的多维与系统，强调理论与实践相结合。对接新文科建设要求，开设跨专业领域的课程，要求学生文理兼修、视野开阔、融会贯通；促进理论教学与实践教学密切互动，增强学生理论兴趣的培养和理解能力的提升，充分利用业界专家等校外教师团队，以讲座、报告、座谈、参观等形式丰富教学内容。建立实习、实践基地，使学生将所学专业知识理论运用于实践，并在实践中进一步深入领会和掌握理论知识。

注重本土化与国际化的培养模式。一方面，增加中国当代政府与政治、北京历史文化概论等"中国特色"专业课，加强实习实践环节的精细化、规范化管理，帮助专业学生了解"中国故事"，厚植学生关注中国本土实情的家国情怀，强化学生懂国情、知社情的知行能力；另一方面，增加双语、英语课程，帮助学生对接国际化培养模式，接触前沿理论知识，并鼓励学生积极参加各类国际交流活动，拓宽学生的国际视野。

由图1可知，首都经济贸易大学行政管理专业培养强调复合型、国际化（双语）、应用型、知识结构完善，突出政府、政策，体现市场监管特色。

图1　首都经济贸易大学行政管理专业培养特色词云图

2. 对外经济贸易大学行政管理专业（涉外行政管理方向）培养特色

该专业凸显以下培养特点：

培养德、智、体全面发展，扎实掌握涉外行政管理基础知识和基本技能，具有国际视野，能适应新形势下行政管理现代化、科学化、专业化要求，能够从事行政管理工作，特别是涉外行政管理事务的国际化。

掌握行政管理的科学理论和专门知识，具有宽厚的学科基础知识和复合型、应用型的知识结构，了解国内外行政管理改革的新形势和新特点，特别是涉外经济管理制度的变迁与创新。

具备从事行政管理与政策的分析能力（包括调研、决策、组织、协调等），能熟练运用多种管理技术与现代信息处理技术等方面的能力，以及贯穿其中的创新能力。具有较强的社会活动能力、实际工作能力和文字与口头表达能力。

要求比较熟练地掌握一门外语，具有一定的跨文化交流能力和初步的科研能力。

由图2可知，对外经济贸易大学行政管理专业（涉外行政管理方向）更加强调行政管理、全面发展、国际视野、政策法律法规，突出组织协调、专业要求、涉外事务等。

图2 对外经济贸易大学行政管理专业培养特色词云图

3. 中央财经大学行政管理专业培养特色

该专业强调以下培养特点：

"知识"结构要求：具有广博的政治学、管理学、法学和经济学等领域的基础知识，系统的行政管理学专业理论和方法，对行政管理学理论的本土应用和国际化有广泛的了解，掌握行政管理学相关技能。

"专业能力"要求：具备独立开展行政管理、公共政策分析、政府绩效评价、大数据与电子政务等研究的能力，广泛的就业适应性，敏锐地解决行政管理实际问题的能力。

"素质"要求：具有人文社会科学素养、社会责任感，能够在跨文化背景下进行沟通和交流，具有自主学习和终身学习的意识。

由图3可知，中央财经大学行政管理专业更突出对知识结构的学分要求、行政管理的专业要求、人文社科的素质要求，同时体现政府绩效和职能优化、领导力和执行力等特色。

图3 中央财经大学行政管理专业培养特色词云图

八、主要研究结论

综合以上人才培养方案对比分析，在人才培养定位、课程体系更新、专业发展特色等方面，可以得出以下结论。

（一）面对新形势，深化北京财经三校公共管理人才培养新定位

面对第一问——国家之问：新发展格局如何影响北京财经高校新一轮的人才培养方案定位（取向）？

构建以国内大循环为主体、国内国际双循环相互促进的新发展格局，必然要求突出国内大格局、参考国际总格局，这对公共管理人才的培养定位、发展取向、能力素质、国际交流等方面都会产生深远影响。如何应势而上，按照国家发展政策、教育方针要求和财经发展规律，科学制订人才培养方案，必须认真思考这一长远问题。

当前，北京财经三校公共管理专业人才培养方案分别着重公共部门、涉外事务、公共管理等应用型、复合型、高素质人才培养定位，相对于北京市新发展格局的思考，急需深化确定新定位。

今后，面对北京"两区"建设、高精尖产业发展、证券交易所市场发展等新形势，需要提前筹划、及时转向，深化人才培养在首都发展应用型、城市管理复合型、现代服务高素质等方面的新定位。

同时，针对国家之问，需要构建以国内大循环为主体、国内国际双循环相互促进的新发展格局，针对公共管理专业的发展现实，提出国家新发展格局对北京财经高校公共管理专业人才培养方案的新定位，提出财经高校培养应用型、复合型、创新型人才的新方向。

（二）面对新格局，重构北京财经三校公共管理课程建设新体系

面对第二问——首都之问：北京"两区"建设如何影响北京财经高校新一轮公共管理人才培养的内容（技能）？

国家服务业扩大开放综合示范区和中国（北京）自由贸易试验区"两区"建设，给"十四五"和2035远景目标指明了发展方向，也是北京市今后15年的发展重点。作为北京市财经三大高校，对外经济贸易大学、中央财经大学、首都经济贸易大学多年来为北京市输送了大批高级人才。面对新格局、新态势，如何在人才培养方案中体现北京建设今后15年的社会人才需求，从而能够顺利推进首都治理体系和治理能力现代化，必须认真分析这一现实问题。

课程建设是人才培养方案定位的实质性内容体现。通过通识教育课、公

共管理专业课、专业实践课、毕业论文设计等一体化的课程培养设置，落实适应当前首都发展人才需要的新定位。

重构课程体系，需要通过学分比例、学期安排、修业年限等设置，在通识教育课程方面注重人文历史、经管商贸等社科门类的基础铺垫，在专业课程方面凸显贸易经济学、区域经济学、产业经济学、城市管理学等适应首都发展现实的课程门类，在实践课程和毕业论文方面直接思考和研究北京"两区"建设等发展现实问题。

同时，针对北京之问，还需要基于国家服务业扩大开放综合示范区和中国（北京）自由贸易试验区"两区"建设的新态势，以顺利推进首都治理体系和治理能力现代化为培养目标，提出财经高校人才培养在行政管理、公共事业管理、土地资源管理、城市管理和区域经济管理等公共管理大类专业培养方案的新课程、新需求、新内涵，为课程建设、教材建设、课堂建设提出新内容。

（三）面对新需求，体现北京财经三校公共管理专业发展新特色

面对第三问——高校之问：财经高校如何解决专业人才培养方案校院系三级差序协同实施的操作？

目前高校人才培养方案的修订流程，一般都是由教务处牵头制定修订意见和修订方案，学院依据学校方案向各专业下达修订任务和计划安排。但实际上，系（专业）才是人才培养方案修订的第一责任者、第一承担者、第一实施者、第一受影响者。因此，需要切实听取高校各系主任（专业负责人）的具体意见，就工作框架、修订流程、方案定位、学分比例、学期安排、专业必修课选修课课程比例、实践课程设置、创新学分设置、认知实习、社会实习、毕业实习以及毕业论文等问题进行针对性思考，去粗取精、去伪存真、去次取主，切实进行校院系三级差序协同实施。三级协同实施的效果，可以反映人才培养方案是否科学合理、是否切合实际，对此必须认真思考，提出切实可行、既顾及现实又考虑长远的实操性建议。

北京财经三校公共管理专业人才培养方案体现了中央财经大学、对外经济贸易大学、首都经济贸易大学各自的创校历史、发展沿革和专业源流，但也都面临着专业面较窄、适用性不强、提升度不高等现实问题，需要进一步

体现专业发展新特色。

当前，需要财经高校加大专业课理论深度培养、提升专业实践培养，以各自专业基础为依托，以"两区"建设、北京证券交易所、城市副中心等重点园区和机构作为主要研究、实习、实践基地，实际参与首都发展进程，不断发现公共管理专业适用新问题，汲取专业理论新知识，体现专业发展新特色。

同时，针对高校之问，需要构建人才培养方案"三上三下"修订机制，切实听取高校各系主任（专业负责人）的具体意见，就工作框架、修订流程、方案定位、学分比例、学期安排、课程比例、创新学分、实习实践以及毕业论文等问题，进行校院系三级差序协同实施，有针对性地提出财经高校解决专业人才培养方案校院系三级差序协同实施的新视角。

九、首都经济贸易大学公共管理专业人才培养方案修订操作建议

本项研究基于问题导向，探讨新发展格局下北京财经高校公共管理专业人才培养方案修订所面临的现实问题与解决思路。

在前述针对首都经济贸易大学、对外经济贸易大学和中央财经大学公共管理类人才培养方案分析的基础上，按照时间顺序，分别从论证阶段（人才培养定位）、起草阶段（人才培养体系）和复核阶段（人才培养特色）等三个角度，尝试提出首都经济贸易大学新一轮公共管理专业人才培养方案修订的操作建议和实施方案。

（一）论证阶段：提前思考新形势，深入论证人才培养新定位

需要根据以国内大循环为主体、国内国际双循环相互促进的新发展格局，针对公共管理专业的发展现实，提出国家新发展格局对北京财经高校公共管理专业人才培养方案的新定位，提出财经高校培养应用型、复合型、创新型人才的新方向。

在此阶段，需要明确提出北京财经高校新一轮人才培养方案需要注意的重大问题，尤其是新发展格局、北京"两区"建设新动态问题，使新一轮人才培养方案更加符合国家政策方向和首都发展取向。

具体操作过程，建议实施以下六阶段论证方案环节（如图4所示）。

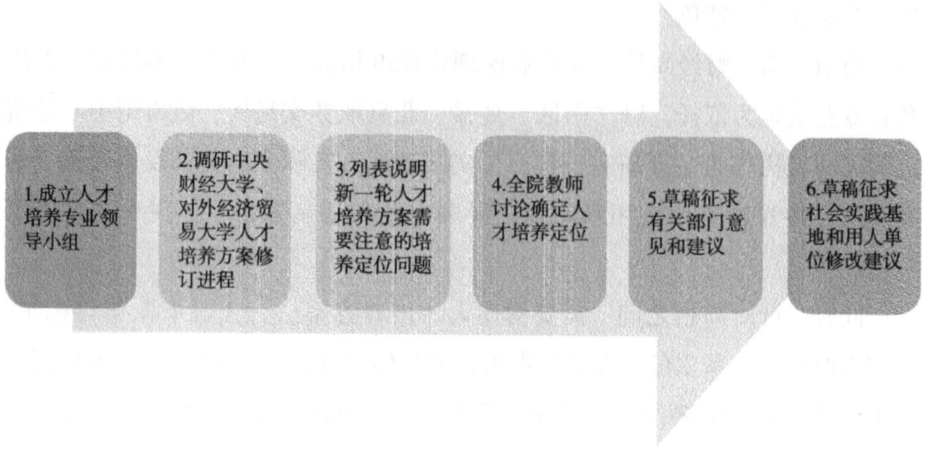

流程图：1.成立人才培养专业领导小组 → 2.调研中央财经大学、对外经济贸易大学人才培养方案修订进程 → 3.列表说明新一轮人才培养方案需要注意的培养定位问题 → 4.全院教师讨论确定人才培养定位 → 5.草稿征求有关部门意见和建议 → 6.草稿征求社会实践基地和用人单位修改建议

图4　人才培养方案论证阶段操作示意图

1. 成立人才培养专业领导小组

鉴于人才培养方案的重要意义，建议专门成立公共管理专业人才培养方案修订领导小组。

小组成员应包括三个层级：

一是校领导层级。包括教学主管校长，教务处主管处长，发展规划和评估处主管处长，以及学生处、研究生院、后勤管理处等主管领导。

二是学院层级。包括学院党委书记、党委副书记、院长、教学和科研主管院长、院长助理、各系主任副主任、学生辅导员，以及资深教授、青年教师等在职人员。

三是社会层级。包括公共管理（含行政管理、城市管理、土地资源管理等专业及方向）毕业校友、在任国家或市级有关部门领导、校友会代表、专业社会实践基地负责人、用人单位联系人以及中央财经大学、对外经济贸易大学等国内外高校咨询专家等人员。

小组应设立办公组和专题组。办公组负责日常联系、制定并督促培养方案实施等工作。专题组负责全院沟通、各专业方案制订、社会调研、专家咨询等具体工作。

2. 调研中央财经大学、对外经济贸易大学人才培养方案的修订进程

在首都经济贸易大学公共管理专业人才培养方案的修订过程中，部分指标可以参考中央财经大学和对外经济贸易大学。在三校友好来往的基础上，可以商请两校政府管理学院的领导或教师共同参加修订。这样既便于相互交流、共享师资，也便于三校学院和教师之间的工作协调。

例如，中央财经大学政府管理学院的人才培养方案架构简要、内容突出，共分为培养目标、培养要求、学制/学分及学位、专业指导性教学计划等4个部分。对外经济贸易大学政府管理学院的人才培养方案包括培养目标、专业要求、学分要求、通识通修课程选修要求、主要课程、学位授予、考核、培养计划（教学计划）等8个部分。相比之下，首都经济贸易大学公共管理专业人才培养方案共包括11个部分，即培养目标、毕业要求、核心课程、培养特色、学制与学位、学分一览表、教学计划表、经典阅读书目及期刊目录、培养目标与毕业要求矩阵图、毕业要求与课程体系矩阵图、课程修读及培养流程图（见表7）。

表7 北京财经三校人才培养方案内容架构比较

学校名称	方案内容部分数量	具体架构内容
首都经济贸易大学	11	培养目标、毕业要求、核心课程、培养特色、学制与学位、学分一览表、教学计划表、经典阅读书目及期刊目录、培养目标与毕业要求矩阵图、毕业要求与课程体系矩阵图、课程修读及培养流程图
中央财经大学	4	培养目标、培养要求、学制/学分及学位、专业指导性教学计划
对外经济贸易大学	8	培养目标、专业要求、学分要求、通识通修课程选修要求、主要课程、学位授予、考核、培养计划

总体比较分析，首都经济贸易大学方案较为复杂化，且经典阅读书目及期刊目录、培养目标与毕业要求矩阵图、毕业要求与课程体系矩阵图、课程修读及培养流程图等内容均属于论证部分，与前述内容混杂在一起，不如中央财经大学和对外经济贸易大学的方案简洁清晰、一目了然。

培养方案应注重原则、指导、底线，不宜过细，更不宜过于具体。从学校指导、学院工作、学生领会等角度考虑，建议新一轮正式方案中将最后四部分作为附件或备案材料，不必列入。

3. 列表说明新一轮人才培养方案需要注意的培养定位问题

新一轮人才培养方案，需要根据以国内大循环为主体、国内国际双循环相互促进的新发展格局，提出国家新发展格局对北京财经高校公共管理专业人才培养方案的新定位，即如何培养适应我国城市化率（64.72%）高、城市群（都市圈）区域发展、超大城市治理体系现代化、全国统一大市场逐步建立、STEM①产业发展影响国家复兴进程、疫情环境下国家治理体系变化等现实发展情况的公共管理人才。

为此，需要通过列表形式，提出新一轮公共管理人才培养方案亟须高度关注的问题。例如：

（1）我国城市化率64.72%如何影响国家双循环？

（2）城市群（都市圈）区域迅速发展如何影响国家发展新格局？

（3）超大城市治理体系现代化对于公共管理提出哪些新要求？

（4）接诉即办管理方式反映了公共管理的哪些本质特征？应如何改进？

（5）全国统一大市场逐步建立给公共管理提供了哪些发展条件？

（6）STEM产业发展如何影响国家复兴进程？

（7）疫情环境下国家治理体系变化的特点有哪些？

（8）我国现有21个自贸区如何布局？

（9）为何要举办广州广交会、上海进博会、北京服贸会？三城治理取向有何不同？

（10）北京"两区"建设和"两个千年大计"如何推进国家新发展格局？

对上述问题的列表和不同角度的解读，必然会促进新一轮公共管理人才培养方案重新定位。

4. 全院教师讨论确定人才培养定位

城市经济与公共管理学院自2011年起率先开展大类培养，全院新生入学时按公共管理一个大类编班学习，通过公共基础课学习、通识教育和专业导航，逐渐形成较为全面的学科认知和专业了解，逐步发现和培育专业兴趣。

---

① STEM是科学（science）、技术（technology）、工程（engineering）、数学（mathematics）这4门学科英文首字母的缩写。STEM产业及人才培养为发达国家所高度重视、长期支持。

大学第三学期，学院根据学生专业志愿进行大类专业分流，分流专业方向包括行政管理、公共事业管理、土地资源管理、城市管理、城市管理（区域经济管理）。第四学期正式编制专业班级进行各专业课程修读学习[①]。

因此，学院公共管理大类专业的大类课是所有专业方向必设课程，各专业方向仅在必修课和选修课上体现特色。换言之，每一个专业方向的人才培养方案，其实都和其他专业有关联、有交叉、有互补、有支撑，所以需要全院全员讨论，共同磋商人才培养定位等工作。

学院现有教师70余人。设有区域经济系、城市经济管理系、土地资源管理系、行政管理系、教育经济与管理系及对应本科专业，自2012年起实行公共管理大类招生，迄今已有8年公共管理人才培养经验。建议各专业系教师、各工作口（党团、办公室、教学秘书、学生辅导员）等人员均参与讨论，提出不同角度的意见和建议。

之后，进一步提炼，经学院领导班子、党政联席会和基层教学组织反复讨论，集体决策并再次广泛征集一线教师意见。

5. 草稿征求有关部门意见和建议

经过上述步骤，会形成公共管理大类专业（包括各专业方向）人才培养方案的基本定位、培养目的、学分比例、核心课程、培养特色等意见。此时，需要把意见草稿递交或呈送有关部门人员征求建议。

有关部门人员，主要包括三类，即学校教学管理部门人员、有关高校教学管理人员和有关政府部门人员。

学校教学管理部门人员，包括教学主管校长，以及教务处、发展规划和评估处、学生处、研究生院、后勤管理处等部门的领导或负责人员。

有关高校教学管理人员，主要指与首都经济贸易大学学科性质类似的财经类或综合型大学中，负责本科教学人才培养方案制订的教授师资。例如，北京大学政府管理学院、北京师范大学政府管理学院及政府管理研究院、中央财经大学政府管理学院、北京航空航天大学人文社会科学学院、北京科技

---

① 张杰.公共管理类大类专业分流过程和实施效果：以首都经济贸易大学为例[J].教育教学论坛，2013（51）：4-5.

大学文法学院、中国地质大学（北京）土地科技学院、中国矿业大学（北京）文法学院等部门的负责教师。

有关政府部门人员，包括国家发展改革委、商务部、国务院国资委、北京市发展改革委、北京市商务局、北京市经信局等部门中，与首都经济贸易大学经常有业务往来的联系人员。他们或与学校有智库服务等业务联系，或与教师有研究项目等联系，或与学生有实习实践等联系，可以从国家发展形势和部门工作动向的角度，提出中肯意见。

例如，城市经济与公共管理学院 2021 版公共管理人才培养方案修订时，曾在学校博纳楼 5 层第七会议室举行"本科人才培养方案修订专家指导会"，邀请上述北京 7 所高校公共管理学院院长，共商新文科背景下"三全"育人指导人才培养方案修订问题。会后，向学校教务处提交了反映意见。意见有：

（1）培养方案应该体现新文科建设、"三全育人"、"以本为本"和时代创新。

（2）对于学科基础课的两种思路（跨学科或各专业上一门代表性课程）、课程重复与合并以及个别课程名称问题，意见不统一，各有其理。

（3）各校同行大类招生培养和分流，所以普遍开设"专业导论"类课程。

（4）对经济学的课偏多有些意见，尤其是政治经济学，甚至公共经济学。

（5）对课程上课方式的意见，如法学，应该上"法理+宪法+行政法"且应该作为学科基础课。

（6）某些专业课程规范性应加强，如土地管理中的房地产课偏多，城市管理课程名称的规范和内容体系需创新（结合新时代城市发展），行政管理中的"冲突管理"等名称（其实包括市场监管）。

（7）课程体系要注意内在逻辑关系，课表计划中的课程排序清晰合理等。方案中的文字部分要与课表课程体系呼应统一。

（8）坚守规范性，科学适度体现特色。

总体来说，应充分体现院内学科之间、专业之间、本专业内部的有机融合，充分体现时代创新，充分体现规范，合理体现特色，克服随意性。

6. 草稿征求社会实践基地和用人单位修改建议

对于本科人才培养方案的实施效果，社会实践基地和用人单位有直接发言权。学院有多家相对稳定的实习基地，如图5所示。

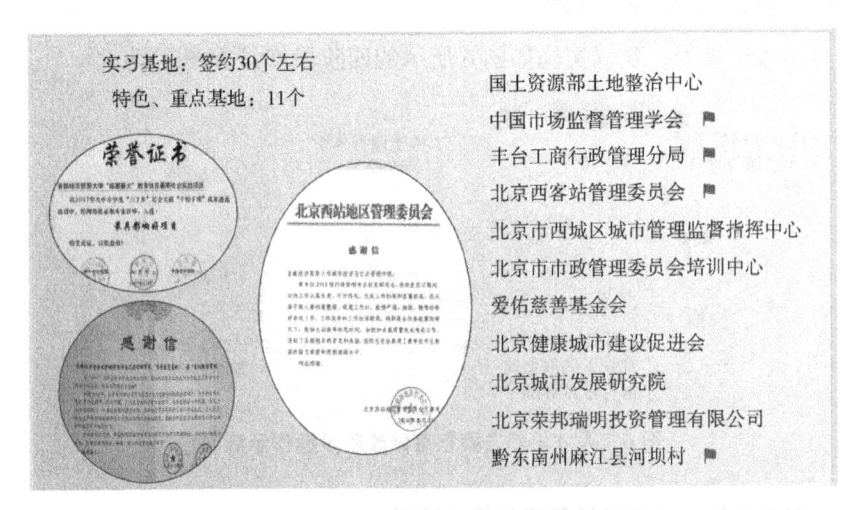

实习基地：签约30个左右
特色、重点基地：11个

国土资源部土地整治中心
中国市场监督管理学会
丰台工商行政管理分局
北京西客站管理委员会
北京市西城区城市管理监督指挥中心
北京市市政管理委员会培训中心
爱佑慈善基金会
北京健康城市建设促进会
北京城市发展研究院
北京荣邦瑞明投资管理有限公司
黔东南州麻江县河坝村

图5　城市经济与公共管理学院代表性实习基地

虽然之前受疫情限制，学生无法进行线下实习，但多家基地与学院建立了长期友好合作关系，对实习生或毕业生了解较深，对于行业发展管理更是有直接感受。因此，需要高度重视实习基地或社会实践基地的意见。

用人单位从发展角度出发，对毕业生的基本素质、理论基础、专业能力、创新意识、适应过程以及领导力、执行力等方面，更是有相对深刻的明确意见。这些意见，作为人才培养终端反馈，对人才培养方案的指导意义是不言而喻的。因此，需要常态化、及时性、全过程与实习基地进行联系、征求建议。

（二）起草阶段：认真面对新格局，合理修订人才培养新体系

面对北京"两区"建设、高精尖产业发展、证券交易所市场发展等新形势，需要提前筹划、及时转向，深化人才培养在首都发展应用型、城市管理复合型、现代服务高素质等方面的新认识。在此阶段，需要明确提出"顺利推进首都治理体系和治理能力现代化"的培养目的。

例如，重构课程体系，需要通过学分比例、学期安排、修业年限等设置，在通识教育课程方面注重人文历史、经管商贸等社科门类的基础铺垫,在专业课程方面凸显贸易经济学、区域经济学、产业经济学、城市管理学等适应首都发展现实的课程门类,在实践课程和毕业论文方面直接思考和研究北京"两区"建设等发展现实问题。

具体操作过程,建议实施如图 6 所示的四阶段修订方案环节。

1. 确定新格局下的指导思想与修订原则

2. 明确首都发展背景下的框架体系与修订标准

3. 调整课程体系与学分要求

4. 安排学分体系与教学大纲

图 6　人才培养方案起草修改阶段操作示意图

1. 确定新格局下的指导思想与修订原则

2021 版公共管理人才培养方案的指导思想,由学校教务处确定,表述如下:坚持以习近平新时代中国特色社会主义思想为指导,以《普通高等学校本科专业类教学质量国家标准(2018)》(以下简称"国标")和《工程教育专业认证标准》等为基本依据,以学生为本,遵循教育教学基本规律,践行"立德树人、厚植基础、彰显个性、激励创新、全球视野"的人才培养理念,构建具有首都经济贸易大学特色的人才培养体系,为实现国内一流、国际知名财经大学建设目标奠定坚实基础。

新一轮公共管理人才培养方案的指导思想,建议加入北京"两区"建设、高精尖产业发展、证券交易所市场发展等新形势,明确"顺利推进首都治理体系和治理能力现代化"要求等新素质,体现"立足北京,服务首都"等办学新要求,强调"立德树人践初心,服务首都担使命"等办学新定位。

公共管理人才培养方案的修订原则,同样由学校教务处制定,2021 版方案表述为:

(1)立德树人,价值引领。坚持立德树人根本任务,紧紧围绕"培养什么人、怎样培养人、为谁培养人"的根本问题,深化"课程思政"内涵建设,探索"专业思政"体系建设。强化价值引领,最大限度发挥课堂教学育人主渠道作用,实现"三全育人"目标。

(2) 厚植基础,大类培养。在强化通识教育的基础上,依托学科大类和专业大类探索"大专业"人才培养模式。夯实专业学科基础。落实"厚基础、宽口径"人才培养要求,系统设计专业大类知识体系,积极打造具有深厚专业大类底蕴的学科基础课程平台和具有鲜明专业特色的专业方向课程平台。

(3) 个性发展,鼓励自主。构建学生个性化发展的多元人才培养模式。保证学科优势与专业特色,从通识教育与专业教育两方面继续扩大学生学习自主权。拓宽专业型人才与复合型人才发展的选择路径,鼓励开设更多专业课程供学生个性化选择。

(4) 产出导向,鼓励创新。构建"以学生为中心、产出导向、持续改进"的教育理念。以开放创新的理念,开设学术写作课程与学科前沿课程,启迪创新意识,培育创新精神,打造鼓励创新的人才培养模式。

(5) 强化劳育,提升美育。以劳动经济学科、行业企业以及校内外实习实训基地为依托,开设理论与实践相结合的劳育课程,构建全方位劳动育人体系。

新一轮公共管理人才培养方案的修订原则,在2021版基础上,建议加入对标"四个中心"、服务首都发展、注重城市治理等方面。

例如,对标"四个中心"、涵养管理人才。强调培养适应首都功能深化的有用人才。培养政治中心服务保障人才,设置空间管控和综合整治课程。注重全国文化中心建设人才培养,强调书香京城、博物馆之城等北京文化活动实践课程。体现国际交往中心人才培养取向,一方面要求实习实践课程包含奥林匹克中心区功能升级、雁栖湖国际会都扩容提升、第四使馆区建设、城市副中心完善等区域国际交往服务功能;另一方面开展"外培"等国际人才交流项目。加强国际科技创新中心建设人才培养,通过同北京大学、中国人民大学等高校的"双培"项目培养"三城一区"等科技北京的国家战略管理人才等。

2. 明确首都发展背景下的框架体系与修订标准

如前所述,对比首都经济贸易大学、中央财经大学、对外经济贸易大学等高校，采用简明扼要、切中肯綮、条理清晰的框架方案，而不宜采用"内容+论证"式的修订方案。

建议新一轮公共管理人才培养方案的框架体系包括培养目标、毕业要求、核心课程、培养特色、学制与学位、学分一览表、教学计划表。

建议将2021版方案中的其余内容（包括经典阅读书目及期刊目录、培养目标与毕业要求矩阵图、毕业要求与课程体系矩阵图、课程修读及培养流程图等），作为备案或备查材料，不必列入正式方案。同时，在修订标准中，适当加入首都发展要素和超大城市治理等内容及要求。

以行政管理专业人才培养方案为例：

(1) 培养目标

本专业旨在培养"立足北京、服务首都"的适应现代经济和社会发展需要的超大城市行政管理人才。要求学生德智体美劳全面发展，具备扎实的首都及超大城市行政管理理论基础，具有较深厚的中华人文素养和自然科学精神，具备较高行政管理素质与较强行政管理能力，具有新格局下国际视野与创新精神，能在服务首都的政府机关、企事业单位、咨询机构等机构从事公共行政、社会管理、市场监管、文秘助理、政策分析、国际交往等工作的高素质、复合型、应用型管理人才。

(2) 毕业要求

掌握人文历史、经管商贸等通识教育类、学科基础类、专业核心知识及相关学科知识，能将所学知识用于分析公共管理领域的现象和问题，并形成解决方案。

熟悉新发展格局下首都发展、国家治理以及公共管理方面的法律法规、方针、政策，具备现代城市治理素质、行政管理能力、公共政策分析能力、调查统计分析能力、组织策划能力、协调沟通能力、写作表达能力等。

有国家政治中心大局观，具备正确的世界观、人生观、价值观，具有良好的人文、艺术修养和审美情趣；积极参加实习实践活动，积极参加体育锻炼，保持身体、心理健康，有良好的社会适应能力、心理承受能力和人际交往能力。

有科技创新管理思维，重视思维的多元化与系统性训练，对行政管理最新发展动态及本学科领域的国内外研究现状有一定了解，掌握进行创造活动的思维方法，能开展社会调查和科学研究，具有自主创新学习和终身学习的意识，具备一定的创新性思维和探索能力，为进一步学术深造打下坚实基础。

具有突出的国际交往能力和国际化视野，熟悉国际惯例，比较系统熟练地掌握一门外语，积极参与多样化的国际交流活动，善于通过多种国际化渠道、赛事，提升国际事务的分析及处理能力，提高服务首都建设和治理的本领。

（3）核心课程

区域经济学、产业经济学、城市治理、政府监管、行政法学、行政组织学、行政伦理学、电子政务概论、领导科学、行政管理史、比较政治制度（双语）、非营利组织管理、国家公务员制度、应急管理概论、公共部门人力资源管理（双语）、行政职业能力、学术写作与学科前沿、社会调查研究方法、跨文化交际与沟通、政府绩效评估、城市数字化管理、城市社区治理、北京历史文化概论等。

（4）培养特色

服务首都，经济行政。结合首都北京的区位优势和首都经济贸易大学经济管理资源优势，紧密结合国家发展新格局，助力首都"四个中心"建设，为首都经济建设和社会发展服务。培养"懂经济、知法律、擅行政、会管理"的行政管理、政府监督、市场监管专门人才。

知识多维，注重实践。要求学生具备创新多元思维，促进理论教学与实践教学密切互动，增强学生理论兴趣的培养和理解能力的提升，充分利用业界专家等校外教师团队，以讲座、报告、座谈、参观等形式丰富教学内容。建立实习、实践基地，使学生将所学专业知识理论运用于首都发展实践。

中国特色，国际沟通。增加首都发展进程、中国当代政府与政治、北京历史文化概论等"中国特色"专业课，加强实习实践环节的精细化、规范化管理，帮助专业学生了解中国故事；增加双语、英语课程，帮助学生对接国际化培养模式，接触前沿理论知识，并鼓励学生积极参加各类国际交流活动，拓宽学生国际视野。

3. 调整课程体系与学分要求

建议课程体系调整为 5 个部分，即通识教育、专业教育、个性教育、实践教育、首都发展教育。

（1）通识教育环节：设置通识教育必修课和通识教育选修课。通识教育必修课包括思想政治类、数学类、外语类、中文类、计算机类、体育类、军事理论。按照学科设计体系，选修审美体验与艺术鉴赏、创新创业与职业发展、自然认知与科技文明、语言与跨文化交流、国学历史与哲学伦理、法律基础与公民修养等通知教育选修课。

（2）专业教育环节：设置学科基础课和专业方向课。根据"厚基础、宽口径"的原则，按照国标及教育部教学指导委员会要求，设置学科基础课，建议包含专业导论课。同一专业大类中的各专业学科基础课保持一致。建议设置 10 门大类课：政治学、法理学、经济学原理、管理学基础、社会学概论、统计学、公共管理学、公共政策学、城市管理学、首都发展理论与实践。专业方向课原则上应为专业必修课程。

（3）个性教育环节：设置专业提升课和专业拓展课。专业提升课是指为培养专业型人才开设的专业选修课。建议设置"学术写作与专业前沿"课程，并合理安排专业提升课的先修后继关系。专业拓展课是指为培养复合型人才开设的专业选修课。自主选择 3~10 门难度适宜的专业课程作为专业拓展课，形成专业拓展课程库，支持学生跨专业或跨学科选修。

（4）实践教育环节。设立劳动育人实践教育环节。由学校学生处负责设计劳动教育、第二课堂及创新创业的学习内容、实施办法和学分认定方案。

（5）首都发展教育环节。设立首都发展理论、首都建设布局、首都功能拓展、超大城市治理、"四个中心"建设、"两区"建设等课程，要求学生深入理解首都发展理论与实践。

4. 安排学分体系与教学大纲

学分体系包括总学分和专业学分。

（1）总学分。总学分由课堂教学环节学分与课外教学环节学分构成。建议专业总学分不超过 150 学分，从而为学生提供更多自主选择空间。

（2）学分结构及分配。实践教学学分（含课堂实验教学环节学分和课外教学环节学分）占总学分比例≥20%。可供选择的选修课总学分应达到学生应修此类课程总学分的1倍以上。

各学期学分分布应大致均衡，每学期小于等于22学时。

表8展示了行政管理本科专业建设课程设置与学分要求。

表8　行政管理本科专业建议课程设置与学分要求

教学环节	课程类别	课程性质	课程主题	学分要求	备注
通识教育65学分左右	通识教育必修课	必修	思想政治类	14学分	60学分左右，旨在涵养人文社科素质和城市建设管理能力
			外语类	14学分左右	
			计算机类	4学分	
			数学类	15学分左右	
			中文类	2学分	
			体育类	4学分	
			军事理论	2学分	
	通识教育选修课	选修	审美体验与艺术鉴赏	≥2学分	线下课程至少修读6学分"四史"课程至少修读1门
			创新创业与职业发展	≥2学分	
			自然认知与科技文明	10学分	
			语言与跨文化交流		
			国学历史与哲学伦理		
			法律基础与公民修养		
专业教育45学分左右	学科基础课	必修	专业大类课（含首都发展理论与实践课程）	30学分	共10门公共管理大类课、3门专业核心课
	专业核心课		专业方向课	15学分左右	
个性教育≥21学分	专业提升课	选修	专业选修课（建议开设超大城市治理前沿课）	≥17学分	旨在培养超大城市行政管理专业型人才
	专业拓展课	选修	专业拓展课	不限	旨在培养符合首都发展需求的复合型人才

85

续表

教学环节	课程类别	课程性质	课程主题	学分要求	备注
实践教育（不含课堂实验教学）≥27学分	实习类	必修	军训（2周）	2学分	实践教学环节学分比例≥20%。旨在培养具备科技创新意识和国际交往能力的新型人才
			认知实习（3周）	3学分	
			专业实习（3周）	3学分	
			毕业实习（8周）	4学分	
			毕业设计（论文）（8周）	4学分	
	素养提升类	必修	第二课堂	2学分	
			创新创业	2学分	
	思政育人类	必修	思政类实践课程	5学分	
	劳动育人类	必修	劳动类实践课程	2学分	
	专业实验类	必修/选修	专业实验课程		

根据相应的课程设置和学分要求，在教学大纲中体现首都发展理论与实践的认知和能力培养。

以城市经济与战略管理课程为例：

(1) 课程教学目标

课程思政教学目标：立足北京、服务首都，根据全员、全程、全方位"三全育人"原则设立的、用于培养学生运用战略管理思维进行城市经济分析的、深入认识我国首都等城市发展建设成就和一般规律的应用性工具课。

该课程主要以城市经济发展为支点，以首都发展为主线，讲授以城市经济发展为基础，在源起、土地、规划、管理、社会、空间、文化、国际化等方面的战略路径、战略要素和战略维度等方面的具体内容，如城市区位强化战略、产业发展战略、边界定位战略、土地利用战略、空间均衡战略、社区发展战略、城乡统筹战略、功能规划战略、文化发展战略、资源配置战略、人力资本战略、政策引导战略和政府管理战略等方面。

该课程注重通过首都发展等城市建设与发展的现实案例进行理论思考，要求学生学以致用，能够进行城市经济战略管理的学术研究和实践应用。

通过本门课程的学习，学生应能够从事首都发展战略、城市经济战略规划、战略管理和战略发展等方面的问题思考、课题研究和战略管理。

（2）教学基本要求

学习本课程，学生应掌握首都发展等城市经济发展基本战略思路和战略路径，了解城市发展的战略影响要素以及政府和市场对于城市发展不同作用下的经济管理战略。

本课程主要采用课堂讲授并结合北京发展动态分析如"四个中心"、"一体两翼"、自贸区、服贸会、北京证券交易所等实例研究和案例讨论进行课题教学和启发学生思维，让学生全面掌握城市经济战略管理思维方法；同时，本课程还采取课堂内外实训教学的方法，给出相关资料，并要求学生进行一定量研究实战训练。

（3）各教学环节学时分配（见表9）

表9　城市经济与战略管理教学课时分配

序号	章节内容	讲课	其他	课时	合计
1	概览：城市经济与战略管理	2	首都发展进程案例分析	2	4
2	城市源起与管理	2	首都建设沿革案例分析	2	4
3	城市经济战略：发展与管理	2	首都发展理论案例分析	2	4
4	城市经济战略：规划与管理	2	首都发展规划案例分析	2	4
5	城市经济战略：居民与管理	2	首都社会发展案例分析	2	4
6	城市经济战略：土地与城市治理	2	首都功能分区案例分析	2	4
7	城市经济战略：产业与管理	2	首都产业管理案例研究	2	4
8	城市经济战略：政策与市场	2	首都发展政策案例研究	2	4
合计		16		16	32

（4）教学内容

➡概览：城市经济与战略管理

本章主要介绍以城市经济发展为基础，在源起、土地、规划、管理、社会、空间、文化、国际化等方面的战略路径、战略要素和战略维度。

课程思政切入点：讲述我国城市化建设与首都发展进程伟大成就。

➡第二章 城市源起与管理

本章主要讲授中外城市源起比较，城市起源的动力和条件、功能演变，不同历史时期的管理特色以及城市定位等内容。

教学重点：城市起源的动力和条件、不同历史时期的城市管理特色。

教学难点：中国城市起源的直接动力，西欧城市起源的条件，首都起源与历史变迁。

课程的考核要求：理解城市起源的直接动力与城市定位、城市管理之间的关系等知识。

复习思考题：①首都起源与历史变迁的内在动因是什么？
②西欧城市起源的条件与管理特征是怎么演变的？

➡第三章 城市经济战略：发展与管理

本章主要讲授：城市发展战略概念规划、城市经济职能和功能布局、城市经济机构的变迁、城市空间发展的基本规律及布局战略、城市经济的品牌战略、文化战略。

教学重点：城市发展战略概念规划、城市经济职能和功能布局、城市空间发展的基本规律及布局战略。

教学难点：城市空间发展的基本规律及布局战略、首都功能分区空间布局战略。

课程的考核要求：了解城市发展战略概念规划以及政府经济管理方面的内容。

复习思考题：①论述城市经济职能和功能布局。
②论述首都功能分区的现实考虑与战略管理。

课程思政切入点：阐述首都北京的土地规划政策。

➡第四章 城市经济战略：规划与管理

本章主要讲授：城市规划的要素和思想，城市交通、环境、住宅等城市经济功能的合理配置，城市建设管理的思路和战略。

教学重点：城市规划的要素和思想，城市交通、环境、住宅等城市经济功能的合理配置。

教学难点：城市规划的要素和思想，首都建设管理的思路和战略。

课程的考核要求：掌握城市规划的要素和思想，了解首都建设管理的思路和战略。

复习思考题：①城市规划包含哪些经济思想？

②首都北京建设管理与经济发展的触发点在哪里？

➡ 第五章　城市经济战略：居民与管理

本章主要讲授城市的人居战略和管理，包括城乡经济、居民就业等内容。

教学重点：城乡经济统筹、产业和居住的合理布局管理等。

教学难点：城市产业空间和居住空间的合理布局管理。

课程的考核要求：城市人居战略、首都社会发展战略。

复习思考题：①特大城市人居战略的着眼点在哪里？

②首都北京城乡经济如何统筹？

课程思政切入点：理解我国首都城市更新中的人民（社区）视角、接诉即办、12345热线等主线管理。

➡ 第六章　城市经济战略：土地与城市治理

本章主要讲授：土地的资源、资产、资本三种属性，地产市场（房地产市场）与土地经济，土地政策参与宏观调控，城市土地集约节约利用战略以及明确界定政府和市场边界的城市土地经济发展战略。

教学重点：土地政策参与宏观调控，首都土地经济发展战略。

教学难点：城市土地经济发展战略。

课程的考核要求：了解国内外城市土地政策参与宏观调控的情况；掌握北京土地经济发展战略的一般思路。

复习思考题：①如何界定政府和市场对于土地发展的不同作用？

②简述北京土地经济发展战略的思路与现实态势。

➡ 第七章　城市经济战略：产业与管理

本章主要讲授：城市产业经济的形成、发展历史、产业组织演变、产业

89

结构升级、产业政策管理等知识以及城市产业发展地图布局、产业导向、产业辐射、产业引导与管理等经济发展战略。

教学重点：城市产业经济的形成、发展历史、首都产业结构升级和产业发展地图。

教学难点：城市产业发展地图布局、首都服务业发展布局。

课程的考核要求：了解城市产业经济的形成发展历史；理解产业结构升级和首都产业发展地图布局。

复习思考题：①产业结构升级变迁的动因是什么？

②北京市产业地图中管理城市经济发展的出发点是什么？

课程思政切入点：讲述首都产业布局与政策导向。

➡第八章 城市经济战略：政策与市场

本章主要对前7章内容进行综合概括，突出强调中国城市产业政策的引导作用和市场效果，分析首都北京发展的市场动力与政策导向。

教学重点：中国城市产业政策的引导作用和市场效果。

教学难点：首都产业政策的市场效果。

课程的考核要求：了解中国城市产业政策的引导作用和市场效果。

复习思考题：①简述中国城市产业政策的引导作用。

②简述北京作为超大城市建设产业政策的市场效果。

（三）复核阶段：高度重视新需求，努力体现人才培养新特色

面对新需求，财经高校需要加大专业课理论深度培养、以各自专业基础为依托，以"两区"建设、北京市证券交易所、城市副中心等重点园区和机构作为主要研究、实习、实践基地，实际参与首都发展进程，不断发现公共管理专业适用新问题，汲取专业理论新知识，体现专业发展新特色。

在此阶段，在修订机制方面，需要立足公共管理特色，以"校院系三级差序协同实施"新视角来调整教务处发方案、学院提要求、专业填空格的一般修订过程，使之更加符合教学规律、专业实际和人才培养需求。

在培养内容方面，需要专注首都发展特色，以新格局培养新型人才。在

社会需求方面，体现首都建设特色，通过社会实习实践、就业深造等方式输送合格适用人才。在人才专业提升方面，凸显首都功能特色，为人才发展结合首都政治中心、文化中心、国际交往中心和科技创新中心等功能铺垫基础、架设桥梁、促进发展。

具体操作过程，建议实施以下复核环节（如图7所示）。

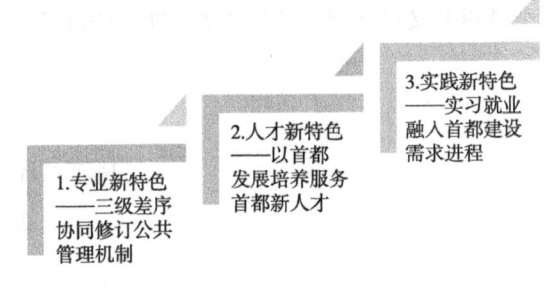

图7　人才培养方案复核阶段操作示意图

1. 专业新特色——三级差序协同修订公共管理机制

2021版人才培养方案，是通过教务处发方案、学院提反馈、专业填空格的一般修订过程进行制订的。这一流程，便于统一规划实施，但留给学院和各专业的空间不大，而且由于学院各专业的特殊性，也不易发现潜在问题。

例如，2021年4月20日，由于学分比例结构和标准问题无法按要求达成，城市学院只好向教务处正式提出反映意见：

城市学院关于2021版人才培养方案修订的说明

尊敬的教务处领导：

2021年春，城市学院在学校教务处指导下，多次院系磋商，初步形成2021版人才培养方案文字稿，在4月2日邀请北京大学等7所高校公共管理学院负责人会商，并分别于4月6日、16日向教务处报送修改方案。

反复沟通过程中，我们发现，严格按照《首都经济贸易大学关于制定2021版本科人才培养方案的指导意见》，则通识课［思政类、中文外语类、数学类（公共管理类）、计算机类］等需至少60学分、课外教学环节需27学分、通识教育选修需 10 学分。

在此基础上，城市学院按照教务处安排，设置 30 学分学科基础课（11门），按第 3 学期大类分流考虑，均排入前三学期，周课时分别为 26、29、28。

最终核算，专业核心课+专业提升课只有 33 学分（160-60-27-10-30），按《意见》要求，专业核心课（必修课）排 15 学分，专业提升课（选修课）只能排 18 学分，个性课程选修不低于 21 学分标准无法满足。

特此说明。

城市经济与公共管理学院
2021 年 4 月 20 日

因此，较为合适的方法，其实是建立校院系三级差序协同机制，根据公共管理机制的新特色，进行专业人才培养方案的制订。

公共管理人才培养方案，是由各专业系主任或负责人牵头制订的。教师因长期授课并担任专业建设工作，对本系和专业的发展具有切身体会，了解专业发展的前沿动态、师资状况、学生心态以及学院乃至教务处并不了解的一些痛点问题。因此，在人才培养方案的制订全流程中，专业负责人最有发言权，应该最早介入、始终参与、最终完成。

但目前的工作机制是学校下达《首都经济贸易大学关于制订 2021 版本科人才培养方案的指导意见》，之后学院传达、各系布置、教师作业。

2021 版方案，学校教务处拟定的时间安排是：2021 年 1—3 月，各学院组织调研并修订本科人才培养方案，完成学院教学指导委员会、校外专家论证工作。4 月 6 日前，各学院提交本科人才培养方案定稿及相关调研、论证材料，教务处组织审核、验收与审定。4 月 30 日前，各学院提交本科人才培养方案终稿。5 月 20 日前，在校长办公会讨论通过。

但由于来回讨论、反馈、修改，2021 年 4 月 30 日前学校各学院均未完成既定任务。不得已，教务处于 4 月 30 日发布《教务处关于制定 2021 版本科人才培养方案后续工作的通知》，确定教务处最晚于 5 月 12 日前将审核后的培养方案反馈给各教学单位，请各教学单位于 5 月 14 日下班前提交培养方案电子版定稿。

之所以出现这种情况，部分原因就在于没有从终端入手，采取校院系三级部门差序沟通制度。该沟通制度的流程如图 8 所示。

图 8 校院系三级部门差序沟通操作示意图

校院系三级部门均应全流程参与、全过程交流、全进程负责。建议具体操作流程如下：

（1）教务处提出既定时间安排，要求学院制定《公共管理本科人才培养方案的指导意见》。

（2）学院统一布置大类专业方案制订计划，并要求专业/系负责人着手论证、调研、起草意见。其间，多次会商、讨论、基本定稿。

（3）学院提交《公共管理本科人才培养方案的指导意见》到教务处，教务处会同学院讨论、确定人才培养定位、原则、框架、标准。

（4）教务处组织《公共管理本科人才培养方案的指导意见》论证组，除专业方案负责人和执笔人、学院教学管理人员外，另邀请学校发展规划处、学生处、研究生院、后勤基建处等部门讨论、修改方案。

（5）教务处组织校级论证组，除专业方案负责人和执笔人、学院教学管理人员外，邀请有关部门、实习实践基地、用人单位等人员讨论、修订《公共管理本科人才培养方案的指导意见》。

（6）教务处根据以上修改意见，与专业方案负责人和执笔人、学院教学管理人员深入沟通，确定《公共管理本科人才培养方案的指导意见》。

（7）专业方案负责人制定《公共管理本科人才培养方案》，并征求在校学生、毕业生、学生家长、教学督导等人员意见。

（8）确定并公示《公共管理本科人才培养方案》。

在以上流程中，学校教务处、学院教学管理、专业/系负责人其实是一支团队，团队中又分为三个分队，互相均有协调、参与、支撑的关联作用。在方案制订过程中，由于需要及时沟通、深入联系，因此不分层级、差序协同。

2. 人才新特色——以首都发展培养服务首都新人才

2021版人才培养方案中，对于培养什么样的人才，一般是较为笼统、全面、概括的描述。

例如，城市管理专业人才培养方案中提道："本专业培养具有社会主义核心价值观，适应我国城市群与超大城市经济发展需要，德智体美劳全面发展，具备扎实的区域与城市经济管理的理论基础和实践能力，具有开阔的国际视野和区域与城市经济管理创新思维，'强经济、擅技术、懂政策、精管理'，能够在区域与城市经济管理政府部门和咨询机构、相关大型企事业单位等从事城市大数据分析、城市与区域发展规划及政策分析、区域发展与城市建设投融资分析、城市运行模拟仿真与精细化管理等工作的高素质、复合型优秀人才。"该培养目标相对细致，但也存在高素质、复合型等概括性描述。

首都经济贸易大学如何做首都的经济贸易大学？如何真正立足北京、服务首都？

2022年10月9日，《北京日报》第4版整版刊发《首都经济贸易大学与新时代首都发展同频共振、同向同行》专题报道，聚焦于这一问题，给出了解题思路：坚持以首都发展为统领，充分发挥地域和学科优势，推动学校人才培养、科学研究、社会服务等各项工作与"首善标准"对标对表，推进学校实现内涵、特色和高质量发展，为服务北京"四个中心"功能建设提供卓越智力支持。

建议以服务首都发展为主线，从培养目标、毕业要求、核心课程、培养特色、学制与学位、学分一览表、教学计划表等方面给出一揽子新型人才培养方案。主线框架思路如图9所示。

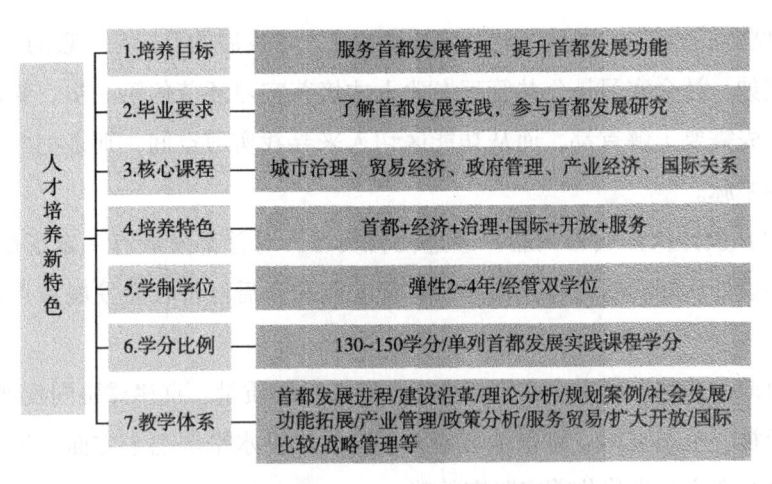

人才培养新特色	1.培养目标	服务首都发展管理、提升首都发展功能
	2.毕业要求	了解首都发展实践，参与首都发展研究
	3.核心课程	城市治理、贸易经济、政府管理、产业经济、国际关系
	4.培养特色	首都+经济+治理+国际+开放+服务
	5.学制学位	弹性2~4年/经管双学位
	6.学分比例	130~150学分/单列首都发展实践课程学分
	7.教学体系	首都发展进程/建设沿革/理论分析/规划案例/社会发展/功能拓展/产业管理/政策分析/服务贸易/扩大开放/国际比较/战略管理等

图9　首都发展人才培养主线框架思路

在首都发展新格局下，首都经济贸易大学需要立足自身财经类院校定位，积极发挥地域优势和学科优势，蹚出一条目标是服务首都发展、要求参与首都建设、课程围绕首都需求、特色体现在"首都+经济+治理+国际+开放+服务"、学制可以更有弹性、学分倾向首都实践、教学体系紧紧围绕首都展开的新路径。

3. 实践新特色——实习就业融入首都建设需求进程

多年来，首都经济贸易大学城市经济与公共管理学院与多家单位建立了长期实习实践合作关系。据统计，2014年正式挂牌基地有42家。多家社会实习实践基地为学院社会实践活动提供了坚实支持。但由于首都发展新格局的影响，原有的实习场所、实习内容和实习效果以及参与社会的实践感受，均开始发生变化。

面对首都发展新格局，需要主动作为，找准当前首都发展的主线，通过把实习就业融入首都建设需求进程来获取学分，找到当前新时代首都经济贸易大学公共管理学子的特色实践活动。

具体操作步骤，建议围绕首都发展主线展开，包括定位社会实习空间、设计认知实习内容、体现专业实习特点等三个方面。

（1）定位社会实习空间。新时代首都发展，本质上是首都功能的发展，根本要求是高质量发展，出发点和落脚点是要让人民生活幸福，标准就是首善。这些发展定位，本质上与公共管理专业人才发展的目标是一致的。

例如，社会实习是公共管理专业人才培养实习环节的第一步。要认知首都，首先需要了解首都。而从功能区切入来寻找实习空间，则是把准了首都发展的主脉。

（2）设计认知实习内容。经过社会实习，对首都发展有一定了解之后，就需要设计认知实习内容，加深对首都功能和今后经济社会发展重点任务的认识。

目前，首都发展集中在首都功能、经济发展质量、京津冀协同发展水平、民生福祉、生态文明、首都治理能力、党的建设水平等七个方面，为率先基本实现社会主义现代化奠定坚实基础。

今后几年的经济社会发展重点任务包括八个方面：

一是牢牢把握首都城市战略定位，大力加强"四个中心"功能建设、提高"四个服务"水平。

二是主动服务和融入新发展格局，大力推动经济高质量发展。

三是紧紧抓住疏解非首都功能这个"牛鼻子"，以更大力度推动京津冀协同发展。

四是认真践行以人民为中心的发展思想，在更高水平上保障和改善民生。

五是持续推动绿色发展，进一步改善生态环境质量。

六是积极发展社会主义民主政治，努力建设法治中国首善之区。

七是科学把握超大城市治理规律，持续提升首都城市现代化治理水平。

八是统筹发展和安全，坚决维护首都安全稳定。

在设计认知实习内容时，需要把住以上线索，根据专业特点和个人兴趣，选择合适的实习题目和具体内容。

（3）体现专业实习特点。在前述社会实习、认知实习基础上，结合首都发展，深入学习、思辨、讨论、再学习，就能逐渐学会运用专业知识进行实习实践，体现首都高质量发展过程中的专业适用意义。

通过不断学习，在获取资料、总结答案的过程中，实现专业实习能力的提升，达到专业实习目的，也为公共管理专业人才培养方案的修订过程提供支撑和参考。

参考文献

[1] 柳德荣. 我国公办财经类本科院校办学定位研究：基于54所院校关于办学定位的表述[J]. 当代教育论坛, 2022（2）：26-27.

[2] 季波, 李劲湘, 邱意弘, 等. "以学生为中心"视角下美国一流研究型大学本科人才培养的特征研究[J]. 中国高教研究, 2019（12）：55-56.

[3] 董泽芳, 邹泽沛. 常春藤大学一流本科人才培养模式的特点与启示[J]. 高等教育研究, 2019（10）：107-108.

[4] 王泳涛, 杨曦. 高校修订人才培养方案的现状透视与提升路径[J]. 教育理论与实践, 2021（27）：3-4.

[5] 袁靖宇. 高校人才培养方案修订的若干问题[J]. 中国高教研究, 2019（2）：7-8.

[6] 李立国, 薛新龙. 建立以人才培养定位为基础的高等教育分类体系[J]. 教育研究, 2018（3）：68-69.

[7] 王新凤, 钟秉林. 新高考背景下高校招生与人才培养的成效、困境及应对[J]. 中国高教研究, 2019（5）：53.

[8] 彭安臣, 王正明, 李志峰. 高校实践教育的内涵、特点与功能再审视[J]. 教育科学探索, 2022（2）：29.

[9] 李志义, 袁德成, 汪滢, 等. "113"应用型人才培养体系改革[J]. 中国大学教育, 2018（3）：57-58.

[10] 吴颖, 崔玉平. 长三角区域高等教育一体化的演进历程与动力机制[J]. 高等教育研究, 2020（1）：25-30.

[11] 王严淞. 论我国一流大学本科人才培养目标[J]. 中国高教研究, 2016（8）：18-19.

[12] 陈凯泉, 张春雪, 吴玥玥. 科研信息化时代高校科研组织虚拟化的创新之路：基于对中国、美国和新西兰五个案例的研究[J]. 高教探索, 2019（2）：5-8.

[13] 林丹, 丁义浩. 马克思主义引领社会主义核心价值观的逻辑维度[J].

高教探索，2019（2）：5-8.

[14] 卜尚聪，马莉萍，叶晓阳. 新高考改革背景下高校理工科专业科目限选模式研究 [J]. 中国高教研究，2022（1）：57-59.

[15] 刘献君. 应用型人才培养的观念与路径 [J]. 中国高教研究，2018（10）：8-10.

[16] 郑石明. 世界一流大学跨学科人才培养模式比较及其启示 [J]. 教育研究，2019（5）：115-117.

[17] 王平祥. 世界一流大学本科人才培养目标及其价值取向审思 [J]. 高等教育研究，2018（3）：60-63.

[18] 马立超，蒋帆. 社会科学领域交叉学科人才培养模式比较研究：公共事业管理专业的案例分析 [J]. 高校教育管理，2021（6）：106-108.

[19] 钟秉林. 人才培养模式改革是高等学校内涵建设的核心 [J]. 高校教育研究，2013（11）：73-74.

[20] 项璐，眭依凡. 培养目标：人才培养模式改革的价值引领：基于斯坦福大学"开环大学"计划的启示 [J]. 现代大学教育，2018（4）：108-109.

[21] 齐乐华，连洪程，周计明. 立足课程建设与改革探索"智·能·知"创新人才培养 [J]. 中国大学教学，2020（12）：21-22.

[22] 彭芬，金鲜花. 高校混合式教学的研究主题、发展脉络与趋势分析：基于 CiteSpace 的知识图谱研究 [J]. 中国大学教学，2021（1/2）：103-105.

新商科背景下科研育人模式、体系与路径研究

范合君

(首都经济贸易大学　工商管理学院)

【摘　要】科研育人是新商科人才培养的重要内容之一。本文在对首都经济贸易大学科研育人现状进行问卷调查的基础上，探讨了新商科背景下商科人才培养中实施"科研育人"的必要性与可行性，设计了符合新商科特点的"科研育人"培养模式，构建了"科研育人"的课程设置与平台体系，探索了落实"科研育人"规划的实施路径，对高校完善新商科科研育人体系具有一定的借鉴价值。

【关键词】新商科；科研育人；模式；体系；路径

随着大数据、云计算等互联网科技的飞速发展，数字经济迫切需要一批具有全球视野和数字商业价值观、知识技能跨界复合、多种思维交叉融合的复合型新商科人才。而高校作为人才培养和科技创新最为活跃的场所之一，必然要为数字经济时代新商科的发展提供原动力。中共中央办公厅、国务院办公厅在2015年印发的《关于进一步加强和改进新形势下高校宣传思想工作的意见》中正式提出了"科研育人"，2016年在全国高校思想政治工作会议上，习近平总书记再次强调科研育人的重要性，随后教育部连续下发了关于科研育人的相关文件，并提出了具体要求。在这样的背景下，许多高校都将科研育人放在了学校发展战略的首要位置，科研育人越来越成为高等教育领域重点关注的理论和实践问题。

2015年至2022年，学术界关于"科研育人"的研究也在逐渐增加。特别是在2019年至2022年，该主题的文献数量占比已经达到70%。学者们主要从科研育人的内涵、问题现状、影响因素、实践效果等方面展开相关探讨。

在内涵方面，科研育人是指高校科研工作者在从事科研工作中对学生产生的有益帮助（陆锦冲，2012）。刘建军（2015）则着重强调了科研对学生健全人格和思想品德的培养。除此之外，还有学者认为科研育人应当以学生的求知本性为出发点，通过适当有效的方式激发学生的创造潜能，实现师生共同研究与创新创造的归宿（黄廷祝等，2021）。

在科研育人的问题方面，现有文献从学校、教师、学生不同主体层面分析了高校推行科研育人过程中亟待改进之处。从学校层面来看，一些高校对科研育人的重视不足、制度体系尚不完善、经费保障机制不健全以及科研成果转化率较低等问题较为突出（唐青、李佑新，2022；李景林、闫守轩，2021；张亚光、曾丹旦，2021）。从教师层面来看，刘在洲等（2019）、王志新等（2021）通过问卷调查发现，教师主体地位不明确、科研功利性较强、科教融合教学模式缺失。从学生层面来看，学生的科研参与度普遍较低（唐青、李佑新，2022）。

在科研育人的影响因素方面，主要探究推动高校科研育人开展的影响因素。结合发生学分析方法，大学科研的育人内涵、大学教育的内在需求、科研环境与个体兴趣、渗透感染与体验强化构成了高校实施科研育人的内在系统（刘在洲、李小平，2020）。随后，刘在洲、汪发元（2022）通过问卷调查，分析了学校的引领与管理、教师的言传与身教、团队的互动与感染、学生的体验与感悟、环境的熏陶与浸润对高校科研育人的积极影响。

在科研育人的实践效果方面，部分学者肯定了科研育人对人才培养的促进作用。王赓、杜建宾（2021）实证研究结果表明，基于"科研育人"指导下的创新实践教育显著提高了大学生短期内的创新创业意愿。邝宏达、李林英（2019）采用案例研究法，以重大科研项目团队这一高校育人的实践措施作为切入点，从认知、情感和价值三大方面探讨了科研育人对学生学术成长的有益贡献。在生物工程、能源动力等学科领域，强化实验课程等形式的科研育人的改革措施助推了学生综合素质的显著提升（蒋群等，2015；刘海涌等，2019）。不过，也有研究发现当前高校科研育人的实践效果仍呈现出不理想的情况。高校科研育人的全要素生产率呈先减后增趋势，但存在创新薄弱、规模无效的外延式表征，且校际差距较大（姚威等，2021）。

综合上述研究，鉴于不同学科的特色，科研育人改革需要因地制宜地制定相关措施。虽然已有文献系统分析了科研育人的问题现状、实践效果等内容，但是少有研究结合新商科的特色背景来探讨推动高校科研育人改革的问题。因此，本研究针对新商科背景下科研育人现状展开调查，追溯形成当前现状的原因，并据此提出相应的科研育人改革措施。

一、新商科背景下科研育人的现状

本文以首都经济贸易大学在读本科生作为研究对象，通过问卷调查法对新商科背景下科研育人的必要性进行调查研究。该校设有财政税务学院、城市经济与公共管理学院、法学院、工商管理学院、管理工程学院、国际学院、会计学院、金融学院、经济学院、劳动经济学院、商务学院、外国语学院、文化与传播学院、统计学院、华侨学院、马克思主义学院、继续教育学院、数据科学学院共18个学院，在校本科生共10 611名。本文通过线上收集的方式，对各学院、各年级的学生进行问卷调查，共收取有效问卷337份。各个学院及各个年级的受访人数量如表1、表2所示。基于以上数据，本文主要从学生科研意愿、学生科研动机、学生科研项目参与情况、学生论文发表情况、学生科研方法掌握情况和学研相济情况6个方面对新商科背景下科研育人的现状进行分析。

表1　各学院的受访人数量统计

学院	受访人数量（人）
财政税务学院	12
城市经济与公共管理学院	56
法学院	1
工商管理学院	179
管理工程学院	2
国际学院	3
会计学院	27
金融学院	8
经济学院	34

续表

学院	受访人数量（人）
劳动经济学院	10
商务学院	3
外国语学院	1
文化与传播学院	1
合计	337

表2 各年级受访人数量统计

年级	受访人数量（人）
大一	116
大二	23
大三	100
大四	98
合计	337

（一）学生科研意愿

学生的科研意愿是其进行科学研究的基础和前提。本文首先对大学生的科研意愿（包括申请大学生科技创新项目或发表一篇论文）进行了初步统计，统计结果如图1所示。结果显示，283位受访者（占比84%）表示有科研意愿，54位受访者（占比16%）表示无科研意愿。初步统计发现，学生的科研意愿较强，希望在大学期间进行科学研究的学生较多，但仍有少数学生的科研意愿有待激发。

图1 大学生科研意愿统计

本部分对各年级大学生的科研意愿进行了详细分析，统计结果如表3所示。结果显示，在116位大一受访者中，表示愿意做科研的受访者有97人，占大一受访者的83.6%；在23位大二受访者中，表示愿意做科研的受访者有20人，占大二受访者的87%；在100位大三受访者中，表示愿意做科研的受访者有89人，占大三受访者的89%；在98位大四受访者中，表示愿意做科研的受访者有77人，占大四受访者的78.6%。以上结果表明，绝大多数学生都愿意在大学期间进行科学研究，在大一、大二和大三三个年级中，年级越高，愿意做科研的学生占比越大。这说明随着年级的升高，学生的科研意识也在不断增强。而大四学生的科研意愿与前三个年级的学生相比有所下降，这可能是因为一些不考虑升学的大四学生重点关注就业问题，对科研并无太大需求。

表3 各年级大学生科研意愿统计

年级	愿意做科研（人）	占所在年级调查总人数的比重（%）	不愿意做科研（人）	占所在年级调查总人数的比重（%）	总计
大一	97	83.6	19	16.4	116
大二	20	87.0	3	13.0	23
大三	89	89.0	11	11.0	100
大四	77	78.6	21	21.4	98
合计	283	84.0	54	16.0	337

（二）学生科研动机

学生的科研动机是其进行科学研究的内部驱动力。本部分对大学生的科研动机进行了统计调查，统计结果如图2所示。结果显示，有113位受访者表示因为热爱科学研究而做科研，有268位受访者表示为提升自身科研能力而做科研，有184位受访者表示为获得保研资格而做科研，有197位受访者表示为获得奖学金而做科研，有55位受访者表示为出国而做科研。上述调查结果表明，提升自身科研能力是学生进行科研的首要动机，获得保研资格和奖学金以及出于对科研的热爱也是学生希望做科研的重要原因。

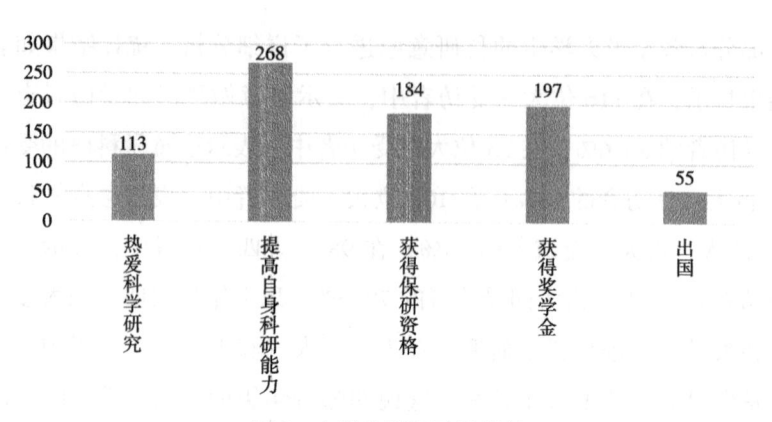

图 2　大学生科研动机统计

（三）学生科研项目参与情况

在了解学生的科研意愿与科研动机之后，本部分对学生参与科研项目的具体情况（包括参与教师的课题研究和参与科研创新项目）进行统计分析，统计结果如图3所示。在教师课题研究的参与情况方面，有273位受访者表示没有参与过老师的课题研究，占样本总人数的81%；仅有64位受访者表示参与过老师的课题研究，占样本总人数的19%。在科研创新项目的参与情况方面，有210位受访者表示没有申请过大学生科研创新项目，占样本总人数的62.3%；仅有127位受访者表示申请过大学生科研创新项目，占样本总人数的37.7%。以上调查结果表明，大学生科研项目参与率偏低，大多数学生没有参与过科研项目。

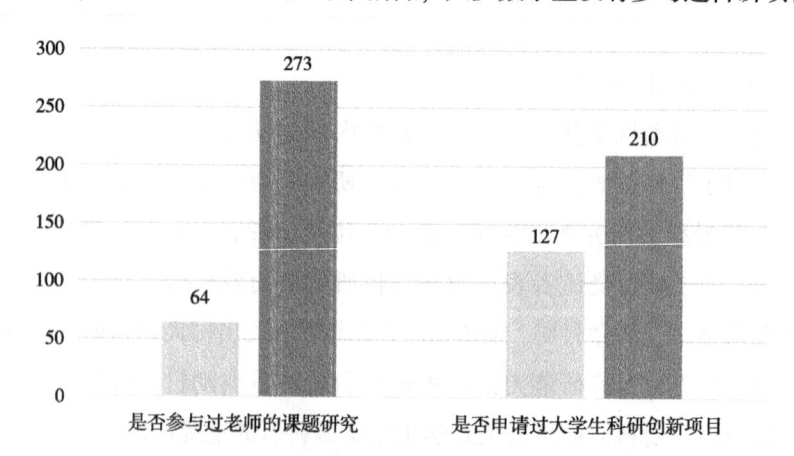

图 3　大学生科研项目参与情况统计

（四）学生论文发表情况

论文写作训练与论文发表是学生科研成果的载体。本部分对学生论文的发表情况（包括发表的学术论文数量和发表的学术论文级别）进行了统计分析。

在发表的学术论文数量方面，统计结果如图 4 所示。308 位受访者表示没有发表过学术论文，占调查样本总人数的 91.4%；24 位受访者表示发表过一篇论文，占调查样本总人数的 7.1%；5 位受访者表示发表过两篇论文，占调查样本总人数的 1.5%。

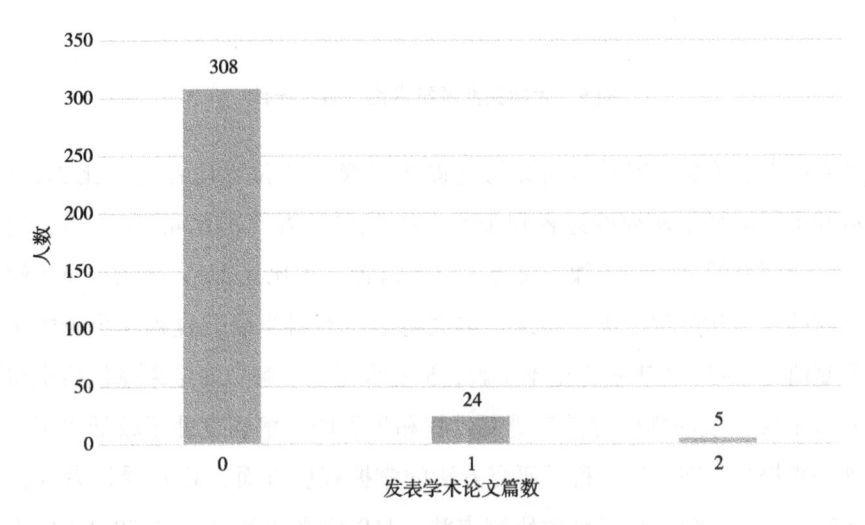

图 4 大学生发表学术论文数量统计

在发表的学术论文级别方面，统计结果如图 5 所示。在发表的 34 篇论文中，32 篇论文属于其他公开刊物，只有 1 篇属于北大核心级别，1 篇属于 SCI/SSCI/CSSCI/EI 期刊级别。以上结果表明，仅有少数学生能够进行论文发表，且发表的大部分论文质量不高，学生的论文发表情况并不理想。

（五）学生科研方法掌握情况

为深入探究以上统计分析结果的原因，本部分分析了学生对科学研究过程和步骤的了解程度以及学生对科学研究方法的掌握程度，统计结果如表 4 所示。在学生对科学研究的过程和步骤的了解程度方面，99 位受访者（占比 29.4%）表示完全不了解科学研究的过程和步骤，150 位受访者（占比

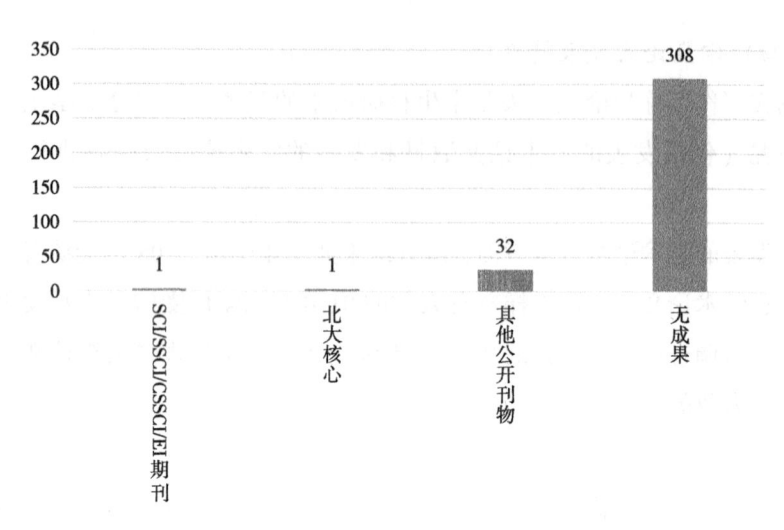

```
350
300                                              308
250
200
150
100
 50      1          1         32
  0   SCI/SSCI/   北大核心   其他公开    无成果
      CSSCI/EI              刊物
      期刊
```

图 5　大学生发表学术论文级别统计

44.5%）表示较少了解科学研究的过程和步骤，72 位受访者（占比 21.4%）表示基本了解科学研究的过程和步骤，15 位受访者（占比 4.5%）表示比较了解科学研究的过程和步骤，仅有 1 位受访者（占比 0.3%）表示完全了解科学研究的过程和步骤。进一步地，本文将学生对科学研究过程和步骤的了解程度赋值为 1~5，1 表示完全不了解，5 表示完全了解，对结果赋值后求得平均值为 2.02，表明学生对科学研究过程和步骤的了解程度处于较低水平，还需进一步提高。在学生对科学研究方法的掌握程度方面，83 位受访者（占比 24.6%）表示完全不掌握科学研究方法，169 位受访者（占比 50.1%）表示较少掌握科学研究方法，73 位受访者（占比 21.7%）表示基本掌握科学研究方法，仅有 12 位受访者（占比 3.6%）表示比较掌握科学研究方法，没有受访者表示完全掌握科学研究方法。同样地，本文将学生对科学研究方法的掌握程度赋值为 1~5，1 表示完全不掌握，5 表示完全掌握，对结果赋值后求得平均值为 2.04，表明学生对科学研究方法的掌握程度处于较低水平，有待进一步提高。

表 4　大学生对科学研究的了解掌握程度统计

了解程度	是否了解科学研究的过程和步骤	掌握程度	是否掌握科学研究的方法
完全不了解	99	完全不掌握	83

续表

了解程度	是否了解科学研究的过程和步骤	掌握程度	是否掌握科学研究的方法
较少了解	150	较少掌握	169
基本了解	72	基本掌握	73
比较了解	15	比较掌握	12
完全了解	1	完全掌握	0
合计	337	合计	337

尽管上述分析表明学生对科学研究方法的掌握程度处于较低水平，但对于不同的科学研究方法，学生的掌握程度也可能不同。本部分深入分析了学生对不同科研方法的掌握程度，统计结果如表5所示。本文将学生对不同科研方法的掌握程度赋值为1~5，1表示完全不掌握，5表示完全掌握，对结果赋值后求平均值。问卷调查法对应的平均值为3.38；访谈法对应的平均值为2.81；统计分析法对应的平均值为2.46；计量经济学法对应的平均值为1.85；博弈论法对应的平均值为1.74；案例研究法对应的平均值为2.56。以上结果表明，学生对问卷调查法、访谈法和案例研究法掌握得较好，而对于统计分析法、计量经济学法和博弈论法等较为复杂的研究方法掌握欠佳。

表5　大学生对不同科研方法的掌握程度统计

程度	问卷调查法	访谈法	统计分析法	计量经济学法	博弈论	案例研究法
完全不掌握	17	40	59	134	141	60
较少掌握	51	90	128	140	152	110
基本掌握	88	110	92	49	37	94
比较掌握	150	87	53	12	5	63
完全掌握	31	10	5	2	2	10

（六）学研相济情况

学研相济情况是科研育人的关键，学研结合越紧密，越能提升学生的科研水平和素养。本部分从教师指导和课程设置两方面展开统计分析，统计结果如表6所示。在教师指导方面，课堂上授课教师引导学生做科学研究的比率并不高。64位受访者（占比19.0%）表示教师从未进行科研指导，138位受访者（占比41.0%）表示教师偶尔进行科研指导，129位受访者（占比38.3%）表示教师经常进行科研指导，只有6位受访者（占比1.8%）表示教师全过程进行科研指导。由此可见，教师对学生科研的指导情况处于一般水平。在课程设置方面，现有课程对于学生进行科学研究的帮助程度有待提高。29位受访者（占比8.6%）表示现有课程对科学研究没有帮助，133位受访者（占比39.5%）表示现有课程对科学研究帮助较少，132位受访者（占比39.2%）表示现有课程对科学研究有帮助，只有7位受访者（占比2.1%）表示现有课程对科学研究非常有帮助。由此可见，现有课程对学生做科学研究的帮助程度处于一般水平。

表6 学研相济情况统计

程度	课堂上授课教师是否会引导学生做科学研究	程度	现有课程对科学研究是否有帮助	程度	教师对学生的指导情况
从不	49	没有帮助	29	从未指导	64
偶尔	107	帮助较少	133	偶尔指导	138
有时	131	有帮助	132	经常指导	129
经常	45	帮助较多	36	全过程指导	6
总是	5	非常有帮助	7		

在找老师进行科研指导方面，多数学生不会找老师进行科研指导，究其原因在于担心给老师的工作带来负担。图6和图7显示，当学生想做科学研究时，154位受访者（占比45.7%）表示会找老师进行科研指导，183位受访者（占比54.3%）表示不会找老师进行科研指导。学生不找老师进行科研指导的主要原因在于担心会给老师的工作带来负担，和老师的时间没有达成一致以及自己有能力完成科研任务也是学生不找老师进行科研指导的原因之一。

在科学研究课程的设置方面，科研课程的需求缺口较大。图8显示，大部分学生都认为需要增设研究设计类、数据分析类、回归分析类、案例研究类和研究哲学类课程。由此可见，大部分学生对科研课程的需求较大，学校还需全方面进行科研课程的设置以满足学生科研工作的需求。

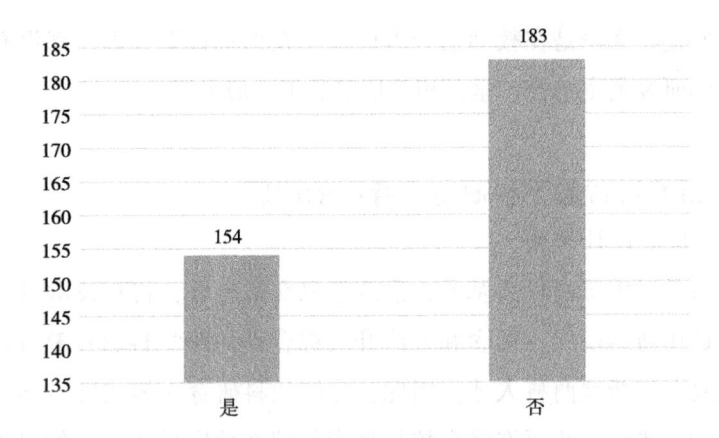

图 6　是否找老师进行科研指导

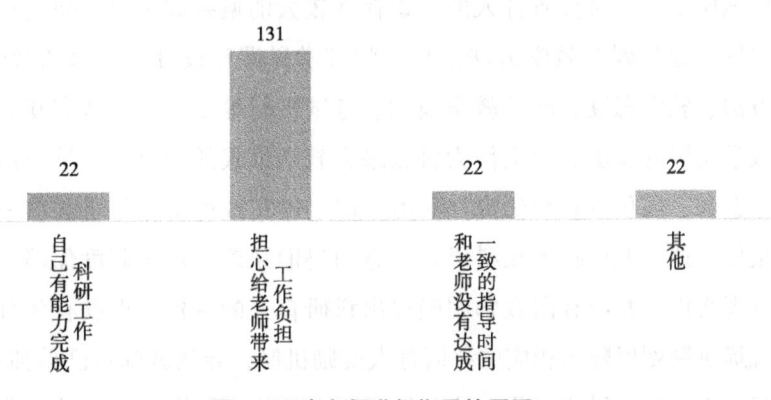

图 7　不找老师进行指导的原因

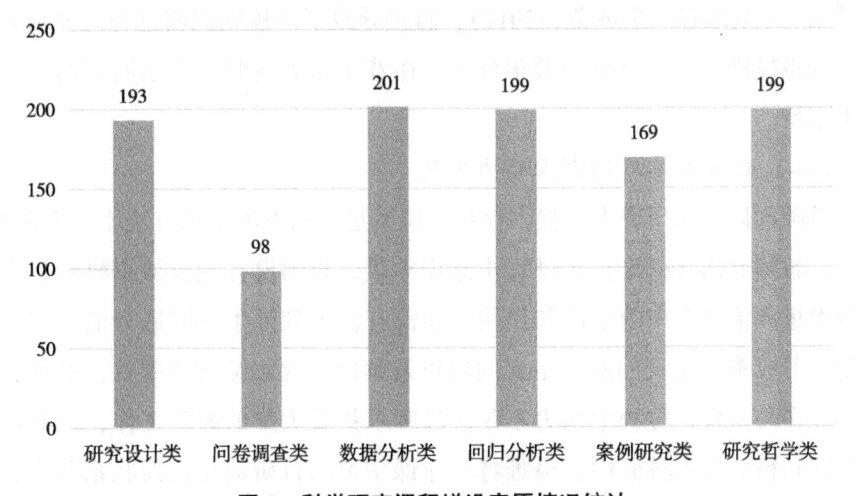

图 8　科学研究课程增设意愿情况统计

综上所述，无论是在教师引导方面还是在课程设置方面，都没有做到与学生的科学研究紧密结合，学研相济情况处于一般水平。

二、新商科背景下科研育人存在的问题

（一）顶层设计缺失

新商科是以传统商科为基础，强调学科交叉融合，将新技术融入商科课程，注重运用新的模式、理念和方法开展综合性的跨学科商科教育，旨在培养新时代复合创新型商科人才。因此，传统的科研育人模式已经不能满足科研育人活动的要求。然而许多高校与教育部门在落实科研育人的过程中，尚未做好顶层设计，对科研育人的认识存在较大的偏差和不足，缺乏正确的价值观引导，导致课堂教学方法落后，学校学科课程设计、教师的教学水平、教学方法、教学态度、课堂教学模式、考试机制等没有完全适应新商科背景下的教学发展的需求。学生作为科教融合教学模式的当事者、学习活动的主体和创造者，虽积极参与研究性学习，但走进实践场所参与科研项目的实践性却很低。这也就反映了在科研育人方面仍旧缺乏一定的制度保障。现有的科研管理文件，并没有向教师明确提出科研育人的目标，更没有为育人目标的实现提供制度保障与相应的科研育人奖励机制，导致教师自己单独做科研，很少吸纳学生参与科研工作，这种情况所引起的科研漂移、教学漂移"双漂移现象"（董维春和朱冰莹，2012），直接导致了高校知识创造和人才培养的关系变得模糊不清，科研与教学分离，违背了培养新时代高素质创新人才的根本宗旨。

（二）教师群体科研育人动力不足

教师群体在科研育人过程中存在意识不足、精力不足和方法不足等问题。首先，教师群体在科研育人过程中意识不足。教师没有充分认识科研育人在高校思想政治教育中的地位和作用，亦没有认识到师生共同进行的科研活动对学生养成善于发现问题、定义问题以及解决问题习惯的重要性。其次，教师群体在科研育人过程中精力不足。教师承担着大量的教学工作，没有过多的时间和精力投入科研中，很难将专业课学习与科研动态发展联系起来，科研过程中的科研精神和科研方法很少传授给学生，导致科研无法体现育人功

能，教学和科研形同陌路。最后，教师群体在科研育人过程中方法不足。在网络时代，学生的学习方式和学习思维得到了极大改变，传统的科研育人模式已经不能满足科研育人活动的要求。教师目前所采用的科研育人的方法陈旧，缺乏创新。在教学内容、教学过程、教学设计等方面没有结合新商科人才特点开发多样化的教学活动，导致教学科研相长作用不突出，不能实现同频共振。

（三）学生科研参与率低

科教融合的人才培养模式中将科研当作一种有效的教学方式，但学生科研参与率整体较低。调查结果显示，仅有19%的学生表示参与过老师的课题研究，37.7%的学生表示申请过大学生科研创新项目，有8.6%的学生发表过学术论文，这些数据均说明学生参与科研项目的情况不佳，参与科研的程度较浅，科研育人的效果难以保证。

第一，学生对科研工作主体认识存在偏差。很多学生认为只有知识渊博的专家学者以及有一定积累的研究生才适合进行科学研究工作，一名普普通通的学生没有能力参与科研或参与科研的可能性较小，将科学研究神圣化。因此，必须纠正学生对科研工作认识的偏差。第二，学生对科研意义的理解过于狭隘。在对科研意义的理解上，许多学生认为科学研究的内容是为继续深造的学生而设的，自己将来面临的是就业，无须进行科学研究，这显然是对科学研究的意义缺乏了解。科学研究最大的意义就在于可以选择自己感兴趣的问题去寻找答案，正如阿尔伯特·爱因斯坦所言："教育不是要记住各种事实，而是要训练大脑如何思考。"科学研究工作，尤其是高校学生的科学研究工作，并不是要求创造出高精尖成果，而在于培养学生科学研究的思维。第三，学生本身没有过科研体验，对于自身的科研能力存在质疑和否定的态度。大量的实践也证明，学生本身是否参与、经历过科研活动对科研兴趣的产生、科研动机的激发有直接的影响，单一的理论说教而没有真实的科研参与很难激发学生参与科研的兴趣。

总而言之，科研育人是人才培养改革的重要方向。当前人才培养体系中对学生缺乏一定程度的科研训练，学生仅能在课堂学习中凭借探究式的学习过程向大脑灌输专业知识以建构自己的知识体系，但缺失对于知识生产过程的参与和知识运用的学习，因而无法培养学生真正的学习和实践能力。

三、构建新商科背景下"4+3+2"科研育人模式

科研育人是一项系统工程。其系统性体现在四大参与主体之间的联动上，体现在课堂、课外、课题三环节的贯通上，同时体现在校内资源与校外资源的协同利用上（如图9所示）。

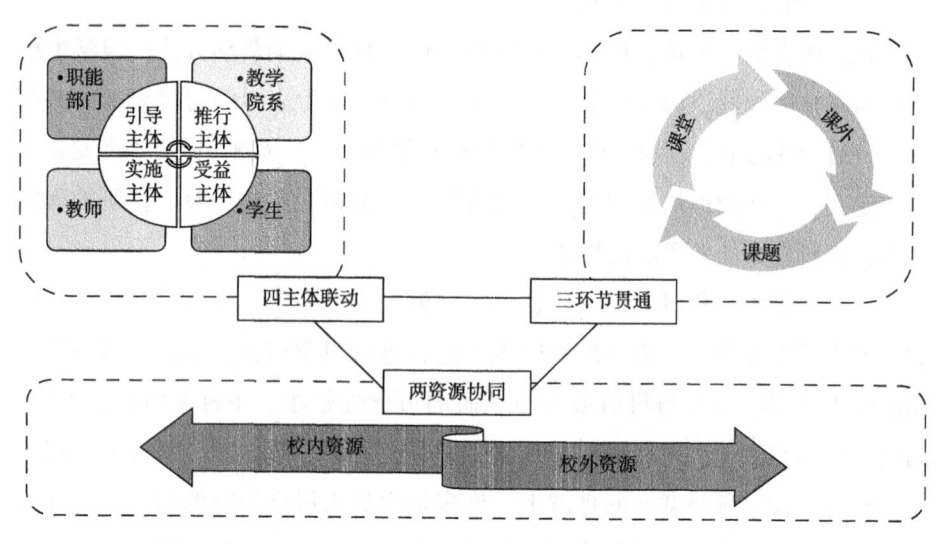

图9　新商科背景下"4+3+2"科研育人模式

（一）"职能部门+教学院系+广大教师+全体学生"四主体联动模式

在参与主体上，科研育人的实现无法依赖某个单一主体的作用，需要不同主体的通力合作。具体而言，科研育人的引导主体是校级职能部门；科研育人的推行主体是各教学院系；科研育人的实施主体是广大教师；科研育人的受益主体是全体学生。在推动科研育人模式过程中，针对上述四类主体分别制订出以下方案。

1. 职能部门

校级职能部门大力宣传科研育人的教育理念，形成科研育人校园文化环境。学校可以通过制作短视频、推送公众号文章等多种形式，借助微博、微信、短视频等多元网络渠道，宣传科研育人的指导思想。宣传内容可以包括有趣的经

管类科学问题、师生分享的个人科研故事、名师经管微课堂等各类有关主题。还可以向全校师生征集稿件，鼓励师生以征文、漫画等各类创意形式参与到科研育人的宣传活动中。这不仅有助于号召广大师生共同营造浓厚的学术科研氛围，还能够进一步激发学生的科研兴趣。此外，校级职能部门还应当在聚焦本校办学特色的基础上，召集不同行业的企业专家开展跨学科、跨领域的交流论坛。全面了解社会所需要的人才特点，以便从宏观上统筹协调各职能部门实施科研育人的工作方针，培育新商科背景下的多方位人才。

2. 教学院系

各教学院系开通"科研育人建议箱"等意见搜集板块，师生均可就科研育人的培养方案发表疑问或建议。教学院系定期归纳整理意见后，可以通过"师生面对面"等线上线下交流活动，由学校的教务部门和师生代表等定期组织会议，就近期的反馈意见进行磋商，以便及时调整科研育人培养方案。主动倾听学生对参与科研的疑惑等，既有利于学校的教务部门和各教学院系不断修订完善符合学生学习特点和需求的培养方案，也有助于学生清晰地了解能力培养目标。

3. 广大教师

教师作为带领学生参与科研的引路人，应当在授课过程中潜移默化地扭转学生对科研的认知偏差，改变学生对科研的神秘印象，帮助学生树立参与科研的自信心。在教学内容上，要求学校引导科研师资力量提升科研教学能力，鼓励教师把最新科研动态带进课堂，实现前沿科研成果的落地教育，使学生了解研究领域的最新进展，打好科研基础。在教学方式上，教师采取探究式教学模式，在教与学的课堂互动中引领学生主动思考问题。例如，对于管理学的理论知识，可以从学生熟悉的生活现象入手，通过发掘生活中的管理学问题，帮助学生更好地理解理论的内涵，体会其应用价值，并进一步激励学生形成管理学的思维模式，逐步运用管理学来解释分析各类问题或现象。

4. 全体学生

学生充分利用学校提供的各项资源和科研机会，深度参与科研训练项目。学校引导学生在科研育人过程中应当着力于过程体验、致力于能力培养、融合于科研精神。其中，"着力于过程体验"是指强调学生发挥主观能动性，降低对科研的畏惧感，迈出尝试科研的第一步。"致力于能力培养"是指学生意识到科研思维的实用性，体会用理论分析问题、解决问题的能力。"融合于科研精神"是指学生们形成勇于探索、迎难而上的科研精神。

(二)"课堂+课外+课题"三环节贯通模式

在环节贯通上，积极主动挖掘学生能够参与的每一个科研环节，各个环节相互作用才能实现科研育人目标。在校内共有三个主要的科研环节，分别是课堂、课外以及课题。而科研育人的环节贯通是指让学生能够从课堂中吸收知识，在课堂外消化知识，在课题中探索知识。

首先，课堂措施方面。教师需要将科研育人的教育理念贯穿于教学的全过程，在课程内容和考核方式上，应当充分体现发散性、思辨性、实时性、跨学科性、趣味性等特征。着力实现基础知识与实际问题的有机结合，将调查实践等融入课程考核中。同时，对于高年级的学生，教师需要更加注重多学科的交叉应用。例如，可以让学生以小组为单位提出研究问题，以该课程所学知识为核心，综合其他学科的理论视角，撰写分析报告。

其次，课外措施方面。各教学院系结合自身的专业，打造特色品牌学科竞赛。通过学科竞赛进一步强化学生对课堂学习内容的理解与应用。学校创建富有特色的跨学科竞赛，促使学生掌握不同学科领域的专业知识，同时也增进来自不同教学院系的学生之间的互动交流，全方位提升学生的综合思维。

最后，课题措施方面。课题是帮助学生从认识科研到实践科研的重要桥梁。实施本科生导师制，号召教师吸纳本科生进入科研团队中，为学生提供参与科研的机会。学校鼓励各位教师面向本科生设置科研助理岗位，采用师生双向互选机制，让学生能够获得系统性的科研训练。特别要充分发挥新进青年教师这一新生力量，必要时学校可以给予一定的科研经费支持。这一措施既有助于为学生提供更多的科研机会，也有利于新进教师组建科研团队并锻炼指导学生的能力。

(三)"校内+校外"两资源协同模式

在资源利用上，在充分利用校内资源的基础上积极拓展各类校外资源。学校作为独特的社会主体在享有特定资源的同时也受限于各类资源，仅将目光锁定在校内窄化了学生视野。想要全面推行科研育人需要结合校外力量，将学生们置身于社会环境中感受科研。因此，高校应当有效协调校内外的教育资源。高校聘请校内各专业优秀教师以及企业专家共同担任科研项目的指导教师。通过增强教师与企业专家的交流合作，使得各企业专家参与到科研育人的指导工作中来，实现学术界与实务界的联动培养模式。由企业专家对科研训练项目所选取的案例进行考察，保障该项目的社会价值，以便有效帮助学生提高分析实际社会问题的能力。同时，这也为学生提供了与企业进行对接的机会，培养学生从实践思考问题的科研思维。除此之外，学校还可以与龙头企业开展基于企校合作的创新创业人才培养机制。通过与龙头企业合作共建人才培养基地，将"课堂搬进企业"，并利用案例教学激发学生的创造性思维，提高其判断能力、分析能力、决策能力、协调能力、表达能力和解决问题的能力，培养学生的沟通协调、创新实践能力。

四、构建新商科背景下科研育人的"课堂+平台+实践"三大体系

切实推进科研育人工程需要以合理可行的体系作为支撑，建议从课程体系、平台体系以及实践体系着手构建（如图10所示）。

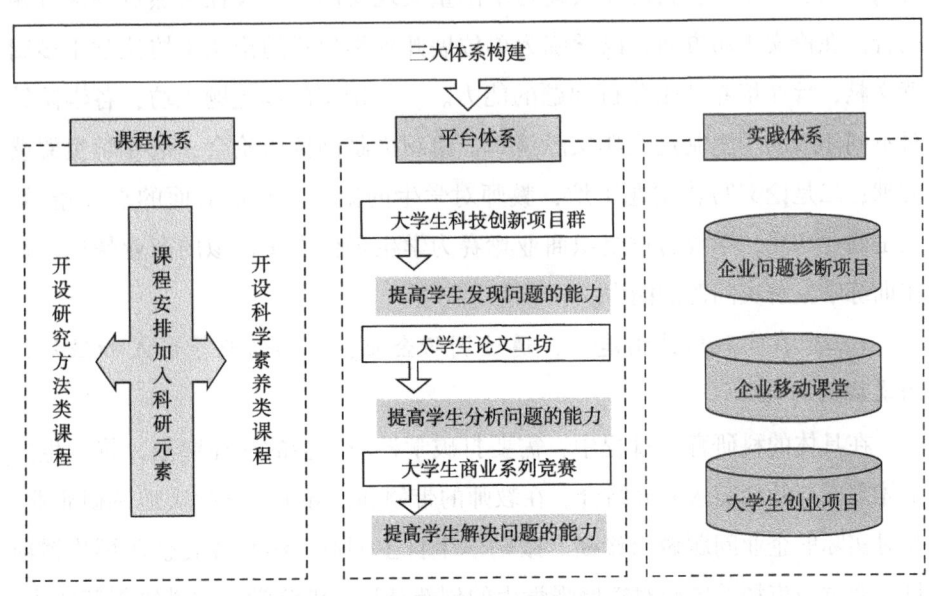

图10 新商科背景下科研育人的"课堂+平台+实践"三大体系

（一）在课程体系构建上，制订加入"科研元素"的课程计划

课程安排应当既包含对基础知识和前沿信息的掌握，也包括对科学研究相关课程的学习。例如，开设管理研究方法、管理研究设计等课程奠定学生的科研基础，开设经典文献导读等课程奠定学生的理论基础。目的在于通过对各类课程的学习来培养学生的自主学习能力和探索能力，激发学生对科研的兴趣。科研训练系列课程的设计还应当兼具通用性和灵活性。即各个教学院系根据本学科的特点，厘清科研与就业的共通能力和特定能力，根据不同年级学生的发展需求制订培养方案。对于大一、大二学生的课程设置侧重于共通能力的培养，大三、大四学生则根据其自身的发展需求进行自主选择，就科研和就业这两种不同的发展规划路径，提供更具有针对性的科研思维训练课程。

（二）在平台体系构建上，通过鼓励学生申请创新项目、学院开展论文工坊、学校组织商业竞赛三种方式打通科研育人的全平台建设

在创新项目申请方面，鼓励学生作为项目的负责人招募成员自行选题，旨在提高学生发现问题的能力。在学生自主确定其研究兴趣的基础上，教师可以适当引导学生将其研究兴趣与中国重大现实问题以及社会热点问题等相结合。在论文工坊方面，以学院为单位展开各类形式的论文工坊让学生多阅读文献，旨在培养学生分析问题的能力。一是论文阅读主题工坊，各学院针对不同年级的学生制定经典文献清单，组织文献阅读讨论会，指导学生阅读文献；二是论文写作主题工坊，教师对学生的论文进行面对面的点评指导；三是商业竞赛，学校通过组织商业竞赛为学生提供真实模拟的商业情境，旨在训练学生解决问题的能力。

（三）在实践体系构建上，通过调研企业、鼓励创业等形式加强知识向实践的转化

在具体的科研育人过程中，需要打破学校与社会的交往壁垒，将学生的个体需求与社会需求充分结合。在教师的带领和指导下，学生实地调研企业，并对实际的企业问题做出诊断。鼓励学生自主创业，参与各类企业孵化器项目。通过与市场的紧密对接增强学生的创新意识，训练学生的科研创新能力。鼓励学生撰写企业实地调研报告，通过帮助学生切实地走进实践场所来认识

到参与科研训练的必要性，使学生在科研训练中培养自身未来的就业优势。

五、基于年级阶段和能力培养目标构建新商科背景下科研育人的培养路径

科研育人需要通过课上知识传授与课外科研实践相结合，综合年级阶段和能力培养目标构建实施路径，即基于年级的全过程闭环式科研育人路径、基于能力培养的全方位立体式科研育人路径。

以科研育人为指导方向，以本科毕业论文为成果载体，根据各个年级的不同特征设置相应的课程。大一是科研兴趣培养阶段。通过课堂上的启发式教学与课下的学术讲座等方式激发学生的科研兴趣，培养学生发现问题的能力。大二是科研基础训练阶段。制定经典文献阅读、研究设计、研究方法等系列课程，帮助学生熟悉科研的基本流程，掌握主要的科研方法。大三是科研素养提升阶段。通过开设学术写作规范课程、开展学术道德系列专题讲座、宣传学术道德典型事例等方式，从科研活动层面和科研品质层面综合强化学生的科研素质，加强学术思想道德建设。大四是科研实践协同阶段。依托科研训练项目，让学生通过具体的研究问题将所学的理论知识付诸科研实践，并以撰写研究报告和PPT展示等环节来锻炼学生的文字表达能力与口头表述能力。据此，通过"观察现象—发现问题—提出问题—分析问题—解决问题—表述问题"这六个科研环节的系统训练，培养学生的创造性思维、批判性思维和逻辑思维，综合提升学生的观察能力、思考能力、提问能力、解决能力、分析能力和表达能力（如图11所示）。

六、新商科背景下科研育人的对策建议

（一）加强科研育人的顶层设计

完善并优化科研管理政策制度，充分发挥高校科研育人功能。在本次调查中，许多学生提出建议，表示希望学校能从大一就开始稳抓科研，部分学生表示大一、大二时科研意识不强，大三想做科研时已经没有太多精力和时间了。大一和大二的学生对科研的诉求是最高的，但学校在科研方面往往容易忽视这些人群。这就要求各级教育部门把科研育人作为学校人才培养的重

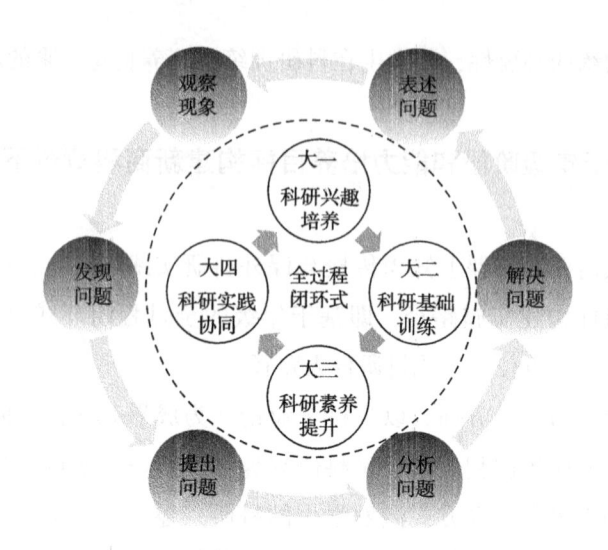

图11 新商科背景下科研育人的实施路径

要环节和重要抓手，以科研项目团队建设为载体，以培养创新思维为目标，以知识学习为基础，以育人模式改革为动力，不断推进科研育人工作。具体可以从以下几个方面展开。

第一，在思想意识方面，学校应当引导师生加强对科研育人重要性的认识。学校加大科研育人这一指导思想的宣传力度，努力提高教师对科研育人的重视程度。一方面，学校帮助教师明确在科研育人指导思想下，其未来工作职责和工作方式的创新方向。加强对教师的培训指导，推行教师传帮带等活动，扩大师资规模，逐步组建强有力的科研育人师资团队。通过制作短视频、撰写短文等形式，借助微博、微信、短视频App等各类网络平台，宣传科研育人理念，让教师用零散时间学习科研育人的理念及模式。另一方面，营造浓厚的学术文化环境，打造符合本科生特点和新商科特色的学术文化品牌，培养学生的科研兴趣。建立学生参与保障机制，通过科研必修学分制、创新创业项目制度和激励约束机制，使学生充分认识科研育人对其自身发展的重要性，培养其科学思维、敢于创新和适应社会等各项重要能力。

第二，在管理制度方面，围绕落实科研育人指导方针，完善创新培养机制及相应的配套措施。一是根据本科生的学习特点，制定科研育人特色培养方案体系。将"科研元素"纳入课程计划之中，构建"科研兴趣培养—科研基础训练—科研素养提升—科研实践协同"的阶梯式科研育人路径,从而达到强化学生"观察现象—发现问题—提出问题—分析问题—解决问题—表述问题"六位一体科研能力的目的。二是建立健全以科研育人为导向的教师考核评价体系及激励机制。在教师教学质量考核评价方面,增加对教学内容学理性、前沿性、创新性等方面的评分比重,促使教师主动融合教学与科研。在教师科研考核评价方面,优化教师科研评价指标体系。将人才培育成果,如教师指导的优秀本科毕业论文数量、科研创新项目获奖情况等,纳入教师科研考评指标体系中。同时,设置"科研育人卓越奖",加强对科研育人优秀模范教师及其团队的宣传力度,激发广大教师科研育人的参与热情。细化科研育人成果奖励机制,采用"定性+定量"相结合的方式划分科研育人成果层级,学校向达到不同层级水平的教师给予相应的资金奖励等。

第三,在实施策略方面,学校大力支持并开展各类活动以推动师生共同践行科研育人的理念。高校在充分理解并挖掘新商科特点的基础上,基于学校自身的专业特色,组织跨学科交流论坛,号召师生开展跨学科的合作研究,培养新商科背景下的多方位人才。学校定期开展"科研育人交流会"等活动,邀请在科研育人方面表现卓越的教师分享科研育人经验,也可以组织教师们提出科研育人实践过程中的困惑并共同探讨解决方案。除此之外,教务部门在官网上专门开设"科研育人"板块,用于师生向教务部门反馈科研育人过程中的困惑或提出有关建议。学校教务部门作为会议组织者,推选教师代表、学生代表共同参与,定期商讨当前科研育人培养方案的利弊,以便学校及时调整科研育人总体规划。这一做法既能够帮助学校教务部门以及教师更好地制订符合学生学习需求的培养方案,也有助于学生清晰地了解自己的学习方向。

(二)建立学研相济的协同育人机制

建立学研相济的协同育人机制,为学生提供更多的科研机会。新商科背景下的科研育人要求教师不能只关注学生的"学",还要为学生提供切实可行的研究路径。许多学生在建议中也写道,希望学校能够为学生多提供科研机会和途径。

第一,强化教学在助力学生树立科研观上的重要作用。教师是帮助学生步入科研的关键启蒙主体，在授课过程中潜移默化地扭转学生对科研的认知偏差，改变学生对科研的神秘印象。在教学内容上，要求学校引导科研师资力量提升科研教学能力，鼓励教师把最新科研动态带进课堂，实现前沿科研成果的落地教育，使学生了解研究领域的最新进展，打好科研基础。在教学方式上，教师采取创新性的探究式教学模式，在教与学的课堂互动中引领学生主动思考问题。

第二，以课题为载体，为学生搭建从认识到实践的科研桥梁。鼓励教师积极带动学生参加各项科研创新项目，培养学生科研能力，深刻贯彻学研相济的育人机制。尤其要充分挖掘青年教师在科研育人中的潜在能力。因为青年教师作为高校科研的新生力量，在其从博士生到教师身份转变的适应阶段，能够与学生产生共鸣，理解学生参与科研的难点，从而更有利于降低学生对于科研的畏惧感。而且，青年教师带领本科生参与科研实践，既有助于给予更多学生参与到科研项目的机会，也有利于缓解指导教师资源紧缺的困难。在确定科研创新项目选题时，教师可以引导学生关注时事政策以及社会热点问题等，鼓励学生从中自主发现感兴趣的问题。通过完成一项科研创新项目，让学生在实践中形成理论思维并熟练应用研究方法。

（三）搭建科研育人的实践平台

搭建科研育人实践平台，提升师生科研实践能力。为实现科研育人的教育目标，学校应积极推进实践平台的建设。相对稳定的科研实践平台，可以使高校师生对科研育人理念的认识更为系统，认知更加深刻，集中化的平台管理还能高效利用教学资源，提升科研育人工作的效率。高校还可以通过打造科研教学示范平台、大学生科研创新训练平台、学科竞赛平台、社会实践平台以及校内外科研实践平台等，集中指导学生的科学研究项目和各项创新活动，实现科研育人理念实践的常态化发展，保障科研育人质量提升体系工程能够长期、深入和有效推进。

加强校外资源与校内资源的联合，共同培育符合新商科时代要求的人才。学校要大力推进教师与实务界专家的交流合作，共同参与到科研育人培养规划中来，及时了解当前用人单位对毕业生的能力需求及其变化，培育满足社会需求的人才。邀请实务界专家对申报"科研育人"立项项目的社会价值进行考察评估，以便保障项目的前沿性、创新性、实用性等，帮助学生在科研育人项目中逐步具备用理论分析现实社会问题的能力。

学校可以与龙头企业开展基于企校合作的创新创业人才培养机制。通过与龙头企业合作共建人才培养基地，将"课堂搬进企业"，并利用案例教学激发学生的创造性思维，提高其判断能力、分析能力、决策能力、协调能力、表达能力和解决问题的能力，培养学生的沟通协调、创新实践能力。同时，还需要鼓励学生撰写企业实地调研报告，帮助学生切实地走进实践场所来认识到参与科研训练的必要性。

参考文献

[1] 陈晓芳，夏文蕾，张逸石，等. 新时代新商科的内涵及"多维度协同"培养体系改革 [J]. 财会月刊，2021（5）：107-113.

[2] 宣昌勇，晏维龙. "四跨"融合培养新商科本科人才 [J]. 中国高等教育，2020（6）：51-53.

[3] 张国平. 新商科人才培养模式与实现路径 [J]. 中国高等教育，2021（2）：43-44，50.

[4] 金祥雷，赵继. 推进高校与科研院所合作 构建科教协同育人平台 [J]. 中国大学教学，2013（5）：21-22.

[5] 张亚光，曾丹旦. "三全育人"视域下高校科研育人探究 [J]. 学校党建与思想教育，2021（1）：91-93.

[6] 何珊，马小林. 新商科背景下校企合作实践研究 [J]. 合作经济与科技，2019（19）：148-149.

[7] 徐永其，宣昌勇，孙军. 新商科创新创业人才跨界培养模式的实践探索 [J]. 中国高等教育，2020（24）：44-46.

[8] 周光礼，周详，秦惠民，等. 科教融合 学术育人：以高水平科研支撑高质量本科教学的行动框架 [J]. 中国高教研究，2018（8）：11-16.

[9] 刘建军. 论高校思想政治工作的育人格局 [J]. 思想理论教育，2017

(3)：15-20.

[10] 刘在洲，谢晨霞，刘香菊，等．大学科研育人现状、问题与对策：基于H省4所高校的调查［J］．高等教育研究，2019，40（6）：79-85.

[11] 董维春，朱冰莹．研究型大学"科研漂移"问题的思考：教学与科研相互关系的辨析［J］．国家教育行政学院学报，2012（9）：43-49.

[12] 王赓，杜建宾．科研育人视阈下的高校创新实践教育效果评价：运用匹配倍差法对N高校的实证分析［J］．中国大学教学，2021（12）：63-68.

[13] 龚强，李尉青．提升高校科研育人质量的长效机制与路径分析［J］．思想理论教育，2022（8）：91-95.

[14] 唐青，李佑新．高校科研育人的价值机理与完善路径［J］．大学教育科学，2022（4）：85-92，127.

[15] 俞继仙，林承焰，李兆敏．高校横向科研项目的育人价值：基于工程类专业学位研究生培养视角［J］．学位与研究生教育，2022（3）：51-56.

[16] 李晓庆，汪力．提升高校科研育人质量的若干审思［J］．思想理论教育，2022（3）：108-111.

[17] 王志新，周步昆，张根华，等．新时代高校科研育人影响因素与路径探索：以J省3所高校教师抽样调查问卷为例［J］．中国高校科技，2021（12）：62-66.

[18] 姚威，毛笛，胡顺顺．内涵式还是外延式：高校科研育人效率的实证分析［J］．科技管理研究，2021，41（14）：89-96.

[19] 黄廷祝，黄艳，杨建宇．"科研育人"新工程教育：认识、思考与实践［J］．中国大学教学，2021（7）：33-39.

[20] 李景林，闫守轩．地方本科院校科研育人的多维困境及实现路径［J］．教育科学，2021，37（4）：90-96.

[21] 刘在洲，汪发元．高校科研育人工作机制的完善与质量提升［J］．中南民族大学学报（人文社会科学版），2022，42（5）：172-180，188.

[22] 刘在洲，李小平．大学科研育人的发生学分析［J］．现代大学教育，2020，36（5）：1-7.

[23] 叶信治，梁凤华．研究型大学教学、科研和服务协同育人功能分析［J］．教育理论与实践，2020，40（12）：6-8．

[24] 刘海涌，郭涛，刘存良．新形势下能源动力类实验课程实践育人和科研育人机制研究［J］．高等工程教育研究，2019（S1）：218-220．

[25] 邝宏达，李林英．高校重大科研项目团队积极科研训练环境的构成要素［J］．北京理工大学学报（社会科学版），2019，21（6）：177-185．

[26] 阮一帆，徐欢．高校科研育人探析［J］．思想理论教育导刊，2019（8）：152-155．

[27] 魏强，李苗．高校科研育人论析［J］．思想理论教育，2018（7）：97-101．

[28] 王静，李俊秀．科研育人：高等教育变革的动力［J］．中国成人教育，2017（8）：30-32．

[29] 刘建军．进一步重视科研在高校育人中的地位和作用［J］．中国高等教育，2015（6）：34-37．

[30] 蒋群，何丽明，王莲芸．强化实验教学育人职能 培养科研型高素质人才［J］．实验室研究与探索，2015，34（9）：153-155，160．

[31] 陆锦冲．高校科研育人：内涵·方向·途径［J］．高等农业教育，2012（9）：3-5．

城市管理专业建设能力培养和提升研究
——以国家级一流本科专业建设点首都经济贸易大学城市管理专业为例

王 晖

(首都经济贸易大学 城市经济与公共管理学院)

【摘 要】 首都经济贸易大学城市管理专业注重专业建设与人才培养,开拓了具有自身特色的人才培养体系,并于2020年获批国家级一流本科专业建设点。本文以首都经济贸易大学城市经济与公共管理学院城市管理专业为例,具体介绍了该专业的发展历史、专业目标与定位、专业优势与特色,重点阐述了该专业的师资体系建设、学科体系建设、课程体系建设以及人才培养体系建设。本文希望通过梳理、总结首都经济贸易大学城市管理专业在建设一流本科专业的道路上获得的实践成果与经验,共同推动我国城市管理本科专业的建设与发展。

【关键词】 首都经济贸易大学;城市管理;专业建设;国家级一流本科专业

一、绪论

(一)首都城市管理人才培养转型的需要

国家新型城镇化战略要求城市管理专业人才培养要抓好"产教融合、校企合作"两个抓手。北京市"四个中心"的加速发展急需大量城市管理专业人才。而北京市作为国家首都、超大城市,城市管理任务更为艰巨。随着北京城市化加速发展,城市运行管理体系庞大,必须推行"以人为本"的科学城市管理方法。实现城市管理应用型人才培养机制创新,对于首都经济贸易大学城市管理专业发展和北京市世界城市战略推进具有重要的现实意义。

(二) 国家级一流本科专业建设点的需要

随着《加快推进教育现代化实施方案（2018—2022年）》、教育部《关于加快建设高水平本科教育 全面提高人才培养能力的意见》等文件的出台以及对各项教育工作会议的落实，国家启动一流本科专业建设"双万计划"，要求在2019—2021年建设1万个左右国家级一流本科专业点和1万个左右省级一流本科专业点，以此打造一流的本科、一流的专业、一流的人才。

全国高等院校城市管理专业经过近40年的发展，培养了大量的城市管理人才。教育部公布的《普通高等学校本科专业目录（2012）》中，将城市管理专业纳入普通高等学校本科专业目录，在公共管理类一级学科下设置城市管理专业。截至2022年10月，全国已经有70余所高校开设城市管理本科专业。其中，中国人民大学、电子科技大学和首都经济贸易大学等开设的城市管理专业入选2020年国家级一流本科专业建设点。

二、首都经济贸易大学城市管理专业能力

(一) 城市管理专业的发展历程

随着现代中国城市的快速发展，城市管理贯穿于城市发展的整个过程[①]。我国的城市管理专业最早由首都经济贸易大学开设于1984年，2000年以前只有首都经济贸易大学一所大学开设城市管理专业。城市管理专业于2012年被教育部纳入普通高等学校本科专业目录后，先后有多所大学开设并逐渐形成了独具特色的教学风格与人才培养体系[②]。

(二) 首都经济贸易大学城市管理专业的演变

首都经济贸易大学城市管理专业最早源于经济系，正式创建于1984年并开始招收本科生，属于全国最早开办并且具有重要影响的专业。1985年开始招收城市经济专业的研究生。2012年设置"城市经济与战略管理"硕士点和博士点。经过38年的发展与沉淀，首都经济贸易大学城市管理专业逐渐构建了包括

[①] 刘素芬. 精细化管理视角下的城市管理专业人才培养 [J]. 城市管理与科技, 2018, 20 (4): 34-37.

[②] 刘广珠. 我国高校城市管理专业的历史沿革和现状 [J]. 城市管理与科技, 2016, 18 (5): 11-12.

本科、硕士、博士的一体化专业人才培养体系以及独特的学科优势（见图1）。

首都经济贸易大学城市管理专业积极融合理论知识与实践教学之间的协同教育，并于2020年获批"2020年度国家级一流本科专业建设点"（见图2）。

图1　首都经济贸易大学城市管理学科专业建设演化路径

图2　2020年获批"2020年度国家级一流本科专业建设点"

首都经济贸易大学城市管理专业一直秉持"力创首都特色、国内一流、国际知名的城市管理专业"的建设目标。基于大数据和走访调查，在供给侧制定动态"订单式"知识和技能供给体系，根据首都韧性城市演化发展的特点，以相对成熟的知识供给模块（见图3）为基础，进一步优化知识供给和技能培养体系。

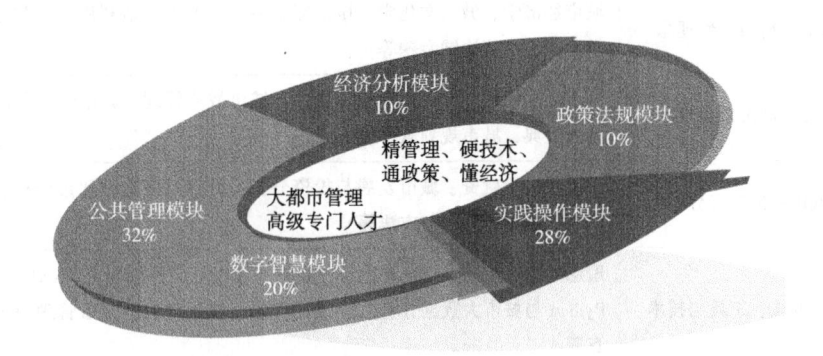

图中内容：
- 经济分析模块 10%
- 政策法规模块 10%
- 公共管理模块 32%
- 数字智慧模块 20%
- 实践操作模块 28%
- 中心：精管理、硬技术、通政策、懂经济；大都市管理高级专门人才

图3 首都经济贸易大学城市管理专业人才培养知识结构供给

三、首都经济贸易大学城市管理专业自身体系建设

（一）学科体系建设

首都经济贸易大学城市管理专业以建设能够培养"强经济、擅战略、长技术、精应用、通政策"的大都市管理高级专门人才的国际知名、国内领先的本科专业作为专业建设原则。其核心是培养基于前沿新技术的超大城市数智经济分析与战略规划的精英城市管理人才。本专业主要培养掌握城市群与超大城市产业间的发展规划、区域与城市经济大数据检测与模拟、区域发展与城市建设投融资策划及分析、区域与城市规划及政策分析、区域与城市发展的土地利用分析、城市社会经济网络运行分析与规划、城市经济与管理的运行模拟仿真、城市经济精细化管理及发展战略决策、城市数字政府建设与数据治理等相关知识的高层次、创新型、复合型精英人才。

（二）课程体系建设

首都经济贸易大学城市管理专业为帮助学生能够运用超大城市数智经济、大数据分析与运行模拟仿真等技术工具对城市定位、发展战略与规划、投融资建设等进行高效高质量的分析，根据专业特点主要开设以下核心课程（如表1所示）。

表1 城市管理专业课程

特点	课程
经济分析与战略理念	城市经济学、城市文化学、城市复杂系统、城市土地利用、公共经济学、区域经济协同专题等
区域与城市发展规划	城市规划原理、城市发展策划实务、城市战略管理、城市经济与战略管理经典、城市规划软件应用等
城市经济运行分析	城市建设投融资、城市发展与投资分析、城市经济管理政策分析、城市与区域分析模型与方法等
实用方法、工具与技术	遥感与GIS应用、空间计量经济基础、城市社会网络与UCINET应用、Python与城市大数据分析、城市大数据可视化案例、城市管理模拟仿真等

（三）人才培养体系建设

首都经济贸易大学城市管理专业属于城市经济与公共管理学院，学院拥有公共管理一级学科、区域经济二级学科和城市经济与战略管理交叉学科，公共管理、应用经济、管理科学与工程三大学科之间相互促进、相互补充、相互发展。为充分尊重学生自身发展需要与意愿，帮助学生在前三个学期理解并选择符合自身实际情况、适合自身发展需要的专业发展道路。自第四学期开始报名城市管理专业的学生们会组成以班级为单位的城市管理班并根据城市管理专业的培养方案以及特色课程进行专门培养①。

首都经济贸易大学城市管理专业还为学生们准备了丰富的实践资源与活动，学生可以自主选择参加包括国家级经济与管理实验教学中心、城市群系统演化与可持续发展的决策模拟研究北京市重点实验室、城市运行与应急管理实验中心、数字城市实验室、3D虚拟仿真实验室、智慧城市暑期实践营、城市规划兴趣小组、城市建设投融资兴趣小组、城市经济管理软件应用兴趣小组、城市大数据分析与可视化以及城市运行模拟仿真兴趣小组、北京市特大城市智慧管理人才培养创新示范基地和其他28家实习基地等。

首都经济贸易大学城市管理专业的学生也拥有较好的就业与升学前景。

---

① 谭善勇．城市管理专业人才的多元化联合培养模式［J］．城市管理与科技，2016，18（5）：17-19.

2015年中央城市工作会议中提到要增强城市规划的科学性和权威性，推进城市管理机构改革，加快培养一批懂城市、会管理的干部①。首都经济贸易大学城市管理专业凭借自身本科、硕士研究生、博士研究生的一体化培养体系，对接城市经济与战略管理硕士点、博士点。学生可在城市经济学、区域经济学、土地利用、城市文化产业、城市经济管理、大数据分析、城市运行模拟仿真、人文地理学、产业经济学、公共经济学、城市经济与开发、区域旅游开发与管理、城市发展与经济政策、城市建设投融资、城市发展与区域规划、智慧城市建设与管理、城市产业结构与产业规划、城市经济与金融、城市市政公用事业投融资、城市与房地产经济等方向选择适合自身发展的研究方向。

四、城市管理专业建设能力培养和提升

首都经济贸易大学以首都城市管理人才需求为目标，以培养质量为根本，以知识、能力、素质为核心，从培养目标、培养方案、专业建设、教学环节等方面入手，突出首都特色，建立以提升首都城市管理学生能力为导向的人才培养模式。

（一）以市场需求为导向设计能力架构，以能力培养为导向设计课程体系

首都经济贸易大学主要采取"逆向设计法"来设置城市管理学课程体系，其所依据的人才培养目标是对社会需求进行综合分析来确定的，紧密跟踪人才市场需求的变化，调查、预测用人单位的需求和家长、学生的就业期望，分析人才需求。逆向设计法从方法上保证了课程体系是以社会需求为导向的，为提高学生就业和创业能力提供了机制保障（见图4）。

（二）以社会需求为目标，科学定位人才培养目标

改革城市管理专业人才培养模式的首要任务是准确定位人才培养目标。首都经济贸易大学在分析人才需求动态、把握人才需求特点的基础上，结合城市管理的学科、专业的现状和学科发展趋势，科学制定符合自身定位、特色鲜明的人才培养目标。城市管理专业人才培养目标的定位和规格应与社

---

① 中央城市工作会议在北京举行［EB/OL］．［2023-01-22］．http://www.xinhuanet.com/politics/2015-12/22/c_1117545528.htm.

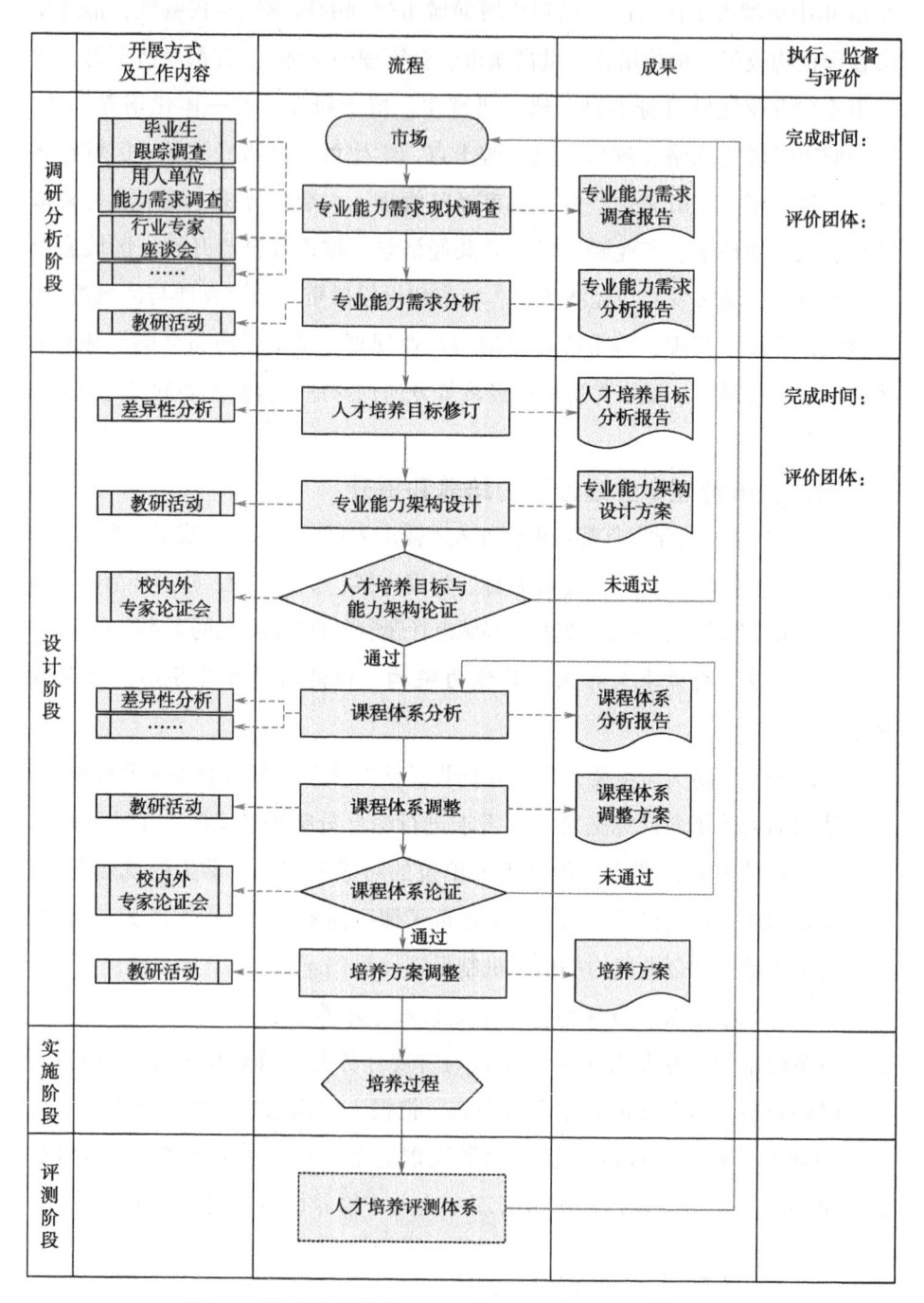

开展方式及工作内容	流程	成果	执行、监督与评价
调研分析阶段 毕业生跟踪调查 用人单位能力需求调查 行业专家座谈会 …… 教研活动	市场 → 专业能力需求现状调查 → 专业能力需求分析	专业能力需求调查报告 专业能力需求分析报告	完成时间： 评价团体：
设计阶段 差异性分析 教研活动 校内外专家论证会 差异性分析 …… 教研活动 校内外专家论证会 教研活动	人才培养目标修订 → 专业能力架构设计 → 人才培养目标与能力架构论证（通过/未通过）→ 课程体系分析 → 课程体系调整 → 课程体系论证（通过/未通过）→ 培养方案调整	人才培养目标分析报告 专业能力架构设计方案 未通过 课程体系分析报告 课程体系调整方案 未通过 培养方案	完成时间： 评价团体：
实施阶段	培养过程		
评测阶段	人才培养评测体系		

图4 以学生能力培养和提升为导向的课程体系构建流程

会和就业需求接轨，与行业要求规格接轨，满足用人单位对人才能力的需求。因此，要科学定位高校的人才培养目标，对用人单位专业能力需求现状进行调查，分析专业能力需求，从而对人才培养目标进行科学合理的修订。城市管理要求专业课程与相关行业机构、企业等实务界积极合作，共同制订符合实际的人才培养方案。

（三）人才培养目标与能力架构建立

采用第三方论证的方式，对城市管理专业新修订的人才培养目标及专业能力架构设计方案进行论证，获取反馈意见并进行修订，使其能作为调整课程体系的依据。本文将用系统论的观点和方法，将城市管理大学生能力体系分解成若干子体系，建立起大学生能力的系统结构。城市管理专业的能力架构模型由三个一级指标体系构成，即基本素质与基础能力、专业能力以及实践与创新能力，其中第一个一级指标包含7个二级指标，第二个一级指标包含2个二级指标，第三个一级指标包含5个二级指标。每个二级指标又包含若干个能力指标详解（如图5和表2所示）。

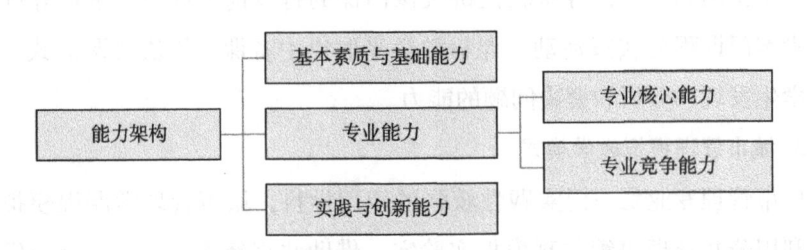

图5 城市管理专业能力架构模型

表2 城市管理专业能力架构指标体系

目标层	准则层	子准则层
（A）能力架构	（B_1）基本素质与基础能力	（C_{11}）语言综合表达能力 （C_{12}）计算机应用能力 （C_{13}）身体素质、心理素质 （C_{14}）数学应用能力 （C_{15}）人文与科学素养 （C_{16}）思想政治素质与法律素养 （C_{17}）经济法律思维能力

续表

目标层	准则层	子准则层
（A）能力架构	（B_2）专业能力	（C_{21}）专业核心能力 （C_{22}）专业竞争能力
	（B_3）实践与创新能力	（C_{31}）人际交往能力 （C_{32}）应用能力 （C_{33}）适应能力 （C_{34}）分析和解决问题的能力 （C_{35}）终身学习和不断创新能力

（四）以能力架构为导向，设置城市管理学课程体系

1. 城市管理团队教学模式

2018 年，首都经济贸易大学城市管理专业开始探索团队授课模式，每门课程至少配置 A、B 角两位教师，均邀请校外专业或行业专家讲授，城市管理学课程较早组建由校内教师、客座教授、事业导师组成的授课团队，校内教授主要承担理论讲授，客座教授讲授该门课的行业前沿问题，事业导师则主要负责本门课程的实践活动，课程教学采取集中备课、模块授课形式，注重培养学生发现、分析和解决问题的能力。

2. 城市管理模拟教学模式

城市管理专业是一门实践性较强的应用学科，城市管理学课程模拟教学可以利用公共管理决策仿真模拟实验室，借助北京经济、人口、社会发展大数据，对公共管理相关领域决策进行仿真模拟，提升学生循证决策能力，"本土化""情景模拟"特色鲜明。通过角色扮演和情景再现使学生身临其境，充分体验现实中城市公共管理的关键环节和过程，模拟融入整个系统，大大增强了学生的动手操作能力，达到了事半功倍的效果。

3. 城市管理案例教学模式

城市管理学课程案例教学注重基础理论传授，同时把本土化案例与本土化经验引入课堂教学。校内教师与校外实务型专家团队合作，充分挖掘整理北京市城市社区管理、城市精细化管理、城市治理等本土化案例素材，结合北京本土化城市管理实践，打造体现北京特色与北京本土经验的案例库，突

出北京本土化案例教学，确保专业办学与服务北京城市发展高度吻合。

4. 城市管理专题教学模式

城市管理学课程教学围绕当前北京市城市管理领域热点现象、议题，采取理论讲授配合"读、写、议"的教学模式，即"读"1~2篇专题相关的学习资料，"写"1篇专题相关学习评论，"议"即针对热点现象、议题组织2场课堂讨论。专题教学课堂实行小组制，一个班级分成若干个小组，在教师指导下，每个小组针对热点问题，学生通过收集资料、实地调研、征求意见，找出解决问题的途径，效果良好。

5. 城市管理开放教学模式

一是聘请北京市城市管理方面的知名学者定期开展学术报告、讲座，开阔学生视野，及时获取新的知识和信息；二是邀请城市管理者走上实践实训课堂，介绍城市管理者的经验和教训，通过"现身说法"增强学生的感性认识，提高学生的学习积极性和主动性；三是利用学校两个学期的特殊安排，积极引导学生参加社会实践活动，有计划地安排学生参与城市管理中的生活垃圾分类、物业管理和"投诉即办"等具体的业务或管理工作，将实验实训变成真正的实践。

6. 城市管理网络教学模式

应对新冠疫情，城市管理学课程积极组织实施翻转课堂、微课堂等，教师制作城市管理学课程的电子课件、电子教材、教学素材库、案例库、角色模拟互动等在线学习平台教学资源，形成网络超星学习通实践课程，使之具备助教系统、助学系统、自测系统。教师利用助教系统进行网上备课、网上教学、网上答疑，学生利用助学系统和自测系统进行课后练习、完成作业、网上答疑、学习测试等。

参考文献

[1] 中共中央办公厅、国务院办公厅印发《加快推进教育现代化实施方案（2018—2022年）[EB/OL]．[2023-01-22]．http：//www.gov.cn/

xinwen/2019-02/23/content_5367988.htm.

[2] 教育部发布《关于加快建设高水平本科教育全面提高人才培养能力的意见》[EB/OL]. [2023-01-22]. http://www.moe.gov.cn/srcsite/A08/s7056/201810/t20181017_351887.html.

[3] 教育部办公厅关于实施一流本科专业建设的"双万计划"的通知[EB/OL]. [2023-01-22]. http://www.gov.cn/zhengce/zhengceku/2019-12/03/content_5458035.htm.

[4] 钱玉英,钱振明. 城市管理专业的人才培养目标与模式[J]. 中国行政管理, 2011 (12): 84-87.

[5] 刘素芬. 精细化管理视角下的城市管理专业人才培养[J]. 城市管理与科技, 2018, 20 (4): 34-37.

[6] 谢翔燕. 城市管理标准化应用初探[J]. 中国标准化, 2018 (18): 13-15.

[7] 刘广珠. 我国高校城市管理专业的历史沿革和现状[J]. 城市管理与科技, 2016, 18 (5): 11-12.

[8] 谭善勇. 城市管理专业人才的多元化联合培养模式[J]. 城市管理与科技, 2016, 18 (5): 17-19.

[9] 中央城市工作会议在北京举行[EB/OL]. [2023-01-22]. http://www.xinhuanet.com/politics/2015-12/22/c_1117545528.htm.

[10] 王德起. 首都经济贸易大学：首都现代化城市管理人才培养研究[J]. 城市管理与科技, 2021 (6): 66-68.

空间治理视域下财经类院校土地资源管理专业课程体系重构

李 强 蒲雨池 魏建飞
(首都经济贸易大学 城市经济与公共管理学院)

【摘 要】 空间治理视域下，课程体系重构得到众多高校的重视。如何创新土地资源管理专业课程体系、打造符合财经类院校土地资源管理专业发展要求的育人模式成为难点。基于此，本文整理了具有代表性的国内各高校土地资源管理专业培养方案，梳理国土空间治理体系新形势下对土地资源管理专业人才的新要求。从社会维度、学校维度和个人维度出发，总结了财经类院校土地资源管理专业课程体系中存在的问题以及改进建议，探索出"实践+理论+实践"的全新教学模式，最后总结出有利于全面优化财经类院校土地资源管理专业的"四位一体"课程体系，以期为培养新时代复合型土地资源管理专业人才提供基础支撑。

【关键词】 空间治理；土地资源管理；财经类院校；课程体系；重构

国土空间治理体系和治理能力现代化，是国家治理体系和治理能力现代化的重要组成部分。2018年自然资源部的组建，标志着我国土地资源管理行业进入了全新发展阶段。这对土地资源管理专业人才的培养提出了新要求，也对国土空间治理体系优化新形势下的土地资源管理专业课程体系重构提出了新目标。土地资源管理专业人才的培养和储备关乎我国社会经济发展和资源环境保护等重要方面。可以说，在机构改革及空间治理背景下，土地资源管理专业面临着新的转型和发展，这就要求土地资源管理专业的人才培养模式更加适应新形势下及未来国土空间治理体系的发展，要求加快土地资源管理专业人才的融合和跨界。对于财经类院校而言，要根据财经类院校土地资源管理专业建设的总体要求，依托土地资源管理专业人才培养方案，立足学校学科发展优势，明确财经类院校土地资源管理专业课程体系与空间治理体系之间的联系和差异，做好人才培养与国土空间开发规划实施相协调，为社会不断培养并输送厚基础、宽理论、强实践的高素质复合型专业人才。

2018年10月，教育部出台《关于加快建设高水平本科教育全面提高人才培养能力的意见》（教高〔2018〕2号），意见指出，要"推动课堂教学革命，以学生发展为中心，不断提高课程教学质量"。可见，学生作为受教育的主体，以学生为中心进行针对性的培养是当前发展所需。针对国土资源管理日益精细化的要求，土地资源管理专业人才的理论与实践技能必须日益增进。本文在国土空间治理视域下，探索当前社会对土地资源管理专业人才的新需求，进而创新学校教育教学新模式，以期培养符合社会发展所需的复合型高素质人才。

一、土地资源管理专业课程体系现状分析

教育部最新修订的《普通高等学校本科专业目录（2012年)》，将土地资源管理专业归属于公共管理一级学科。考虑到教育部规定土地资源管理专业毕业生可授予管理学或工学学位，土地资源管理专业走"工管结合"之路是当下所需。

（一）全国土地资源管理专业培养方案及专业介绍

目前，全国各类院校均设有土地资源管理专业，通过调查发现，不同类型院校对该专业的培养目标以及侧重点有所不同，具体体现在培养方案和课程设置方面。

本文通过对全国开设土地资源管理本科专业的高校培养方案和专业介绍整理分析发现，土地资源管理专业在不同类型高校所属二级学院不同，多数属于公共管理学院，例如设立全国第一个土地管理本科专业的中国人民大学、拥有全国第一个土地资源管理专业博士点的南京农业大学以及浙江大学和武汉大学等；少数高校将其划分在土地科学学院、资源与环境学院以及文法学院等，例如中国农业大学、吉林大学、武汉大学和东北大学等。隶属于文科

类二级学院的高校，其土地资源管理专业人才的培养更侧重于掌握扎实的理论知识以及土地管理政策与法规；隶属于理科类二级学院的高校，其土地资源管理专业人才的培养更侧重于对3S（遥感、全球定位系统、地理信息系统）等信息技术的掌握。

整理分析综合类院校、农林类院校、理工类院校和财经类院校等高校的土地资源管理专业主要研究领域和方向发现，土地资源管理专业主干学科集中于管理学、经济学和资源学；核心课程聚焦于经济管理、资源生态和工程信息技术三大方向。其中，经济管理方向课程包括公共管理学、土地管理学、土地经济学、地籍管理学等；资源生态方向课程包括土壤学、土地资源学、土地生态与景观设计等；工程信息技术方向课程包括土地测量学、土地整治工程、国土空间规划以及3S技术的应用等。

（二）财经类院校土地资源管理专业现状

梳理财经类院校土地资源管理专业课程体系改革发现，早在2005年就提出"管理学科工科化"，使土地管理专业走"工管结合"之路，但是目前关于土地资源管理专业课程体系重构的研究多是围绕实践教学管理模式、教学教育方法、本科毕业论文写作和就业等展开的，依托产学研平台进行课程体系重构的研究较少，且开放程度不够，缺少国际视野。

从财经类院校土地资源管理专业的发展现状角度分析，目前该专业的课程体系及教学建设还不能达到学生实践创新能力的培养与专业快速更新现实的要求，其专业发展与其他财经课程还存在较大的差距。如何构建财经类结构化、模块化和适度弹性的土地资源管理专业本科特色课程体系、形成财经类院校土地资源管理专业本科人才培养新体系成为研究的热点。

从土地资源管理专业的社会发展角度分析，该专业重理论、强实践、厚基础。但目前土地资源管理专业的课程实践性环节缺失、产学研体系较不完善及考核评估模式表面化等，导致部分学生存在基础不牢、实践能力不强等问题。应根据社会近期需求和远期需求，确定不同阶段的培养目标，以期形成符合自身院校发展特色的育人机制。

从学科性质角度分析，土地资源管理专业是多学科交叉形成的实践性应用学科，具有较强的实践性、理论性和政策性。开展土地资源管理专业课程体系重构是优化本科人才培养模式的有效路径，是适应社会经济快速发展对综合人才需求的实际反馈，对增强该专业学生的综合竞争力、提升本专业人才培养水平与综合影响力等具有重要的实践意义。

从课程体系重构方面分析，课程体系重构的内部动力主要体现在交叉学科、知识融合等；课程体系重构最直接的三个主体因素是人、知识和社会的发展。这就要求课程体系制定者在实施具体的课程体系重构过程中，要做到明确学科目标，围绕主体发展和社会所需对课程体系进行重构。

基于此，本文综合考虑社会、学校和个人发展三个维度，结合当前国土空间治理体系背景，从土地资源管理专业发展与人才培养的角度出发，通过强化土地资源管理专业课程体系重构与实践教学课程建设方案优化，构建财经类院校土地资源管理专业人才培养新体系，培养新形势下适应社会经济发展的土地资源管理专业复合型人才。

二、财经类院校土地资源管理专业课程体系的现实特征

基于上述研究背景，本文对财经类院校土地资源管理专业课程体系进行深入分析，发现存在以下几方面问题。

（一）课程设置不够全面

大多数财经类院校土地资源管理专业是在经济学原理、管理学、公共管理学和公共经济学等学科基础上建立的。通过调查发现，由于受学校基础专业课程、相关教学设备、师资团队的学科背景以及多重因素的影响，当前财经类院校课程体系侧重于经济类和管理类专业理论知识的培养，虽开设了部分综合类院校和农林类院校未涉及的宏观经济学和微观经济学等课程，但是缺乏土地测绘、地籍测量以及对3S技术的应用等实践教学环节，对于工科思维的培养较少。因此，在原有教学基础之上应加强测量、制图、规划等技能的教学，提高学科的交叉融合。从社会长期需求来看，土地资源管理专业课程要适应土地利用与管理的长远发展所需，结合经、管、文、法、工的学科优势，在此基础上充分发挥财经类院校特色，将财经特色与国土资源人才培养有机融合。

（二）教学模式不够系统

土地资源管理专业是一门重理论、强实践的学科，在授课过程中会先进行理论教学，再进行实践教学。但是，在此教学模式过程中会忽略一个至关重要的问题，对于毫无学科背景的本科生来说，对土地资源管理专业进行大体上的全面认知和初步了解才是关键之所在。"填鸭式"教学模式不利于教师教学的开展，更不利于学生对专业课的了解以及系统地学习。

通过了解得到，本科生在进行专业课学习之前，首先会根据自身的经验对专业课程有简单的、不全面的了解，但并非正确和系统的。如若在专业课授课中，单从理论知识开始讲授，很难让学生对该专业形成整体的理论框架以及结构脉络，不利于后续学习。因此，应打破"先理论，后实践"的教学模式。在正式课堂教学前，教师应通过室外教学和实地调研等方式为学生们构建土地资源管理专业的整体理论框架及结构脉络。在初步了解土地资源管理专业的学科背景以及整体框架后再进入相关理论的学习，最后基于学科理论进行实践教学，以期通过优化教学模式，达到提升整体教学质量的预期。

（三）考核方式难以体现学生的综合能力

通过调查发现，很多高校对土地资源管理专业的考核方式侧重于考查学生的理论知识，未能充分将理论与实践相结合。在拓宽学生专业基础的前提下，适当设置考查学生实践能力的考核方式，并将理论与实践相结合，以多样化的方式进行考核，实现学生理论与实践学习的整合和衔接。打破"唯论文"论和"唯作业"论的考核方式，增加实践学习过程的重要性。同时，在实践教学过程中不仅要注重培养学生的个人能力，团队协作能力的培养同样重要。在今后的课程体系重构中，不仅要激发学生个体发展以及创新思维，更要强调团队协作的重要性，适当增加学生团队协作相关课程，以期为培养复合型土地资源管理储备人才夯实基础。

三、土地资源管理专业课程体系重构的探索

（一）空间治理视域下土地资源管理专业人才培养新要求

2021年中央一号文件明确提出坚决守住18亿亩耕地红线，统筹布局生

态、农业、城镇等功能空间，科学划定各类空间管控边界，严格实行土地用途管制等新要求。随着国家对多规合一和三区三线规定的重视，加强培养学生空间治理意识迫在眉睫。这便要求学生对所涉及的相关基础理论知识，如耕地保护、用地规划、土地法规以及占补平衡等有更深刻的了解与学习，同时对现代空间信息技术的应用，如测绘、3S技术等有更精准的把握。

要确保学生在读期间能够对土地资源管理专业有更深刻的认识，为学生毕业选择提供更明确的指导方向，以期承担未来国土空间规划领域的重要任务，肩负国土空间规划的重要责任。

(二) 空间治理视域下土地资源管理专业课程体系重构

本文主要以社会维度（social dimension）、学校维度（school dimension）和学生维度（students dimension）为出发点，分别分析土地资源管理专业课程体系现存问题以及改进意见，共同探索高等财经院校在空间治理视域下土地资源管理专业课程新体系。

从社会维度来看，了解空间治理视域下土地资源管理专业未来的发展动态，以社会发展态势和社会需求为出发点，厘清空间治理体系与治理能力现代化对本专业人才提出的新要求。

从学校维度来看，基于发展要求和社会所需，在财经类院校土地资源管理专业课程体系重构中，要注重院校本身特点，避免在课程设置时出现偏重于经济类和管理类课程从而忽视实践操作与相关信息技术应用的情况。同时，学校应整合教学资源、重整师资团队，以满足对学生发展的培养。

从学生维度来看，多数学生倾向于在对学科背景有一定了解的基础上再对学科进行理论知识的系统学习，最后再进行实践课程的学习。因此，面对不同学术背景的学生，学校应先对土地资源管理专业学科背景进行总体介绍，再进行专业课理论素养的灌输，最后再强化实践技能素养，以确保后续教学工作的顺利开展，保障学生听课效果。

基于以上分析，本文提出3S维度示意图，如图1所示。

基于空间治理体系以及财经类院校特点，高校应以经、管、法、工融合为导向，重新制定土地资源管理专业人才培养目标；通过加强校企合作和兄弟院校的交流，实现协同育人和资源信息的共享；通过增加实践课程及完善

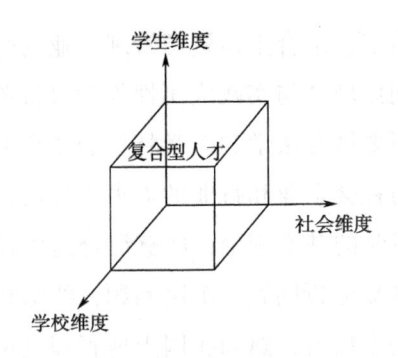

图 1　3S 维度示意图

考核方式达到育人机制的创新，实现财经类院校土地资源管理专业课程体系重构。课程体系重构框架如图 2 所示。

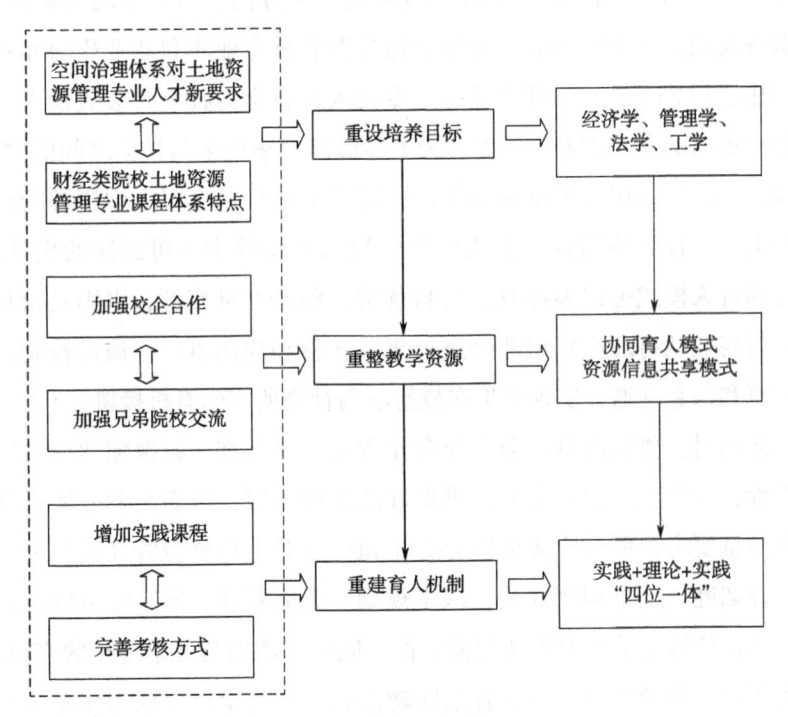

图 2　课程体系重构框架

1. 重设培养目标（reset the cultivate target）

培养目标的重设需要结合当前国土空间治理体系优化新形势下的新要求，为社会输送所需专业人才。在空间治理体系与治理能力现代化的背景下，基于财经类院校的办学特点,结合土地资源管理专业的交叉综合性、动态发展性、社会经济性、空间区域性与实践应用性等学科特色,培养出不仅以经济学和管理学为主导,更要结合法学和工学特色的复合型专业人才。以土地资源管理专业发展动态与社会企业和行业的需求为导向,旨在培养具备现代管理学、经济学和土地科学的基本理论,能够综合运用计算机信息化管理和统计分析技术等工具,独立分析问题、解决问题,熟练掌握空间治理体系和国土空间规划等方面的基本技能,熟知我国土地管理政策、方针和法律法规的复合型专业人才,以期提高本专业人才的理论素养和技术素养,达到人才培养模式的优化以及人才的可持续发展。

2. 重整教学资源（reform the teaching resources）

教学资源的重整需要学校基于国家发展大方向,为人才培养提供平台。通过调查发现,首都经济贸易大学土地资源管理专业本科毕业生每年选择就业的占比达到83%,这一部分复合型专业人才将会为社会带去更加专业的实践技能和更高的人才素养。然而,为了能够缩短毕业生与社会之间的磨合期,提高本科毕业生与用人单位的匹配度,即更加符合社会对土地资源管理专业人才的需求,校企协同育人模式成为学校人才培养中不可或缺的模式之一。校企协同育人模式可以发挥双方各自优势,整合互补资源,以满足市场化需求,同时高效地将理论知识部分进行集成转移和应用推广,通过校企之间的资源互享和信息互通,实现学生在校所学与社会所需的有机接轨。

与此同时,要规范对社会企业合作方的选择标准,以保障学生实践实习的安全性,为学生的实践实习提供良好的平台支撑,以满足业务实操课程的数量和质量要求,更好地满足社会企业和行业对土地资源管理复合型人才的需求,以期胜任土地利用规划、国土规划、土地管理、地籍测量以及国土资源调查和评价等土地资源管理相关工作。同时,增加与兄弟院校的交流合作,促进资源和信息的共享,形成有效联动模式,对教学以及课程体系重构会起到借鉴学习的作用,以期提高教学的实用性与实效性,从而达到学生、学校和企业三方共赢的成效。

3. 重建育人机制（rebuild the education mechanism）

育人机制的重建需要结合财经类院校土地资源管理专业的发展态势以及

土地科学学科特色，筛选部分课程分别建设实践教学，对财经类院校土地资源管理专业的本科人才培养体系进行重构。结合课程实践模式，建立综合的实践教学课程考核评估机制；构建完善的土地资源管理专业实践教学课程体系，强化"工管结合"的土地资源管理专业人才培养模式。科学地设计课程分类，加强不同年级、不同阶段知识体系的整合与衔接，做到教学层次分明；明确考核评估制度、量化考试考核机制，充分发挥考核评价的"指挥棒"和"风向标"作用，不以分数为唯一考评结果，逐渐形成递进的考核层次。需要注意的是，打造一支学科背景多元化的教师队伍尤为关键，是带领学科发展的关键环节。适当开设土地学科前沿问题的研讨课程，培育学生的独立思考能力和批判性思维，提高学生洞察问题和解决问题的综合能力；通过实践基地开设的实践类课程，对学生实务操作进行实质性的科学指导，从而提高学生的实践能力和业务实操能力，规范学生科研能力，以期具备能够运用现代技术手段独立进行调查分析和实际操作的综合能力。最终形成"完整的课程体系+精良的师资队伍+可持续的考核机制+全面的实践实习"四位一体的人才培养新体系。

在教学模式上，要重视对学生知识框架的构建及课程逻辑的理解，不能单纯追求开设课程门类的数量，重在质量教学。打破"先理论，后实践"的传统教学模式，实行"实践+理论+实践"的全新教学模式。同时，要对国家出台的相关政策进行及时的整理与梳理，做到实时更新教材，切忌滞后于理论前沿和实践特色。对已有课程教学大纲进行调整，积极响应国土空间规划改革，按照"强基础、宽领域、多元化"教学理念，打造"通才"与"专才"兼修、"理论"与"技术"兼备的土地资源管理专业复合型人才。

通过上述步骤的有序进行，逐渐形成具备财经类院校特色的土地资源管理专业课程新体系。同时，为其他财经类院校土地资源管理专业的课程体系优化及复合型专业型人才培养提供一定的基础支撑。需要指出的是，课程体系优化是一项系统性工作，要在学校现有的基础条件上执行各项工作，在执行的过程中需要注重过程的完整性、完备性、科学性和系统性。因此，本文后续工作会进一步追踪实践过程中存在的问题，并紧跟国土空间开发规划形式的要求，以期全面完善并不断优化当前土地资源管理专业人才培养模式，为新时代多元化的国土空间开发规划以及复合型专业人才培养提供支撑。

参考文献

[1] 刘胜华,刘艳芳,詹长根.管理学科工科化与土地管理专业教学模式优化设计[J].高等工程教育研究,2005(2):41-44.

[2] 张建军,付梅臣,胡业翠,等.土地资源管理专业人才培养模式的国际对比与思考[J].教育理论与实践,2019,39(15):9-11.

[3] 周启刚,陈丹,马泽忠,等.财经类高校土地资源管理专业本科特色培养探讨[J].安徽农业科学,2012,40(32):16016-16018.

[4] 陈龙高,康建荣,杨小艳,等.基于土地科学学科内涵的土地资源管理专业培养目标研究[J].实验技术与管理,2019,36(4):16-19.

[5] 张伯成,吕立杰."课程体系"概念综述及审思[J].黑龙江高教研究,2018(8):132-135.

[6] 陈文波.新形势下地方农林院校土地资源管理专业的再定位与思考[J].实验技术与管理,2016,33(1):6-8.

[7] 黄贤金,张晓玲,于涛方,等.面向国土空间规划的高校人才培养体系改革笔谈[J].中国土地科学,2020,34(8):107-114.

纳税检查教学改革

张春平　李　慧　郭　辰
(首都经济贸易大学　财政税务学院)

【摘　要】 纳税检查教学融合了理论性与实践性，体现了很强的专业性。当下，如何在新形势下做好纳税检查教学改革，做好课堂与社会之间的衔接工作，已经成为纳税检查教学改革的重点。纳税检查教学改革对于人才培养的作用不容忽视，关系到学生的成长成才，为社会培养更多的应用型人才。本文主要分析和研究纳税检查教学如何进行改革。

【关键词】 纳税检查；教学改革；税收遵从；大数据

一、纳税检查教学现状

（一）在原有教学技术基础上，增加思政元素

税收是我国财政收入的主要来源之一，纳税人纳税遵从意识薄弱，将会导致税款流失严重，故应在原有教学任务基础上增添思想政治教育元素。作为我国宏观调控的重要手段，税收在履行国家职能方面具有重大的意义和影响。近年来，经过税制的改革和完善，我国税务信息化建设不断加快、税法宣传力度不断加强，但税收征纳关系方面仍存在不和谐的情况，偷逃税事件屡见不鲜，在社会上引起热议，这在一定程度上说明纳税人的税收遵从度还需进一步提高。与此同时，为了进一步落实立德树人的根本任务，推进"三全育人"综合改革的战略举措，深入贯彻落实习近平总书记在学校思想政治理论课教师座谈会上的重要讲话精神，各课堂开展课程思政建设，进一步研究思想政治理论基本规律和重大问题，推动纳税检查教学改革创新。

（二）学生特点发生变化

纳税检查教学不仅面向税收专业的学生，同样非税务专业出身人员也是

课程的受众群体，故课程内容应具有普适性。对于税收专业的学生，应提高学生的综合应用能力，帮助学生逐步形成职业敏感性；对于非税收专业的学生，其相应的税收知识储备相对不足，应帮助他们更充分地了解相关税收政策，加强相关税收法制思想政治教育，使其充分了解税收的财政作用，提高其税收遵从度，为其解答所面临的问题。

尽管非税收专业的学生税收知识基础相对薄弱，但是来自不同专业的学生具备丰富的知识储备，他们拥有更广阔的视角来看待同一问题。例如，会计专业的学生可以将过往所学到的会计知识与税收知识相结合，对比税会差异，更敏感地发现问题；财政专业的学生，可以站在更加宏观的视角分析纳税检查具体措施对于国家和企业的意义；学习公共卫生的学生可以将医学相关知识与税收知识相结合，具体开展针对医疗行业的纳税检查的研究。

（三）内容加强实效性，政策发生改变

纳税检查课程历史悠久，税务专业硕士课程开设伊始便是首都经济贸易大学的特色课程，帮助税务专业学生打下了坚实的专业基础。纳税检查课程作为一门实务类课程，其重点之一就是在讲授专业知识的同时引导学生将所学内容应用于日后的税务实践当中，而目前使用的教材中案例内容较为欠缺，教学过程中使用的部分案例也较为陈旧，加之近年来税收制度不断改革和完善，涉税事项和实务内容均发生了较大变化，教学案例有待更新，需要结合实际情况进行重新编写。案例教学作为连接理论与实务的有效方式，如果用于讲解和分析的案例滞后于实际应用情形、内容缺乏时效性，将导致知识与实务的衔接度不高，不利于学生日后的专业知识转化和实务操作，也会影响课程整体目标的实现。

（四）重点行业发生改变

随着科技的发展和时代的进步，纳税检查的传统重点行业也在发生改变，从之前的房地产行业转变为互联网行业等。为了更好地顺应国内外经济形势和互联网经济的发展，国家税务总局不断完善增值税、个人所得税等税收政策法规，各级税务机关针对税收管理薄弱环节，聚焦网络平台资金流转状态，加强个体账号备案与管理，不断丰富和强化网络直播、零工平台、共享经济等税收管理手段。采取扩大增值税发票适用范围、加计抵扣等方式，减税降费、减轻纳税人税负的同时，加大对虚开发票和出口骗税的打击力度，以减少和防止互联网行业相关人员偷逃增值税税款。

在经济全球化和数字经济背景下，建立在传统国际税法理论基础上的以居民税收管辖权为基础的现行国际税收协调模式面临诸多挑战。税收征管权限正在发生着变化，国际税收检查亦随之发生新变化，尽可能保证不违背税收公平原则、量能课税原则、税收中性原则，防止税基侵蚀与利润转移。本课程将依据 BEPS 行动及相关税收协定等，针对跨国贸易（例如跨境电商）征税问题进行教学，紧跟时代和国际趋势。

（五）纳税检查办法革新

随着科技的发展，税收管理办法也在发生着变化。全国税务机关不断提高信息化水平，通过大数据互联互通、搭建智能办税平台、海量数据为企业精准"画像"，如今，税收领域的"科技范儿"越来越浓。2021 年以来，税务部门充分运用大数据、云计算、人工智能等现代信息技术，税务总局已建成自然人税收服务管理新应用——自然人电子税务局（个税 App），推动自然人税费治理向数字化方向迈进。税务部门着力推进内外部涉税数据汇聚联通、线上线下有机贯通，驱动税务执法、服务、监管制度创新和业务变革，为税收改革发展提供了重要支撑。

随着金税四期上线，纳税检查重点从发票流转为资金流，聚焦企业间往来账款，关注发票流、资金流、货物流三流合一，保证交易真实发生。多部门协作管理，税务部门与银行配合加强对资金的监管。纳税检查渠道拓宽，利用大数据对涉税事项进行整合与监督；针对企业间的关联交易、资金往来进行检查，防止企业利用关联企业偷逃税款。

二、纳税检查课程改革方向

（一）统筹教学，兼顾税收与非税收专业学生

1. 提高税收遵从度

相较于税收专业的学生，部分纳税人纳税观念薄弱，税收知识匮乏，存在逃避补缴个人所得税款的情况。从涉税信息角度看纳税人的税收遵从度，由于征管手段、信息化建设等方面的不足，存在着登记信息不真实、不完整

的现象。税务登记变更、注销遵从度不高，存在很多非正常户。对于纳税人来说，缴纳税款是对其既得利益的分割和剥夺，会降低其财富的保有量，使得收入和消费水平下降，影响福利。按照经济人"理性"的假定，其行为的出发点和归宿在于自身利益的最大化，因此，纳税人会尽可能地以少纳税来减少自身利益的损失，在追求自身利益最大化的过程中容易偏离正确的轨道。纳税检查教学改革可以丰富纳税人的税收知识，提高纳税人对于税务登记、缴纳、补退等事项的认知水平以及办理涉税业务的熟练程度，减少因不了解相关政策和不知晓处理问题途径而产生的麻烦。

同时，纳税检查教学改革有助于提升非税收专业人员的税收法律意识，丰富学生对税收的理解。使纳税人对税收职能认知变得清晰，知晓税收"取之于民，用之于民"，而非片面地认为国家税收与自己无关。向学生科普税款的去向和作用，如国防、基础建设、教育都需要财政拨款；在大数据监测下，涉税数据难以藏匿，抱有侥幸心理偷逃税款只会受到法律的制裁。尽最大可能减少纳税人的税收不遵从，用税收的理论指导其行为，防止滋生纳税不遵从行为。

2. 增强税收专业能力

通过专业知识和案例分析竞赛激发学生的学习热情，培养团队协作精神，提高综合分析能力；通过经典案例和热门话题的研讨，引导和调动学生对专业知识的兴趣以及对实际问题的积极思考；通过岗位模拟或者校外实习等方式，为学生提供实务操作的机会。对于实务类课程，不拘泥于时间、空间、内容、形式等较为有限的传统课堂教学，而是将课堂延伸至课后和校外，提高实务类课程的专业知识转化程度，进一步发挥其对于学生日后从业的作用。

结合课程的知识体系，同时考虑到学生的可接受程度，以往使用的案例通常较为基础，案情较为简单，目的是展现知识点的应用场景，在一定程度上达到理论与实践相结合的效果。但随着我国税收制度的进一步完善以及税务实践中的案件情形越发复杂，以往的基础案例已经不能满足实务操作的需要。除了展现应用场景外，案例应当更加突出通过其引导学生从复杂案情中发现问题、分析问题、解决问题的作用。因此，教学案例的内容需要向实际案件靠拢，难度和复杂度有待调整和提高，以便满足提升学生专业能力的需要。

（二）教学方式

1. 及时更新教学案例，保持与时俱进

通过对课程案例重新进行设计，总结以往案例教学的经验和成果，结合近年来我国税收制度改革及相关政策的调整变化，以及实践中新出现的典型税务案件，综合考虑实际应用的复杂度和学生的接受度，使课程理论知识与税收实务的结合度和匹配度显著提升，案例设计与时俱进，内容丰富且难度适中，课程体系和结构更加合理。

2. 提高纳税检查理论与实践的结合度

实务类课程的设计应当以实践应用为目标，将理论体系与实际应用场景有机结合，从而使学生在日后的实践当中能够将课程内容快速、有效地转化为实务操作。专业硕士教育的核心就是培养应用型、复合型人才。案例教学作为实现该目标最为有效的方式之一和本项目的研究核心，将在汲取以往案例精华内容的基础上更加注重案例的时效性，综合考虑实际应用场景的复杂程度和学生的专业水平及接受程度，通过合理设计教学案例，提高课程理论知识与税收实务的结合度。同时，尝试通过学生分组进行案例分析竞赛等方式，提高学生的积极性和参与度，从而有效发挥案例教学的优势和作用，改善理论与实践的衔接效果。

3. 突出实务中重点领域和特殊业务的内容设计

为了适应企事业单位以及税务机关对于高层次、复合型税务人才的需求，相关课程内容的设计应当尽可能贴近和契合税务工作人员的实际工作内容和需求，不仅需要从整体上学习各个税种的纳税检查理论与方法，还需要从不同行业、不同领域、不同主体、特殊事项等多个维度进行学习和研究。由于现有教材对于实务内容的介绍较为欠缺，许多税务实践的经典案例并未纳入相关课程的教材当中，因此需要调整教材的选择和使用。同时，为实现多维度的知识讲解和展现，考虑将课堂延伸至校外等方式，一方面可以使相对枯燥的理论知识更加生动具体，进而提高学生对于专业知识的学习热情，拓展学生的知识面；另一方面还能提高学生的综合应用能力，实现从课堂学习到社会工作的顺利过渡，帮助学生逐步形成职业敏感性，实现专业化复合型税务人才的培养目标。

（三）培养目标

1. 加强培养学生税务稽查风险的防控意识

税务稽查风险是指税务稽查机构及其工作人员受稽查过程中主客观因素的影响，造成纳税人合法权益受到侵害或国家税款流失等损害后果，从而承担相关责任的可能性。从税务国家工作人员的角度出发，如果对税务稽查风险的把控不到位，一方面可能导致纳税人的合法权益受到侵犯，轻则影响税务机关的公信力，重则引发税务机关与纳税人之间的矛盾甚至产生社会问题；另一方面可能导致税款流失，使国家利益遭受损害，不利于国家通过税收方式实现财政收入目标。从企事业单位税务从业人员的角度出发，了解税务稽查风险既有助于维护纳税人合法权益，也有利于提高纳税人的遵从度、降低其自身的税收风险。因此，为实现培养高层次、高素质税务人才的目标，必须加强培养和提高学生对于税务稽查风险的法律意识和风险防控意识。

2. 提高学生"大数据"运用能力

纳税人方面，目前绝大部分的企事业单位已经基本实现会计信息化；同时，随着金税四期系统的上线，税收征管进一步实现业务全覆盖，税务机关对纳税申报、发票流向等各类涉税事项的掌控愈加精准；此外，税务、工商、社保、公安等相关部门的大数据平台也已建立并且在持续完善中，从而实现了多部门、多环节的信息共享。在如此的"大数据"背景下，税务检查工作必然紧随信息化的发展和变化，如何充分利用各方的大数据将成为实践中的焦点与核心。因此，在纳税检查课程的设计上，不仅要教授理论基础知识，更要依托经济和社会的发展，提高学生对于信息化的应对能力，"大数据"的应用与分析必然成为教学内容的重点之一。

3. 增强外部检查与内部检查能力

为了更进一步地提升纳税检查的质量和效率，需要全面加强外部检查工作的信息化建设，提高从业人员运用网络、大数据的能力，对纳税检查工作中的信息收集、传输、处理以及存储等环节进行科学合理的优化，以信息管税的总体思路为依据，将税务稽查相关信息数据加以利用。整合各类征管信息和第三方涉税信息资源，增加对信息化管理企业的稽查手段，充分利用互联网的各种便捷条件以应对企业利用电子账簿虚假记账、隐匿或销毁电子账簿、利用网络支付平台等新型的支付手段进行逃税等违法行为。

纳税检查人员综合素质的高低对于该项工作质量和效率的影响较大，为了有效提升纳税检查的质量和效率，必须要提升纳税检查工作人员的综合素质。通过标准的培训机制，对从业人员进行定期有效的培训，包括专业能力、理论知识以及信息化操作培训等，提升他们的综合素质，最终为纳税检查工作的有效开展奠定坚实基础。

内部审计是内部治理活动，以规范化的方法实施内审，控制企业的经营风险，改善治理评估，助力经营方战略目标的实现。内审是有效实施内控的保障，其在公司治理中具有监督、评价和风险控制的作用。增强内部检查能力，及时缴纳税款，避免因缺乏专业知识和素养而被税务机关处罚，防止因未按期限缴纳税款而被加征滞纳金。因此，作为可以协助管理者提高风险防范、改善公司治理的有力工具，增强内部检查能力是必不可少的。

三、改革途径与方法

（一）案例分析竞赛

以往的案例教学环节，教师希望通过生动具体的案例将较为枯燥的理论知识予以展现，帮助学生理解和应用知识的同时，提高学生学习和思考的积极性及课程参与度，但结果常转变为"案例带读"。在案例竞赛模式下，老师可提前给予学生解题思路，学生独立完成案情介绍、问题分析、结论形成等。通过给学生提供自行思考和分析的机会，促使学生亲自动手动脑进行案例分析，保持独立分析能力，培养学生团队写作能力，使他们不再面对案例无从下手，逐步改善案例教学的效果。

（二）模拟岗位

开展模拟岗位的活动，使学生设身处地感受税务稽查人员的工作，结合税收工作每个岗位的实际需求及其培训内容，从检查部门的角度让学生进行学习。通过模拟稽查工作，帮助学生掌握与实战化培训项目相关的理论知识、业务基础，帮助学生补齐知识短板，储备完成实战任务所需的基本知识。通过集训方式组织学员集中学习与交流，为开展实战实训答疑解惑，指导学员全面了解实战任务要求，熟悉工作依据、规则、流程等，加深学员对业务场景的理解，探究解决实际问题的方法。提高学生实际动手能力，设置具体工作任务，将实战水平内化为能力素质，提升学员分析问题、解决问题的能力，培养专业精神和攻坚克难的品质。做好培训过程复盘，总结并推广可复制经验。通过对实战化培训过程的回顾、对实战经验的总结、对实战成果的评价等，帮助学生巩固实战化培训成效，推动培训成果转化，提炼可复制、可推广的经验做法，并聚焦问题和不足，提出探索改进实战化培训和具体工作的建议。

（三）校外课堂

充分利用校外导师、学院校友等资源，为学生提供课外实习机会，在会计师事务所或税务师事务所学习解析案例、解决现实中的税务咨询问题，在税务局处理纳税人申报纳税退税等相关事项。切身接触实务，帮助学生加强知识感性的认识，实现课堂知识与社会实践的有效衔接，建立专业性强、实践性强、时效性强的教学模式，进而培养高水平、高层次、高素质的复合型实践人才。这些人才中，既有面向税务局等国家机关的税务检查人员，也有面向企事业单位的税务从业人员，从而为提升税务检查队伍素质以及促进经济社会的发展提供人才储备。

四、教学改革成果

（一）改革对于提高学生专业素养的作用

通过加强专业基础知识的教学，夯实学生的专业基本功；通过加强税收风险防控意识的培养，逐步提升学生的专业敏感度；通过税收法制等思想政治教育，提高学生的税收遵从度；通过加强对数据运用和税务分析能力方面的培养，提高学生在大数据背景下发现问题、分析问题、解决问题的综合能力。在日积月累中培养学生的专业素养，加强其对政策文件的熟悉程度，逐步提高其专业敏感度。

（二）改革对于人才培养的意义

通过全方位的课程改革以及对创新人才培养模式的探索，全面提高学生的专业素质和综合应用能力,最终助力实现专业化复合型税务人才的培养目标。培养学生兴趣,提高大学生的自主学习能力,开阔学生学习的视野。教育教学改革以先进、创新的思路融入课堂中,带给学生耳目一新的感受,让他们在感受课程改革所带来的好处的同时培养他们的兴趣,使得他们能够积极、自主地参与到学习中去。

创新教育方式,提升学生的创造力。时代呼吁创造力,创新是一个民族和国家进步的标志。对于教育而言,更需要创新方式的融入,以体现时代的特征,体现教学的前卫性。纳税检查教育教学改革是创新教育方式的表现,改革后的教学方式使得教师教育起来更加便捷,开展的教学更具有针对性,师生的教与学处于良好的课堂氛围中。同时,学生在这种课改后的课堂中,有着更多的实践空间,不仅锻炼了学生的实务操作能力,还提升了他们的创造力。

纳税检查教学改革是符合时代发展需求的,对于人才培养非常重要。无论是教改后的教师课堂教学还是学生的创新能力培养,都是符合时代发展需求的。当下,还需继续探索教学改革方式,不断践行教学改革思路,培养更多人才力量,为社会输送更多的人才,使学生能够更好地服务社会,贡献自己的力量。

参考文献

[1] 吕云逸. 纳税检查工作中存在的问题及解决对策探讨 [J]. 财经界,2021 (4): 167-168.

[2] 张力威. 如何对大企业实施审计型检查 [J]. 中国税务,2013 (2): 45-46.

[3] 费茂清. 不完全信息动态博弈理论下的涉税鉴证研究 [J]. 会计与经济研究,2012,26 (4): 74-82.

[4] 吴晓宇. "互联网+"背景下J学院线上教学改革问题与对策研究 [D]. 保定:河北大学,2021.

[5] 单颖. 基于"核算型"会计向"管理型"会计转型的管理会计本科教学改革研究［D］. 昆明：云南大学，2021.

[6] 黄玉芬. 高校人力资源教学改革对于人才培养的重要性［J］. 亚太教育，2016（35）：234.

[7] 王丽华，廖益新. 后BEPS时代居民税收管辖权的问题与改革［J］. 上海财经大学学报，2018，20（4）：129-140.

第二篇 课程思政建设

探寻社会主义核心价值观融入法学专业教学的连接点

——首都经济贸易大学法学院的思考与实践

张世君

（首都经济贸易大学 法学院）

【摘 要】 坚持立德树人，培养德法兼修、德才兼备的法学专业学生，应当是新时代法学院的历史使命。课程思政建设，能够解决好专业教育与思政教育"两张皮"问题。如何深入挖掘专业课程所蕴含的思政元素，探索有机融入人才培养全过程的连接点，不断提升学生的课程学习体验和学习效果，则是课程思政建设的关键环节。首都经济贸易大学法学院探索并总结出"厘清脉络、确定价值、寻找连接点、讲好故事、得出结论"的基本方法，构建了课程思政元素提炼的具体路径，具有良好的示范意义和积极的社会效益。

【关键词】 课程思政；思政元素；连接点；德法兼修

一、引言

首都经济贸易大学法学专业以习近平新时代中国特色社会主义思想为指引，根据国家和北京经济社会发展客观需要，结合学校定位，坚持立德树人，充分利用和发挥地处首都的人才优势，在第一课堂专业课程教学过程中，自觉加强学生的思想政治教育。通过对各类法律理论、法律制度、法律实践中所蕴含的民主、自由、平等、公正、法治、诚信等诸多理念的探寻与传授，

---

① 本文为2019年北京市级教学改革研究项目"德法兼修——新时代思政教育深度融合于法治人才培养的探索与创新"的研究成果。

探寻社会主义核心价值观融入法学专业教学的连接点，探索专业学习与思想政治教育的有机结合途径，实现当代大学生在专业学习过程中自觉提高对社会主义核心价值观的认同，并创新地方财经院校育人工作思路，为社会培养出德法兼修的高素质法律人才。

二、法学院的使命：培养德法兼修的高素质法治人才

本科教育是我国高等教育的重要组成部分，如何做好我国的本科生培养教育工作是每一位教育管理者和教学工作者必须思考的问题。自党的十八大特别是全国高校思想政治工作会议召开以来，学校党委科学设计思想政治工作体系，把立德树人作为中心环节，强调要把思想政治工作贯穿教育教学全过程。因此，在这一时代背景下，法学院充分认识到，提高财经类大学法学专业建设中思想政治教育的理论认识水平，在全体法学专业师生中牢固树立立德树人的基本理念，通过坚持立德树人，探索培养学生德法兼修、德才兼备，应当是新时代法学院的历史使命。

首都经济贸易大学法学专业一直重视高素质法治人才的培养，早在1983年，就开始招收本科专业学生，是全国财经院校中第一批获准设立经济法学专业的院系之一。经过30多年的建设，法学院于2015年成为北京市属高校法学专业群建设牵头单位；2019年，教育部启动一流本科专业建设"双万计划"，法学专业成功入选北京市一流专业；2020年，成功获批教育部国家一流专业建设点。学院历史上拥有一批著名法学专家学者，他们淡泊名利，恪守师责，为"崇德尚能、经世济民"校风之形成，推进"德法并重""德才兼备"法律学子的培养，奠定了厚重的历史基础。经过30多年的薪火相传，"立德树人"已成为法学院人才培养工作之基本精神。

为落实习近平总书记视察北京师范大学、中国政法大学的讲话精神，特别是在全国教育工作大会、中央全面依法治国工作会议上的系列重要讲话精神，并结合教育部印发的《高等学校课程思政建设指导纲要》，以及北京市印发的《北京市深化新时代学校思想政治理论课改革创新行动计划》，首都经济贸易大学法学院决定在课程思政领域进行更为深入的探索和实践。近几年来，法学院结合自身办学基础和以往成功经验，经过充分研讨和论证，从着手研

究探索，到选取部分课程试点，再到全面推进建设，已形成系列成果并产生良好成效，其中，颇有创新性的一项工作就是积极探寻并梳理、整理社会主义核心价值观融入法学专业建设的连接点。

三、使命担当的途径探索：寻找专业学习与思政教育的连接点

（一）连接点的提出及其释义

通过课程思政培养高素质的法治人才，其意义不言自明。但其难点在于，如何在法学专业课程的学习中润物细无声地完成思政教育，克服单纯理论说教容易流于形式的弊端，帮助学生主动接受社会主义核心价值观，实现立德树人初心。法学院恪守大学教育"立德树人"之初心，依托首都院校的人才优势，结合法学专业的特点，以"课程思政元素的挖掘和提炼"为目的，通过探寻"社会主义核心价值观融入法学专业课程教学的连接点"并以此为途径实现了社会主义核心价值观在当代大学生群体中的入脑入心，完成了法学专业学习与思想政治教育的有机结合，满足了社会各界对"德法兼修"法律人才的急切需求。

法学院组建课题组，在纷繁复杂的法律世界中，通过对海量法律现象的梳理，探寻客观存在的课程思政"连接点"，即那些能够联通社会主义核心价值与具体法律专业知识，蕴含着民主、自由、平等、公正、法治、诚信等价值理念的法条、案例、人物、事件、图片、实物等形式各异的法律素材。在专业课程讲授过程中自然表达、天然融入、悄然体现，与专业知识讲授浑然一体，而非简单的思政说教，最终完成抽象价值理念的具体化，成功实现专业课程中的思政教育。通过探寻连接点，有效地解决了以下三个方面的问题。

第一，解决了财经院校人才培养的功利化倾向问题。财经类大学多开设经、管、法等热门专业，注重培养实践能力，学生在学习中易出现天然的功利化倾向。通过连接点的探寻与实践，在专业教育中自然提高学生的思政修养，抑制精致的利己主义现象，为学生的可持续发展奠定基础。

第二，解决了德法兼修人才培养途径单一的问题。通过连接点的提炼与表达，完成了"思政课程"向"课程思政"的转变，克服了立德树人过程中过多依靠传统思政课进行思想政治教育的问题，实现了专业学习过程中自然

融入思政元素，丰富了人才培养的途径与手段。

第三，解决了法学专业服务社会需求升级的问题。通过专业学习与思政教育的连接，实现了法学专业教育与思想政治教育的内在结合，有利于培养德法兼修的高素质法律人才，满足国家和北京市经济社会发展对法律人才不断提升的道德品质与专业技能的客观需求，解决了法律专业服务社会升级的问题。

（二）探寻连接点的做法及具体示例

课程思政建设之难，就在于专业课程教师并非专业思政教师，如果不能有效架起思政教育与专业教育的桥梁，课程思政就会成为"两张皮"，无法实现真正的融合。而这个桥梁，就是要找到相关专业知识点上所蕴含的思政元素并以合适的载体将其加以阐释。首都经济贸易大学法学院通过反复实践积累，在连接点的寻找中，总结出"厘清脉络—确定价值—寻找连接点—讲好故事—得出结论"的基本方法，不仅探索出课程思政元素提炼的具体路径，还可以在其他专业课程中推广适用，具有积极的社会效益。

课题组成员通过对大量法律现象的梳理，探寻能够联通社会主义核心价值与具体法律专业知识，蕴含正确理念的各种法律素材，帮助专业教师在授课过程中结合具体知识点完成思政教育。目前，已经初步形成一系列内容丰富、体系有机、政治正确的连接点素材，其所包含的课程思政素材涉及法条、案例、人物、事件、图片等。

例如，法理学专业陈皓老师在其主讲的课程中，广泛探索了社会主义核心价值观融入专业课程的连接点。以"和谐"价值观为例，古代和近现代不乏学者对此有所论述，这些论述均可以在法学专业教学中自然融入。例如孔子的论述，子曰"为政以德，譬如北辰，居其所而众星共之"①，又曰"道之以政，齐之以刑，民免而无耻。道之以德，齐之以礼，有耻且格"②。在孔子看来，"政刑"只能消极地禁人为恶犯罪，依靠法律的威吓力量使人不敢为恶犯罪，而没有使人向善的作用。一旦法律的威吓力量不复起作用，则犯罪仍

---

① 出自《论语》。
② 出自《论语》。

然会发生，不能杜绝犯罪，只能使"民免而无耻"。而"德礼"教化，是深入人的内心进行改造，使人心良善而知耻，从而根本不会去犯罪，即能使民"有耻且格"。子曰："听讼，吾犹人也，必也使无讼乎！"① 实现无讼，只能依靠道德教化。人心良善而知耻，自然没有犯罪的动机，从而犯罪行为也无从发生，法律制裁也就没有存在的必要了。道德教化能从根本上积极地预防和杜绝犯罪，而"政刑"只是犯罪事后的补救而已，不能实现"无讼"的目的。"以德去刑"虽然需要相当长的时间，但是可以一劳永逸，使社会长治久安。如孔子的弟子有若说："其为人也孝弟，而好犯上者，鲜矣；不好犯上，而好作乱者，未之有也。君子务本，本立而道生。孝弟也者，其为仁之本与！"这是对道德教化作用和目的的一个很好的说明。在孔子看来，人民有违法行为，从国家及法律的立场来讲，自应鼓励其他人民告发，但就伦理的立场来讲则不然。亲属之间犯罪后相互包庇，是儒家的基本伦理要求之一，最早提出亲亲相得首匿的是孔子，他说："父为子隐，子为父隐，直在其中矣。"②

这种思想和制度不同于秦代奉行的法律制度，是为了维护国家统一的秩序，奖励告奸，重惩匿奸行为。西汉中期以后，随着儒家思想定为一尊，儒家的宗法伦理精神开始转化为刑事法律原则。具体而言，亲亲相得首匿包括以下内容：卑幼首匿尊亲长，不负刑事责任；尊亲长首匿卑幼，除死罪上请减免外，其他也不负刑事责任。自汉宣帝以后，亲亲相得首匿即成为中国古代重要刑事法律原则之一，为后世封建王朝沿袭。亲属相容隐及干名犯义的法律，对于谋反、谋大逆、谋叛的大罪是不适用的。于此可见家族与国，忠与孝，在并行不悖或相成时，两皆维持，但在两者互相冲突而不能两全时，则国为重，君为重，而忠重于孝，所以普通之罪允许子孙容隐，而危及社稷背叛君国的重罪，则为例外。

授课教师经过梳理，认为除了孔子，近现代的学者费孝通对和谐也有自己的学术见解。"差序格局"是费孝通提出的一个极其重要的社会学和人类学

---

① 出自《论语》。
② 出自《论语》。

观点，指的是由亲属关系和地缘关系所决定的有差等的次序关系，一个一根根私人联系所构成的网络，中国的法律和道德，都因对象和自己的关系而加以程度上的伸缩。费孝通将中国社会的基层定义为乡土性的，差序格局的。乡村社会中人们基于宗法制家庭的感情进行道德判断和约束，治理方式是"人治"而不是"法治"。所谓人治和法治之别，不在于'人'和'法'这两个字上，而是在维持秩序时所用的力量和所根据的规范的性质。在乡土社会中，人们的社会关系不是靠法律来调节，而是靠"礼"这种社会规范来调节。维持"礼"这种规范的是传统，它正是与乡土社会的"差序格局"相互配合的，通过不断重叠、蛛网式的社会关系网络影响到其他人，进而在整个社会营造一种合适的统治秩序。

又如，陶盈副教授在其教学过程中，梳理了20余个社会主义核心价值观与民法专业教学的连接点，这些连接点能够帮助教师在知识讲授过程中润物细无声地实现价值的引领与塑造。简介如下：

(1) 民法典与核心价值观的关系。民法典是一个国家和民族精神的立法表达。"为了保护民事主体的合法权益……弘扬社会主义核心价值观，根据宪法，制定本法。"民法典总则编第一条开宗明义，成为将社会主义核心价值观融入法治中国建设的鲜明写照，民法典规定的平等原则、自愿原则、公平原则、诚信原则、守法原则等更是社会主义核心价值观的直观体现。民法典将社会主义核心价值观融会贯通，融入规范社会生活的各个方面。

(2) 民法中的"公平、平等原则"与核心价值观中的"公正、平等"。公平原则是民法的一项基本原则，它要求当事人在民事活动中应以社会正义、公平的观念指导自己的行为、平衡各方的利益，要求以社会正义、公平的观念来处理当事人之间的纠纷。平等原则是民法中最基础最本原的原则，是民法体系的价值基石，是指在民事活动中，民事主体的法律地位一律平等，所有具有民事主体资格的双方，在民事活动中的行为均应遵循这样的准则。社会主义核心价值观的"公正"的意思是社会公平和正义，它以人的解放、人的自由平等权利的获得为前提，是国家、社会应然的根本价值理念。核心价值观中的"平等"是社会主义的本质要求，在中国特色社会主义进程中具有特殊的价值意义。社会主义制度为实现平等奠定了制度基础，提供了有利条件；社会主义社会应当比资本主义社会更高地举起平等的旗帜，将平等作为自己的价值目标和价值追求。

（3）民法中的"诚实信用原则"与核心价值观中的"诚信"。诚实信用被誉为民法中的"帝王条款"，对民法中权利义务关系调整的重要性不言而喻。诚实信用原则是指当事人在从事民事活动时，应诚实守信，以善意的方式履行义务，不得滥用权力及规避法律或合同规定的义务。核心价值观中的"诚信"是中华民族的传统美德，是中华传统道德文化的精华。诚信是人类的普遍道德要求。诚信在人际关系、社会秩序、治国理政等诸多领域发挥着重要作用，是文明社会道德和法律的根基。当今社会，从普遍的道德要求出发，诚信应包括诚实劳动、恪守承诺、真诚待人三个方面。

（4）民法中的"意思自治"与核心价值观中的"自由"。民法中的"意思自治"是指民事主体可依自己的自由意志从事民事活动。意思自治包含自主参与、自主选择、自己责任等基本内容。民法的基本原则，是指民事立法、民事司法和民事活动的指导思想和价值准则。法无明文禁止即为自由。因此，民事主体在法定的范围内享有广泛的自由，只要不违反法律、法规的强制性规定和公序良俗，国家就不得对其进行干预。核心价值观中的"自由"是指人的意志自由、存在和发展自由，是人类社会的美好向往，也是马克思主义追求的社会价值目标。

（5）民法中的"容忍义务"与核心价值观中的"和谐、友善"。民法中的容忍义务作为对民事权利的特别限制，是对权利人权利保护和他人行为自由权衡过程中的重要立法价值判断问题。民法典主要从邻地使用关系这一相邻权角度阐述容忍义务，学理上主要围绕容忍义务的"合理限度"进行讨论。社会主义核心价值观中的"和谐、友善"，要求人与人之间互相尊重、互相关心、互相帮助、和睦友好，努力构建新型的价值理念和人际关系。

（6）民商法中的"忠实义务"与核心价值观中的"敬业"。民商法中的代理人有很多义务，除来自代理合同约定之外，一般还应当履行以下义务：一是勤勉履行其代理职责。二是对委托人诚信、忠实。三是保守秘密。四是及时向委托人汇报所代理工作进程，听取委托人的具体指示。核心价值观中的"敬业"是针对公民职业道德方面的核心要求。敬业的内涵包括：爱岗、尽责、专注、钻研和奉献。我们之所以要敬业，是因为国家的发展与社会的进步、团队事业的成功与组织目标的实现、个人作为与价值的实现，都有赖于此。

（7）民法典人格权编独立成编与核心价值观中的"平等、法治"。民法典将人格权独立成编，强化了对人格的全面保护，成为民法典编纂中最大的创新和亮点之一，是世界民法典的首创。民法典人格权编，用了40多个条文规定了生命健康权、名誉权、隐私权等重要权利，充分回应了社会大众对这些权利保护的关切，是对核心价值观中的"平等、法治"作出的积极回应。

（8）民法典人格权编"生命权、身体权、健康权"与核心价值观中的"自由"。民法典人格权编中关于生命权、身体权和健康权的具体规定，回应了社会比较关注的热点问题：一是为促进医疗卫生事业的发展，鼓励遗体捐献的善行义举，吸收行政法规的相关规定，确立器官捐献的基本规则。二是为规范与人体基因、人体胚胎等有关的医学和科研活动，明确从事此类活动应遵守的规则。三是近年来，性骚扰问题引起社会较大关注，在总结既有立法和司法实践经验的基础上，规定了性骚扰的认定标准，以及机关、企业、学校等单位防止和制止性骚扰的义务。

（9）民法典人格权编"姓名权、名称权"与核心价值观中的"自由、法治"。姓名权是公民的一项重要的人身权利。民事主体对姓名和名称的设定是遵循意思自治的，民事主体是自由的，但随着社会经济的发展和文化的进步，对于姓名权和名称权也在法律上进行了一定的限制。也就是说，总体上，公民的这项基本人格权是自由的，但同时也应受到法律及道德伦理的限制。

（10）民法典英雄烈士名誉权与核心价值观。《中华人民共和国民法典》第一百八十五条规定："侵害英雄烈士等的姓名、肖像、名誉、荣誉，损害社会公共利益的，应当承担民事责任。"发布不当言论亵渎英雄烈士的事迹和精神，丑化英雄烈士形象，贬损英雄烈士名誉的行为，超出了言论自由的范围，不仅侵害了英雄烈士的个人人格尊严，而且伤害了社会公众的感情，损害了社会公共利益，依法应当承担相应的民事法律责任，情节严重构成犯罪的，甚至要承担刑事责任。

（11）民法典公序良俗与核心价值观。《中华人民共和国民法典》第八条规定，民事主体从事民事活动，不得违反法律，不得违背公序良俗。《中华人民共和国民法典》强调对良好秩序与善良风俗的维护，鲜明地体现了时代特点，反映了时代风貌。

（12）民法典见义勇为的规定与核心价值观。《中华人民共和国民法典》第一百八十三条规定："因保护他人民事权益使自己受到损害的，由侵权人承担民事责任，受益人可以给予适当补偿。没有侵权人、侵权人逃逸或者无力承担民事责任，受害人请求补偿的，受益人应当给予适当补偿。"这条规定是对见义勇为人的保护。民法典鼓励见义勇为行为，不让见义勇为者"流血又流泪"，是核心价值观的积极体现。

（13）民法典人格权编"虚拟财产和个人信息保护"的规定与核心价值观中的"富强、法治"。信息时代，个人信息安全问题日益突出，"人肉搜索"和因个人信息泄露导致的网络电信诈骗频发，应该加强对个人信息安全的保护。民法典强调了个人信息的取得必须依法，必须确保安全，对个人信息保护作出了制度安排，回应了社会问题，是民事立法的一个进步。随着数据、网络虚拟财产种类越来越多、数量越来越大，对其保护的呼声也越来越高。《中华人民共和国民法典》保持了开放性，明确法律对这些财产保护有规定的，依照其规定。这样做，为将来的立法留足了空间，也为数据、网络虚拟财产的保护提供了上位法依据。

（14）民法典侵权责任编中的高空抛物、环境侵权的规定与核心价值观中的"文明"。民法典增加了"禁止从建筑物中抛掷物品"的一般性禁止规定，明确表明高空抛物、坠物行为不仅是不文明行为，更是违法行为。明确了如果能证明具体侵权行为人的，则只由侵权行为人承担责任；难以确定侵权人的，由可能加害的建筑物使用人进行补偿，但能证明自己非侵权人的除外。

（15）民法典侵权责任编中的动物侵权相关规定与核心价值观中的"文明"。民法典对饲养动物损害责任作出一般规定：饲养的动物造成他人损害的，动物饲养人或者管理人应当承担侵权责任；但是，能够证明损害是被侵权人故意或者重大过失造成的，可以不承担或者减轻责任。民法典中关于动物侵权责任的规定，有助于规范公民从事文明行为，是核心价值观中文明的体现。

(16) 民法典侵权责任编中的产品责任规定与核心价值观中的"诚信"。《中华人民共和国民法典》第一千零二条规定，因产品存在缺陷造成他人损害的，生产者应当承担侵权责任。民法典的产品责任的规定体现了民法是调整市场关系的基本法，各行为主体在市场经济交往过程中应恪守公平、诚信理念，不得"以假充真、以次充好"，应当"重合同、守义务"。

(17) 民法典物权编中的物权法定原则与核心价值观中的"法治"。物权法定，是物权法体现法律的具体原则，指物权的种类和物权的内容（即权能）应由法律直接规定，不得由当事人基于自由意志而协商创设或者确定。民法典对物权法定原则的规定是国家法治文明的鲜明标志，彰显了以人为本的价值理念。有恒产者有恒心。物权是民事主体依法享有的重要财产权。民法典按照党中央提出的完善产权保护制度，健全归属清晰、权责明确、保护严格、流转顺畅的现代产权制度的要求，进一步完善了物权制度。

(18) 民法典婚姻家庭编中的夫妻忠诚义务与核心价值观中的"和谐"。民法典婚姻家庭编中的夫妻忠实义务是指夫妻双方在共同生活中应当互相踏实以维护婚姻关系的专一性和排他性。夫妻忠实义务是保护被侵权者的利益，夫妻必须都爱情专一、感情忠诚、互相忠实于对方。社会主义核心价值观中的"和谐"，要求公民弘扬传统美德、共建和谐家风，这其中重要的一环就是家庭关系尤其是夫妻关系的和谐。

(19) 民法典继承编与核心价值观中的"富强"。过去的《中华人民共和国继承法》深受计划经济影响，早已与当今市场经济飞速发展的国情不相匹配。这些年学者几次提出修改《中华人民共和国继承法》，都未能如愿。如今的民法典为了适应经济发展和科学技术发展的需要，扩大了遗产的范围，增加了打印、录像等新的遗嘱形式，是国家富强在法制建设中的集中体现。

(20) 民法典侵权责任编中的自甘风险与核心价值观中的"文明、法治"。自甘风险是指被侵权人可以预见某种损害发生之可能性仍自愿承担该风险时，如该风险实际发生并造成其损害，免除造成损害的行为人的责任的制度。自甘风险所调整的是社会生活中所包含的无法完全避免的风险问题。在某些社会活动中，可能造成参加者损害的风险是现实存在且无法避免的，甚至说风险本身就是此种活动的组成部分。

总体上看，法学专业具有突出的思政属性，其相关知识中蕴含着大量的思政元素，只要认真探寻和整理，就一定能够找到社会主义核心价值观融入专业知识的各类素材暨连接点。

四、创新意义：探寻连接点的溢出效应与应用效果

（一）探寻核心价值观融入法学专业教学连接点的溢出效应

第一，契合了当今时代对大学教育的新要求，培养了符合社会发展所需的"德法并重"式高级法律人才。当前，我们的党和政府正在大力推进市场经济体制改革，塑造一个更加充满活力的创新型国家。而我们每一个人都深深镶嵌于这个世界之内，汇聚在民族复兴的历史洪流之中。社会的发展对法学专业人才提出了更高的要求：我们的毕业生不仅要系统掌握法学基本理论和方法，熟悉国内国际法律规则，形成完整的法律专业知识体系，具备良好的法律技能；更要具有社会主义核心价值观，树立正确的思想政治立场，形成良好的职业道德操守，"德才兼备"方能担当民族复兴大任。首都经济贸易大学法学院致力于引导教师占领专业课堂教学主阵地，润物细无声地实现法学课程和思政课程的双重教育功能，为培养"德法兼修"的卓越法治人才做出贡献。

第二，建构了"师资团队+工作方法+案例库"的课程思政机制，推进法学专业教育与思政教育的深度融合。法学是研究维护社会正义的科学，法学教育本身就是对意识形态领域的塑造和引领。通过专业学习与思政教育的连接，法学院打造了一批年轻富有活力、政治立场正确、教学专业技能娴熟的课程思政团队，占领了思政教育的主渠道，并且团队成员均已经成为法学院的骨干青年教师。通过"课程思政元素的挖掘和提炼"，探寻"社会主义核心价值观融入法学核心专业课程教学的连接点"，形成了理念先进、操作可行的工作方法，使得当代大学生能够乐于接纳法律知识传授与法律价值引领。特别是通过对法律现象的梳理，整理出形式各异的法律素材，并可以此为基础进行拓展延伸，形成案例库，产生更广泛的社会影响。

第三，总结出了课程思政元素提炼的"五步法"，梳理了数以百计的专业课程思政素材，具有良好的推广价值。经过反复讨论与实践，形成了专业教

学中课程思政元素挖掘与提炼的"五步法",即"厘清脉络—确定价值—寻找连接点—讲好故事—得出结论"。通过"五步法",实现了课程思政教育从理论说教走向现实生活,从枯燥法条走向丰富人生,让学生在专业学习中真实地感受法与情的冲突、法律与道德的平衡、公益与私益的保护、契约精神与权利意识的养成、诚实信用与公序良俗的价值、婚姻关系与家庭责任的重要性等,形成正确的人生观、价值观和世界观。成果所整理出的课程思政素材,形式丰富多样,基本涵盖法学核心课程,帮助学生理解法律与现实生活的密切关系,激发学生学习法律的积极性,在提高法学素养和实践能力之余实现社会主义核心价值观入脑入心,有力提高了思想政治教育的吸引力、针对性和实效性,具有较好的推广价值。

(二)探寻核心价值观融入法学专业教学连接点的应用效果

1. 法学人才培养更加全面,成就斐然

通过成果的应用,首都经济贸易大学法学人才培养更加全面,学生成为德、智、体、美全面发展,具有社会主义核心价值观,掌握中国特色社会主义理论体系,具有牢固的法学专业知识、良好的法律职业素养和法律职业技能的高级专门人才。近年来,法学专业毕业生的深造率不断提升,达到了30%以上,就业率维持在90%以上,毕业生满意度居全校各院系之首。

在专业技能提升之余,学生的社会责任感、职业责任感也持续增强,以专业知识服务社会的意识不断提高。例如,以法学院毕业生为主体创办的"校友法律援助计划"项目,在2017—2019年三年间,已经无偿为校友提供法律咨询1 000余人次,得到校友的高度评价。以公益法制宣传为内容的"青春船长,法制启航"青少年法制宣传教育主题活动荣获北京市二等奖。经过持续的课程思政建设,法学专业学生的思政表现令人惊喜,学生国家安全观、文化价值观、职业伦理观在正确的道路上发展。在中华人民共和国成立70周年、五四运动100周年、建党100周年、冬奥会筹备等首都系列重大活动中,全院学生均表现出了良好的精神面貌,展现了首都经济贸易大学法学专业学子的风采。

2. 入选国家一流专业建设点,发挥专业引领作用

法学专业的人才培养得到了北京市教育管理机关的高度肯定。例如,在北京市教委高等教育综合改革工作中，首都经济贸易大学法学专业被确定为"双培生"的招生专业。2019年底，首都经济贸易大学法学专业获批北京市一流专业，成为市属高校法学专业首批入选单位。同年，加入北京市教委牵头的卓越法治人才培养联盟，成为其理事。2020年，首都经济贸易大学法学专业入选国家一流专业建设点。

根据2017—2021年上海软科的中国最好学科排名榜，首都经济贸易大学作为一所地方院校，在全国法学学科中排名维持第60位左右，专业社会认可度明显提升。例如2021年的软科排名，首都经济贸易大学法学院位列300余所法学院校中的第64位，排在"B+"类的第二名。2019年，首都经济贸易大学法学院成功加入亚洲法律学会，国际影响力进一步提升。近年来，先后有美国、英国、意大利、澳大利亚、波兰等地区的近20所高校来访，表达合作意向。国内的天津财经大学、兰州财经大学、四川师范大学、曲阜师范大学、山东财经大学、太原科技大学、云南财经大学等多家单位也前来交流，专业影响力持续增强。

3. 专业办学得到社会广泛认可，影响日益深远

首都经济贸易大学法学院"立德树人""德法兼修"的培养模式也得到社会各界广泛认可，课程思政建设所取得的社会影响也不断扩大。笔者在教学科研中格外注重价值引领，积极传播先进理论。其担任北京市习近平新时代中国特色社会主义思想研究中心研究员，在《人民日报》《光明日报》发表多篇理论性文章阐释习近平总书记重要讲话精神，传播习近平新时代中国特色社会主义思想，荣获"北京市习近平新时代中国特色社会主义思想研究中心优秀研究员"荣誉称号。

李璐玲副教授作为法学院第一支部负责人，履行双带头人职责，在开展专业教育的同时坚持思政工作，所领导的教师第一党支部2019年被教育部思想政治工作司遴选为"全国党建工作样板党支部"。陶盈副教授受邀赴中国人民大学马克思主义学院，参加思想道德修养与法律基础教研部举办的集体备课会，共话专业课与思政课进一步融合的方法。陈皓副教授主讲的课程法律图像的密码，通过对艺术作品的解读，阐释其中的法律理念，该课程登录中国大学慕课平台后，备受欢迎。张鹏老师主讲的课程走进国粹——京剧艺术欣赏，亦登录中国大学慕课平台，选修人数众多，提升了当代大学生的人文素养。

五、结语

在探索课程思政建设、培养德法兼修高素质人才的历史征程中，首都经济贸易大学法学院虽然已经取得一些成绩，但仍有不足之处。例如，对于如何科学设计课程思政教学体系，如何深入挖掘思想政治教育资源，如何规划课程思政建设的实施步骤等诸多问题，尚需更为深入的思考。未来，法学院拟开展系列活动，全面深入研讨教学内容改革，进一步挖掘课程思政元素，推动其有机融入课程教学，为立德树人，培养德才兼备、德法兼修的社会主义事业接班人贡献具有首都经济贸易大学特色的方案。

参考文献

[1] 韩宪洲. 课程思政的发展历程、基本现状与实践反思 [J]. 中国高等教育, 2021.

[2] 韩宪洲. 深化课程思政建设需要着力把握的几个关键问题 [J]. 北京联合大学学报：人文社科版, 2019, 17 (2): 7.

[3] 徐英军, 孔小霞. 论法学类专业开展课程思政的总体设计与实施要点 [J]. 中国大学教育, 2022 (7): 68-73.

[4] 马怀德. 法学类专业课程思政建设探索与实践 [J]. 中国高等教育, 2022 (6): 4.

[5] 时显群. 法学专业课程思政教学改革探索 [J]. 学校党建与思想教育, 2022 (4): 2.

新时代人才培养体系下安全工程专业思政建设的路径探索
——以首都经济贸易大学为例

王 佩

(首都经济贸易大学 管理工程学院)

【摘 要】从单一课程思政建设发展到全面专业思政建设,实质上是全员、全过程和全方位育人的系统性整合。专业思政建设重在解决新时代高水平人才培养体系中培养什么样的人和为谁培养人的问题。因此,探索专业思政的建设路径能够从根本上落实立德树人的任务。本文分析了课程思政与专业思政的内在逻辑关系,厘清了安全工程专业思政建设存在的问题,探索了专业思政建设的路径,以期对培养新时代安全工程专业人才具有一定指导意义。

【关键词】课程思政;专业思政;人才培养;安全工程

党的十八大以来,习近平总书记有关思想政治的重要论述已经成为高校育人实践的根本指南,也形成了新时代中国特色社会主义教育理论体系。思政课一直是习近平总书记心中的一件大事,早在2005年,时任浙江省委书记的习近平同志就给大学生上了一堂深刻的"思政课"。结合自己的人生阅历,以精辟的理论阐述和真切的人生感悟,深入浅出地给大学生讲授做人的根本道理,正如习近平总书记提到的课程思政要如盐化水。2018年,习近平总书记在新时代全国高等学校本科教育工作会议上提出"以本为本",全面提高人才培养能力,将本科教育放在人才培养的核心地位。因此,各高校把推进课程思政建设作为首要任务,积极探索思政的建设路径。新时代高水平培养人才体系要求知识、价值和能力三位一体培养，因此从课程思政到专业思政，建设重点从挖掘课程里的思政元素转为提炼专业的人才培养目标，解决培养什么样的人的问题。首都经济贸易大学安全工程专业作为财经类高校的工科专业，为了符合学校的整体规划和办学特色，需要重新明确专业定位和人才培养目标。本文分析了"课程思政"与"专业思政"的内在逻辑关系，厘清了安全工程专业思政建设存在的问题，探索了专业思政建设的路径，以期对培养新时代安全工程专业人才具有一定指导意义。

一、从思政课程到专业思政的变革

思想教育在中国历经百年，早在革命战争时期，我党就确立了思想政治教育的地位。新中国成立后，知识分子乃至高校都开设了思政课教育。2014年，课程思政由上海市在教育综合改革过程中首次提出，是高等教育领域实践探索的创新。课程思政在上海高校的有效推行，引发了广大高校借鉴学习。2018年6月21日，新时代全国高等学校本科教育工作会议召开，这是改革开放以来第一次教育部召开会议部署高等学校本科教育工作。在此之前召开过两次全国普通高等学校教学工作会，从"教学"到"教育"，虽然仅一字之差，但体现的是育人格局的变化。会议上，教育部部长陈宝生强调了课程思政和专业思政的重要性，这也是首次在公开场合提到专业思政。同年9月，《关于加快建设高水平本科教育 全面提高人才培养能力的意见》中第九条明确提出要强化课程思政和专业思政，再一次将专业思政在文件中体现。因此，思政教育的历史沿革经历了从思政课程到课程思政，再到专业思政的变革。

2016年以前，中国知网上关于思政的研究主要围绕"思政课程"。从2017年开始，围绕"课程思政"的教研论文陆续出现，到2019年呈现指数式增长，2021年达到最大量。这个阶段，主要研究成果为课程思政的建设路径、课程思政的教学设计以及课程思政的评价体系。2018年围绕"专业思政"的相关教研成果开始出现。其中北京联合大学学者对"专业思政的内涵"和"专业思政和课程思政的关系"这两个问题做出了较多贡献。也有相关专业探索出了专业思政的建设路径，如南京审计大学会计学院会计学专业提出了专业思政的建设思路，河海大学的土木类专业不仅提出了土木类专业的思政育人总目标，还构建了土木类专业课程思政矩阵图以及校院两级管理重构学生评价方法，这对其他高校具有极为重要的指导意义。目前有些学者对学科思政建设进行了初步探讨，这将是未来高校本科教育改革的重点。

二、安全工程专业思政建设的现状

自课程思政提出后，高校思政建设的重点在于全面推进课程思政建设，让高校教师对课程思政能够入脑入心，积极参与到课程思政的建设中来。在国家和学校的政策领导下，安全工程专业课程思政建设工作也在稳步进行中，但是对于专业思政的建设还未深入研究探讨。目前课程思政的建设存在以下问题。

（一）专业课程设置未结合学校和行业背景整体规划

安全工程专业在全国排名靠前的都是具有典型行业背景的高校，如以矿山为主的中国矿业大学、中国地质大学和北京科技大学。而身为财经类北京市属高校的安全工程专业，如何结合学校发展方向和首都定位来确定自身的培养方向，思考"培养什么样的人"是专业思政建设的关键所在。目前首都经济贸易大学的安全工程专业在专业课程设置上还存在培养特色不清晰和课程内容重叠的问题。

（二）缺乏顶层设计，专业课的思政元素未协同统一

在修订教学大纲时，教师们都在相应章节体现了思政元素，但是这些元素有的是教师们回忆上课时讲授的哪些知识跟课程思政相关，有的是教师们将常见的家国情怀、工程伦理等放进自己的课堂里，可以说思政元素的挖掘无章可循。因为缺乏顶层设计，未深入思考"为谁培养人"，因此专业课的思政元素显得单一、重复和凌乱。

（三）缺乏传道使命感，课程思政教学未精心设计

在课程思政概念提出之初，工科专业教师对于这个概念的理解是很浅显的。大部分教师认为课程思政是要在上课开始后利用一点时间讲时事政治，因此对课程思政建设比较抵触。在国家和学校的不断解读下，明白了"课程门门有思政，教师人人讲思政"是己任，开始在所讲授的课程中挖掘思政元素。但由于部分教师缺乏传道的使命感，未进行课程思政教学设计，在课堂

讲授时，教师们并没有落实这些思政元素，或者生硬地传递这些思政元素。这正是忽视了"怎样培养人"的问题，没有将习近平总书记"守好一段渠，种好责任田"的精神指示落实到位。这样的结果就是讲授知识的时间花掉了，而学生并没有从这堂课中收获额外的思政感受，这与思政建设的初衷是相悖的。

（四）思政课程和专业课程同行却未同向

目前安全工程专业人才培养方案的思政课程是全校统一的，在进行专业人才培养方案修订过程中也仅对专业课程进行修改，而未考虑在思政课程里融入专业特色。在培养人的过程中，这样的培养方案未能做到同向同行，难以形成协同效应。例如，思想道德修养与法律基础这门课，在讲授法律基础部分时可以和安全生产法律法规结合，在案例应用时可以保持专业特色。

三、安全工程专业思政建设的路径

（一）做好专业思政的顶层设计

1. 建立专业核心价值体系

在课程思政建设阶段，每门课程的课程思政相对独立，各自为政。这是由当时课程思政建设环境造成的，亟须所有老师加入思政建设中来。如今发展到专业思政，需要将这些分散的、相对独立的课程思政元素聚集，这是一个由"放"到"收"的过程。

习近平总书记针对安全生产领域发生的重特大事故发表了一系列讲话，其中提到"任何发展不能以牺牲人的生命为代价，这是一条不可逾越的红线"，这就是安全领域里提到的红线意识。因此，首都经济贸易大学安全工程专业的人才培养目标可以"以人为本、安全第一"为核心价值目标，培养具有正确社会主义核心价值观；具有依法、客观、公正从业的品质；具有辨识、分析、评价系统危险有害因素并提出对策措施建议的知识和能力；具有从事安全工程的研究、设计、运行控制、推广、检测检验、培训等的能力；能够从法律、管理、社会、环境等多视角系统管理安全专业项目；能够有效地与公众、客户、团队成员进行沟通，具备终身学习、专业发展、领导协作等方面能力的高素质工程技术人才，旨在培养毕业后经过 5 年左右的专业实践，具有红线意识，能够胜任安全工程师或安全评价师岗位的安全工程专业人才。

围绕安全工程专业培养目标，结合新时代高水平人才培养需求，以及财经类高校的背景，安全工程专业思政育人目标可参照表1进行拆解。

表1 安全工程专业思政核心价值指标体系

一级指标	二级指标	基本描述
1. 家国情怀	1.1 四个自信	道路自信、理论自信、制度自信、文化自信
	1.2 构建人类命运共同体	建设持久和平、普遍安全、共同繁荣、开放包容、清洁美丽的世界。共同创造安全生产良好环境，维护生态建设
	1.3 底线思维	坚持总体国家安全观，坚持底线思维，坚决维护国家安全
2. 学科素养	2.1 科学求真	具备实践和实习中的求真、知行合一的品质。具备严谨的科研作风，严守科研道德
	2.2 工匠精神	精益求精，追求突破创新。勇于探索安全管理新理论和安全生产的新防护技术
	2.3 工程伦理	学会处理工程与人、社会和自然之间的关系
3. 职业素养	3.1 公平公正	遵纪守法，依法治国，规范安全生产
	3.2 职业使命	具有红线意识，维护生命尊严、理解生命的意义
	3.3 团队协作	具备为了团队牺牲自身利益的精神，能够有全局观

2. 整体设计各教学环节的育人功能

专业思政建设不仅包含课程思政，还包含教学的各个环节。需要根据不同教学环节的特性，着重德智体美劳"五育"并举，细化不同育人环节的思政要点，整体设计各教学环节的育人功能。将课堂育人与双创育人、实验实践育人、劳动育人有机结合，提高第一、二、三课堂的育人联动成效。安全工程专业的实践环节包括实验课程、实训课程、专业实习、北京高等学校高水平人才交叉培养计划、大学生科研创新项目、全国安全科学与工程实践与创新作品大赛、社会实践类课程等。通过这些专业实验实践类课程和科研项目，增强学生勇于探险的创新精神，提高学生解决问题的实践能力。

3. 建立专业思政支撑矩阵

确定专业人才育人目标，将目标进行拆解，分成思政元素大类和小类。

再建立人才培养方案里的每一门课和每一个教学环节对专业核心价值子目标的映射关系，推进专业思政与课程思政的深度融合。

（二）"价值引领为内驱，评价反馈为外驱"的双驱动专业思政建设模型

构建"价值引领为内驱，评价反馈为外驱"的双驱动专业思政建设模型，实现安全工程专业的育人功能（如图1所示）。在专业核心价值引领的"内驱力"下，知识传授和能力培养充分发挥育才功能，形成稳定的价值、知识和能力三位一体的人才培养模式。通过思政课、公共基础课和专业课进行知识传授，通过产教研学、与政府企业合作助学以及线上虚拟仿真实验和线下的实践课程进行能力培养。知识传授和能力培养过程中包含的育人元素与核心价值指标体系一一对应，能够做到育人过程的全方位覆盖。在专业课教学中，教师应紧跟时代需求，结合所讲课程内容向学生讲解当前工业生产或理论发展中的难点问题，潜移默化地在学生心中埋下以专业报国的理想种子。

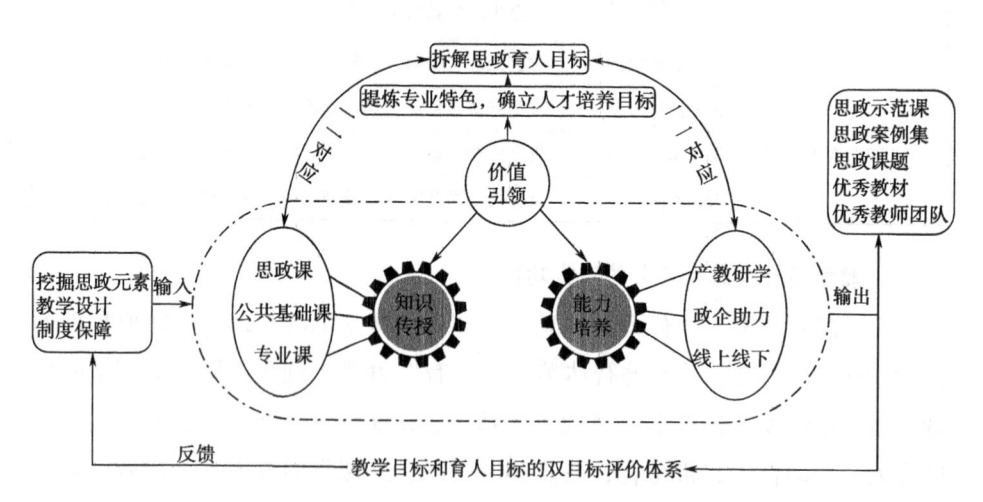

图1 安全工程专业思政"双驱动"建设模型

强化动态评估，推进专业思政建设的持续改进，正是三位一体培养模式的"外驱力"。将传统的仅针对课堂的"学评教"提升为"教学目标和育人目标双目标评价"。除了传统的包含教学手段、教学内容、PPT等的评价，还应增加思维启迪、职业精神和价值引领方面的评价，形成动态的反馈机制，

提升学生对专业思政的获得感。对于教师而言，只有在专业课程教学中实现专业知识讲授的同时，使学生树立远大理想，培养学生高尚的道德情操，实践"理想、德行、知识"三位一体的人才培养理念，才能培养出符合要求的人才。根据反馈的意见，进一步深度挖掘课程里的思政元素，改进教学设计和完善保障制度，作为三位一体培养模式的输入。专业思政双驱动模型的良好运行能够输出大量的教学成果，如思政示范课、思政案例集、本科生和研究生的思政教改课题、优秀教材和优秀教学名师团队等。

四、结束语

经过几年的时间，高校课程思政建设已经相对成熟，并且取得了一系列教学改革成果。但是要想真正落实立德树人根本任务，课程思政还不能完全满足全方位育人的目的，因此需要进行专业思政建设。目前，专业思政建设在一批示范高校里取得了良好效果，在全国范围内起到了较好的示范辐射作用，很多高校的专业都在探索符合专业特色的专业思政建设路径。本文分析了"课程思政"与"专业思政"的内在逻辑关系，厘清了安全工程专业思政建设存在的问题，初步探索了首都经济贸易大学安全工程专业的专业思政建设路径，提出了"价值引领为内驱，评价反馈为外驱"的双驱动专业思政建设模型。从顶层设计到保障制度，再到党建助力，全方位全过程育人。本文预期能够对安全工程专业思政建设形成有益启示，推动安全工程专业培养更多专业知识过硬、职业素养超凡、综合素质全面的安全工程人才。

参考文献

[1] 大思政课，总书记心中的一件大事 [N]. 人民日报，2022-05-22.

[2] 陈宝生. 在新时代全国高等学校本科教育工作会议上的讲话 [J]. 中国高等教育，2018（Z3）：4-10.

[3] 教育部. 关于加快建设高水平本科教育 全面提高人才培养能力的意见（教高〔2018〕2号）[EB/OL]. (2018-10-08) [2019-08-20].

http://www.moe.gov.cn/A08/s7056/201810/t20181017_351887.html.

[4] 韩宪洲. 论课程思政建设中的几个基本问题：课程思政是什么、为什么、怎么干、怎么看 [J]. 北京教育（高教），2020（5）：48-50.

[5] 陆道坤. 论课程思政的教学设计与实施 [J]. 思想理论教育，2020（10）：16-22.

[6] 杨晓宏，郑新，梁丽. "互联网+"背景下高校课程思政的价值意蕴与实践路径研究 [J]. 电化教育研究，2020，41（12）：71-78.

[7] 林泉伶. "课程思政"：新时代高校思想政治教育新途径研究 [D]. 南京：南京邮电大学，2019.

[8] 何玉海. 关于"课程思政"的本质内涵与实现路径的探索 [J]. 思想理论教育导刊，2019（10）：130-134.

[9] 韩宪洲. 以课程思政推动立德树人的实践创新 [J]. 中国高等教育，2019（23）：12-14.

[10] 罗仲尤，段丽，陈辉. 高校专业课教师推进课程思政的实践逻辑 [J]. 思想理论教育导刊，2019（11）：138-143.

[11] 闫长斌，郭院成. 推进专业思政与课程思政耦合育人：认识、策略与着力点 [J]. 中国大学教学，2020（10）：35-41.

[12] 蒋文明，樊自田，廖敦明. 工科专业课程思政方法的探索与实践 [M]//课程思政教学研究：第1辑·第1卷. 武汉：华中科技大学出版社，2021：152-159.

[13] 娄淑华，马超. 新时代课程思政建设的焦点目标、难点问题及着力方向 [J]. 新疆师范大学学报（哲学社会科学版），2021，42（5）：96-104.

[14] 李春旺，范宝祥，田沛哲. "专业思政"的内涵、体系构建与实践 [J]. 北京联合大学学报，2019，33（4）：1-6.

[15] 楚国清，王勇. "课程思政"到"专业思政"的四重逻辑 [J]. 北京联合大学学报（人文社会科学版），2022，20（1）：18-23+40.

[16] 教育部关于印发《高等学校课程思政建设指导纲要》的通知（教高〔2020〕3号）[EB/OL]. [2022-10-20]. http：www.moe.gov.cn/srcsite/A08/s7056/202006/t20200603_462437.html.

[17] 殷俊明，张兴亮. 会计学"专业思政"建设的思考与探索 [J]. 财会通讯，2020（15）：163-166.

[18] 虞晓芬. 专业思政与课程思政如何相辅相成 [N]. 中国教育报，2022-03-21（6）.

[19] 习近平在全国高校思想政治工作会议上强调把思想政治工作贯穿教育教学全过程 开创我国高等教育事业发展新局面 [N]. 人民日报，2016-12-09.

"三位一体"推进课程思政建设

——以社会保障基金管理课程建设为例[①]

李 慧

(首都经济贸易大学 劳动经济学院)

【摘 要】 高校课程思政是新时期高校思想政治工作的一个重大措施。本文介绍了首都经济贸易大学"三位一体"推进课程思政建设的具体方案和做法。以社会保障基金管理课程为例,教学团队运用"课程思政元素、案例库和线上线下"相结合的方法,将课程思政元素和课程知识点融入课堂实践,通过多样化的线下课堂形式实现了"思政+能力"的双重提升,进一步推动了专业课程与思政育人的深度协同。

【关键词】 课程思政;"三位一体";案例库;线上线下

一、课程建设背景

课程思政是高校立德树人的重要手段,经过近年的发展和推进,已经形成了全面推进和落实的局面。2016年全国高校思想政治工作会议提出,要用好课堂教学这个主渠道,思想政治理论课要坚持在改进中加强,提升思想政治教育亲和力和针对性,满足学生成长发展需求和期待,其他各门课都要守好一段渠、种好责任田,使各类课程与思想政治理论课同向同行,形成协同效应。此后,各部门陆续推出相关意见和指导性文件,如《教育部关于加快建设高水平本科教育 全面提高人才培养能力的意见》《关于深化新时代学校思想政治理论课改革创新的若干意见》《高等学校课程思政建设指导纲要》

---

① 本文系首都经济贸易大学教育教学改革项目"社会保障领域课程思政建设探索——以'三位一体'混合金课建设为例"成果。

《关于开展课程思政示范项目建设工作的通知》等,这些重要的指导纲领文件将课程思政从无到有、由虚向实地推进了高校课堂,并且明确地提出了长期性、专业性、普遍性、示范性的建设导向,对于建设方式方法、路径理念、体系逻辑也提出了探索思路和要求。

在此背景下,不同类型的高校探索了各种类型课程的思政建设路径与模式。劳动与社会保障专业属于经济管理类的交叉学科,目前学者们通过研究一般"课程思政"建设方法,对该学科的"课程思政"建设进行路径探索。

从学者们的研究论文可以看出,思政课程建设的重点在于思政元素的挖掘。社会保障学科涉及经济学、管理学、保险学、财政学、法学、政治学和社会学等多个学科知识,可挖掘的思政元素十分丰富。课程思政建设方案中主要有两条挖掘路径。第一条路径是从课程内容的角度出发,挖掘其中的育人元素。例如,李春根、仇泽国(2021)根据社会保障概论课程中涉及的社会保障体系建设、养老保障、医疗保障、低保制度、灾害救助、社会优抚、慈善公益、社保基金等八项主要内容,针对每部分内容的特点分别提炼出各自所涵盖的思政元素。第二条路经是从思政价值的角度出发,根据政府指导性文件来挖掘课程独特的思政价值。王亚亚(2021)根据教育部正式批准印发的《高等学校课程思政建设指导纲要》要求紧紧地围绕坚定学生理想信念,以爱祖国、爱人民、爱科学、爱社会主义为基本要求,围绕政治认同、家国情怀、文化素养、宪法法治意识、道德修养等重点优化课程思政内容,挖掘贯穿课程思政内容的三条主线。吕永强、司睿(2022)提出教师应从大量的教学资源中寻找、梳理与课程教学相匹配的育人要素。

除了明确课程思政元素之外,还要考虑如何将思政元素融入课程之中。作为一门交叉性和综合性的学科,在社会保障相关的课程思政建设的研究论文中,大部分都涉及将课程思政建设与课堂教学、课外实践相结合的课程思政建设方式。赖志杰等(2022)认为,强化课程思政理念、提高课程思政能力、有效开展课堂教学、积极开展课外实践和完善系列配套措施是推进社会保障学课程思政实践的有效路径。吕永强、司睿提出教师结合课程思政元素的挖掘,以教材"知识单元"和"知识点"为切入点,将课程思政由教师单方面的设计和灌输转变为学生主动去思考和体悟,实现意义建构,真正实现课程思政与第二课堂及社会实践的有机结合。具体可采取小组作业、课堂展示、资料收集、案例展示、社会实践几种方式实现。在公共管理类的课程思政建设研究中，李砚忠、张程智（2021）认为，将案例教学应用在课程思政建设中，可以拓宽案例教学的维度，学生在掌握专业知识的同时，道德、精神也得到提升。李陈等（2019）对案例教学法在公共管理专业技术课"课程思政"教学中的应用进行了评估。

在新冠疫情的新势态下，近年来有许多课程思政建设与"线上+线下"相结合的先例。赵研等（2021）提到因为随着"互联网+教育"模式逐步展开，课堂教学也向"线上+线下"混合模式逐步迁移，课程思政与线上模式相结合势在必行。

虽然社会保障学科领域的课程思政建设在案例教学和线上线下结合教学方面的实践研究已经很丰富了，但是同时运用这两种方法进行专业课程思政建设仍少有尝试。在此基础上，我们的课程思政建设采取创新手段，打造全新的"思政元素集、案例库、线上线下"相结合的"三位一体"课程思政建设路径。结合线上模式的丰富资源和案例教学互动启发的优势，进一步完善课程思政建设。

二、"三位一体"混合金课建设模式

首都经济贸易大学劳动与社会保障系以社会保障基金管理课程为例，进行了全面的课程教学改革，全面推进"思政元素集、案例库和线上线下"三位一体混合模式。该模式的核心理念是，线上学习基本知识点，线下提升综合能力，课程思政元素融入线上线下。主要的做法是将基本知识点学习前移至线上进行，通过线上习题和线下课程提问进行检验；线下课程通过展开案例讨论、无领导小组讨论、实训、知识竞答等形式，对学生的分析能力、表达能力、逻辑能力进行综合训练和培养；课程思政元素贯穿于线上课程和线下训练中，自然融入，不显突兀。

值得一提的是，这种模式下的思政元素具有一定的专业特色，因此需要结合相关知识点编写符合专业特色的新案例，并将提炼出的思政元素融入案例，对案例进行思政元素分析和分解，做到元素与案例的充分融合和覆盖。

运用线上线下混合教学方式，分别在线上视频和线下教学中设计思政元素的融入，做到多元化、多方式的综合融入，以达到全面渗透的效果。在对知识的解释及对世界的描述中，将内含的精神和价值外化为教学实践，内化为学生的精神涵养和价值追求。因此，教师团队需要付出大量的时间和精力编选案例、录制课程、设计教学、设计评价方式。

"三位一体"混合金课建设方案如图1所示。

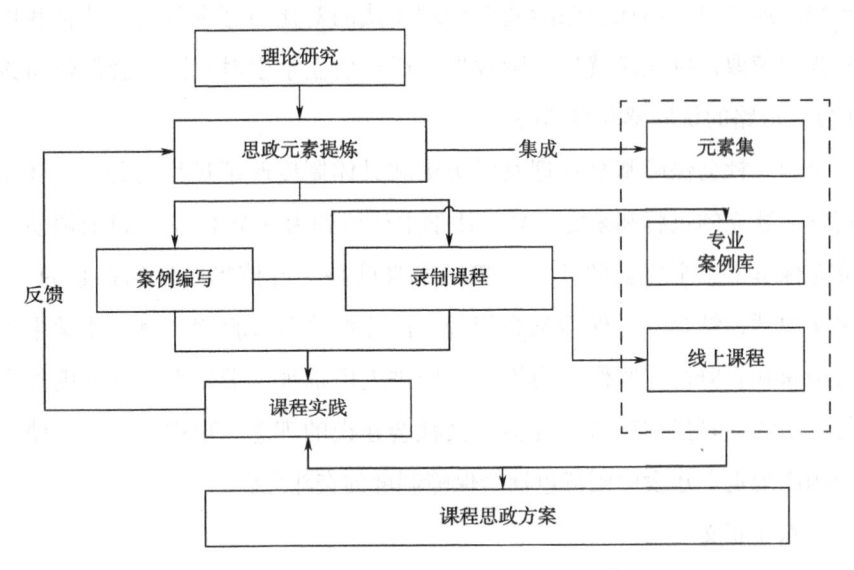

图1　"三位一体"混合金课建设方案

三、"三位一体"混合金课课程思政建设实例

社会保障基金管理"三位一体"混合金课建设过程主要步骤包括提炼课程思政元素、案例库构建和线上线下相结合的教学实施过程。

（一）提炼课程思政元素

通过学习相关指导文件，提炼符合学情和课程的课程思政元素，挖掘深藏于知识表层符号、内在结构之下的人文精神与价值意义。教学团队通过学习习近平中国特色社会主义理论和相关指导文件，提炼符合本校学生学情和课程特色的课程思政元素，为形成公共管理学社会保障专业领域思政元素提供素材支持。提炼的思政元素主要为以下五个方面。

1. 道路自信和制度自信

引导学生了解世情、国情、党情、民情，增强对党的创新理论的政治认同、思想认同、情感认同，坚定中国特色社会主义道路自信、理论自信、制度自信、文化自信。"四个自信"是对党的十八大提出的中国特色社会主义"三个自信"的创造性拓展和完善。社会保障基金管理课程中所体现的主要是道路自信和制度自信。针对一些盲目崇拜国外模式和对国内社会保障不自信的思想，通过对不同社会保障基金管理模式的对比与客观分析，结合我国社会保障快速取得巨大成就的实际效果，逐步建立学生对我国社会保障所选的"社会"道路的认同感和自信心。

再通过社会保障基金管理发展历史和具体制度改革过程的分析，让学生了解制度建立的过程和来之不易。让学生认识到为一个14亿人口的泱泱大国建立起保基本、全覆盖的社会保障网本身就是一件值得骄傲和自豪的事情。用事实说话，结合养老保险基金管理、医疗保险基金报销实例，让学生深入了解国家和政府切实所作所为均符合增进人民福祉、带领人民创造更加幸福美好生活的新时代中国特色社会主义社会建设的理念。更进一步，促使学生信心满满地走上建设中国特色社会保障制度的奋斗之路。

2. 公平正义

社会主义核心价值观中的公正在社会保障领域可以理解为公平正义。公共管理学科中的主要议题之一就是如何建立公平的制度，社会保障制度的本质属性和所要遵循的首要原则即为公平。如何建立公平正义的制度与科学思维精神是密不可分的，只有运用马克思历史唯物主义的思想进行科学思辨，秉持严谨的科学态度和精神，才能在纷繁复杂的现实问题中拨开云雾见真章。社会保障基金管理课程设计中贯穿了对公平与效率问题的探讨，明确"公平与效率兼顾，公平为主要目标，效率为次要目标"的原则与观点，并在课程的各个部分进行具体问题具体分析，将宏观概念具体化。通过现实案例和问题的研讨，培养学生从公平正义的角度进行科学思辨，使其立场站得准、站得稳，对国家政策的初衷和目的理解精准到位，为其做好社会保障事业接班人打下坚实的思想与能力基础。

3. 互助共济和社会责任

家国情怀是中华民族优秀文化传承的精髓，是对国家民族的深情大爱和责任担当。古语有云"天下兴亡，匹夫有责"。本专业的学生多从事政府机关、事业单位等相关民生领域的管理工作，在本科阶段更应注入互助共济和社会责任感的元素，加强其使命感和担当意识，对其做好本职工作有非常大的奠基作用。社会保障基金管理课程通过引导学生深入理解社会保障基金筹资、支付的基本原则和方式，让学生能够站在国家、民族的角度考虑问题，而不只是考虑个人。由此培养学生的大局观和担当意识。仁者爱人，为天下苍生谋福利，应当成为每个社保学生融入骨髓中的情怀和责任感。

4. 法治教育

深入开展法治教育，引导学生在学习社保课程时牢记习近平全面依法治国新理念新思想新战略，感悟社会保障基金管理制度背后蕴含的法治理念以及法治原则，提升其对相关法律概念的认知。在学习中牢固树立法治观念，遵守依据社会保障法形成的权利义务关系，提高运用法治思维和法治方式维护自身社会保障权利、参与社会保障事务、解决社会保障难题的意识和能力。我国的社会保障法律制度以实现社会保障权为核心，能够依法保障全体公民享有广泛的权利，保障公民的人身权、财产权等各项权利不受侵犯，保证公民的经济、文化、社会等各方面权利得到落实，维护社会的公平正义。在法治国家建设中，社会保障制度也严格遵守法治理念，遵循有法可依、有法必依。其中社会保障法治化的核心制度是社会保险法。当我们个人的利益受到侵犯时，应该拿起法律武器保护自己，为自己争取应得的社会保险金。当国家的利益受到损害时，社会保险基金受到损失，也要用法律进行严格的制裁。个人、企业应依法缴纳社保，相关机构依法管理、监督社保基金，让社保基金得到安全有序的投资运营，人民的安全网才能长期安全有效。

5. 求真务实

坚持求真务实，是坚持马克思主义科学世界观和方法论的本质要求。所谓"求真"，就是"求是"，也就是依据解放思想、实事求是、与时俱进的思想路线，不断地认识事物的本质，把握事物的规律。所谓"务实"，则是要在这种规律性认识的指导下，去做、去实践。求真与务实的统一，是马克思主义认识论的必然要求和本质体现。社会保障基金管理过程中，特别需要坚持求真务实。例如，在社保支付待遇的设定中，必须实事求是，不能超越阶段；再如，在社保基金投资运营中，必须解放思想，与时俱进，采用最适合国情的方法进行投资，积极借鉴国外先进经验，而不能故步自封，闭门造车。

（二）案例库构建

构建社会保障基金管理案例库，将提炼出的思政元素融入案例，对案例进行思政元素分析和分解，做到元素与案例的充分融合和覆盖。选取的案例以社会保障基金管理方面的我国案例为主，正面案例为主，对我国社会保障基金管理领域中的问题进行专业分析，联系相关知识点编写符合专业特色的新案例，讲中国故事，传递中国精神和价值观。

本课程编选了养老保险、医疗保险、工伤保险、社保基金监管、社保基金投资运营、国际社保基金比较6个案例。在学生完成课堂案例讨论后，授课教师会要求学生分组对一个案例进行进一步修改和完善，并对完善的案例进行课堂展示。这种案例构建方法，可以从学生的角度提升案例的趣味性，并锻炼学生的案例写作能力。

（三）线上线下相结合的教学实施过程

本课堂采用线上线下结合的方式，以学生的学习为中心，多维度融入思政元素，其中教师主要起引导作用。

1. 线上课堂自主学习

将课程思政融入教学视频、测试习题等学习资源中，以"智慧树"为平台，上传教师自主录制的教学视频。引导学生课前通过"智慧树"平台观看学习视频，对学习内容有初步认识，同时设置必要的检查机制，如课程中弹窗、课后、章节、期末等多类型、多阶段测试习题，根据习题反映情况细化教学重难点，提高线下课堂的针对性。

2. 线下课堂检查巩固

基于线下课堂与线上课堂相衔接的原则，教师将根据学生在智慧树平台课前预习情况，确定教学重难点，提高讲解的针对性。线下课堂将分两部分进行，首先教师于课堂前半节对线上学习情况进行进一步检查，运用课程知识点思维导图展示重要知识点，检查形式包括提问、测试等，反映学生线上真实学习情况，并结合线上线下检测结果，进行重难点讲解。后半节课为知识巩固应用环节，教师将发放与本节内容有关的、具有人文精神与价值意义的案例，组织学生进行分析与讨论，引导学生主动思考、勇于进行组内思想观点碰撞，并以辩论或展示讲解的形式呈现思考与讨论的结果，加深学生对本节课知识点的理解，同时培养学生的团结合作意识、逻辑思维能力与语言表达能力。例如，在第六章社会保障基金管理投资运营的章节中，讨论的是蕴含"互助共济、求真务实"思政元素的案例，内容是全国社会保障基金的投资运营，引导学生思考目前我国的社保基金如何投资运营，使学生了解当前社会保险基金是委托给全国社会保障基金运营的。通过引导学生思考全国社会保障基金运营方式，锻炼学生自主思考、分析应用的能力，以代表发言的方式表述讨论结果，提高学生团队合作、总结表达的能力，使学生意识到涉及国计民生的基金，从而使学生关心社会保障话题，了解本专业相关的国家战略。

四、展望

（一）预期成效

本文通过建设"三位一体"混合金课，挖掘提炼社会保障领域课程思政元素与精神，将专业知识与思政教育有机融合，采取线上线下混合式教学，预期达到以下两个方面的效果。

第一，课程建设方面，预期使专业思政具体化，形成具有社会保障专业特色的核心思政聚焦点。同时为其他社会保障领域课程思政建设作出可行性路径探索，提供可落地的参考方案，对其他课程形成示范和带动效应。

第二，学生教育方面，帮助学生了解社会保障领域相关的国家战略、法律法规和相关政策，引导学生关注现实问题，传递中国精神和价值观，培育学生经世济民、诚信服务、德法兼修的职业素养。

（二）困难及优化路径

受限于线上学习反馈的滞后性及学生线上学习的主动性与参与性，预期线上学习效果会受影响，这是课程建设的主要困难。

此外，实用案例的时效性也是该课程建设的挑战。案例准备工作量大、耗时长，而案例又需要不断地更新，因此是该课程建设的重难点。

针对预期存在的问题，将在实施过程中，听取学生意见，深入学生群体进行调研，及时反馈问题，优化课程建设。

参考文献

[1] 新华社. 全国高校思想政治工作会议12月7日至8日在北京召开 [EB/OL]. （2016-12-08）[2022-07-16]. http：//www.gov.cn/xinwen/2016-12/08/content_5145253.htm#1.

[2] 王亚亚. 社会保障概论课程思政的主线探掘及实践路径 [J]. 西北成人教育学院学报，2021（4）：55-58，109.

[3] 吕永强，司睿. 建构主义视域下课程思政融入课堂教学的实践探索：以"社会保障原理"课程为例 [J]. 黑龙江教育（高教研究与评估），2022（7）：66-69.

[4] 赖志杰，李春根，方群. 论社会保障学的课程思政价值与实践路径 [J]. 社会保障研究，2022（2）：95-102.

[5] 李砚忠，张程智. 案例教学法在专业课"课程思政"中的应用：以"公共管理学"课程为例 [J]. 北京城市学院学报，2021（5）：43-48.

[6] 赵研，王金梅，田雨晨. 新势态下研究生线上课程思政教育教学模式探析 [J]. 沈阳工程学院学报（社会科学版），2021（1）：130-133，138.

[7] 李陈，曲大维，孟卫军. 案例教学法在专业课"课程思政"中的应用 [J]. 宁波教育学院学报，2019（4）：1-4.

课程思政融入专业教育的路径研究
——以劳动法律制度课程为例

雷晓天

(首都经济贸易大学　劳动经济学院)

【摘　要】 劳动教育和法治教育融入大学生思政教育具有重要意义,劳动法课程是劳动教育、法治教育与全人教育的重要阵地。学习劳动法课程本身就是思政教育的一部分。劳动法的价值理念与内容中均包含丰富的思政要素。设计劳动法课程的思政体系,需从劳动法课程的教学内容着手,深入挖掘专业课程的思政内涵,构建劳动法课程的思政设计体系,结合劳动法课程的教学内容、教学方法、教学手段等,实现专业课教学与思政教育的深层次融合。

【关键词】 课程思政;劳动法课程;劳动教育;法治教育

一、劳动教育与法治教育融入大学生思政教育的意义

(一) 劳动教育融入大学生思政教育的意义

劳动教育是国民教育体系的重要内容。通过劳动教育可以培养学生正确的劳动价值观和良好的劳动品质,引导学生崇尚劳动、尊重劳动,懂得劳动最光荣、劳动最崇高、劳动最伟大、劳动最美丽的道理,使学生养成劳动习惯,热爱劳动,热爱劳动人民(肖绍明、扈中平,2019)。2020年,党中央、国务院发布了《关于全面加强新时代大中小学劳动教育的意见》,对新时代劳动教育进行了顶层设计和全面部署。习近平总书记在全国教育大会上强调:培养德智体美劳全面发展的社会主义建设者和接班人。劳动教育是面向未来、百年树人的国家战略(张志勇、杨玉春,2020)。

新时代加强大学生劳动教育具有重要意义。加强大学生劳动教育,不仅

是实现中华民族伟大复兴的必然要求，是践行社会主义核心价值观的应有之义，还是高校落实立德树人根本任务的重要内容，是促进大学生全面发展的现实需要（孙逸菲、赵东玉，2022）。高等学校的劳动教育帮助新时代大学生树立正确的劳动价值观，养成良好的劳动习惯，助力大学生培养动手能力、吃苦耐劳精神、团结协作能力、热爱劳动和尊重劳动的意识，达到以劳动教育促进大学生德智体美劳全面协调发展的目标。高等学校的劳动教育在助力大学生就业方面也发挥着重要作用（常欣扬，2022）。劳动教育可以培养大学生努力奋斗的精神，树立正确的就业观；可以提高大学生的创新实践能力，切实增强就业本领；可以磨炼大学生的坚强意志品质，提升学生综合素质（刘元丽，2021；李长安、徐宁，2020）。

  劳动教育和思政教育的内涵与特点虽有不同，但二者都以立德树人为目标，对学生的成长成才都有极其重要的影响。劳动教育与大学生思政教育的融会贯通可以发挥协同育人的重要作用（徐文越，2021）。劳动教育作为具备树德、增智、强体、育美等综合育人价值的一种教育活动，有着鲜明而突出的思政实践育人属性，其与思政实践教育的路径与目标存在高度契合性。在课程体系、认知理念、身份角色等层面，劳动教育与思想政治教育的耦合联动具有可能性与必然性（李渊、张慧芝，2022）。劳动教育旨在培育学生的劳动观念，即尊崇劳动、热爱劳动、劳动光荣，进而养成劳动习惯；思政教育的实践教学环节同样以亲身实践为育人途径，推动学生在劳动实践中感受各类思政要素，以动手体验的方式感悟道德修养元素与政治觉悟元素，从而逐步构筑出全面看待世界的正确视角。在高校思政课程体系中，劳动教育是一个不可或缺的内容，通过精密而细致的劳动教育，不仅可以升华学生的价值观，还能使学生形成优秀的意志品质。将劳动教育和我国高等院校中的思政课程实践教学有机融合，不仅能够丰富和优化高校思政课程的教学模式，还能为我国培养出更多符合新时代要求的人才。

  （二）法治教育融入大学生思政教育的意义

  党的十八届四中全会提出把法治教育纳入国民教育体系。增强大学生的法治信仰是高等教育培养社会主义合格公民的客观要求。推进全面依法治国需要加强法治教育，而大学生是推进全面依法治国的重要生力军，因此开展大学生法治教育是高校培养和提高大学生法治意识、促进大学生健康成长成才的重要途径（李牧、董明皓，2022）。加强大学生法治教育有助于大学生认识选择中国特色社会主义法治道路的历史必然性，不断凝聚起法治中国建设的青春力量。大学生法治教育重在法治价值认同，通过解读和讨论国家制度和公民权利等方面的法律问题，帮助他们在思考中增进对社会主义法治价值的认同（陈大文、文天天，2021）。党的十九大把"坚持全面依法治国"确立为新时代坚持和发展中国特色社会主义基本方略的重要内容之一，全面依法治国对大学生法治教育提出了更高要求。

法治教育从根本属性上属于思想政治教育（杨竹、刘张飞，2020）。思想政治教育是育人的学科，目的是培养学生的社会主义核心价值观，形成合乎国家意志的行为范式。大学生法治教育是持续性的、全覆盖的，课堂教学、文化建设和实践活动等各个环节需要协同机制作为基础与保证。法治教育的主旨是通过思想影响行为。在高校，思想政治教育具有难以取代的学科优势。思政课具有实施法治教育的环境、人才和方法的独特优势（丁卫华，2021）。思想政治教育也一直充当法治教育的重要角色。例如，思政教育中的课程会介绍法律部门、法治格局和法治方位，讲解马克思主义法学基本原理，梳理社会主义法治发展历史，介绍法治建设新成就、新动向以及如何依法行使权利与履行义务等。

二、劳动法课程在思政教育中的价值

劳动法课程学习符合劳动教育的要求。劳动教育是中国特色社会主义教育制度的重要内容，直接决定社会主义建设者和接班人的劳动精神面貌、劳动价值取向和劳动技能水平。劳动法课程虽然不直接涉及具体的劳动技能，但是通过讲解劳动关系的基本原理、劳动法的历史渊源、劳动过程中的权利与义务，能够帮助学生形成正确的劳动价值观，正确认识劳动的价值、认识工人阶级为社会发展做出的贡献，从而在大学生中弘扬劳动精神，教育引导大学生崇尚劳动、尊重劳动、热爱劳动，培养大学生的劳动情怀。

劳动法课程作为法学课程中的一个门类，自然也是法治教育中的重要环节。习近平总书记多次强调：全面推进依法治国，需要培养大批"德法兼修"的高素质法治人才。学习劳动法和包括大学生在内的每个劳动者的切身利益息息相关。在法治社会，每个公民都应该具备基本的法律素养，做到尊法、学法、守法、用法。即使作为非法学专业的大学生，同样要学好劳动法。从职业素养与职业技能要求的角度来讲，作为劳动关系、人力资源管理、社会保障专业的学生，未来将成为从事人力资源管理及相关工作的劳动者，应更为注重培养他们"以人为本"管理思想，关爱劳动者的情怀，平衡企业利益与员工利益之间的关系，帮助企业树立法律意识、平等意识和社会责任意识。

劳动法课程学习是全人教育的重要组成部分。"全人教育"是一种整合以往"以社会为本"与"以人为本"两种教育观点，形成的既重视社会价值，又重视人的价值的教育新理念。这是一种理想的教育观念，也是中外教育家的一种理想追求。劳动法作为社会法，处处都体现了"公"与"私"的统一。从课程教学环节设计上，也努力打破理论传授的界限，通过劳动仲裁观摩、模拟谈判等形式，引入法学实践活动的经验，摒弃教学仅传递知识的盲区，唤醒、培植学生的主体性，发挥其能动性与创造性，实现"全课程育人"的格局。

总之，学习劳动法课程本身就是思政教育的一部分。课程思政中强调的"思政"主要是指"育人元素"。从广义的角度讲，只要是对学生人生成长有积极引导作用，有助于使学生树立爱国、正义等精神的内容，都应当属于课程思政的范畴。

三、劳动法课程中的思政元素融入

（一）劳动法价值理念中的思政元素

法的理念是法的灵魂和指导思想，也是对法的价值追求的表达。劳动法的基本理念有三个层面，包括人权思想、实质正义和社会本位，而这三个层面的基本理念与思政的理念高度契合。

人权是作为人依其本质所应当享有的权利，人权思想作为劳动法的基本理念，其正当性基础源于人类社会对人的重视。劳动法，调整与基本人权具有密切关联的社会关系，将人权思想作为劳动法的基本理念，既是我国劳动法律制度的价值追求，也是劳动法基本原则产生的前提与基础。

实质正义既要求社会职位向所有人公平地开放，以实现形式正义价值目标，同时也要求用差别原则防止基于机会平等、规则平等给社会弱势群体造成损害；既遵从市场主体之间平等原则，也关注主体之间社会地位与个人禀赋差别（何志英，2013；魏广萍，2020）。实质正义理念在劳动法中主要体现在对劳动者采用倾斜保护政策，要求用人单位对劳动者承担更多的社会责任，对契约自由原则实施严格限制（熊晖、葛家欣，2018）。

社会本位超越了个人本位的"个人中心"和国家本位的"国家中心"主义，它以"社会中心"为价值取向，强调社会发展的均衡，促进社会整体效率提升，追求社会整体利益最大化。劳动法充分体现了社会本位理念（白玉，2008）。劳动法虽然以市场机制为基础，但其立法目的却旗帜鲜明地反映了社会利益有限的思想，并坚持用"劳动者权益保障"和"劳动协调"原则，对市场机制可能导致的社会利益损害进行预防和补救。劳动法以社会利益的维护作为其制度价值目标，以"需要即权利"为基本理念，通过立法设置一张社会安全网，保障每个社会成员都能够有尊严地生活。

（二）劳动法课程内容中的思政元素

劳动法律制度课程是面向高等院校人力资源管理专业、劳动关系专业、劳动与社会保障专业及社会工作专业的大学生普遍开设的一门专业核心课程。根据劳动法律制度课程的教学大纲和教学方案，劳动法课程内容中的思政元素非常丰富。例如，可以运用马克思主义基本原理中的劳动学说去讲授劳动关系的含义及其社会意义；可以分析我国近年来劳动立法的变化，让学生认识到政府在促进劳动关系和谐中的作用以及对于劳动者利益的保护在逐渐增强；通过阐释劳动法的适用范围和劳动法律关系，帮助学生理解法治精神、树立法治意识；通过讲授劳动合同双方的权利和义务关系，对学生进行思想道德教育，帮助学生形成社会公平的价值观等。劳动法律制度课程中的思政要素具体可见表1。

表1 劳动法律制度课程中的思政要素

课程内容	授课要点	思政要素融入
劳动法概述	劳动法学的概念；劳动法的产生与发展；劳动关系的内容与作用	帮助学生树立法律意识

续表

课程内容	授课要点	思政要素融入
劳动就业	劳动就业的概念；劳动就业的基本方针与原则；职业介绍与就业服务	结合平等就业与自主择业原则，引导学生树立正确的就业观念；结合职业介绍与就业服务，引导学生理解政府在促进就业方面发挥的重要作用
劳动合同	劳动合同的概念与特征；劳动合同的内容与形式；用工单位的法律责任	结合劳动合同的签订与履行，引导学生理解诚实守信原则；结合劳动合同双方的权利和义务关系，帮助学生理解权利和义务的对等性以及社会公平正义的价值观
集体合同	集体合同的概念；签订集体合同的意义；集体合同的签订程序	结合劳动者的团结权、工会发挥的重要作用，引导学生理解集体主义的重要意义，培养学生团结友爱、互帮互助的精神
劳动安全与卫生	劳动安全与卫生立法；职业病防治制度；劳动安全卫生监察制度	结合劳动者和用人单位在安全生产方面的权利和义务，引导学生理解生命与健康的重要意义，融合职业素养教育，引导关爱劳动者
劳动争议	劳动争议处理的范围与程序；劳动争议调整、仲裁与诉讼	结合劳动争议的处理制度，使学生树立法治意识和维权意识

四、劳动法课程思政设计中存在的问题

目前劳动法课程思政设计主要存在三个问题。

一是许多教师对课程思政缺乏正确认识。部分任课教师认为课程思政仅仅是思想政治类课程教师应当承担的责任。劳动法的课程是一门专业课，作为专业课教师只需讲好专业课相关内容。这一错误认知最终导致教师在课堂上只讲专业知识，忽略了重要的课程思政内容，使得专业知识与道德培养割裂。

二是劳动法课程思政设计缺乏系统性。课程思政建设具有重要意义，同时课程思政也是应该贯穿课程全过程的完整体系。然而，目前在劳动法课程思政的实施过程中，仅仅停留在小故事与小视频、个别社会现象与个别案例的层面，思政内容分散，甚至跳跃，使得众多课程思政元素没有得到深度挖掘，课程思政与专业课教学也无法有机融合。

三是大学生人生目标不清晰影响课程思政的实施效果。目前仍有许多大学生尤其是低年级大学生的人生观、世界观和价值观不清晰，奉献精神、德育意识、劳育意识等均比较薄弱。大学生目标未定或犹豫，对未来很有可能从事的人力资源管理岗位或员工关系管理岗位的定位也存在误解或偏差。部分大学生的自我控制能力较弱，遇到困难和挫折时容易抱怨、悲观、失望，甚至轻易放弃目标。大学生心理意志品质较弱也对课程思政的实施提出了更高的要求和更大的挑战。劳动法课程是面向各年级大学生开设的专业核心课，教学受众面广、知识连贯性强，但由于缺乏相关实习和工作经历，专业知识对大多数高校大学生来说比较陌生，很难产生共鸣，因而学生学习积极性不高。

五、劳动法课程融入思政内容的策略优化

（一）基于树立学生法治观念的课程思政

在讲授劳动合同法及其实施条例的具体内容之前，可适当向学生介绍劳动法、劳动合同法产生的艰辛过程以及我国政府、工会及雇主在法律讨论过程中的互动与博弈，帮助学生总结提炼出人民当家做主、工人阶级的重要性等一系列思政元素；通过讲解劳动法规定的劳动者和用人单位的权利和义务关系，总结出权利和义务是对等的，作为公民必须守法，作为用人单位也必须依法依规对员工进行管理。结合劳动关系中止或者工时、工资管理等问题以及国家颁布的一系列关于维护劳动者权益的规定，使学生体会到国家法律对于保护劳动者合法权益的决心，利用思政元素的巧妙植入，转变学生的思想，使学生树立法治精神，学法、懂法、用法。

（二）基于培养学生爱国精神的课程思政

在讲解社会保险与社会保障制度的章节内容时，可以穿插讲述疫情防控期间国内外对于医护人员权益保护的对比案例。国家在充分保障医务人员的生命安全权的同时，还给予每天额外的临时性工作补助、工作津贴及充分的福利，体现了国家、社会和人民对医务人员的关心和爱护。引导学生总结出社会主义制度的优越性以及我国强大的国家治理能力，以此培养学生的爱国主义精神，号召学生弘扬爱国主义精神，传递正能量。

（三）基于培育学生职业素养的课程思政

在劳动规章制度的相关章节教学中引入企业对优秀员工素质的要求，可以引领学生树立职业目标和方向，使他们认识到团队合作的关键作用，润物细无声地帮助他们对未来职业进行规划并提前储备职业能力和职业素养。通过讲解劳动合同法规定在合同订立、履行和变更阶段中双方当事人必须遵守的诚实守信原则，严格按照劳动合同的规定来履行自己的义务，帮助学生找准人力资源管理者与劳动关系管理者的定位，培养学生良好的职业道德。

（四）基于树立学生维权意识的课程思政

结合现实中各类劳动争议，引导学生理解当企业严重违法或者已经威胁到劳动者基本生存时，劳动者应当勇于拿起法律的武器，启动维权程序，保护自身的合法权益，引导学生体会劳动者维权意识的变化，同时也可以培养学生自身的法律意识与维权意识。这些知识能够与劳动争议的处理程序等知识点紧密联系，让学生感到法律维权就在我们身边，实现知识传授和价值引领的有机结合。

参考文献

[1] 白玉. 试论劳动法的社会法性质 [J]. 法制与社会, 2008 (1): 50.

[2] 常欣扬. 以劳动教育助力大学生更加充分更高质量就业 [J]. 中国大学生就业, 2022 (19): 10-15.

[3] 陈大文, 文天天. 论大中小学法治教育的侧重点 [J]. 马克思主义理论学科研究, 2021, 7 (1): 89-95.

[4] 丁卫华. 思政课视野下大学生法治教育的基本逻辑 [J]. 教育教学论坛, 2021 (14): 173-176.

[5] 何志英. 论法的形式正义与实质正义：以《劳动合同法》为视角 [J]. 法制与社会, 2013 (20): 14-15.

[6] 李长安, 徐宁. 劳动教育推动实现更充分更高质量就业研究 [J]. 中国劳动关系学院学报, 2020, 34 (5): 20-26.

[7] 李渊,张慧芝.劳动教育:思想政治教育与劳动实践的动态耦合[J].继续教育研究,2022(9):91-95.

[8] 李牧,董明皓.论全面依法治国视域下的大学生法治教育[J].思想理论教育导刊,2022(7):65-70.

[9] 刘元丽.劳动教育对高校大学生就业及职业发展的影响研究[J].就业与保障,2021(9):174-176.

[10] 孙逸菲,赵东玉.新时代加强大学生劳动教育的价值意义及实现路径研究[J].山东工会论坛,2022,28(4):101-110.

[11] 魏广萍.后疫情时代劳动关系二元结构的局限与反思:基于社会法实质正义理念视角[J].工会理论研究(上海工会管理职业学院学报),2020(6):24-32.

[12] 肖绍明,扈中平.新时代劳动教育何以必要和可能[J].教育研究,2019,40(8):42-50.

[13] 熊晖,葛家欣.劳动法视野下企业社会责任研究[J].中国劳动,2018(8):47-52.

[14] 徐文越.马克思主义劳动观视域下职业院校劳动教育与思政教育的贯通[J].劳动哲学研究,2021(2):169-176.

[15] 杨竹,刘张飞.论大学生法治教育的学科属性、基本内容与实施路径[J].思想理论教育导刊,2020(6):65-68.

[16] 张志勇,杨玉春.深刻认识新时代劳动教育的新思想与新论断[J].中国教育学刊,2020(4):1-4,61.

房地产经济管理类课程思政的建设与评价

徐 虹

(首都经济贸易大学 城市经济与公共管理学院)

【摘 要】 随着房地产业的蓬勃发展,房地产经济与管理类课程在高校不少相关专业相继开设。本文通过分析该类课程体系的特点,以爱国主义精神与制度自信、企业社会责任与职业道德、严谨的工作态度和工匠精神为课程思政的主要介入点,形成在此框架体系下各门课程思政的主旨。同时,本文提出以"三全育人"思想为主导的课程思政育人过程体系,并且初步建立了包括设计与实施评价、隐性效果评价、显性效果评价、远期效果评价共4个评价维度和10个具体评价指标的课程思政建设评价体系。

【关键词】 房地产经济;课程思政;评价体系

"房地产经济与管理"是基于土木工程、工商管理、建筑经济的交叉学科。我国高校中有几类专业会涉及房地产经济管理类课程:一是始于1989年的房地产经营管理专业,即2012年更名后的房地产开发与管理专业及房地产经济学等研究生专业;二是工程类专业,如工程管理专业、土木工程专业等;三是规划和建筑类专业,如城乡规划专业、建筑学专业;四是经济及管理类专业,如工商管理专业、城市经济学专业;五是资源环境类专业,如土地资源管理专业。

随着房地产行业的蓬勃发展,国内很多高校的相关专业均开设了房地产经济管理类课程,为社会输送了众多房地产及关联行业人才。由于房地产业是国民经济的支柱产业,关乎民生,但又容易引发投资和投机,同时涉资量巨大,因此加强未来从业人员的思想政治教育,助推行业的稳定健康发展,显得尤为重要。

一、房地产经济管理类课程的体系、特点和对课程思政建设的启示

（一）房地产经济管理类课程的框架体系

经过相关专业多年摸索，房地产经济管理类课程体系已经较为成熟稳定。清华大学房地产研究所曾对 52 位不同院校房地产相关专业学者进行调研，对房地产经济管理类课程进行了重要性排序，排名前 9 位的课程如表 1 所示。此外，由于各高校对相关课程命名不同，本文将相关及类似课程名称列入表 1 的最右侧列。

表 1　房地产本科专业课程设置重要性排序

排序	课程	重要性分数	相关及类似课程名称
1	城市与房地产经济学	4.7	房地产经济学、住宅经济学
2	房地产投资分析与决策	4.4	
3	房地产开发	4.3	房地产开发经营、房地产经营管理
4	房地产估价	4.2	房地产估价与案例、建筑工程概预算、工程估价
5	房地产法律、市场与规制	4.2	不动产法、住房政策
6	房地产开发项目策划与营销	4.1	房地产策划、房地产营销、房地产经纪
7	房地产市场分析	3.7	房地产市场研究
8	房地产资本市场	3.7	房地产金融
9	项目管理与工程施工	3.5	建筑工程概论

除以上传统重要课程外，随着中国经济进入新常态，"房住不炒"调控基调的长期坚持，新型城镇化的不断推进，以及建筑和信息技术的不断进步，当前房地产领域出现了一些新的趋势和变化，从而为房地产经济管理类课程体系增添了一些新内容和新元素。

1. "互联网+房地产大数据"是重要的时代趋势

在此服务模式下，大数据、人工智能、物联网、区块链等新一代信息技术

199

正在与房地产业深度融合，以可控化、可视化、数据化等智能系统搭建的行业评估发展平台、房产交易平台等蓬勃发展，既推动着房地产业建造方式变革、科技创新能力提升，也为房地产业信息化转型升级、创新发展模式带来巨大商机。

2. 复合地产是未来重要的发展方向

复合地产是打破以往地产开发中的单一理念支持，以地产为载体，整合多种产业，创造一种全新的地产经营模式。随着新型城镇化理念得到人们的广泛认同，在城镇化进程中，更加强调"产城"融合。这一推进方式的转变，也促进了房地产多元化的发展，带来了诸如养老地产、健康地产、旅游地产、文化地产、娱乐地产、办公服务地产、工业化地产、现代农业地产等多门类、多种类发展趋势，从而丰富、延长了房地产行业链。

3. 物业资产管理具有较广阔的发展空间

在房地产市场快速发展的时期，我国房地产行业开发建设商业住宅、办公楼主要作为销售型物业获取利润，这与发达国家相背。随着新常态经济的发展，商业物业逐渐回归经营活动空间载体的本性，以租赁经营为主，从而增加了对物业资产管理人才的需求。此外，2016年6月3日，国务院办公厅发布《关于加快培育和发展住房租赁市场的若干意见》，明确提出以建立购租并举的住房制度为主要方向。这也将给物业资产管理提供广阔的发展空间。

4. 智能化绿色建筑发展具备划时代的重要意义

绿色城乡建设是贯彻落实国家"五位一体"生态文明建设战略的重要举措，也是优化城市环境、推进美丽乡村建设的客观需求。智能化绿色建筑的发展，对推动建筑科技不断创新有着重要的引领和促进作用。为满足人民日益增长的美好生活需要，以及实现中央对碳达峰、碳中和的重要工作要求，智能绿色建筑在房地产领域将迎来前所未有的发展契机。

因此，在房地产经济管理类课程设置中，不仅要体现房地产类课程的传统技能，也应紧跟时代潮流，在课程体系中加入新的内容，如房地产信息管理、复合地产开发与运营、物业与资产管理、智能绿色建筑等，从而更适应社会需要。

（二）房地产经济管理类课程的特点及对课程思政建设的启示

根据上述分析，虽然各高校设置房地产经济管理类课程的名称有一定差异，但总体内容差别不大，其核心课程可以分为表 2 所示的四类。

表 2 房地产经济管理类课程的分类

课程分类	课程名称
理论及政府管理类课程	城市与房地产经济学、住宅经济学、房地产法律法规、住房政策
房地产开发管理类课程	房地产投资分析、房地产开发经营、项目管理、建筑工程管理、房地产策划与营销、复合地产开发与运营、房地产经纪、物业与资产管理
金融、估价、建筑技术类课程	房地产金融、房地产资本市场、房地产估价、房地产估价案例分析、建筑工程概预算、工程估价、智能绿色建筑
行业数据分析与管理类课程	房地产市场分析、房地产信息管理

分析总结以上课程的特点，可以从课程思政的介入得到一定启示：

第一，房地产经济管理类课程的构成主要呈现沿房地产开发经营与管理主线分布和展开的特点。除表 2 中的房地产开发管理类课程外，其他课程，如房地产金融、房地产市场分析主要服务于房地产开发经营前期，建筑工程概预算、工程估价、绿色智能建筑等主要服务于房地产开发经营中期，房地产估价主要服务于房地产开发经营后期，而房地产信息管理可服务于房地产开发经营管理全过程。因此，在课程思政的建设过程中，应充分考虑在房地产开发经营各环节融入思政内容。

第二，房地产经济管理类课程既包括企业市场决策主线，也包括政府市场干预主线。企业市场决策主线主要体现在房地产项目的整体运营方面，如房地产开发管理类课程和金融、估价、建筑技术类课程；政府市场干预主线主要体现在政府对行业和房地产市场的管理方面，如理论和政府管理类课程。因此，课程思政建设一方面要以房地产相关企业的社会责任为主导，引导学生理解房地产全产业链中的企业社会责任；另一方面也要建立房地产领域的中国特色社会主义道路自信和制度自信。

第三，房地产经济管理类课程理论与实践结合紧密，包含大量案例、实务类内容和课程。除理论性课程外，房地产经济管理类课程比较偏向应用型。因此，在课程思政建设中，可大量引用实例分析，融入课程思政内容。例如，

201

在房地产策划类课程中引入星河湾等案例，传达房地产策划与设计领域的工匠精神；在房地产市场分析课程中引入万科的市场细分等案例，传达企业对市场和客户研究的认真态度；在建筑工程类课程中引入优质建筑企业实例，传达房地产建筑工程管理领域的严谨精神等。

二、房地产经济管理类课程思政的介入点及框架体系

根据上述分析与启示，房地产经济管理类课程思政的介入点可以归为三个方面：首先，因为含有部分行业政府管理类和理论课程，特别是房地产行业关乎民生，所以传达爱国主义精神和制度自信尤为重要；其次，房地产经济管理类课程的企业操作与决策主线非常明显，而且整个行业涉资巨大，在课程思政中重视企业社会责任和职业道德就显得尤为重要；最后，在房地产开发过程中，产品的设计研发和建设质量是企业竞争力的体现，也是提升居住品质的关键，因此严谨的工作态度和工匠精神是行业从业人员必备的基本素质。此外，课程思政介入的实现，离不开各门课程围绕思政主题统筹安排。由于房地产经济管理类课程具备自身的课程体系和结构，如果各门课程反复传达同一思政主旨，反复运用同一案例，可能会使得课程有所重复，容易适得其反，甚至可能使课程思政无法起到应有的作用。因此，从课程体系的角度，将三大介入点根据课程特质，分别设置课程思政主旨，就显得尤为重要。专业课程成体系，课程思政也成体系，从而确保整个专业课程讲授完毕，也可以完成课程思政建设的总体目标。根据首都经济贸易大学土地资源管理专业开设的房地产经济管理类课程，并结合时代的发展变化拟开设的部分新课，房地产经济管理类课程思政的框架体系设计如表3所示。

表3 房地产经济管理类课程思政的框架体系

课程思政介入点	课程名称	课程思政主旨
爱国主义精神和制度自信	城市与房地产经济学	改革开放后我国房地产业发展成就；我国城镇土地制度改革、住房制度改革的巨大成就
	房地产市场理论与实务	理解和认同"房住不炒"、租购并举的市场调控政策

续表

课程思政介入点	课程名称	课程思政主旨
企业社会责任和职业道德	房地产开发经营	理性取地开发、诚信经营管理中传达的社会责任
	复合地产开发与运营	城市更新、环境与旧城保护中的社会责任
	房地产金融	过度融资的危害、国家治理及原因
	建筑工程概论	工程质量与民生，建筑工程企业的社会责任
	物业与资产管理	为人民谋幸福的初心使命
	房地产估价	客观公正与责任意识
	土地与不动产法	边界意识、红线意识和反拜金主义教育
严谨的工作态度和工匠精神	房地产投资分析	市场细分和消费者行为研究中的工匠精神
	房地产策划	房地产产品设计中的工匠精神
	绿色智能建筑	绿色建筑技术和智能建筑中的工匠精神

（一）爱国主义精神与制度自信

首先，应该在课程中引导学生认可房地产领域取得的成就。例如，城市与房地产经济学课程是专业类课程中的理论课程，开设学期较早，课程涉及住房制度改革和房地产业的发展规律，因此可以利用视频、纪录片等资源导入房地产领域建设成就、土地与住房制度改革的成就，激发学生的认同感和爱国情怀。其次，在认可房地产领域所取得成就的基础上，需进一步建立制度自信。例如，可以在后续学期开设的房地产市场理论与实务课程中，进一步揭示房地产市场的运行规律，让学生认识到房地产经济对国民经济和自身稳定发展的重要性。再如，从地产泡沫发生的原因出发，探索我国政府提出的"房住不炒"和"租购并举"等调控政策的重要性，在产生制度认同和自信的基础上，未来可以自觉自愿践行房地产领域的方针政策。

（二）企业社会责任与职业道德

由于房地产经济管理类课程构成具有沿房地产开发经营与管理主线分布和展开的特点，因此可以传达企业社会责任和职业道德思政目的的课程较多，那么赋予不同课程不同的思政主旨就显得尤为重要。经过总结，可传达这类思政主题的课程大体可以分为三类。第一，房地产开发经营、复合地产开发与运营两门课程综合性较强，可归为一类。根据这两门课程的内容，房地产开发经营可传达理性取地开发、诚信经营管理的重要性，复合地产开发与运营课程会涉及旅游地产、特色小镇、旧城区商业地产再开发等内容，因此可以更多传达环保理念和旧城保护中的社会责任。第二，房地产金融、建筑工程概论和物业与资产管理三门课程分别归属于房地产开发链条的中期、前期和后期，并且都与民生息息相关。例如，房地产开发企业过度融资会引发资金链条危机，影响房地产项目的顺利开发，如果楼盘烂尾，会导致购房居民家庭损失惨重。而建筑工程质量更是与居民家庭居住安全息息相关，物业管理是传达从日常服务为人民谋幸福理念的恰当途径，因此都可以从不同角度传递企业的社会责任。第三，房地产估价、土地与不动产法可归为一类。房地产估价要求从业人员客观公正，法学类课程可以给予从业人员警示，从而增强边界意识、红线意识，并有利于进行反拜金主义教育。

（三）严谨的工作态度和工匠精神

改革开放后，房地产业蓬勃发展，产品创新众多，建筑技术不断进步，行业中优秀地产项目案例众多。因此，在房地产投资分析课程中，可传达研究市场、分析市场的重要性，减少房地产从业人员"浮躁"的刻板印象，并可以引入万科地产对市场细分的研究和产品库设计等案例，传达房地产开发企业严谨的工作态度。在房地产策划和绿色智能建筑课程中，可分别通过龙湖地产的园林设计和园林打造、星河湾的产品细节打磨，以及引入金茂府的科技系统和智能系统等案例，传递房地产企业的工匠精神，改变房地产行业粗放经营的刻板印象，从而进一步引导学生从业后秉承认真严谨的工作态度，推动行业进步。

三、房地产经济管理类课程思政的育人过程

"三全育人"是课程思政育人的重要指导理论和思想。习近平总书记在全国高校思想政治工作会议上指出，要坚持把立德树人作为中心环节，把思想政治工作贯穿教育教学全过程，实现全程育人、全方位育人，努力开创我国高等教育事业发展新局面。因此，在课程思政建设中要注重教育主体协同、教育过程协同、教育资源协同，将课程思政建设进一步广义化（如图1所示）。

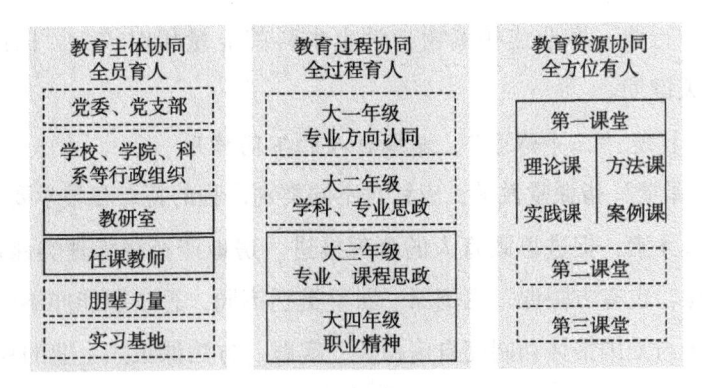

图 1　房地产经济管理类课程思政育人过程

（一）全主体参与，发挥不同层次作用

在全员育人过程中，某一专业方向类课程应以教研室和专业课教师为主体，其中教研室应引领专业方向课程思政的建设和探索；专业课教师在提升德育水平的同时，守好课堂一寸田，潜移默化地将思政和育人思想融入专业课堂，言传身教，助力育人目标的实现。同时，应在党组织和行政组织的领导下进行课程思政的建设，其中，各级党委和党支部主要发挥战斗堡垒和引领作用，助力"教育者先受教育"；科系组织发挥统领和组织作用，将思政目标进一步挖掘，并融入培养方案，助力专业和专业方向思政目标的实践与实现。此外，还应该充分发挥实习基地等外部行业力量，以及校友、优秀学生等朋辈力量，做好思政的引领、警示和示范作用。

（二）遵循学生成长规律，将育人工作贯穿到大学生从入学到毕业的各个阶段

贯穿始终，纵横衔接，建立教育过程协同机制，实现时时用力、久久为功的全过程育人，构建分阶段有重点、逐年级提升的全过程思政教育体系。大学一年级，主要开设公共基础课程，以专业方向的认同和专业热爱为专业思政教育介入初始；大学二年级，主要开设学科基础课，并介入部分专业必修课程，因此应以学科精神、学科思政和专业思政介入为主导；大学三年级，专业课程大量介入，专业思政教育和不同专业方向的课程思政教育应达到高峰，因此房地产经济类课程思政也应在此时成为关键；大学四年级，思政应更注重社会责任和职业精神两个方面，房地产经济与管

205

理和社会、行业、职业连接紧密，学生本科就业量相对较大，因此这个阶段也应为关键期。

（三）打造"三个课堂"，发挥育人的不同作用

"第一课堂"指课堂教学，应针对不同类别课程的特点和教学要求合理分配思政育人元素，促进思政育人的合理推进。房地产经济管理类课程有理论课、实践课，也有方法课、案例课，课程类别不同，思政职能亦不同。例如，理论课程多与爱国情怀和制度自信相关，实践、方法课聚焦企业的社会责任、职业道德等方面，案例课可引入大量案例导入职业态度和工匠精神。"第二课堂"仍是指校内学习场所，是除"第一课堂"之外的所有校内资源。"第三课堂"是指走出校门的社会实践学习锻炼场所。房地产经济管理类全国性大学生学科竞赛众多，涉及不动产估价、房地产策划、房地产开发经营、物业经营管理等。专业课程与学科竞赛进一步结合，利用比赛案例在课堂上进行实战演练，有助于学生将课堂知识运用于实践，提升其就业能力。以房地产策划大赛为例，相关竞赛方案的成功，也是推动城市建设的核心力量之一，学生通过房地产策划为城市发展、建设添砖加瓦，使课程思政内容得到进一步升华。同时，房地产行业实习机会众多，通过实习基地的建设，结合外部行业力量，可使学生切实体会到履行社会责任的重要性。

四、房地产经济管理类课程思政的建设评价

目前，对于"课程思政重在建设，教师是关键，教材是基础，资源挖掘是先决条件，制度建设是根本保障"的观点已达成共识。因此，一方面，"课程思政"尚处在摸索建设和制度建立阶段；另一方面，由于我国教育教学质量评估仍处于探索阶段，因此其教学效果评估方法和衡量标准仍属于新课题。特别是课程思政效果属于专业内容外的隐性教学效果，因此更加难以进行量化研究，如果一味采用问卷调查的方式，既过于粗放，也难以得到准确的结果。但是如果不进行评价，课程思政的建设又可能流于形式和表面功夫。因此，经过分析研究，对于房地产经济管理类课程思政的实施效果，本文初步建立了4个评价维度和10个具体评价指标（见表4）。

表4 房地产经济管理类课程思政的评价体系

评价维度	评价指标
设计与实施评价 （课程思政介入点的设计与实施评价）	课程思政主旨的传达
	课程思政介入案例和设计
	课程思政的课堂实施
隐性效果评价 （学生行为和言论）	学生学习行为
	学生日常德育表现
	学生专业价值观
显性效果评价 （期末考核准确度）	期末试卷思政相关试题答题情况
	期末论文体现的专业价值观和研究态度
远期效果评价 （从业表现）	行业口碑与行业认同
	遵纪守法和职业道德

（一）课程思政的设计与实施评价——对课程思政的介入点的设计和实施情况进行评价

对于课程思政来说，教师是关键，建设是重点。专业课程应根据课程体系选择适宜的课程思政主旨，并且在此主旨下，设计教学方案，在不同章节根据专业课程内容融入课程思政，运用于课堂实践。因此，这部分的评价可分为课程思政主旨传达的评价、课程思政介入案例和设计的合理性评价、督导听课对课程思政的实施进行评价三个部分。

（二）课程思政的隐性效果评价——对学生行为和言论进行评价

思政建设是一项系统工程，专业课程的思政融入虽只是其中一环，但由于专业课程的学习事关学生未来的就业和发展，对学生的影响往往较大，因此学生对专业课程的学习通常更加重视。如果专业课程的思政教育效果良好，可以观察到学生的学习动力更强，学习态度更好，对专业涉及的热点内容的评论和理解也更加准确。其中，房地产领域与居民生活息息相关，社会关注度高，因此更容易观察和把握学生是否能够正确理解政府政策、正确评判市场表现。在这部分，可分为学生学习行为评价、学生日常德育表现评价、学生专业价值观评价三个方面，主要通过日常和课堂观察来实现。

（三）课程思政的显性效果评价——将课程思政纳入期末考试内容进行评价

目前专业课程的期末考试主要有两类，即试卷及论文。首先，房地产经济管理类课程中一般理论课或具备更多专业基础知识的课程通常采用试卷形式进行考核。在这类考试中可以设计部分试题对思政内容进行考核，例如对"房住不炒""租购并举"等调控政策的理解，对房地产金融"三道红线"政策原因的理解等，考查学生对于房地产领域的制度认同和制度自信度；再如，可以设计案例分析题，对房地产企业过度融资的危害、建筑工程质量的重要性、房地产违法行为等内容进行考核，考查学生的社会责任感和道德意识。其次，房地产经济管理类课程中的部分实操类课程，如房地产策划与案例、绿色智能建筑等常采用论文方式进行考核，可以通过论文的研究深度来考察房地产领域的工匠精神是否对学生产生正面影响。

（四）课程思政的远期效果评价——根据学生从业后的表现进行评价

以首都经济贸易大学为例，土地资源管理专业源于1992年设立的房地产经营管理专业，目前房地产经济管理仍是该专业的主要方向之一，到目前为止已培养近2 000名学生，行业知名度较高。因此学生毕业后，也可以通过行业口碑和认同度对课程思政效果进行评价，并且可通过学生的职业道德和是否出现经济犯罪等侧面体现思政教育效果。

参考文献

[1] 谭术魁. 公共管理专业本科生房地产管理课程的思政目标设计与实现[J]. 创新创业理论研究与实践, 2020（11）：29-31.

[2] 武晋一. 房地产经济学课程思政教学探索[J]. 住宅与房地产, 2021（1）：241-242.

[3] 陈小芳, 邓福康, 徐成林."房地产估价"类课程开展"课程思政"的有效路径探析[J]. 宿州学院学报, 2022（1）：74-79.

[4] 黄乐, 杨小雄, 娄信强, 等. 高校房地产开发与管理专业课程思政的设

计与实践：以物业管理课程为例［J］.创新创业理论研究与实践，2021（4）：22-23.

［5］张国俊."房地产金融学"课程思政建设探究与实践［J］.科教导刊，2021（5）：133-135.

论高校体育课程思政元素中蕴含意识形态属性的必要性

孙 杨 贺 慨 李玫玉 王 伟
(首都经济贸易大学 体育部)

【摘 要】体育具有丰富的人格教育元素和德育元素,然而在推进高校体育课程思政这一重大教育举措时,人格教育元素和德育元素并不能完全替代课程思政元素中的意识形态属性。本文从课程思政的根本目的出发,对体育中"人格教育元素"和课程思政"意识形态属性"进行辨析,试图厘清课程思政中蕴含意识形态属性的必要性,进而为体育课程思政的实施路径和方向提供理论依据。

【关键词】高校体育;课程思政;意识形态;思政元素

2018年9月的全国教育大会上,习近平总书记对学校体育目标做了深刻论述:要树立健康第一的教育理念,开齐开足体育课,帮助学生在体育锻炼中享受乐趣、增强体质、健全人格、锤炼意志。这一高度凝练的论述,不仅是我国高校体育工作前进和努力的方向,也是我国高校体育工作的根本内容和任务。此次大会上,习近平总书记同时指出:立德树人,这是教育事业发展必须始终牢牢抓住的灵魂。培养什么人,怎样培养人,为谁培养人是我们必须面对和解决的问题。习近平总书记的论述,既概括了当前高校体育的目标和任务,又为体育教育工作者在为谁培养人方面掌舵指向。高校体育课程既要做好服务于高校体育工作的目标和任务这一"规定动作",又要在体育教育工作者的思想深处根植"立德树人"的育人理念,要育人,更要知道为谁育人。习近平总书记的论述,为高校体育课程思政的实施提供了丰富的法理内涵和清晰的逻辑结构，对于高校体育的育人作用具有统揽全局的指导意义。

为响应习近平总书记的号召，教育部在 2020 年 5 月印发了《高等学校课程思政建设指导纲要》（以下简称《纲要》）。《纲要》强调，课程思政建设要在所有高校、所有学科专业全面推进，要"引导学生了解世情国情党情民情，增强对党的创新理论的政治认同、思想认同、情感认同，坚定中国特色社会主义道路自信、理论自信、制度自信、文化自信"。

从习近平总书记关于学校体育目标及课程思政相关内容的论述，到教育部《纲要》的颁布，可以非常清楚地厘清党中央对高校课程思政要求的逻辑脉络。高校课程思政的根本目的就是要在意识形态领域守住底线，占领阵地，防止国外敌对势力在意识形态领域的渗透与颠覆。而体育作为"五育并举"大格局中的重要一环，要求体育教育者必须具备担当意识，牢牢把握住体育独特的育人价值和铸魂使命，守好体育课程思政的责任田，与思政课程同向同行，为培养合格的社会主义接班人、完成立德树人的根本任务做出相应贡献。然而，目前体育课程思政领域的研究还存在一定的争论和混乱，存在对体育课程思政的理念不清楚、路径不确定、方法不明确等问题。这种混乱一方面是因为对课程思政的目的、性质以及元素不清楚，没有完全深入领会中央关于课程思政的精神实质；另一方面则在于学校体育丰富的人格教育元素和德育元素，使教育者本身容易将上述育人元素同思政元素相混淆。因此，本文拟就课程思政意识形态属性进行剖析，为体育课程思政的正确实施提供借鉴与参考。

一、体育领域中意识形态的表现

意识形态由一定的政治、法律、哲学、道德、艺术、宗教等社会学说及观点所构成，反映了一定阶级或集团的利益取向和价值取向，并为其服务，成为其政治纲领、行为准则、价值取向、社会思想的理论依据。一定社会的意识形态必定会以某种形式在各种社会活动及生活中体现出来，而体育作为现代社会一项重要的大众文化活动，必然含有丰富的意识形态属性。在体育领域中，意识形态通常表现在以下四个方面。

(一) 通过体育，树立并维护社会主流价值观

统治阶级通过体育活动及其影响力，树立和维护符合其意识形态的主流价值观，并以此影响人们的认知和行为。

我国新民主主义革命时期，中国共产党就设立了如延安体育会、体育训练班、延安大学体育系等多种体育组织。抗战中，体育作为提升军民战斗力的重要手段被广泛推广。这一时期，体育活动满足了"发展赤色体育运动，养成工农群众的集团精神与强健体格，适合阶级斗争"的需要，同时也承担了促进社会凝聚、培养与宣传理想信念、共同信仰、意识形态等功能。中华人民共和国成立后，中国共产党全心全意为人民服务的宗旨，也体现在体育活动的开展中。从毛泽东提出的"发展体育运动，增强人民体质"到"全民健身"运动，都是中国共产党坚持体育"人民性"的体现。可以说，在体育中也体现了中国特色社会主义核心价值观。

同样，早在20世纪20年代，美国社会改革者就认识到，体育为表达民族文化提供了一种技术。在美国社会，体育这一具有吸引力的文化形式表征了美国梦这一国家意识形态和价值观，从而为美国借助体育来向其他各国实施同化提供了基础。美国前总统奥巴马在谈到奥运冠军时强调，他们的成就来自"专注、努力和梦想"，这些正是美国精神。由此可知，体育承载着维护社会主流价值观的功能。

(二) 通过体育，进行意识形态输出

美国人认为，体育符合美国人的价值观，通过体育输出民主是美国人的战略。直到今天，美国政府一直都在通过体育竭尽全力兜售美国生活方式和价值观，各体育联盟、体育机构也积极配合美国政府，并借此为资本赚取利润，获得美国政府的好处。以美国篮球职业联盟（NBA）为例，NBA现任总裁萧华一方面声明NBA不是政治机构，另一方面又多次公开鼓励球员发表自己的政治观点。这种"双标"和"矛盾"言行一方面暴露出美国政府或精英阶层的虚伪本质，另一方面表现出他们利用体育进行意识形态输出的真实意图。而一年一度的美国职业橄榄球大联盟（NFL）冠军赛（超级碗）同样也是输出美国生活方式和价值观的又一重要窗口：从开场唱的美国国歌、战斗机贯穿全场到中场休息时美国流行文化的展示，以及隐藏于其中的性别、种

族等政治问题，实质上都是美国意识形态的输出。即便美国的学者和政府高官对于利用体育进行意识形态输出毫不避讳。美国学者约瑟夫·奈在1990年阐述软实力的概念时提出，软实力是通过吸引或收买、而非强迫的手段来达到其目的的同化性能力，它的来源是"文化、意识形态、体制"等无形资产。奈还认为，软实力能够发挥同化的作用，就是让美国的意识形态和价值观念通过文化的影响，以吸引人的方式得到认同，最终目的是助力美国实力的加强以及影响力的扩张。

（三）通过体育，影响政治生活

人们常说，体育应该与政治分开，但实际上，体育本身的内在属性决定了体育政治化倾向成为历史的必然。已故国际奥委会前主席萨马兰奇先生认为："奥运历史上诸多例子表明，体育与政治存在直接或间接的相互影响。"这也是敌对势力利用体育进行意识形态输出的客观前提和必然。目前国际上关于体育泛政治化的风潮愈演愈烈，例如2014年索契冬奥会就被认为是最具有政治化的赛事之一。此后的2018年俄罗斯世界杯、2022年北京冬奥会的举办，都遭到了西方国家的疯狂攻击，东道主国家受到严重的体育泛政治化趋势影响。此外，一些运动员关于政治问题的发言，也会引爆舆论，引起人们巨大的关注。由于美国等西方国家在媒体、舆论方面的强大力量，那些符合西方价值观言论的声音往往会被放大，而反对和抵制西方价值观的言论则被打压和封杀，从而造成舆论误导，隐藏真相。

（四）通过体育，反映和影响社会的文化

与其他文化形式相比，通过体育进行意识形态领域的渗透更加具有隐蔽性、长期性、复杂性的特点。西方发达国家往往在体育项目、赛事、明星背后隐藏着一整套意识形态输出体系，包括价值观、生活方式、行为准则、政治制度等。以体育明星为例，他们作为某一体育项目的佼佼者，本身具备勇敢、顽强、自信、拼搏的特质，这种特质正是人类社会在发展过程中共同追求的美好品质，值得世人欣赏，然而西方敌对势力往往把某些美好品质和资本主义意识形态元素进行捆绑，让其以普世价值的面貌出现，通过政府对体育文化的挪用，把意识形态"包装"于体育之中，借助其在体育方面的优势地位，以达成意识形态向外自然顺畅的传输和渗透。这一过程中，西方发达国家会借助体育所产生的影响力、吸引力，让观众在欣赏比赛、关注球星的过程中理解、接受西方价值观，进而形成对西方价值观的仰慕和向往，最终达到价值观被同化的效果。需要指出的是，以美国为首的西方文化霸权和意识形态的输出已经形成了一整套全方位、立体的意识形态渗透体系，不仅包括体育，还包括影视、音乐、文学等诸多方面，而体育在美国的文化霸权中占有重要地位。

意识形态虽然无形无状，但却能潜移默化地影响和支配人们的好恶及行为，并最终发挥出尤胜武力及枪炮的力量。因此，习近平总书记强调："一个政权的瓦解往往是从思想领域开始的，政治动荡、政权更迭可能在一夜之间发生，但思想演化是个长期过程，思想防线一旦被攻破了，其他防线很难守住。"美国学者马克·F.普拉特纳在评价苏联解体时也认为："比经济上的失败和外交政策上的困境对共产主义造成更大危害的是其意识形态斗争上的自我怀疑。"苏联解体、苏共垮台的教训提醒我们，要避免国家安全隐患，必须从筑牢意识形态防线做起，做好意识形态工作。

中国高校是社会主义性质的高校，肩负着为国家培养合格建设人才、培养社会主义接班人的重任。高校云集着国家的知识分子和大学生，他们思维活跃、精力充沛，易于接受新鲜事物，代表着国家和社会的未来。同时，青年大学生价值观可塑性较强，容易受到西方价值观、生活方式的影响。因此，高校成为各种意识形态激烈交锋的前沿阵地、各种意识形态竞相争夺下一代的主战场、境内外敌对势力进行意识形态渗透和颠覆的重要场域。在高校意识形态领域，西方敌对势力往往有目的地在人文文化、生活方式等方面进行价值观意识形态渗透，他们竭尽全力制造热点、干扰舆论、挑起事端、激化矛盾，从而使我国高校意识形态工作面临着日益严峻的斗争形势。为应对意识形态领域的复杂、激烈斗争，以习近平同志为核心的党中央多次就加强和改进高校意识形态工作提出明确指导意见，要求"强化思想引领，牢牢把握高校意识形态工作领导权"。正是在这种战略布局指导下，党中央提出了课程思政理念，其根本目的在于解决思政课程的孤岛现象，把课程思政作为强化意识形态领域斗争的有力抓手，让专业课、通识课与思政课程同向同行，形成合力，扭转高校意识形态工作的被动局面，落实立德树人的根本任务。

体育是"五育并举"中的重要一环，在体育课程思政建设的实现路径中，必须首先深刻领会课程思政在党中央有关意识形态斗争战略布局中的地位。唯此，才能正确认识体育课程思政的目的、任务、属性等基本元素，进而才能在体育课程思政的实施过程中牢牢把握住贯彻意识形态属性与高校贯彻落实"立德树人"的根本任务的高度统一性；才能通过体育课程思政中包含的意识形态属性，立"共产主义"思想道德之德，培养"社会主义"建设者和接班人；才能达到与意识形态教育同频共振，夺取高校意识形态领域斗争的主动权和话语权。

一直以来，高校的青年学生中都有大量的体育爱好者。在高度全球化的今天，中国高校实施体育课程思政并不意味着阻止学生去了解、喜爱现代体育运动项目。相反，高校体育课程需要进一步引导学生去认识、践行这些现代体育项目，用以培养学生乐观、开朗、坚强、自信等人格特质。但作为社会主义高校体育工作者，体育教师同样有义务和责任防范敌对势力通过体育进行意识形态的渗透与颠覆，防止敌对势力在体育运动项目的推广中"夹带私货"。因此，我国高校的体育教师首先必须具备一定的思想政治理论水平，能有目的地引导学生认识到国外敌对势力的意识形态渗入，学会分辨体育文化中的精华和糟粕，认清人类共同美好品质与借体育之名夹带意识形态私货的区别，用马克思主义认识论和方法论分析体育中的种种现象。厚植爱国主义情怀，进而增强自身的道路自信、理论自信、制度自信、文化自信。落实立德树人的根本任务，培育大学生科学的运动观念，使大学生成长成才。

二、体育课程思政中人格教育与意识形态属性之间的辩证关系

（一）体育课程中"育体"和"育心"的辩证关系

长期以来，体育的教育功能被分为两个主要部分，即"育体"和"育心"功能。"育体"功能即通过体育锻炼提高锻炼者的身体素质和健康水平。这也是体育锻炼最基本的功能即价值所在。早在1917年，毛泽东就在其所著的《体育之研究》中提出"文明其精神，野蛮其体魄"。2020年，习近平总书记指出："野蛮其体魄就是强身健体。"两位不同时代的国家领导人在相隔百余年的历史时空中的思想对话，正是对体育"育体"功能的诠释和肯定。

而体育的"育心"或"育德"功能则是指对人的品德和品格的塑造。体育的育人功能不仅体现在体育的"育体"功能上，更体现在"育心"功能上。毛泽东坚持体育的身心一元论，他认为"体育一道，配德育与智育，而德智皆寄于体。无体是无德智也"。

（二）体育之"育心功能"与课程思政之"意识形态属性"辨析

体育具有健全人格的天然育人功能，蔡元培曾经说过"健全人格，首在体育"。体育可以培养人们勇敢、顽强、团队、拼搏、规则意识、团队意识、尊重、理解、自信、乐观、积极向上等人格品质，属于全人教育。体育的育人过程中对上述人格特质的培养不仅是社会主义教育体系所需要的，也是人类体育教育发展史的基本遵循。

古代西方哲学家很早就意识到体育的"育心"功能。古希腊时期的哲学家柏拉图和亚里士多德都认为，体育能够培养出理想公民，而理想公民的首要条件就是健康、强壮、美德、正义。古罗马时期的著名教育家昆体良则认为，儿童阶段就要通过体育锻炼形成健康伟岸的身形和保持旺盛的精神力量。中国古代文化中，"尚武"精神以及"忠勇刚毅"的道德标准一直都被大力推崇，而这些人格特质和道德要求中有很多都符合今天我们所倡导的"体育健全人格"的教育属性。孔子在阐述"成人"所应具备的条件时，就曾经说过，"若臧武仲之知，公绰之不欲，卞庄子之勇，冉求之艺，文之以礼乐，亦可以为成人矣"。其中"勇"和"艺"都含有今天体育教育的范畴，而"成人"相当于今天的"全人"。

今天的欧美等西方发达国家的学校也重视通过体育核心素养的培育，培养学生健全的人格。《澳大利亚体育素养标准》将核心素养分为身体域、心理域、认知域和社交域。其中，心理域强调自尊、自信、同理心、体恤心、顽强拼搏、勇敢接受挑战、坦然接受失败；社交域则强调相互尊重、团结协作、遵守规则以及遵守共同的道德规范等内容。认知域强调发展个体对如何、何时以及为何要以特定方式进行运动的理解能力、解决问题能力以及决策能力。心理域和社交域包含的大多数内容与体育"育心"、健全人格功能共通。欧美不同国家的体育素养标准在分类上可能有所不同，但在促进"健全人格"培养方面的最终落脚点都是相似的。

我国的体育教育体系中，一直以来都非常重视体育的"育心"功能。习近平总书记所强调的学校体育工作的十六字方针中的"享受乐趣""健全人格""锤炼意志"都与体育的"育心"功能相关。

由此可见，体育中"育心"等功能是古今中外的体育教育中所共同追求的目标和价值，并不天然地局限于某种单一社会意识形态，而是具有一定的继承性与发展性，是在人类社会发展过程中所形成的全人类对美好品质和道德共同向往和追求的目标。因此，健全人格、全人教育等"育心"功能是高校体育课程的天然属地和分内职责，无论是否提出课程思政理念，育心功能都是中外体育教育一直践行和追求的。

而党中央提出的课程思政实施内容则要求"紧紧围绕坚定学生理想信念，以爱党、爱国、爱社会主义、爱人民、爱集体为主线"，因此课程思政是党中央为应对敌对势力在高校意识形态领域的疯狂渗透以及高校面对复杂的意识形态斗争形势而提出的战略举措，其根本目的是在意识形态方面守住底线，巩固马克思主义思想在高校意识形态中的主导地位。在体育课程思政的实施中，如果我们把体育的育心功能当作体育课程思政的全部内容，忽略意识形态属性，那么我们就没有深入领会党中央关于高校课程思政的战略意图，就会忽视体育课程思政的本质要求和价值诉求，无法完成立德树人、培养社会主义接班人的根本任务。

（三）体育育人要素与课程思政属性的辩证关系

高校体育课程中含有丰富的育人要素，我们当然要大力提倡，在探讨体育课程思政的今天，体育对健全人格的作用，体育对人文素养的影响，不仅不能弱化或完全让位于课程思政，反而要进一步加强，通过体育教育中的上述育人功能，培养我国大学生的健全人格，积极进取、乐观向上的精神风貌，进而实现习近平总书记提出的"健全人格，锤炼意志"的体育教育的本质功能。体育在人格教育中的作用，是当今我国体育教育中的一道"主菜"，从属于人文素养教育，但是体育课程思政却不能等同于人文素质教育。课程思政更多地体现社会主义意识形态的认可度和凝聚力。我们在贯彻课程思政理念、实施课程思政的过程中，首先要认清体育课程思政的本质，而意识形态属性是思想教育区别于一般教育的特有属性，因此在体育教学中必须融入带有意识形态属性的思政元素和内容，否则就会背离我国人才培养的初衷，忘记意识形态领域斗争的复杂性、残酷性和尖锐性，不能完成立德树人、培养社会主义接班人的根本任务。可以说，体育课程思政元素必须带有强烈的意识形态属性，否则就不是体育课程思政，而不含有意识形态属性的体育课程思政，也会成为无源之水和无本之木。同时，思政盐[①]的理论又要求我们必须润物无声，在关键节点添加能够让学生们感同身受的思政案例。

三、体育课程思政中意识形态属性必然性之辨析

（一）社会主义国体是体育课程思政中意识形态属性的本质保障

社会主义国体决定了我国必须长期坚持马克思主义思想。中国特色社会主义最本质的特征和最大的制度优势是坚持中国共产党的领导，中国高校同样也是具有社会主义性质的高校。2018年9月10日，习近平总书记旗帜鲜明地指出，我们的高校是党领导下的高校，是中国特色社会主义高校。办好我们的高校，必须坚持以马克思主义为指导，全面贯彻党的教育方针。坚持党对高校的领导，是中国特色社会主义大学的本质特征，也是中国特色社会主义大学的最大政治优势。中国的社会主义国体和中国高校的中国特色社会主义性质，是高校课程思政和思政课程的本质保障。党的十九大报告强调"实现伟大梦想，必须进行伟大斗争"，而高校意识形态领域的斗争属于新时期伟大斗争的重要组成部分和关键领域，事关党的前途命运，事关国家长治久安，事关民族凝聚力和向心力。高校的体育课程思政，有天然义务和责任，深入领会课程思政的精神实质，积极投身于高校意识形态领域的伟大斗争中，与其他专业课程思政形成合力，与高校思政课程同向同行，形成全员育人、全程育人、全方位育人体系，更进一步从深度和广度上落实"立德树人"的根本任务。

新中国成立以来，中国共产党五代领导人既是体育的思想家又是体育的践行者，在党的领导下，和其他各项事业一样，中国体育事业也取得了伟大

---

① 2016年12月7日，习近平总书记在全国高校思想政治工作会议上指出："好的思想政治工作应该像盐，但不能光吃盐，最好的方式是将盐溶解到各种食物中自然而然吸收。"

的发展和进步。这一过程中蕴含了丰富的含有意识形态元素的思政内容。讲好中国红色体育故事,坚定社会主义道路也是实施体育课程思政的重要保障。

(二) 意识形态领域斗争的复杂性、长期性是体育课程思政中意识形态属性的必然要求

长期以来,尤其是改革开放以来,境内外敌对势力和我国在意识形态领域的斗争十分激烈。意识形态领域仍不平静,面对的形势依然错综复杂,面临的风险挑战依然严峻,意识形态斗争和较量有时十分尖锐。习近平总书记强调,我国和西方国家在意识形态上的矛盾是不可调和的,因而反意识形态渗透斗争具有长期性、复杂性、尖锐性。高校是知识分子和人才的聚集地,也是国家意识形态工作的前沿阵地。要取得高校意识形态领域斗争的主动性、占领高校意识形态领域斗争的主阵地,就必须针锋相对地进行反意识形态渗透的斗争。因此,在课程思政中有针对性地植入意识形态属性的思政内容,是巩固高校意识形态阵地、化解意识形态风险的必然要求。

体育领域中意识形态的渗透更加隐蔽,往往在不经意间影响人们的世界观和价值观。人们在欣赏扣人心弦的比赛时,往往会被运动员顽强拼搏、友爱进取的体育精神所感动,这是全人类所共同欣赏和追求的美好品质。在这种喜爱与欣赏中,更容易受到体育项目、体育明星的影响。某些西方国家将这种体育文化进行挪用,用于意识形态的渗透。从NBA莫雷事件、美国煽动"外交抵制"北京冬奥会到美国收买运动员诋毁北京冬奥会、制造"新疆棉花"事件等,无一不是意识形态激烈斗争的体现。体育领域的意识形态斗争要求高校的体育教育工作者提高警惕,面对有明显的意识形态渗透性质的言论和新闻时,一定要坚守立场,通过体育课程思政引导学生正确对待体育项目和体育明星。在面对体育明星的不当言行时,做到追星有节,爱星有度,形成正确的世界观、人生观、价值观。在贯彻体育课程思政中的意识形态属性时,应做到以下要求:一要敏于斗争,提高警惕性,扎紧防范意识形态渗透的藩篱;二要敢于斗争,对于大学生中存在的意识形态苗头,要敢于亮观点、树正气;三要善于斗争,高校的体育教师必须了解时事政治,有一定的马克思主义理论造诣,在教育学生的过程中,善于通过现象挖掘事物本质,引导学生正确看待体育领域中出现的种种现象,树立社会主义核心价值观。

（三）培养社会主义接班人的需求是体育课程思政中意识形态属性的根本目标

正如习近平总书记指出的那样，随着体育在人民群众的普及，我国有许多美国体育爱好者，其中青年大学生占很大比例。他们在长期收看赛事和新闻的过程中，潜移默化地受到影响，部分大学生对西方的文化和生活方式表现出较高的认同感，这在一定程度上影响他们保持文化自信。面对这种情况，作为体育教育工作者，更应该具备高度立德树人的使命感，在课堂上通过鲜活的案例帮助青年学生认清真正的体育精神，了解体育运动中所展现的各种优秀的人格特质和美德，是全人类共同追求的美好品质，并非西方发达国家发明和独创的。同时，我们还要运用马克思主义认识论和方法论，引导学生理性看待体育明星，既要欣赏他们所具备的勇敢、顽强、自信等人格特质，也要自觉抵制奢靡、拜金的资本主义、享乐主义以及自由主义等意识形态。此外，我们还要大力弘扬我国的传统体育文化，帮助学生坚定"四个自信"，培养合格的社会主义接班人。

（四）课程思政自身存在的目的和意义是体育课程思政中意识形态属性的价值指向

高校课程思政实施的根本目的在于加强高校意识形态工作，与思政课程同向同行，形成合力，构建全员、全程、全方位的立体化思想政治育人体系。课程思政中的专业内容和思政内容应高度融合，形成"在价值传播中凝聚知识底蕴，在知识传播中强调价值引领"的共进局面。只有依托课程思政阵地，在意识形态的斗争中赢得青年大学生对中国特色社会主义主导意识形态的认同和支持，课程思政的存在才有意义。课程思政自身存在的目的和意义天然地就带有鲜明的价值指向性，只有牢牢坚持意识形态属性在课程思政中的主导地位，才能落实课程思政立德树人的根本任务。

当今世界，以美国为首的文化霸权主义在世界范围内的意识形态中占据绝对优势。一方面，美国体育文化以更加精致的"时尚"形式出现，具有很强的隐蔽性和欺骗性，有着难以否认的合法性。这种貌似合法的文化侵略，对中国体育文化自主权构成了严重挑战。另一方面，由于自身认识的局限性，在这些看似体育娱乐的文化交流中，蕴藏着美国式的文化意识，包括个人英雄主义、享乐主义、宗教信仰等。体育已成为美国大规模输出意识形态、生活方式、价值观念和思维方式的工具。美国前总统布什就曾毫无掩饰地说："凡是接受美国经济的国家，就无法拒绝美国的价值观念。"在高校的青年大学生群体中，仍有少数人依恋、崇拜美国体育文化，在思想观念上心甘情愿地处于附庸地位。体育课程思政需要融入社会主义意识形态，在意识形态领域同敌对势力争夺年轻下一代，确保高校体育事业在意识形态上的安全。

四、体育课程思政融入意识形态属性的注意事项

（一）突出价值引领的作用

在体育课程思政中融入意识形态属性，需要强化社会主义核心价值观的引领作用，需要深刻认识马克思主义在意识形态领域的指导地位。近年来，少数大学生过分痴迷于西方的体育赛事和体育联盟，在不知不觉中接受了西方的生活方式和价值观，养成了崇洋媚外、自我矮化的错误三观，甚至把西方体育中的利己主义和拜金主义奉为圭臬，在人生观和价值观上出现了偏差。因此，体育课程思政实施过程中，首先要突出价值引领作用，以社会主义核心价值观为引领和导向，以马克思主义认识论和方法论为武器和工具，引导学生形成通过现象看本质的唯物史观，辩证地看待西方体育赛事、体育联盟、体育明星，树立正确的世界观、人生观、价值观。

（二）突出理直气壮的态度

在体育课程思政中融入意识形态属性，既要反对和警惕非意识形态化和去意识形态化的观点，又要在面对西方国家意识形态渗透的战斗时，保持旗帜鲜明的态度。在面对不正确三观言行时，敢于"亮剑"，在大是大非问题面前，绝不含糊。中国特色社会主义高校的性质，决定了高校教师进行社会主义意识形态课程思政的合法性。因此，在课程思政中融入意识形态属性时，态度上一定要理直气壮，而方法上则可以采用隐性植入、谆谆诱导等方式，因材施教，强化高校意识形态工作。

（三）突出鲜活案例的使用

在体育课程思政中融入意识形态属性，需要重视以及求得最大的思政效果，使用生动鲜活的案例，以激发学生兴趣、引起学生共鸣、触及学生灵魂。

通过追溯大学生最普遍、最熟悉、最认同、最关心的体育教学情境，让大学生在潜移默化中接受社会主义意识形态、认同中国特色社会主义。这就需要体育教师虚心向大学生学习，开发出紧贴体育课实践、紧贴时代脉络和特点、紧贴大学生生活与学习实践的课程思政案例。用大学生自己的语言同他们交流，引起他们的共鸣和认可。

（四）突出育人无痕的效果

在体育课程思政中融入意识形态属性，既要自然无痕、润物无声，又要点到为止、短时高效。体育课程是一门实践课，强调精讲多练。这一特点正契合了习近平总书记提出的"思政盐"理论。同时，意识形态领域斗争的隐蔽性也决定了体育课程思政必须遵循"思政盐"理论。在体育课程思政的实施过程中，思政内容不能过多，否则会挤占体育课"育体""育心"的主阵地，不能完成体育之于教育的本质功能、天然功能。体育教学中过多的、显性的意识形态植入，反而有可能欲速则不达，起到相反的效果。

（五）突出同感共情的投入

在体育课程思政中融入意识形态属性，需要教师真情实感的投入，才能强化体育课程思政效果。因此，体育教师在进行体育课程思政融入时，应该拒绝"假大空"式的生硬融入，而应该强调"真切实"的共情融入。中国共产党成立以来，领导全国人民取得了新民主主义革命的胜利，建设了一个全新的中国，现在正带领全国各族人民实现中华民族伟大复兴。这是一个激荡变革的时代，我们每个人的生活都不可避免地与时代连接在一起。讲好自己的身边故事和真实感受，才能真实反映中国共产党的伟大成就，才能反映社会主义制度优势。从这个角度看，应当着力培训体育教师，使之具备应有的政治理论水平，能够在把握时代脉络的基础上，设计出令人信服、引人入胜的思政案例。

五、结束语

课程思政是党中央加强高校意识形态工作的战略举措，是高校落实立德树人根本任务的有力抓手。高校体育课程实施过程中，很多教师，甚至是学者容易把体育中丰富的人格培育元素和课程思政意识形态属性相混淆。要落实高校体育课程思政,必须认识到体育课程思政中意识形态属性的不可或缺性,认识到课程思政意识形态属性与体育人格培育元素的辩证关系。在体育课程思政中植入社会主义意识形态属性,是由我国的社会主义国体决定的,是由意识形态领域斗争的复杂性、长期性决定的,也是由培养社会主义接班人的需求及课程思政自身存在的目的和意义决定的。只有深刻领会党中央关于课程思政的精神实质,才能切实落实课程思政的目的、指向,最终实现党中央在高校意识形态领域的战略意图。

参考文献

[1] 教育部关于印发《高等学校课程思政建设指导纲要》的通知(教高〔2020〕3号)[EB/OL].(2020-06-01)[2023-01-05]. http://www.moe.gov.cn/srcsite/A08/s7056/202006/t20200603_462437.html.

[2] 习近平. 坚持中国特色社会主义教育发展道路,培养德智体美劳全面发展的社会主义建设者和接班人[N]. 人民日报,2018-09-11(01).

[3] 春潮,勾庆华. 中国共产党早期体育思想研究:基于《体育之研究》与抗战时期体育史料的研究[J]. 体育与科学,2021,42(2):35-39.

[4] MARK D. Making the American team: sport, culture, and the olympic experience [M]. Urbana and Chicago: University of Illinois Press, 1998: 52-172.

[5] 张文雯,金衡山. 美国体育与美国梦对美国软实力的影响路径[J]. 河北体育学院学报,2021,35(6):30-35.

[6] 舒盛芳. 大国竞技体育崛起及其战略价值研究[M]. 上海:上海人民出版社,2015:277.

[7] 约瑟夫·奈. 软力量:世界政坛成功之道[M]. 吴晓辉,钱程,译. 台北:东方出版社,2005.

[8] 奈. 美国注定领导世界?:美国权力性质的变迁[M]. 刘华,译. 北京:中国人民大学出版社,2012:27.

[9] 乔玉成，许登云．论体育的政治化倾向：以现代奥林匹克运动会为例[J]．体育学刊，2009，16（7）：1-8．

[10] 习近平关于社会主义文化建设论述摘编[M]．北京：中央文献出版社，2017：21．

[11] 普拉特纳．民主与民主化[M]．刘军宁，编译．北京：商务印书馆，1999．

[12] 胡小清，唐炎．《澳大利亚体育素养标准》的框架体系、特征与启示[J]．上海体育学院学报，2020，44（7）：50-58，68．

[13] 彭仁孚．高校课程思政的意识形态属性探析[J]．湖北农机化，2019（23）：104-105．

[14] 闵绪国．意识形态性：思想政治教育的本质属性[J]．求实，2014（1）：81-84．

[15] 习近平．把思想政治工作贯穿教育教学全过程开创我国高等教育事业发展新局面[N]．人民日报，2016-12-09（1）．

[16] 习近平．在2016年全国高校思想政治工作会议上的讲话[N]．中国教育报，2016-12-10（1）．

[17] 岳爱武，朱雪莲．党的十八大以来我国意识形态领域斗争研究现状及其趋向[J]．江苏社会科学，2021（2）：10-19．

[18] 习近平新时代中国特色社会主义思想三十讲[M]．北京：学习出版社，2018：215．

[19] 谭英．美国的文化霸权主义对青年的影响[J]．社会科学，2001（3）：28-31．

新工科背景下融合课程思政的计算机专业教学研究与实践

高 静 武 装 覃爱明 闫 瑾 宋佳阳
(首都经济贸易大学 管理工程学院)

【摘 要】计算机行业在新工科经济的发展中占据着举足轻重的地位,是影响社会经济的一个重要因素。因此,对于从事计算机专业的教育者,在新时代被赋予了更高的标准。高等教育的关键应当是立德树人,教育过程中应该兼顾知识的传授以及思想政治教育,真正实现人才培养的全面性,开创我国高等教育事业发展新局面。对于新时代的中国来说,发展重心要从高速增长转换为高质量增长,而这种增长则更需要高质量更全面的人才。结合思政培养的全方位辅助教育系统目前并不多见,本文将课程思政的思想与计算机的专业知识进行有机结合,开发了融合课程思政的计算机辅助教育系统。该平台通过课程介绍、基础知识、思政结合、教学视频、在线测试、留言板等部分展开教学,全方位地提升学生对于计算机专业的学习,真正做到教书与育人齐头并进,保证新时代高素质,高质量的人才培养。

【关键词】新工科;思政教育;辅助学习

一、引言

(一) 系统的开发背景

在当前社会背景下,工科占据经济发展的一个极为重要的地位,其中计算机行业更是占据了一个举足轻重的地位,是当前影响经济的一个重要因素。在全国高校思政工作大会上习近平总书记倡导,本科生阶段高等教育的关键应当是立德树人,教育过程中兼顾知识学习以及思政学习,真正实现人才培养的全面性，促进我国的高等教育事业健康发展。在专业课课程的学习中加入思政的学习，融入思政元素，让学生在课堂上不仅能掌握知识点，也能够接受思政教育，全方位地进行提升，进而形成正确的、更有意义的人生观、价值观，最终达成让学生德智全方面发展的最终目标。但是当前大部分的计算机专业课课程只是更多地将重点放在专业知识的培养，这是不符合当前从高速度发展转向高质量发展的社会发展形势的，也是不符合新工科这一新方向对于人才培养的要求的。所以，仅仅做到知识学习是远远不够的，在培养拥有高知识高技术的高质量人才的同时，更需要加强对于思政方面的培养，并且将敬业精神、创新精神等优良品质渗透到计算机专业教学中，这是当前的发展方向，也是教师们目前应着手改进的工作。

（二）国内外发展概况

美国著名心理学家、教育家、纽约州立大学教授托马斯·里克纳曾经指出，人文、社会和自然科学等方面累积的学术成果都是进行价值观教育的丰富资源。可见国外早已考虑将文学研究等与工科方向相结合。

国内也有一些人已经开始将思政与计算机专业课相结合。例如，江苏建筑职业技术学院信电工程学院的张廷秀等人经过研究发现，在目前大多数学校的教学大纲中，仅对学生知识点的掌握程度有所要求，最终的测试也是全部围绕专业课的知识点而考察的，并没有在其中考虑思想政治教育这一方面，对于育人的作用较小。于是学者们在课程中进行新的尝试，例如在网页设计的课程中不仅仅让学生掌握HTML各种标签的特点及功能、网页CSS布局等专业知识，还要求学生在学习过程中相互交流、分享观点，让学生们做到通力合作，培养协作能力，并鼓励创新，培养学生的团队精神、创新精神进而培养工匠精神。工匠精神是各个行业进行创新发展的基础，并且还会促进对新技术的不断学习，进而拥有创新的无穷动力。因此，专业课程教学应兼顾知识点教学以及思想政治教育，应在设计教学大纲时进行创新性的融合，让课程培养更全面，提高对于学生思想政治教育的模块要求。并且加大课程思政在最终的课程考察中所占据的比例，摒弃"唯成绩论"思想，全方面、全过程对学生进行课程评价，观察学生在专业课程的学习过程中的每个环节，加大对学生在实践能力、团队合作能力、创新能力以及拼搏精神等方面的考核比重，在提升学生专业知识掌握程度的同时也能够辅助进行德育教育，使学生的思想品德得到全面提升。

武汉纺织大学马克思主义学院的郑泽月也开始研究计算机专业课与思想政治课教育同步开展的路径，并且提出了专业课教学与思想政治教育相融合是未来大学生专业课发展的主要趋势这一观点，尤其对于工科类专业，当前课程教学与思政学习的分离使得专业知识与思想政治教育不能够齐头并进，影响大学生德育与教育的全面发展。然而在当前的形势之下，专业课课程教学应该与思想政治学习协同开展，即让两种教育方式互相弥补、互相促进，使得两种教育方式产生的作用大于两种教育方式独自发挥作用的总和，即产生"1+1>2"的效应。在大学生专业课的教学任务之中，专业课和思想政治理论课的教学互相增益是极为重要的，专业课教学与思政结合是高校教育改革的方向，也是立德树人全方位教学的根本。基于计算机专业独特的特点，在计算机专业课教学之中融入思想政治教育知识有极大的可能性，并且还有可能为课堂创新带来新的机遇，成为思政教育与课程学习相结合的典范。

（三）系统开发目的及意义

对于大学生而言，当前计算机技术和互联网的飞速发展，为学生们的生活提供了便利，但也产生了很大的隐患。当前网络信息通过各种途径渗入我们的生活，其中真假信息掺杂，对于刚刚成年的大学生而言，是难以分辨的，一旦分辨错误就容易受到不正确思想的影响。因此，高校的教育要求不应仅是提升学生专业技能，更要进行思政教育，力争做到教书与育人相结合。计算机教育课程本身便有一定的难度，需要课余的辅助学习系统为学生学习知识提供帮助，并且还需要贯彻思政方向的学习。对于枯燥的知识而言，加入思政教育无疑可以让学生在学习专业知识的同时提升修养，有助于增加学生的学习兴趣，还可以将思政例子加入辅助教育的学习之中，帮助学生更加透彻、清晰地理解概念。

本系统旨在将课上课下两个维度相结合，完成结合思政的计算机辅助教育系统设计，并且会将计算机组成原理、数据结构分别作为计算机硬件、计算机软件的两个代表课程开展教学工作。设计系统的根本目的就是在学生们进行课程知识的学习时将思政案例融入进去，将思政教育真正贯彻到高校教育之中。

二、辅助平台开发的需求分析和可行性分析

（一）需求分析

由于本系统主要是面向计算机专业学生的教学而使用的，为了使学生能够更加有效、高效、及时和动态地进行专业知识的学习，系统需要开发的不仅仅是学生端的页面，还需要开发教师的管理端，对课程内容以及所需要学习的信息进行动态化的管理，教师可以依据学生的学习情况和知识点的侧重对课程学习的安排进行动态的管理。除此之外，还要具有留言功能，方便学生进行及时有效的沟通，并且将沟通的信息及时地反馈给教师，以便教师更好地了解学生的学习情况。

1. 功能需求

本系统分为两个模块：用户模块以及管理员模块。其中用户模块包括：站点介绍、课程介绍、基础知识、思政结合、教学视频、在线测试和留言板。

（1）用户模块。

站点介绍：对平台整个内容以及功能进行介绍，能够做到开门见山，让用户在第一时间了解站点功能，从而能够更便捷地使用站点学习。

课程介绍：介绍课程，让学生对所学习的课程有一个整体的印象，方便建立一个完整的学习体系。

基础知识：课程的基础知识学习，直观清晰地显示专业课的知识点，可以让学生进行全方位的学习。

思政结合：整个平台最具有特色的学习模块，将思政学习与课程学习相结合，让学生在学习专业知识的同时学习思政知识，全方位地培养学生。

教学视频：链接视频课课程，使得学生可以通过视频讲解学习自己所欠缺的以及理解得不透彻的问题。

在线测试：对学生学习成果的一个检验，让学生对于自己知识点的掌握程度有一个更为清晰的认识。

留言板：学生可以进行交流以及提交反馈，交由管理员进行审批，审批合格的留言可以发表出来，进行经验以及知识分享。

（2）管理员模块。

本模块具有管理用户、管理员信息以及进行课程内容的更新以及删除、留言审批等功能，能够实现系统动态化管理，让学习过程更加灵活、适宜。

2. 各用户的使用权限

用户可以注册账号，并且发表留言，管理员可以编辑用户信息、管理员信息以及对课程内容进行修改。

3. 性能需求

（1）网络环境下的动态网页。信息能够在页面上动态呈现，进行数据的绑定，能够做到依据用户的需求在同一个母页进行页面的不同内容的展示，并且根据数据库内容的不同实时呈现不同的内容，支持数据库内容的修改，在动态呈现的基础上实现动态管理。

（2）数据的完整性、准确性。将管理员上传的数据用数据库进行管理，并对管理员录入的数据进行限制，进而保证数据库的完整性、真实性。

（3）数据安全性。该系统可以保证数据安全，主要体现为：①网络本身会对用户进行限制。②对管理员进行账号、密码登录检测。

4. 其他需求

（1）要求系统结构能够保障页面的简洁明了，功能完善，便捷易用；

（2）要求系统具有良好的可用性、实用性、可靠性、安全性、容错性；

（3）要求界面相对美观、整洁，具有良好的可移植性。

（二）可行性分析

下面分别从技术可行性、经济可行性和社会可行性三个角度来进行新工科背景下结合思政的计算机专业辅助教育系统的可行性问题分析。

1. 技术可行性分析

该系统采用了 C#以及 SQL 开发工具，C#通用性强。由于 C#是比较晚才出现的，所以其很多语法都是其他语言的改进，并且它还结合了 Java 和 c++的语言优点，对于用户而言更易于上手使用。同时，C#是在 Visual Studio 2019 上进行编写的，这使得编程更为方便，Visual Studio 2019 将众多控件进行封装，可以通过点击实现直接引用，并且还具有属性及事件栏，提供了可视化页面编辑区，可以直接在网页呈现的效果图上进行编辑，极大地减轻了编写程序的困难。MySQL 使用的 SQL 语言是用于访问数据库的最常用的标准化语言。MySQL 数据库具有速度快、体积小等优点，很适宜动态网页的设计。SQL 的用户具有很大的自主性，可以依据实际需求调整数据的存储方式，除此之外，数据库的整体设计也可以依据自身的需要进行动态化修改。

在数据库的操作方面，用户可以依据需要对数据库中的数据进行更改，操作包括数据库数据新增、数据库数据删除、数据库数据更改、数据库数据查找，并且还可以对数据库同一数据表中内容进行进一步分类，以应对更为详细的查找行为，最后可以对用户和程序对于数据库的读写进行限制，以防恶意访问等行为导致数据库内信息不可挽回的损失，进一步保障数据库内数据的安全性，也很好地适配本数据库系统的开发需要。

综上所述，本系统选用的系统开发技术、开发方法和参与人员的技术水平完全可以胜任系统的开发。所以该系统在技术上是可行的。

2. 经济可行性分析

习近平总书记在全国高校思想政治会议上强调德育教育在当前环境下的紧迫性。随着新时代的来临，高质量、全方面人才培育的重要性日益突出，加大德育教育是现在的重中之重。然而目前大量的思政结合案例还处于理论上，市面上具有真正的思政结合的系统比较少，并且计算机行业目前仍然热门，大量的学习人群与少有的思政结合学习系统的矛盾产生了巨大的市场，开发一个易于进行动态管理，维护费用较低，简洁明了，安全可靠并且贴合当前政治形势，能够全方位对计算机专业人群进行培养的系统是具有极大潜力的。本系统通过十几个网页便能搭配起来，比较简单，不需要高昂的成本。综上所述，本系统具有充分的经济可行性。

3. 社会可行性分析

由于当前的社会形势，以及从事计算机行业的高素质人才的匮乏，全方面、高素质人才的培养被越来越看重，思政方向越来越严格的需求正好能够被本系统所满足，开发这个思政结合的计算机辅助教育系统也顺应了社会的需要。对于高校来说，本系统能够在培养学生专业课知识学习的同时融入思政案例，既加深了学生对于知识点的理解，又提升了学生的德育教育效果，极为贴近当前高校教育政治方向。对于教师而言，能够具有更多的课程时间让学生进一步掌握知识，可以在线上对学生课程学习情况进行了解，还可以通过留言板这一模块进行沟通，并完成对学生的思政教育。本系统简洁明了，逻辑性强，操作方法简单，使用灵活，时效性强，很贴合当前形势。综上所述，本系统从社会因素上分析是可行的。

4. 结论

本系统开发所选用的技术和工具简单便捷，能够合理地完成开发任务，成本低，代价小，并且符合市场性需求，在交付使用后，可以马上体现它的价值，能较快速地获得相应的经济收益弥补开发消耗并进行盈利。与此同时，本系统简单易上手的页面设计能够被广大用户所接受。根据以上分析，本系统具有良好的经济可行性、技术可行性和社会可行性，因此开发此系统是可行的。

三、结合思政的教育辅助平台开发的系统分析

（一）系统的总体目标

该系统的总体任务是让学生能够在系统上进行学习，管理员负责发布学习内容以及管理留言，进而完善整个学习内容。主要功能就是在页面上展示知识点，学生依据需要进行选择学习，通过留言板进行学习心得交流和向管理员留言，并在线测试检验自己的学习成果。用户要求包括：①能够学习到课程的知识点。②能够实现交流，保证学习的高效以及同学间互助。③能够通过测试检验自己的学习成果。④管理员能够动态地改变网页的信息，实现高效率、高品质教学。

（二）业务流程分析

该系统的业务流程如下：首先，管理员将课程信息通过课程管理平台录入课程数据库之中，然后学生依据自己的需要进行学习，学习完进行测试以及留言讲解自己的心得，将留言板内容输入留言数据库之中，由管理员进行审核，修改决定是否在留言板页面上展示的标记字段，保证留言都是经过审核之后再展示在留言板之上的。用户对新工科背景下结合思政的计算机辅助教育平台的操作流程如图1所示。

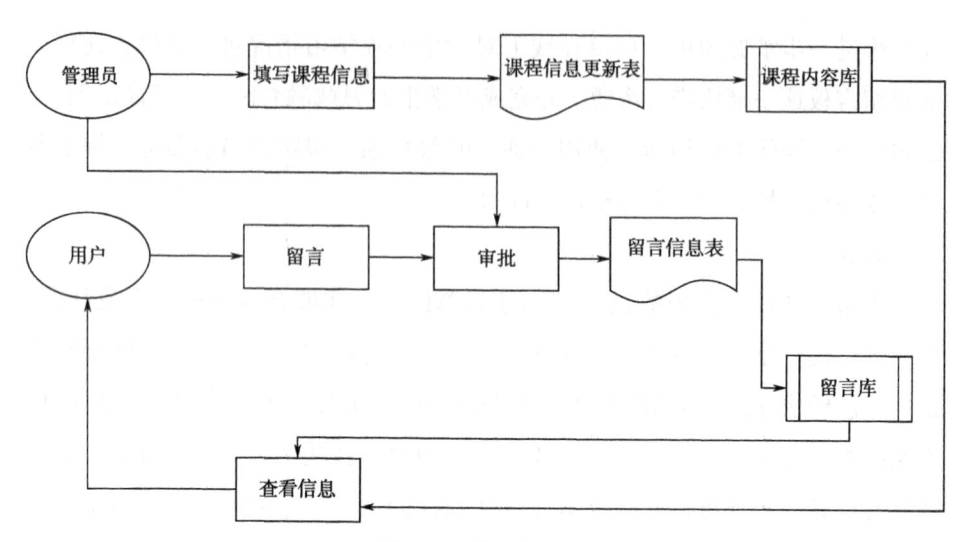

图1 系统业务流程

（三）数据流程分析

为了将系统对各种业务的处理过程联系起来考虑，需要进一步分析信息在系统中的流动、处理和存储情况，总结出信息处理的内部规律。主要使用数据流程图来进行此过程的分析，把系统看成是有数据流联系的各种功能的组合，是管理信息系统逻辑模型的主要形式，更有利于认识系统的功能和各功能之间的联系。

1. 顶图

在关系图中主要显示平台与各个用户的关系，以及用户使用该系统的方式。管理员对平台内部信息进行管理，用户查看平台的信息，并在平台上进行留言（如图2所示）。

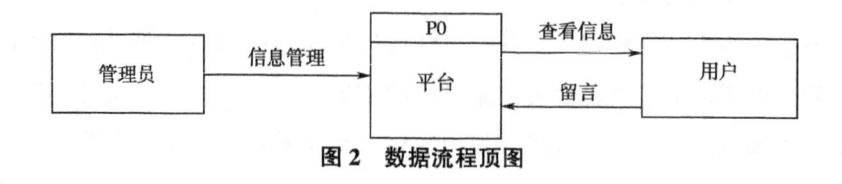

图2 数据流程顶图

2. 中图

中图是对顶图的进一步展开。中图出现了四个部分的处理过程：录入课程，课程学习，留言审批和留言查看。录入课程中涉及的数据处理主要包括课程信息的增加、删除、修改。课程学习是学生点击网页内容选择需要进行的知识学习。留言审批是对用户上传的留言进行审核，决定是否能展现在留言板上。留言查看是学生对留言信息的查看（如图 3 所示）。

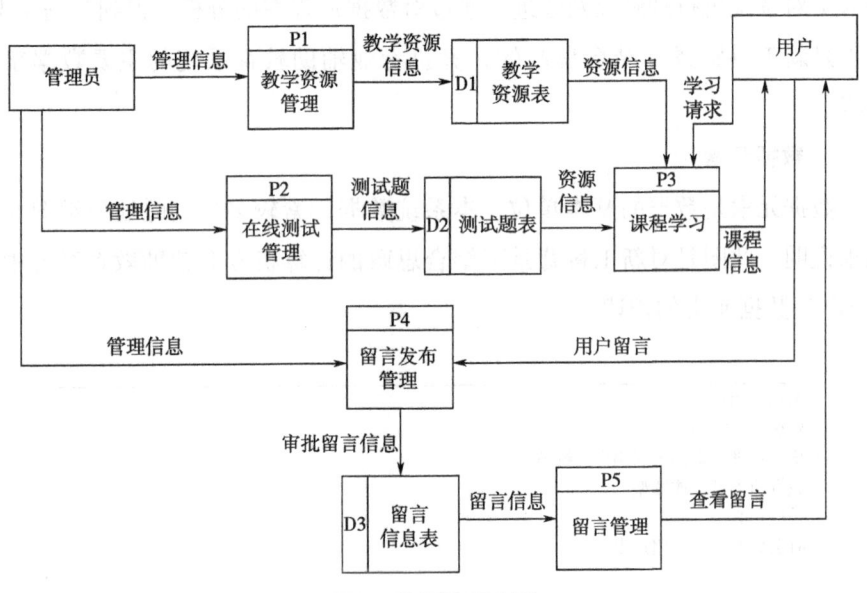

图 3　数据流程中图

3. 底图

底图如图 4 所示。

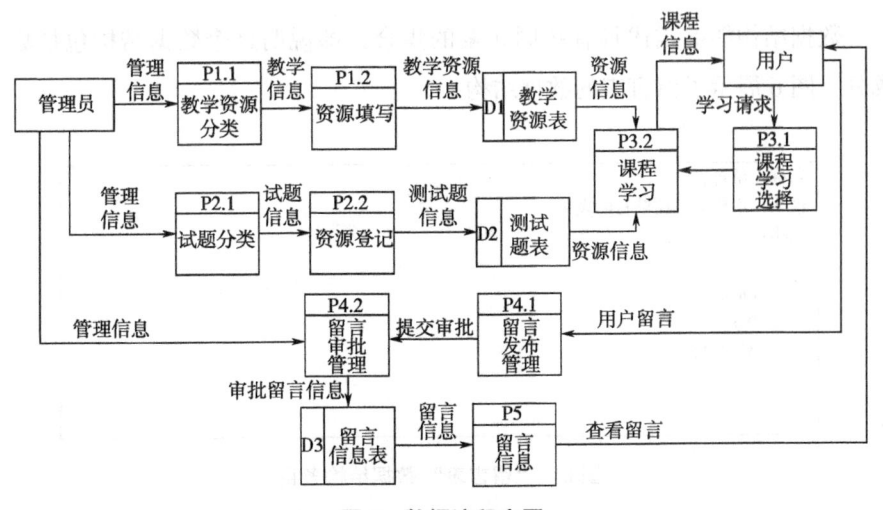

图 4　数据流程底图

（四）数据字典

数据字典是系统分析阶段的一个极为重要的工具，它对数据的数据项、数据结构、数据流、数据存储、处理过程等程序进行定义及解释，有助于其他人员对系统进行理解以及改进。通过对数据流程图的分析，得到数据字典，以下是新工科背景下结合思政的计算机专业辅助教育系统的主要数据字典内容。

1. 数据元素

数据元素是数据的基本单位。本系统数据元素较多，故此处列举图 5 一例来说明。此图是对新工科背景下结合思政的计算机专业辅助教育系统中的"用户"数据元素的描述。

```
名称：用户
别名：
描述：唯一识别不同用户关键值
数据值类型：连续型
长度：4
有关数据结构：用户表
```

图 5　"用户"数据元素条目

2. 数据结构

数据结构能够描述具有相同元素的集合，即说明这个数据结构包括哪些成分。图 6 展示了留言表的数据结构。

```
名称：留言表
说明：用户留言所填写的表单
结构：
    用户名
    Email
    QQ
    留言内容
```

图 6　"留言表"数据结构条目

3. 数据流

数据流由一个或一组固定的数据元素组成，包括数据流的来源、去向和组成等。图 7 展示了留言信息的数据流。

```
名称：留言信息
简要说明：用户所进行的留言
数据流来源：用户
数据流去向：P4.1、P4.2
包含的数据结构结构：
        用户
        管理员
        留言表
```

图 7　"留言信息"数据流

4. 数据存储

数据模块的存储特性，贯穿数据结构存在的所有地方，包括存储以及数据的来源、去向。图 8 为"课程总信息表"数据存储条目。

```
名称：课程总信息表              有关数据流：
说明：课程信息的各项数据          P1→D1
结构：                        D1→P2
        文字资源
        视频资源
        试题
        资源类型
编号：D1
```

图 8　"课程总信息表"数据存储条目

5. 处理过程

对于数据流图中的处理框的简要说明。图 9 为"留言"处理过程条目。

四、结合思政教育辅助平台开发的系统设计

（一）模块设计

根据在系统分析阶段得到的新工科背景下的结合思政的计算机专业辅助

235

```
名称：审批留言
说明：依据留言内容进行审批
输入：D2(留言表)→P3
输出：P3→D2
处理：将留言进行审批后存回留言表
```

图9 "留言"处理过程条目

教育平台的数据流程图，建立整个系统的模块层次结构图。本系统可划分为四个模块：课程信息、查看信息、审核留言、留言（如图10所示）。

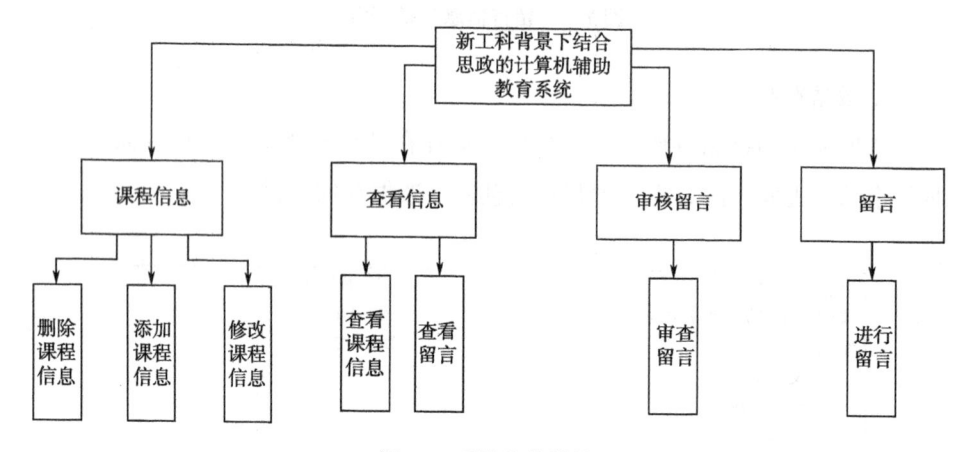

```
                新工科背景下结合
                思政的计算机辅助
                   教育系统
    ┌──────────┬──────────┬──────────┐
  课程信息    查看信息    审核留言     留言
  ┌─┬─┬─┐    ┌──┬──┐       │         │
 删除 添加 修改  查看 查看   审查      进行
 课程 课程 课程  课程 留言   留言      留言
 信息 信息 信息  信息
```

图10 系统总体模块

1. 课程信息模块设计

管理员登录之后，可以对系统内的课程内容进行更改，向内添加、更改、删除课程介绍、在线测试、基础知识、视频资源和思政结合等内容，做到动态化的管理，还可以查看用户以及管理员的信息并进行管理（如图11所示）。

2. 查看信息模块设计

学生在系统上查看教师布置的任务，分别通过课程介绍、基础知识、教学视频、思政结合、在线测试以及留言的方式进行知识点的学习（如图12所示）。

图 11　课程信息模块　　　　　图 12　查看信息模块

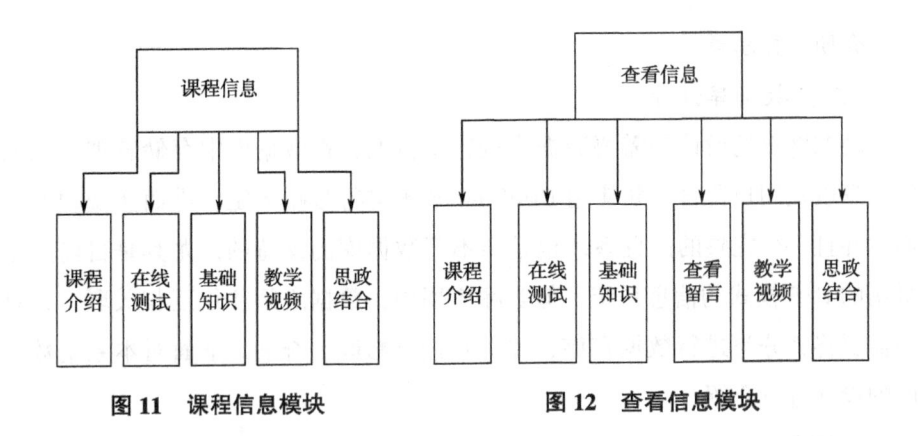

3. 审核留言模块设计

用户经过学习之后，可以通过审核留言模块进行留言，管理员对用户发表的留言进行审核，审核完毕后，合适的留言的 reply 值被设置为是，进而能在页面上显示。

4. 留言模块设计

用户经过学习之后，可以通过留言模块查看留言，并与同学们进行交流。

（二）输入输出设计

1. 系统的输入设计

输入设计项名称：课程信息表、留言表

输入的承担者：管理员、用户

数据内容：数字、英文以及简要文字

数据的输入方式：管理员手动输入

输入设备：键盘、鼠标

2. 系统的输出设计

因为本系统为网页系统，故采用屏幕直接输出形式。屏幕输出主要是用于对不同结果的显示，将管理员录入的课程学习内容以及通过审核的用户留言直接显示出来。

输出的项目：课程信息、通过审核的留言

信息形式：文字及视频

数据类型：整型、字符型

介质：显示器

（三）数据库设计

动态网页的设计是需要数据库进行支持的，在数据库中存储管理员录入的信息以及用户留言，并使用 GridView 技术进行数据绑定，进而实现动态页面，并且一个完整的信息系统也是离不开数据库的支持的，尤其是目前广泛采用的 C/S 模式的信息系统。但实际应用中，数据之间往往互相关联，并且还需要将其分类进行数据存储，并对其进行修改、查询。下面对本系统数据库的设计进行介绍。

1. 概念设计

数据库设计的第一步就是抽取数据实体、数据关系和数据属性等元素，建立数据库的概念模型。在新工科背景下结合思政的计算机专业辅助教育系统的数据库设计中，通过实体联系图（entity-relationship diagram，ERD）来描述数据库的概念模型。该方案中不一一罗列了。

2. 逻辑结构设计

在概念设计的基础上，进一步对数据库进行逻辑结构的设计，根据概念设计中识别出的实体及其之间的关系，可以确定系统中所需要建立的数据表。在本系统中，对应每个实体，需要建立数据表。该方案中不一一罗列了。

（四）网络与安全保密设计

每个登录系统的人员都需要获取权限之后才能进行课程及留言部分的操作，其他人无法访问。这样设计的目的是保证数据的安全性和完整性，保证数据不会被人恶意篡改。

（五）动态界面设计

动态界面设计的任务是根据用户在使用交互式系统时的操作动作，在同一个网页模板中展现不同的表示界面，将 ASP.NET 技术和其他技术结合使用；进一步实现了网站的动态化、高效化，并且还可以提升用户的交互式体验。所以，在新工科背景下结合思政的计算机辅助教育平台的界面设计中，考虑到了以下几项因素。

1. 高效性

页面具有高效性，用户的请求能够很快速地被反映，并且能够兼顾页面的高效动态展示和必须通过完整服务器请求才能产生响应的较慢反应速度，保证平台高效率工作。

2. 动态性

动态网页的显示区别于静态网页，能够随着用户的操作、时间的改变进而发生变化。相对于静态网页来说，动态网页能够承担更多的任务，实现更多实时性操作，更适应于当前的开发需求。

3. 交互性

静态网页由于很多内容都是固定的，在功能方面有很大的限制，交互性较差。动态网页则可以实现更多的功能，如用户的登录、注册、查询等，实时完成用户与系统直接的交互。

五、系统实施——系统界面展示和说明

（一）网站首页

网站首页主要设计导航功能和网站信息显示。首页导航栏能够跳转到站点介绍、课程介绍、基础知识、思政结合、教学视频、在线测试、留言本和管理登录页面。同时页面上展示了各个页面的大致信息，点击时也可以直接跳转到对应的信息展示页面。index.aspx 页面运行如图 13 所示。

图 13　首页展示图

首页功能介绍：

首页之下的各个模块都具有链接，当鼠标悬停在相应的超链接点的时候颜色会变为红色，点击后会跳转到对应的页面。

首页内容介绍：

首页上分别展现了计算机组成原理以及数据结构的最基础的学习模块内容，能够让用户很方便地按照需求进行页面的跳转（如图14所示）。

图14 首页内容展现图

首页的最下方具有图片滚动功能，能够在首页展示网页的精彩照片（如图15所示）。

图15 滚动照片展现图

（二）用户注册页面

在用户注册页面可以注册，将信息录入本平台的数据库中，成为本站点的会员，并进行数据有效性检查，密码等必填信息若未填入则会提示文本框不能为空，并使用正则表达式检查邮箱格式等。

（三）站点介绍页面

在站点介绍页面，用户可以查看对于本站的介绍，能够更清晰地知道本站的具体功能。站点介绍页面的内部导航栏能够跳转到功能相近的计算机组成原理以及数据结构的课程介绍。

（四）课程介绍

课程介绍页面展现了数据库中录入的课程的基本介绍，用户能够点击进入具体的显示课程页面。

数据结构介绍网页布局及功能与计算机组成原理课程介绍的页面类似。

（五）基础知识页面

基础知识页面展现了数据库之中录入的课程基础知识的介绍，用户能够点击进入具体的显示基础知识介绍页面。

计算机组成原理的基础知识学习页面能够跳转到数据结构的基础知识页面或者跳转到当前课程计算机组成原理的思政结合以及教学视频模块之中，方便学生进行学习内容的切换。

点击基础知识页面中的小标题，能够跳转到具体的知识内容展示页面。

计算机组成原理基础知识展现页面内部导航栏能够跳转回计算机组成原理的三个学习模块。

数据结构基础知识介绍网页布局及功能与计算机组成原理课程介绍的页面类似。

（六）思政结合页面

计算机组成原理思政结合页面运行如图 16 所示。

图 16　思政结合图

计算机组成原理的思政结合页面导航栏能够跳转到数据结构的思政结合页面或者跳转到当前课程计算机组成原理的基础知识以及教学视频模块之中，方便学生进行学习内容的切换。

展示页面（见图17）具有知识点介绍以及思政结合两个部分，让用户在使用时更清晰地进行知识点的学习。

图 17　思政结合展示图

数据结构思政结合介绍网页布局及功能与计算机组成原理课程介绍的页面类似。

（七）教学视频

计算机组成原理的教学视频学习页面能够跳转到数据结构的教学视频页面或者跳转到当前课程计算机组成原理的基础知识以及思政结合模块之中，方便学生进行学习内容的切换。

（八）在线测试模块

计算机组成原理在线测试页面运行如图18所示。

基础知识、思政结合和教学视频三个模块之间可以通过网页内部的导航栏相互跳转，可以转换到本门课程的其他两个模块对应的课程页面中，或者转换到另一门课程对应的相同类型的模块。

六、结论与展望

本系统主要设计了用户界面以及管理员界面，分别承担着不同的职责，

图 18　在线测试页面

保证知识的有效传递，并加入了思政结合元素，这使得与市面上大部分的计算机专业辅助教育系统拥有了创新性的不同，系统选用 C#以及 SQL 语言进行开发，其中 SQL 作为后台数据库工具，存储和管理该系统的各项数据；C#作为前台开发软件，融合了 HTML 语言和 ASP.NET 技术，实现了前台动态网页的建立和使用，进而满足用户与服务器之间的交互性。

本系统的特点是：高效、简洁、实用。新工科背景下结合思政的计算机专业辅助教育系统是迎合新时代对于高水平计算机人才需求而进行开发的系统，首先，本系统在传统的单一课程的计算机专业辅助教育网站的基础之上将计算机硬件方面以及软件方面的课程相融合，让用户能更全面地学习到计算机专业的必修课程，用户在学习过程中，能够在同一学科的不同方向的多个页面中随时跳转或者跳转到同一方向的不同学科之中，进行有选择地学习。其次，整个系统均为点击即可达，每个页面的功能及跳转均在页面中直接显示出来，简洁明了，页面进行统一规划，具有相同的结构，系统极为整齐，对于需要输入的文本框会有格式检测等功能，使用正则表达式进而对用户输入信息的格式进行检查，保证数据信息的正确性，并加入了非空检查，保证信息输入的完整性，减少因为操作失误而产生大量的错误信息。最后，本系统对于数据库的所有修改操作均使用了 GridView 控件进行数据绑定，将数据库的内容进行可视化，进而保证无论是否熟悉数据库功能的管理员均可快速操作。

本系统虽然已经做到将具有代表性的软件课程和硬件课程融入思政元素，

但未进行跨学科的深入探讨，系统中还有进一步开发的需求。除此之外，对于管理员信息的修改安全性仍不是很高，登录管理员界面之后，管理员便可以对账号与密码进行修改，应该在修改过程中加入身份验证功能，例如电话号码或者电子邮件验证码验证等。综上所述，我们需要进一步研究与开发此系统，保证其功能进一步地完善，课程设计更为科学，系统安全性进一步提升。

参考文献

[1] 李娟，周华涛，陈园. 新工科背景下的计算机基础教育改革研究 [J]. 科技风，2022（7）：112-114.

[2] 宋娜娜，葛杨. 基于新工科背景下应用型本科线性代数教学改革探索 [J]. 文学少年，2021（10）：278-279.

[3] 宋丽红. 计算机辅助素质教育系统软件的设计与实现 [D]. 天津：天津师范大学，2002.

[4] 易熙琼，何风梅，吕客. 基于课程思政理念的计算机辅助工业设计教学改革研究 [J]. 工业设计，2019（11）：3.

[5] 张廷秀，茅磊. 计算机专业课的课程思政：以《Web交互程序设计》为例 [J]. 办公自动化，2021，26（19）：3.

[6] 汤琳，周鹏，洪玲，等. 新工科背景下计算机类专业课程思政思路与实践路径探索：以"数据结构"课程为例 [J]. 绵阳师范学院学报，2020（10）.

[7] 郑泽月. 计算机专业课与思政课协同教育路径探索 [J]. 电脑知识与技术，2021（30）：277-279.

[8] 习近平. 习近平在全国高校思想政治工作会议强调：把思想政治工作贯穿教育教学全过程开创我国高等教育发展新局面 [N]. 人民日报，2016-12-09（1）.

[9] 游泽清，徐艳雁. 现代教育技术概论 [M]. 北京：电子工业出版

社，2000．

[10] 乐毓俊，常守金，王慧芳．计算机辅助教育简明教程［M］．天津：天津科学技术出版社，1994．

[11] 张际平，张琴珠．计算机与教育［M］．北京：电子工业出版社，1997．

[12] 陈明．软件工程学教程［M］．北京：科学出版社，2002．

[13] 高德毅，宗爱东．从思政课程到课程思政：从战略高度构建高校思想政治教育课程体系［J］．中国高等教育，2017（1）：43-46．

[14] 徐刚．综合改革背景下的研究生思想政治教育研究［D］．武汉：华中师范大学，2013．

[15] 董树军，胡港云．学习贯彻习近平在学校思想政治理论课教师座谈会上的重要讲话 着力建设好思想政治理论课教师队伍："思想政治理论课教师队伍建设与教学实效性提升"学术研讨会综述［J］．思想理论教育导刊，2019（5）．

[16] 陈善志，冯建民．高等教育学硕士研究生学术不端的成因与治理［J］．和田师范专科学校学报（汉文综合版），2019（3）：7．

[17] 罗娜．基于ASP.NET的重庆科创职业学院精品课程网站建设与实现［D］．成都：电子科技大学，2015．

课程思政背景下双语课程多元化立体教学模式研究

——以组织行为学课程为例

邱 茜

(首都经济贸易大学 工商管理学院)

【摘 要】全面推进高校专业课课程思政建设是落实立德树人根本任务的战略举措。双语组织行为学课程作为经济管理类专业的一门基础课程,具有开展课程思政教学的先天优势。本文以课程建设总体设计、教学需求与教学目标、教学过程与教学方案、教学评价与反馈四个方面为基础,构建多元化立体教学模式,以实现专业教学与思政教育的有机融合,也为提升双语类专业课程的课程思政建设效果和课程教学有效性提供一定的思路。

【关键词】组织行为学课程;课程思政;多元化立体教学模式

一、课程思政背景下双语组织行为学课程教学现状及存在的问题

课程思政以学生的成长成才为目标,强调所有课程都要发挥立德树人、铸魂育人的作用,所有教师都要承担育人的职责,所有课堂都要成为育人的渠道。组织行为学课程是经济管理类专业的基础课程,这门课程具有较强的交叉性、综合性、理论性及实践性等特点,在课程教学中无论是个体章节部分的人格、价值观,还是群体章节部分的团队、沟通、领导,在开展课程思政教学方面都具有先天的优势。

(一)教学现状

为了了解课程思政背景下双语组织行为学教学现状、存在的问题及学生

的诉求，我们在学年之初课程开始的第一节课对 2021—2022 学年第一学期选修工商管理学院双语组织行为学的 137 名学生进行了匿名的问卷调查，问卷以问卷星的形式发出，回收率 100%，有效率 100%。问卷共涉及对双语组织行为学课程思政的认知和态度、课程学习的需求和课程思政的影响因素、对教学方式的评价、对课程评价方式的态度和建议四个方面共计 14 题。

1. 对双语组织行为学课程思政的认知和态度

调研结果显示，大部分学生对于开展课程思政的接受度都比较高，并且都持认可态度。超过九成学生认为课程思政有利于帮助大学生形成正确的"三观"，超过八成和七成的被调查学生认为课程思政有助于提升自己的职业道德与职业素养和增强职业信心（见图 1）。

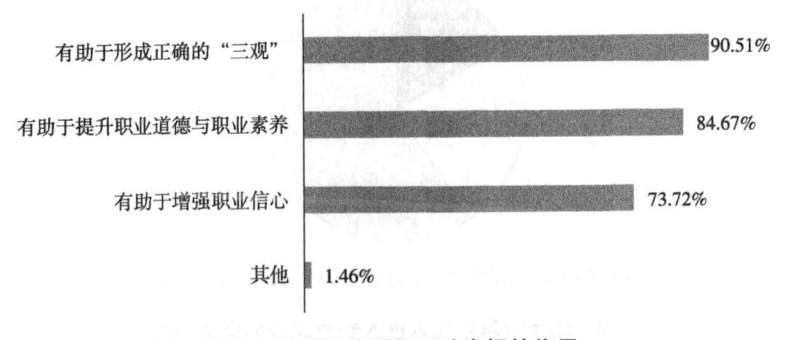

类别	比例
有助于形成正确的"三观"	90.51%
有助于提升职业道德与职业素养	84.67%
有助于增强职业信心	73.72%
其他	1.46%

图 1　学生认为课程思政发挥的作用

同时，超过 60% 的学生认为专业课教师在理想信念、道德情操、品德塑造等方面对自己有较大影响，这说明了专业课教师在讲授专业知识的同时，对学生的理想信念等也具有非常大的影响力（见图 2）；超过 70% 的同学认为思政元素是有必要进入课堂的（见图 3）。

2. 对课程的学习需求和对课程思政产生影响的因素

我们通过访谈与问卷调查，深入了解学生对于双语专业课程的学习需求以及课程思政实施效果的相关影响因素，以便在后续的教学模式设计中及时响应学生学习需求，更好地发挥专业课程的育人效果。从图 4、图 5 可知，学生希望在组织行为学（双语）的课程中能够有效融入时代要求、法律意识、中华传统文化、专业自信、爱国主义等多方面的思政元素，并且能够为学生提供除专业知识外三观、独立思考能力、职业道德等多元化多领域的引导与培养。

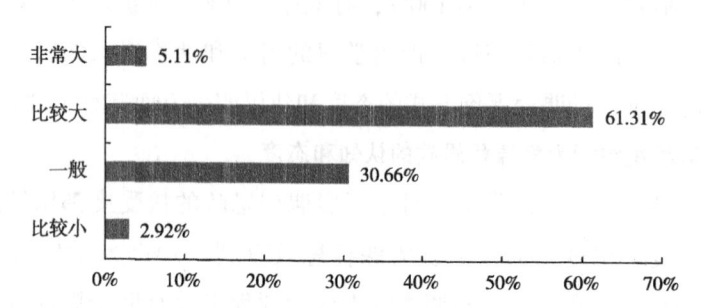

图 2 学生对专业课教师在理想信念等方面对其影响的判断

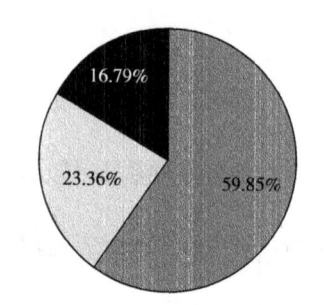

图 3 学生对思政元素进入专业课程的态度情况

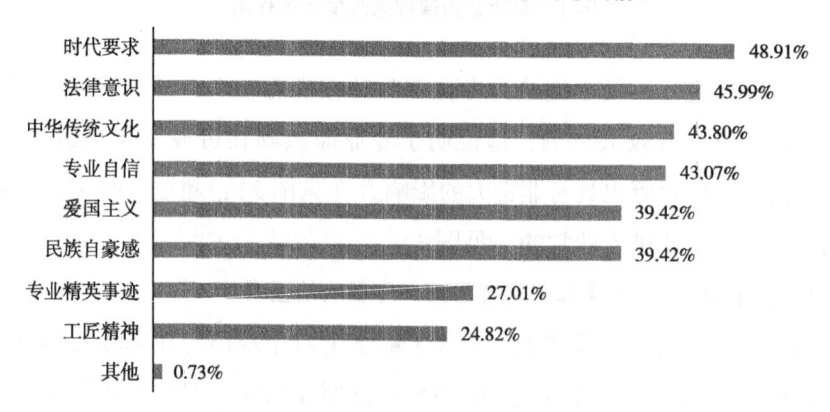

图 4 学生希望在课程中融入的思政教育内容

而对于现行的课程思政教学有效性的影响因素方面，学生认为最大的问题就是不能将思政元素"润物细无声"地融入专业知识，而授课方式的单一、

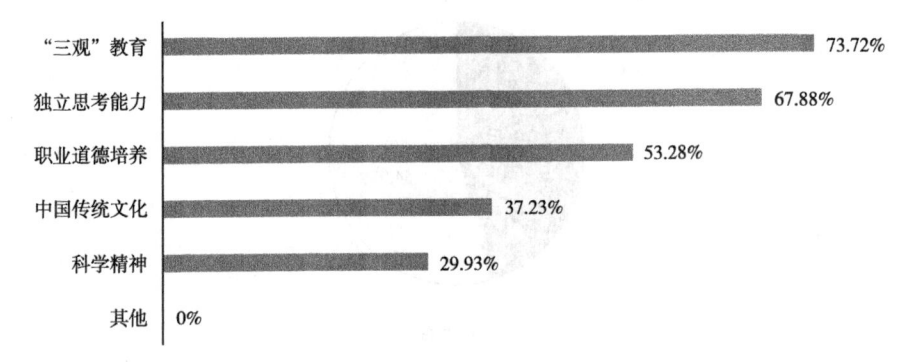

"三观"教育 73.72%
独立思考能力 67.88%
职业道德培养 53.28%
中国传统文化 37.23%
科学精神 29.93%
其他 0%

图 5　除专业知识外学生希望在课程中获得的知识

陈旧，以及没有与之匹配的灵活有效、多样性的考核评定方式都是影响课程思政有效性的重要因素（见图 6）。

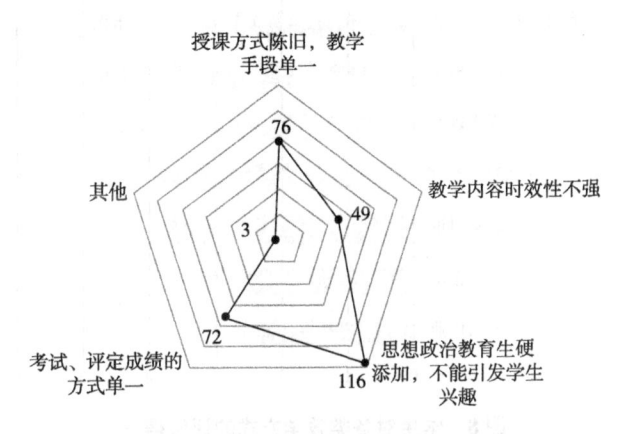

授课方式陈旧，教学手段单一 76
教学内容时效性不强 49
思想政治教育生硬添加，不能引发学生兴趣 116
考试、评定成绩的方式单一 72
其他 3

图 6　影响课程思政教学效果的因素

3. 对教学方式的评价

对于双语课程来说，有超过一半的学生担心英语水平会影响自己学习的效果（见图 7）。

学生喜欢的教学方式主要有课堂面授、案例研讨和慕课等网络教学手段；同时，超过 70% 的学生对双语组织行为学课堂中开展"微课—慕课—翻转课堂"的纵向教学模式 + "案例 - 模拟 - 讨论 - 小组作业 - 视听观摩 - 游戏"的横向教学手段的多元立体教学模式是十分期待的（见图 8、图 9）。

249

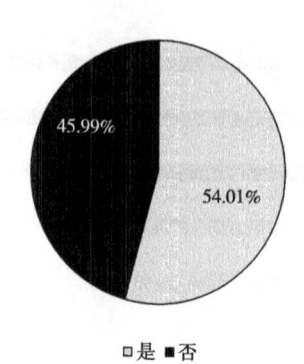

图7 是否担心英语水平会给课程学习带来困扰

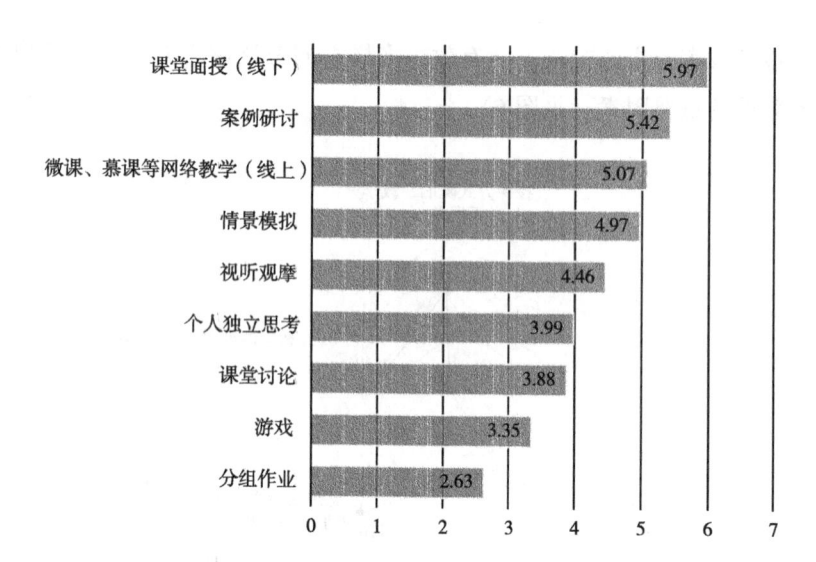

图8 学生对各类教学方式的评价得分

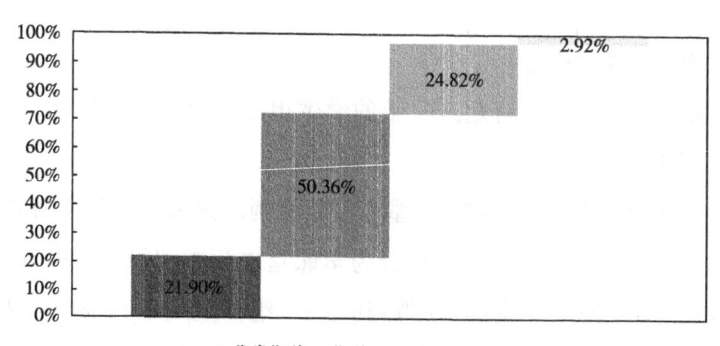

教学方式	评价得分
课堂面授（线下）	5.97
案例研讨	5.42
微课、慕课等网络教学（线上）	5.07
情景模拟	4.97
视听观摩	4.46
个人独立思考	3.99
课堂讨论	3.88
游戏	3.35
分组作业	2.63

图9 对多元化立体教学模式的态度

非常期待 21.90%　期待 50.36%　一般 24.82%　不喜欢 2.92%

4. 对课程评价方式的态度和建议

对于双语组织行为学课程的考核，我们希望改变以往单纯注重对专业课知识体系和内容的考查，适当加入对学生的价值观、认知等主观元素的评价内容。通过调研发现，超过75%的学生同意将价值认知酌情纳入课程考核体系中（见图10），同时学生也希望能够采用自评、同学互评、老师评价的360度的评价方式来考核学生价值认知方面的学习效果。

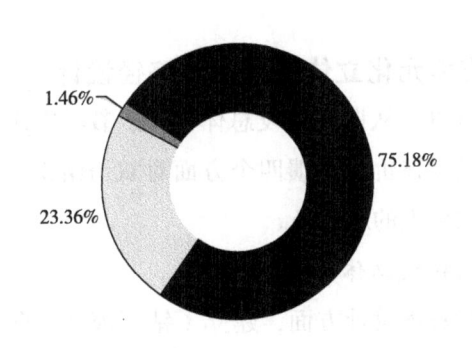

图 10　学生对将价值认知纳入课程考核体系的态度

（二）存在的问题

第一，由于双语组织行为学是工商管理学院大二年级学生的一门必修课，因此上课学生的英语水平并不是非常均衡，这就会对英语教学内容的选择和效果产生比较大的影响。如果考虑学生英语水平的差异，将比较多的时间放在专业英语词汇和内容的讲解上，那么就会影响专业知识讲解的深度和广度、思政元素的有机融合、师生互动等部分。因此，相对于单纯使用中文讲解和学习的专业课程，双语的专业课程在学习内容、教学方式、课堂时间分配等方面的难度和挑战性都要大很多。

第二，由于目前对于双语组织行为学的教学仍旧以传统的课堂授课方式为主，授课方式单一，缺少针对性，难以达到深度挖掘、提炼专业知识体系中所蕴含的思想价值和精神内涵的要求，陈旧的传统教学模式也很难引起学生的兴趣。

第三，现有的考核体系单一、简单、容易操作、方便量化，但是缺乏对学生学习的360度评价，不能动态地考查学生的学习过程，这种考核方式是静态的、结果导向的，不能满足个性化和多元化学习需求，难以有效实现育人功能。

因此，基于课程思政背景探索双语组织行为学多元化立体的教学模式，完善教学设计、创新教学内容、丰富教学方法、改进教学评价具有重要的现实意义和理论价值。

二、双语课程多元化立体教学模式路径设计

基于课程思政背景，从课程建设总体设计、教学需求与教学目标、教学过程与教学方案、教学评价与反馈四个方面对双语组织行为学课程进行了新教改，探索课程思政育人的新路径。

（一）课程思政建设总体设计革新

在课程思政建设总体设计方面，建立了钻石模型重塑整个课程体系（见图11）。钻石模型涵盖了课程设计的理念与方法、学生、教师三个方面。

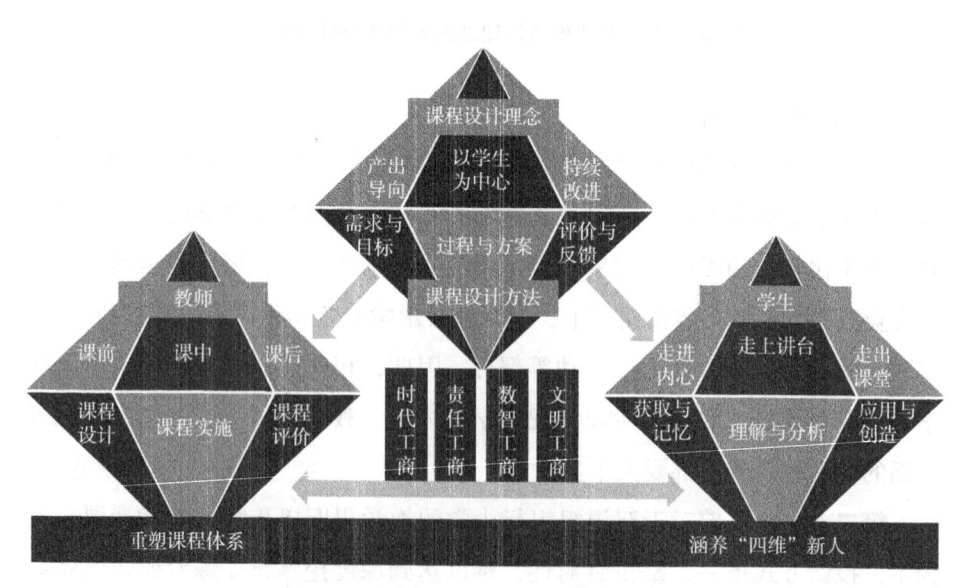

图 11　课程思政建设总体设计钻石模型

在该模型中，第一颗钻石是课程设计的理念与方法。课程设计包含三大核心理念，即"以学生为中心、产出导向和持续改进"。"以学生为中心"主

要解决将学生培养成什么样的人,以及如何将课程思政体现在整个人才培养活动的全环节的问题。"产出导向"主要立足社会需要和人的全面发展,以学生发展为导向,聚焦学生"学到了什么"和"能做什么"。通过反向设计和正向实施来重塑课程体系。"持续改进"主要聚焦学生的核心能力素质要求,对教学过程和课程呈现进行360度的追踪和评价,建立持续改进的质量保障机制。

在课程设计方法上,在课程开始前通过对学生课程需求的研究设立课程目标,以课程目标为导向进行课程内容和体系的建设,并通过有效的评价反馈机制来保障课程设计的质量。总结而言,在课程设计中,"向上":实现理论提升——追求思想高度与理论深度。"向下":贴近学生的实际需求——突出教学的针对性和实效性。

模型中的第二颗钻石是以学生为主体。基于工商管理学院人才培养中"走进内心、走上讲台、走出课堂"的要求,通过课程思政教育对学生进行涵养与塑造,帮助学生实现知识的获取与记忆、理解与分析,最终实现对知识的应用与创造,将每一名学生都打造成独一无二的钻石。

模型中的第三颗钻石是以教师为主体。要想将学生打造成钻石,教师就必须先受教育。教师首先要提高自身的能力与水平,通过贯穿于课前、课中、课后的课程思政的设计、实施和评价活动来重塑整个课程体系,最终实现涵养"四维"新人的目标。

(二)深度挖掘教学需求,实现多元教学目标

在课程思政教学实践部分,首先通过元分析、科学知识图谱等科学手段与方式对研究理论领域进行深度研究分析。在中国知网数据库中以"课程思政"进行篇名检索,共检索到794篇文章,包含2 223个关键词,筛选出现5次以上关键词共有67个。筛选的文章包括核心期刊和CSSCI,最早的文章发表于2017年1月。使用关键词(频次出现在5次以上)进行聚类,相同颜色为一类,共分成了10类。

同时,在每学期课程初始、中期以及结课时对学生进行问卷调查和访谈以了解课程需求并设计课程目标,并根据研究结论动态调整课程的进度、内容等,实现对课程的全过程监控。在理论研究和实证分析的基础上,确定了

知识、应用、整合、情感、价值、学习六个方面的课程目标。

在确立了课程目标之后，课程体系重塑的第二步是将现有思政元素进行梳理分析后归纳为人生观价值观、理想信念、以爱国主义为核心的民族精神、道德修养、优秀传统文化、法制素养、以改革创新为核心的时代精神七大类，并从中提炼出符合课程目标的四大类：企业家精神与"中国梦"；管理伦理与社会责任；优秀传统文化；科学精神。

根据提炼出的思政元素进行教学大纲的修订、教材设计的编写、教案课件的重建等，使其贯穿于课堂授课、教学研讨、实践实训、作业论文等各环节。特别在思政元素的融入路径方面，首先挖掘出蕴含在课程内容中单独的"课程思政"点，然后由多个"思政点"形成一条"课程思政线"，再由多条"思政线"形成一个"课程思政面"，最终通过元素化合的方式实现专业理论和知识与思政元素的有机融合。表1展示了思政元素融入双语组织行为学课程设计示例。

表1 思政元素融入双语组织行为学课程设计示例

授课要点	思政元素的有机融入	思政案例示例
组织中的多元化	传递平等、尊重的理念，鼓励学生全面发展自我	三国演义、字节跳动
态度与工作满意度	学习习近平总书记奋斗观，引导学生在职场中做积极向上、敬业的奋斗者	我们为什么要支持国货——河南暴雨灾情中的中国企业社会责任、立白集团、老干妈
情绪与心境	掌握情绪调节的方法，在磨砺中成长、在磨难中奋起	货拉拉跳车事件、电影《长津湖》、重庆公交车坠江事件
人格与价值观	明确核心价值观是一个民族赖以维系的精神纽带，是一个国家共同的思想道德基础，引导学生在新时代践行我国社会主义核心价值观	袁隆平、孟晚舟、陶勇、张桂梅、鲁迅弃医从文、缉毒警察
知觉与个体决策	从实际出发引导学生面对道德困境做出正确的选择；传授社会主义市场经济的商业伦理观，明确社会主义市场经济的义利观	卧薪尝胆、辽宁葫芦岛建造汽车

（三）丰富教学过程，重塑多元化立体教学模式

目前的教学方法主要有传统的线下课堂讲授，发展态势迅猛的慕课、微课，线上线下相结合的翻转课堂等。而多元化立体教学模式将在教学过程中有效融合各种教学方法。

首先，通过慕课和微课资源使学生在课前对基本内容和知识点进行自我学习和自我测验，并将学习情况反馈给教师。

其次，通过课堂讲授使学生对知识进一步纵向拓展和内化，通过师生课堂互动解决自我学习阶段的问题。而在课堂讲授中则适时运用案例教学、情景模拟、课内讨论、分组作业、视听资料、游戏等任务式、合作式、探究式的学习方法，使专业知识与思政元素有机融合，可听可看，有声有色，潜移默化，润物无声。

最后，通过课后作业和微信平台等互动方式使学生巩固知识、拓展阅读。在教学方法的运用方面，通过学、讲、演、论、做五步来拓展教学的时间与空间，实现课堂内外结合、学校内外结合、线上线下结合。这五步中，"学"主要指线上线下、课前课中和课后的学生自主学习；"讲"是指教师的讲解；"演"是指情景模拟、分组作业、游戏等；"论"就是课内的科研论文、课堂的案例讨论、课外的论坛等；"做"就是课堂的动手实践和课外的社会实践与调研。通过全面整合多种教学方法与手段，充分发挥课堂、科研、实践、心理、文化、网络这六大育人途径。

（四）完善、细化教学评价与反馈

在评价与反馈环节，在考核内容方面，改变传统的只考核期末成绩的做法，将线下课堂表现、小组作业成绩、网络课堂表现、网络测试成绩和期末考试成绩都作为学生最终成绩考核的一部分，分别设置相应的比例。在考核方法方面，则改变以往全部由教师进行评价的方式，采取学生自评、学生互评和教师评价相结合的多元考核方式（如表2所示）。

表2 多元考核方式设计

考核内容	考核方式
线下课堂表现	学生自评+学生互评

续表

考核内容	考核方式
小组作业成绩	学生互评+教师评价
网络课堂表现	学生自评+学生互评
网络测试成绩	教师评价
期末考试成绩	教师评价

三、多元化立体教学模式实施效果检验

根据以上对多元化立体教学模式的设计，在2021—2022学年第一学期工商管理学院开设的双语组织行为学课程中进行应用，并于学生结课、考试以及整个评价考核结束之后，再次对学生进行匿名问卷调研。发现学生对于课程的满意度、学习的积极性、对于课程思政的认知等指标都有了较大程度的提高。

（一）对于课程思政的认知有了进一步的提升

调研发现，经过一个学期的多元化立体教学模式的实施，超过70%的学生认为在双语组织行为学的教学过程中，思政元素融入专业课程对其道德素养有较大的影响（见图12）。

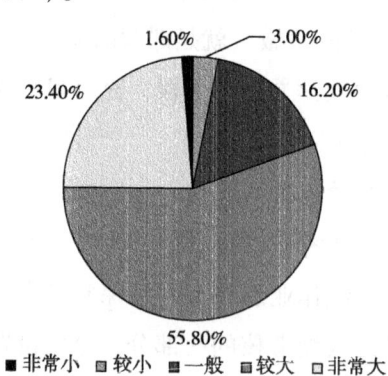

图12 思政元素融入专业课学习中对学生道德素养的影响程度

超过50%的学生认为专业课思政教育能够提高其专业兴趣（见图13）。

同时，超过65%的学生赞成专业课程思政教育对其核心素养和综合能力的提升具有较大的作用（见图14）。

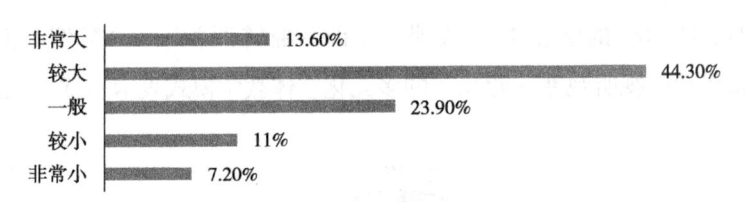

非常大 ■ 13.60%
较大 ■ 44.30%
一般 ■ 23.90%
较小 ■ 11%
非常小 ■ 7.20%

图13 合理的专业课程思政教育对学生专业兴趣的促进程度

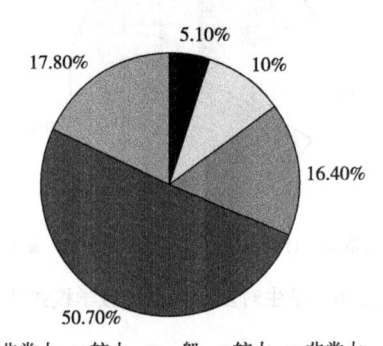

5.10%
10%
17.80%
16.40%
50.70%

■非常小 ■较小 ■一般 ■较大 ■非常大

图14 专业课程思政教育对学生核心素养和综合能力的提升作用

(二)多元立体化教学模式极大地满足了学生学习需求

经过一学期的教学,学生认为本课程进行的基于课程思政背景的多元化立体教学模式在内容和手段方面都极大地满足了学生的学习需求,效果得到了学生的广泛认可。在课程内容方面,学生普遍认为重塑中国情境下的领导力、沟通与共情能力、抗压与情绪管理、正确认识自我、独立思考能力、纠正刻板印象、正视个体的多元性等内容都能够与双语组织行为学各章节专业知识有机融合,有趣有益有用,是非常值得学习的(见图15)。

正确认识自我 75
正视个体的多元性 56
纠正刻板印象 59
重塑中国情境下的领导力 93
沟通与共情能力 82
抗压与情绪管理 78
独立思考,不从众 70
其他 34

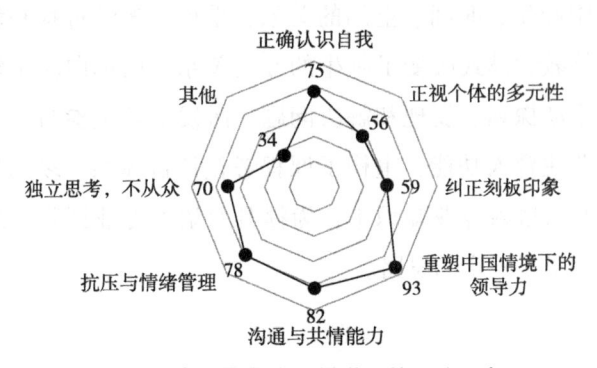

图15 专业课程中值得学习的思政元素

同时，约80%的学生对"微课—慕课—翻转课堂"+"案例—模拟—讨论—小组作业—视听观摩—游戏"的多元化立体教学模式表示满意（见图16）。

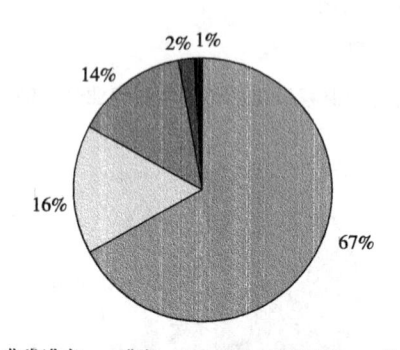

图16 学生对多元化立体教学模式的评价

（三）学生对课程整体具有较高的满意度

问卷也匿名调研了学生对本课程考核方式、课程总体满意度的情况。结果显示，超过80%的学生对基于学生自评、同伴互评和教师评价的多元考核方式表示满意，同时超过80%的学生对课程的总体情况也是比较满意的，其中近六成学生选择了非常满意这一选项（见图17、图18），这表明课程思政背景下双语组织行为学课程多元化立体教学模式在实践中取得了一定的成效。

四、总结

基于课程思政背景下双语组织行为学课程的多元化立体教学模式打破了传统教学活动中师生、时间、空间的关系，重构了教学过程和教学内容。同时，多元化立体教学模式改变了师生的互动关系，由单向输出转化为双向互动，让学生去主动探索、发现和解决问题，激发了学生参与学习的积极性和主动性，更加关注育人功能，重构了课程考核评价体系。多元化立体教学模式将思政元素有机融入专业知识中，为提升双语类专业课程的思政建设效果和教学有效性提供了一定的思路。

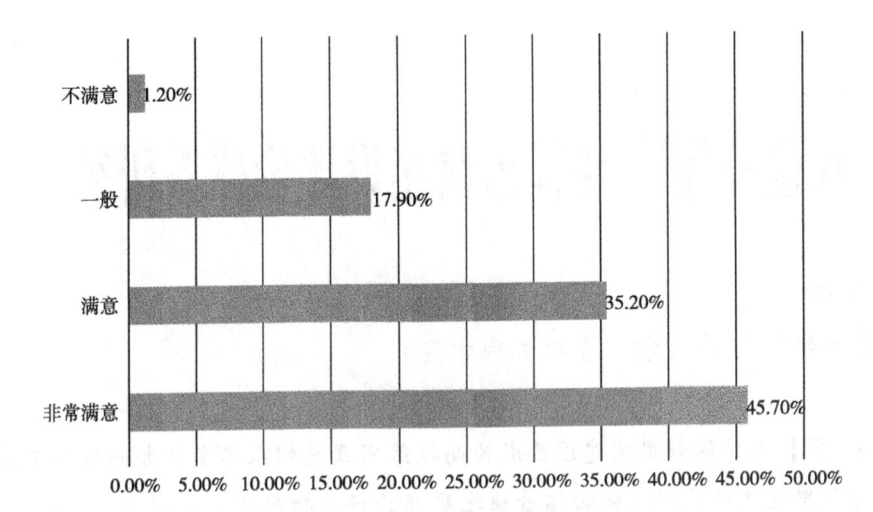

图 17　学生对本课程考核方式的态度

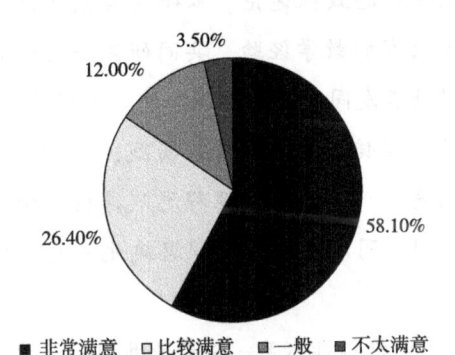

图 18　学生对课程总体满意度

参考文献

[1] 纪亮. 混合式教学模式在双语教学中的应用初探 [J]. 中国教育学刊, 2018 (7): 3.

[2] 毛静, 李瑞琴. "三全育人"背景下课程思政教学理念与实践方式探索: 以《国际贸易学》课程为例 [J]. 国家教育行政学院学报, 2020 (7): 78-84.

[3] 王萍霞. "互联网+"时代高校思想政治理论课混合式教学模式探析 [J]. 广西社会科学, 2017 (4): 4.

"八位一体"课程思政建设评价体系研究

刘经纬

(首都经济贸易大学 管理工程学院)

【摘　要】虽然课程思政建设已成为高校落实立德树人根本任务的核心工作，但课程思政建设长期以来面临着缺乏明确的评价指标体系的问题，导致很多一线教师对如何建设课程思政很迷茫。本研究尝试通过跨专业教师合作进行课程思政建设，结合大家的教学经验，共同研究并提出8个评价点，使课程思政的实施和学生兴趣激发同时得到实现。这8个评价点分别是：时事政治、马克思主义理论、正能量传递、知识量、实践、互动、评测、评教。通过本研究的实践证明，上述"八位一体"课程思政建设评价体系对一线教师课程思政建设具有指路作用，同时实现了课程思政元素自然融入课堂并且激发学生学习动力的目标。

【关键词】课程思政；评价指标体系；跨专业共建；学生兴趣激发

一、绪论

(一)研究背景

课程思政建设对于高校而言是必要且迫切的，高校要深刻把握、运用新时代中国特色社会主义高等教育规律，着重从认识论和方法论的层面，从提升认识、深化实践、完善制度的维度，正确认识、把握深化"课程思政"建设过程中的关键问题，建设中国特色社会主义一流大学。

(二)现状和问题

各个高校对于课程思政建设都存在着相似的问题，例如：任课教师对思政育人非常生疏，"思政元素"随意选择，"课程思政"建设的结果非常不好。部分课程生硬加入思政元素，课程编制标新立异，扰乱了"课程思政"

的体系构建，课堂教学效果不尽如人意，加大了学生的认同难度。

大部分教师不了解课程思政，对整门课程实施课程思政感觉无从下手，从教师角度就本能地抵触课程思政建设，那么实际教学的时候如果硬上课程思政内容，就会给学生造成困扰。特别是对于理工科，课程思政的融入难度就会更加大。

（三）研究的动机和目标

1. 为一线教师解答如何建设课程思政

大部分一线教师不知道如何建设课程思政，也没有精力完成课程思政的建设，主要原因就是没有明确的建设指标体系，用于支持课程思政的实施。因此，本研究尝试总结课程思政建设过程中一线教师和学生的关注点，从而总结出建设课程思政应该发力的 8 个核心要素，形成"八位一体"的课程思政建设和评价指标。尝试实施"科研""课程""思政"一体化建设，使得科研工作、教学工作与德育思政工作一体化，全面提升科研、教学、德育思政教育的质量。同时，使得学生的科研、上课与思想意识训练成为一个整体，打破之前"科研""课程""思政"孤立进行的局面，解决学生和老师同时面对"科研""课程""思政"多个方面工作产生的无从下手困境。

2. 发挥跨专业教师集体力量

课程思政建设涉及的因素较多，不仅涉及教学技能，还涉及意识形态，因此需要发挥全体教师的主观能动性。教师之间互相启发，形成相同的价值观，可以促进课程思政建设工作的全面展开，还可以提高每门课程的含金量。这种结合，无论从专业知识，还是从政治理论、时事政治形势等多个维度，都是一种扩展和提升。以"新工科+课程思政"模式为例，将马克思主义理论（马克思主义哲学、马克思主义政治经济学等）与新工科技术（大数据、人工智能、Python 程序设计等）内容深度结合。例如：讲解量变到质变原理的时候，通过编写 if 语句程序，实现自变量 x 从小到大变化，引发因变量 y 变化，激发学生对思政课的学习兴趣。

3. 实现教育情怀和兴趣驱动

课程思政建设的过程，既是提高教师政治觉悟的过程，也是教师自我修养提升的过程。正确的"三观"可以使得教师和学生每天都能够拥有更好的心情和动力，因此"正能量"的产生和输出，可以激发教师和学生的动力，是课程思政建设的核心原因。巧妙设计课程思政，选取有实际意义的贴近生活的实用案例，也可以提升教学质量。例如：结合疫情防控，带领学生做一个每日高效率打卡提醒和辅助程序，可以降低各方面人员的各类工作量。总之，设法运用课程思政方式，激发学生的情怀和兴趣，让学生主动学的状态倒逼老师提供更多教学内容，进一步改变老师主动、学生被动的教学局面。

（四）本研究的主要贡献

一是尝试从时事政治、马克思主义理论、正能量传递、知识、实践、互动、评测、评教这8个方面对课程思政进行建设和评价。其中前三点主要围绕老师的思想是否贴合时代，是否能够引领学生来评价；后五点主要围绕教学方面的经验、知识等来评价。

二是尝试跨专业教师联合研发课程思政，实现跨专业课程思政的实施，进而将课程思政搬到中国大学慕课中，使得课程思政的建设成果可以在更大的范围产生影响，目前实施范围涉及全国师生超过万人。

三是尝试以教师的教学情怀、学生的爱国情怀和学习兴趣，驱动课程的建设和学生的学习。例如：在国庆期间，教学生如何绘制房屋和国旗，引申出家国情怀。教学生使用鸿蒙操作系统编写高校网站防止网络攻击，让学生参与支持中国自主知识产权的操作系统。

（五）内容安排

本文第一部分围绕课程思政建设的背景、现状、目标、特色进行整体介绍。第二部分围绕本研究的工作核心内容——"八位一体"课程思政建设和评价指标体系进行讲解。第三部分围绕课程思政研究提出的理论体系的落地实施展开叙述。第四部分总结课程思政建设的效果，并对未来工作进行展望。

二、八位一体课程思政建设评价体系

为推动大量教师快速正确实施课程思政，首先要制定详细的课程思政建设评价指标体系，运用明确的建设方法指南、恰当的评价方法，积极推进课程思政的建设工作。本部分将尝试从时事政治、马克思主义理论、正能量传递、知识传授、实践应用、教学互动性、学生评测与教师评教八个方面进行研究，构建出科学实用的课程思政建设评价体系。

(一) 时事政治维度

课程思政设计应当能够结合时事政治，充分体现时代特征，站在党和国家的立场，输出观点。例如：美国对中国实施技术压制，在芯片等领域对中国企业实施封锁，企图在科技领域彻底压制中国，打压中国的技术创新。倘若美方在这一领域继续加强限制，只会使得中方在科技战中的形势变得更为严峻。因此，课程思政建设应贴合时事政治，激发学生的爱国主义情怀，为贸易战、科技战源源不断地输送人才。

(二) 马克思主义理论维度

马克思主义理论的自然融入，也是课程思政的一个重要特征。要引导学生结合自己的专业，意识到马克思主义理论是对普遍原理的高度总结，对马克思主义理论产生敬重感。例如：将电工电子技术+新工科与课程思政相结合，就可以用计算机模拟出半导体的输入输出特性，可以预测输出，还可以判断故障，进而可以延伸到量变与质变的马克思主义原理，还可以联系到中美芯片大战的决胜关键即半导体产业。

(三) 正能量传递维度

优秀的课程思政建设应通过传递正能量，宣扬健康乐观、积极向上的动力和情感。利用正能量，促进大学生的道德品质、健康心理、法律意识的提升和公民意识进一步建设，形成乐观向上的生活态度，树立正确的世界观、人生观、价值观。授课中，通过将正能量观点紧密结合教学内容，有效输出正能量，形成浓烈的生活气息，从而得到学生认可，引起共鸣，使得教学效果事半功倍。

(四) 知识传授维度

教师是否将知识传授给学生，是评价任何课程质量的基础，尤其是各类专业课。专业课程应更具有系统性、方向性和综合性，往往需要教师投入更多精力进行备课。将课程内容讲授清楚，同时凸显专业特色与学科学术成果，深入浅出地讨论本专业知识，培养学生专业素养。

(五) 实践应用维度

在课程建设中，不可仅注重理论知识教学，更要注重培养学生解决实际问题的能力，应做到知识与实践相结合，体现专业知识的应用性，充分开展实践教学。实践教学是培养应用型、技能型人才的重要教学环节，也是当前教学环境下的薄弱环节。由于当下大学生对真实生产环境的实际问题缺乏实践经验，大学生实践应用能力的培养可谓重中之重。并且，在课程中增添实践应用环节，将所学知识立刻应用于实际问题，有助于提高学生的学习兴趣，增加学生的学习成就感，从而大幅提高教学质量。

（六）教学互动性维度

在传统课堂的授课方式中，仅仅为教师单向灌输、学生被动接受知识，缺乏课堂交互性。这种授课方式无法满足新时代培养学生思考能力、解决问题能力与培养创新型人才的需求。构建课堂各个环节的师生互动，可以为大学课堂教学带来浓厚的生机与活力。任课教师与学生的互动交流、实时反馈，与教学质量是高度相关的。师生互动有助于增进学生的课堂参与感，提高课堂专注力，充分调动学生的积极性。通过师生互动，学生可以及时给予老师反馈，老师能够针对学生的需求及时调整授课节奏、修改教学设计。学生愿意参与课程的学习，有积极的互动，有较高的完成率，也是评判课程质量的一大标准。

（七）学生评测维度

在教学过程中，教师应当运用适当的评价方法，对学生的学习过程与结果进行周期性检阅，从而确保教学质量。传统运用纸笔测验的方式主要评价学生知识与技能的掌握水平，而忽视了对知识的真正理解。要使学生运用课堂知识解决实际应用问题，关键在于设计恰当的测验题目，其难度把握尤为重要，应以充分调动学生积极性为宜。通过观察学生对问题的解决能力，了解学生对教学内容的掌握程度，以便后续更好地调整教学设计，提高课程质量。

（八）教师评教维度

教师应定期或随时听取学生意见与建议，通过学生评价来调整教学方式、教学内容等，采用PDCA循环对课程进行改进。在备课计划（plan）阶段，教师对课程进行初步设计，应尽量囊括以上七个方面；在实施教学（do）后，与学生进行沟通，广纳学生意见，并观察学习反馈，自我检查教学质量

(check), 对教学中出现的薄弱环节及时应对处理 (act), 制订新的教学计划, 进入新一轮课程教学改进, 并且将该轮次中仍未解决的问题转入下轮循环, 检查在应对时是否存在纰漏。这样才能实现 PDCA 的良性循环, 使课程质量显著提升。

三、实施方案

（一）提出破解全员课程思政困境的方法论和实践案例

尝试发挥多个专业党支部的战斗堡垒作用，打造"全员课程思政建设模式"。将马克思主义学院的理论特长与全校各专业（工商管理、城市管理、大数据、人工智能、Python 程序设计等）的内容深度结合，构成课程思政建设案例进行推广，实现跨专业课程思政示范课，构建党支部引领的大范围教师党员参与的模式。

（二）提出破解全过程课程思政困境的方法论和实践案例

尝试提出"线上课程思政金课""线上线下混合课程思政金课"模式、科研课程思政模式和案例。在之前每年网课选课人数超过 1 万人的基础上，尝试进一步提升网课的影响力。打造基于中国大学慕课的面向学生的网络课程思政课和基于教育部全国教师网络培训中心与新华网的面向教师的网络课程思政课程，推广全过程课程思政解决方案。

（三）提出破解全方位课程思政困境的方法论和实践案例

尝试提出基于人民网、新华网、微博、B 站等主流媒体+自媒体课程的思政金课推广模式。充分发挥多渠道资源，发挥业务引领地位和学生高满意度的优势，首先实现课程思政微博粉丝数超过 2 万，通过多渠道并发案例，全面推进三全育人与课程思政建设工作。

四、总结

本文主要通过跨专业教师联合研发课程思政，总结出课程思政建设的 8 个重要实施关注点（维度指标），并且通过这 8 个方面的建设，提升课程质量。在成功实施课程思政的基础上，本研究运用教育情怀、学习兴趣培养的手段，激发教师和学生在教与学两个方向的动力和积极性，从本质上解决问题。在这个过程中，将习近平总书记对教育关键的看法、马克思主义理论、时事政治和专业知识相结合，在课堂上传授知识的同时，让党的理论深入人心，并且传递了正能量和正确的"三观"。在思政建设上，提升了课程质量；通过课堂互动、课后实践、学生评测，加强了学生对专业知识的理解，激发了学生的学习兴趣和求知欲。通过课程思政建设，学生不仅坚定不移地用党的理论武装头脑、指导实践，还充满了积极奋进的思想，对待学习也更加认真。这正是课程质量的提升之处。

在未来进一步工作中，教改团队准备将上述8个维度分别进行深化教改，设计每个维度的教学管理模型，对每个维度指标的达成进行数量化分析。同时，运用慕课、直播、自媒体等手段，进一步向全国范围推广研究成果，使得研究成果向全国传播的频率至少达到每周一次，受益人群达到百万量级。

参考文献

[1] 赵鸣歧. 高校专业类课程推进"课程思政"建设的基本原则、任务与标准[J]. 思想政治课研究, 2018 (5): 86-90.

[2] 韩宪洲. 深化"课程思政"建设需要着力把握的几个关键问题[J]. 北京联合大学学报（人文社会科学版）, 2019, 17 (2): 1-6, 15.

[3] 张驰, 宋来. "课程思政"升级与深化的三维向度[J]. 思想教育研究, 2020 (2): 93-98.

[4] 汤苗苗, 董美娟. 高校课程思政建设存在的问题及对策[J]. 学校党建与思想教育, 2020 (22): 54-55, 70.

[5] 林健. 新工科专业课程体系改革和课程建设[J]. 高等工程教育研究, 2020 (1): 1-13, 24.

[6] 李爽, 李梦蕾, 赵宏. 在线课程质量观和质量要素的质性研究：基于专家、实践者和学习者的视角[J]. 中国远程教育, 2020 (3): 42-50, 81.

第三篇　教学改革与管理

大类招生背景下教学管理机制改革研究

范 围

(首都经济贸易大学 劳动经济学院)

【摘 要】 为了弥补传统高考制度的弊端,增加高校招生和学生选择专业的自主性,自21世纪初以来,我国高校广泛采取大类招生模式。然而,招生模式只是高校育人体系的构成要素之一,招生模式的改革必然影响教学管理等其他制度。本文在文献研究的基础上,通过问卷对首都经济贸易大学劳动经济学院大类招生制度改革及其相应的教学管理的情况进行了实证研究,发现大类招生改革后,高校在专业建设、学生管理以及国际交流等方面普遍面临挑战。因此,建议根据专业定位的不同采取差异化的招生方式;由以班集体为基础的学生管理模式改为以学生个人为基础的管理模式;建立以"导论课"为基础的专业课程体系;尝试深化"学分制"改革,以及建立以"综合评价"为基础的推优评先机制,以因应大类招生改革后的挑战。

【关键词】 大类招生改革;教学管理;挑战;专业

为避免传统高考招生制度下专业选择面窄、学生缺乏专业选择的自主性,从而被迫进入自己不喜欢、不适合的专业学习的困境,自20世纪80年代开始,部分高校开始进行大类招生的尝试,即通过专业大类,相应地增加学生专业选择的空间。此后随着高考招生综合改革的推进,大类招生成为高校普遍采取的招生方式,对于增加学生高考专业选择的自主性也确实起到了积极作用。然而,招生仅仅是高校系统化育人及其管理的环节之一,如果仅推动招生制度的改革,而其他制度不进行配套的改革,高校教学管理等制度将面临挑战。经过一段时间的改革实践后,这种"局部性的""一刀切"的改革所带来的弊病也逐渐凸显,例如实施大类招生后,高校的教学管理机制没有进行配套，导致诸多问题，以及脱离部分高校以及部分专业的实际，弱化了应用型人才的专业能力的培养。因此，有部分高校以及部分高校的部分专业在实施大类招生后不久又逐步回归传统的按专业招生模式。首都经济贸易大学自 2019 年开始在较多学院较大范围开展大类招生制度改革，至今大类招生已经覆盖学校的大部分学院和专业，也取得了一定的效果。然而，2021 年、2022 年两年部分学院对高考招生方式进行了调整，如经济学院在实施大类招生后，于 2021 年又恢复按照专业招生；工商管理学院在实施大类招生后，于 2022 年将工商管理（实验班）从大类中独立出来单独招生，课题组的调研反馈亦是如此，大类招生改革对高校教学管理等方面提出了诸多挑战。

一、大类招生改革的背景及其制度现状

（一）大类招生改革的背景

大类招生是指高校根据学科或者学院的招生计划采取的一种招生策略，招生时不需要确定专业以及相关的专业方向。学生在低年级时学习公共基础课程，基础课程掌握扎实后，进入更高年级学习，在此基础上学生结合自身发展情况以及对相关科目的学习兴趣对相关学科进行更加深入、细致的了解，选择适合自己的学科和专业。[①] 21 世纪初，北京大学实施元培计划，经过长期的论证调查，针对本科教育教学最早提出 16 字改革方针：加强基础，淡化专业，因材施教，分流培养。这一教育改革方针是高校大类招生的最初依据。元培计划班的学生进入北大不分院系和专业，之后根据自己的兴趣、爱好、特长以及自己对学校专业的了解、自己未来希望从事的职业，在学校内部自由选择专业。随着全球经济一体化日益明显，知识更新的速度也显著加快，学科或行业间的界限逐渐被打破，社会急需高等教育培养出知识面广博、基础扎实、具备多元知识技术能力的复合型人才。而人才选拔和培养模式与人才培养质量紧密相关，建立新型的、富有时代特征的人才培养模式成为高等教育改革和发展的首要问题。大类招生既是高等教育的发展趋势，也是国家推进考试招生制度改革和高校人才培养方式改革的客观需要。21 世纪教育研

---

① 钱保俐. 高校实行大类招生模式的优化策略 [J]. 教育评论, 2015 (4): 43-45.

究院院长杨东平曾指出:"大类招生是高校人才培养模式的改革,过去国内大学学科专业划分过多、过细,主要是为了适应计划经济的需求,但在市场经济条件下,知识加速更新,职业转换可能性很大,通过大类招生,强化通识教育,让学生掌握基本的技能和方法,能适应劳动力市场的需求。"2014年9月,国务院印发了《关于深化考试招生制度改革的实施意见》,明确提出改革高考科目设置和招生录取机制。该意见的实施推动了诸多高校开始实行大类招生。总的来说,大类招生制度改革的初衷在于:一是增加高校招生和考生专业选择的自主性。在传统的按照专业招生的模式下,无论是高校还是考生对于高考招生以及专业选择的自主性较弱:对于高校而言,只能在文理二元的框架下按照主管教育行政部门的要求进行招生;对于考生而言,在对专业缺乏了解的情形下就确定专业。二是打破专业教育的限制,以招生改革带动人才培养改革,由专业教育向大类培养下的通识教育+专业教育转变。在传统的招生制度之下,考生入校就确定专业,从大学一年级即开始专业教育,背离育人的规律。因此,通过大类招生带动大类培养,从而推动人才培养模式的改革。三是以学生自主选择专业为杠杆,撬动教师、专业、学院之间的良性竞争,巩固人才培养的中心地位,促进优质资源向本科人才培养集聚。[1]

(二) 国内高校大类招生制度的实施情况

据学者统计,2019年我国一流大学建设高校52所,其中有48所不同程度地进行了大类招生培养模式改革,占比高达92%;100所一流学科建设高校(2所军事院校未统计在内)不同程度地开展了大类招生的有70所,占比达70%。从总体看,进行大类招生的"双一流"建设高校有118所,占"双一流"建设高校总数的78%。全国1 238所本科院校中,开展大类招生培养模式改革的有378所,占全国本科院校的31%。亦有学者统计,2020年除军事院校外的134所"双一流"建设高校中,共有115所高校不同程度地实施了大类招生与专业分流,占比为85.82%。[2]

---

[1] 杜洋,童玲欣,曹庆华,等.大类模式下学生是如何选择专业的?[J].苏州大学学报(教育科学版),2021,9(1):19-29.

[2] 赵菊梅.传统与变革:我国本科院校大类招生培养模式与分类体系[J].现代教育管理,2020(8):43-52.

目前国内高校按大类招生主要模式包括：一是把同属某一个一级学科的专业归为一个大类，如北京大学按照数学类、物理学类招生，其中数学类包含数学、概率统计、科学工程计算、信息科学、数学科学与大数据技术等专业；物理学类包含物理学、大气科学、核科学与技术等专业。二是把同属某一个学科门类的专业归为一个大类，如经济学类，该大类包括理论经济类和应用经济类的专业；将几个学科基础相同或相近的专业放在一起招生，如北京科技大学的"工科试验班"包含矿业、冶金、材料、机械、自动化、热能6个传统优势工科专业。三是把一个学院（或者系）的所有专业归为一个大类，该大类中的专业往往涉及两个或者两个以上的学科门类。[①] 如首都经济贸易大学工商管理类（工商学院）、工商管理类（劳经学院）。四是由于大类招生改革导致的专业的冷热差异，很多高校为维持冷门专业招生，强行将冷热专业"捆绑"，正如学者所言，并非"大类"，而是"杂类"，如2021年中山大学将计算机类专业和土木、水利与海洋工程一起招生。

在大类招生的学生培养方面主要存在两种模式：一是依托各个学院进行，即学生录取后，还是依托各个专业所在学院进行培养，只是强化基础课等通识课程的内容。二是设置专门的学院，专门负责大类培养，即新生统一进入一个学院，不分专业接受通识教育，在大二结束或大三再选专业。例如，北京航空航天大学2017年成立北航学院，负责管理按大类录取的全部本科生（约占当年录取本科生的88%），学生经过1年的培养后在大类试验班中选择专业学院继续学习，二年级结束时在专业学院内再选择心仪专业。[②]

从大类招生后的专业分流的条件限制来看，存在以下四种方式：一是完全按照意愿选择专业的模式，一般仅针对少量学生，如北京大学元培学院。二是在学院内选择专业的模式，一般以学生志愿与学习排序或者综合评价相结合的方法进行分流，覆盖学校的大部分学生，如复旦大学、中山大学、武汉大学、厦门大学等。三是可跨学科门类、按学科门类或跨专业类选择专业的模式，一般也是以学生志愿学习排序、综合评价为分流依据，覆盖全校学

---

① 万俊毅，尹然平．大类培养学生专业分流存在的问题与改进建议［J］．高等农业教育，2014，(10)：47-50．
② 尹兆华．我国高校大类招生的困局与解困［J］．中国考试，2021（1）：47-51．

生或学校大部分学生,如北京航空航天大学、同济大学、北京理工大学等。①
四是按照学生意愿和学校成绩排序,但对于各专业所选人数有上限,即通过
对专业学生人数的限制,确保弱势专业不会因为没有学生而停招。

二、大类招生背景下教学管理机制面临的挑战

(一) 普通高校教学管理的传统模式

1. 班级管理

我国高校传统上多采取按照专业建立班级制,并且基于此建立配套的管理体制:一是由学校的学生工作体系(包括负责学生管理工作的学生处、院系党总支副书记、团委、学生会)承担学生管理工作。随后大部分高校开始实行辅导员制,中央也从政策上给予专职辅导员以准教师发展轨道的特别待遇。② 二是班主任及其助理配备。各个高校通常会以专业教师为主来选任班主任,以弥补学生工作体系下专业辅导的不足。三是本科生导师制度。为了提高本科生人才培养质量,大部分高校都开始实施本科生导师制度,而本科生导师的配备多是基于专业的关联性,根据学生选择的专业安排专业教师担任导师。

2. 宿舍管理

我国高校传统上多是按照专业班级来分配宿舍,因此,同宿舍成员多来自同一专业、同一班级,甚至是同一地区,宿舍成员之间可以建立更加紧密的感情纽带,在学习上也能够互帮互助。

3. 评奖评先、推优保研等

评奖评先一般以班级为单位,根据绩点、综测成绩进行评比,向年级推出优秀者再进行下一轮评比。推优入党每个班级分配一定名额,按照投票和量化考核结果推荐优秀者为积极分子,进而展开其他入党工作。保研一般是在全学院或全专业进行各项成绩排名,排名靠前者获得保研资格。此外,在

---

① 杜洋,童玲欣,曹庆华,等.大类模式下学生是如何选择专业的?[J].苏州大学学报(教育科学版),2021,9(1):19-29.
② 黄晓波.高校"大类招生培养"改革反思[J].华南师范大学学报(社会科学版),2013(6):43-48.

评奖评先、推优保研时，还需对申请人进行思想品德评分，通常由班主任老师和班级同学进行评分。

4. 国际交流

许多高校建立了较为多样的国际交流合作项目，其中，联合培养的多学位项目具有较大的吸引力。"2+2""3+1"的多学位联合培养项目通常基于学分互认，即学生在境内外合作高校修读的课程学分被两所高校承认，其中有必须完成一定专业课程及其学分的修读限制。

（二）劳动经济学院大类招生及其教学管理的现状

首都经济贸易大学劳动经济学院于2019年开始工商管理类（劳经学院）的大类招生。本文以首都经济贸易大学劳动经济学院学生为调查对象，共收集255份有效问卷，其中，有70名被调查者是已经完成专业分流的学生。通过对学生的实际情况和满意度调查，对现行教学管理机制进行分析和总结。

1. 被调查者的基本情况（见图1、图2）

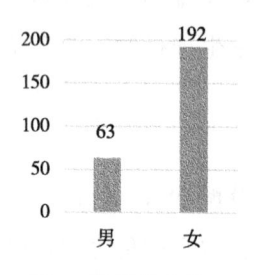

图1　性别分布情况

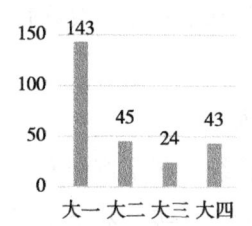

图2　年级分布情况

2. 学生对大类招生的了解情况

数据显示，近半数学生对大类招生了解程度一般（如图3所示），可见多数学生对大类招生缺乏清晰的认识，反映出高等院校对于大类招生制度的宣传力度有待加强。高考成绩和就业前景成为学生选择工商管理类大类招生专业的主要原因（如图4所示），反映出学生更多地从客观角度选择专业，一方面依据客观成绩标准主动或被迫选择本专业，另一方面学生从客观的就业目标出发选择相对较好就业的热门专业。仅有三分之一的学生根据自己的兴趣爱好选择专业，从侧面反映出当前大学专业教育与学生适配困难的现状。此外，超过 70% 的同学对工商管理类专业持满意态度（如图 5 所示），体现出劳动经济学院大类招生专业建设符合学生期待。

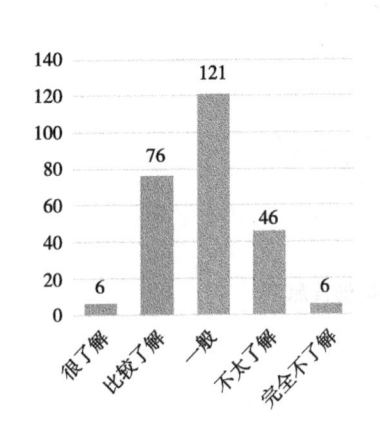

图 3　学生对大类招生的了解程度

图 4　学生选择所在专业的原因

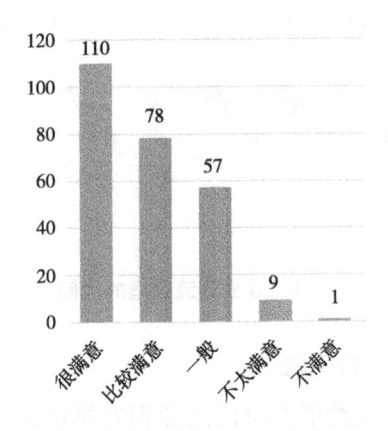

图 5　学生对大类专业的满意程度

3. 关于专业分流的情况

学生在专业分流前最想了解专业学习内容和就业前景两方面内容，"专业学习内容"和"专业发展前景"成为学生专业选择的主要考虑因素（如图 6 所示）。近半数学生希望在大二第一学期完成专业分流，进行专业课学习（如图 7 所示）。反映出当前实行的大二第二学期的专业分流时间不符合学生期待，学生希望花费更多的时间在专业课学习上。

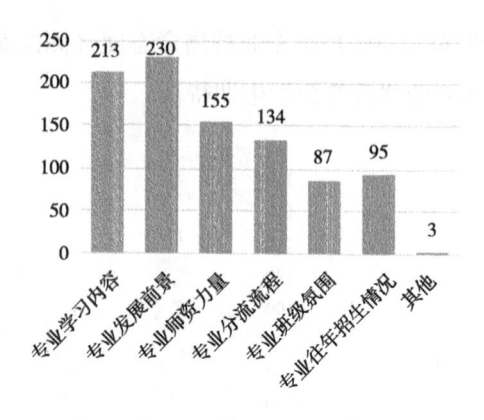

图 6 专业分流前最想了解的信息

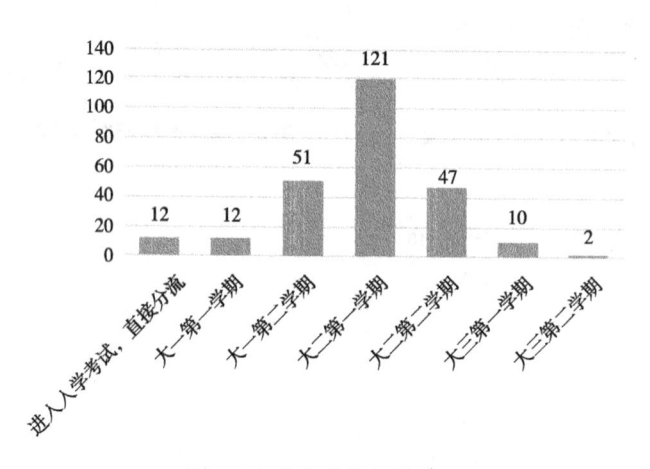

图 7 专业分流合适的时间

4. 关于大类培养阶段的问题

超过半数学生认为大类培养阶段的课程安排很合理，但是也有学生认为存在不足（如图 8 所示），如前期课程多而后期课程少、课程安排顺序不合理、课程浅显不深入等。大多数学生在大类培养阶段能够保持积极的学习状态（如图 9 所示），只有少部分学生因为兴趣等各种原因相对懒散，缺乏学习目标和学习积极性。在大类培养阶段班级建设方面（如图 10 和图 11 所示），班级的学习氛围相对浓厚，班级同学的关系比较紧密，班级整体的积极性和凝聚力较高。此外，不少学生在分流前对分流后的专业存在担心（如图 12 所示），主要原因包括不知道自己的选择是否适合自己、出于对专业课的未知而

276

产生担心和压力以及不知道如何进行分流后的专业课学习(如图 13 所示)。综上所述,大部分学生认为劳动经济学院在大类培养阶段教学管理不存在问题(如图 14 所示)。

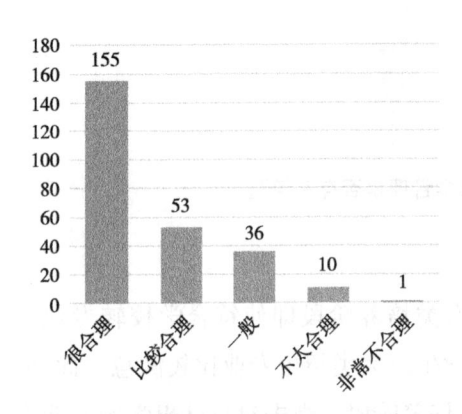

图 8 对大类培养阶段课程安排的评价

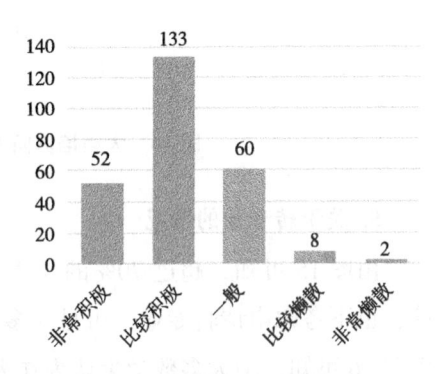

图 9 大类培养阶段学习状态

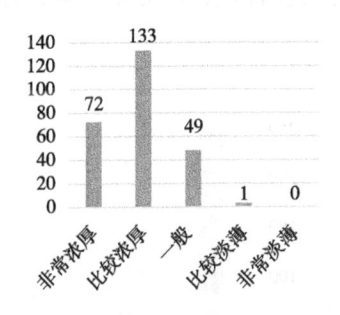

图 10 大类培养阶段班级学习氛围

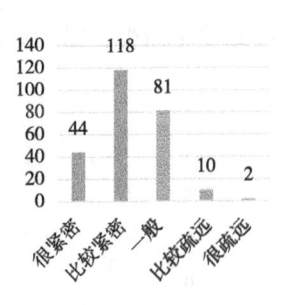

图 11 大类培养阶段的班级同学关系

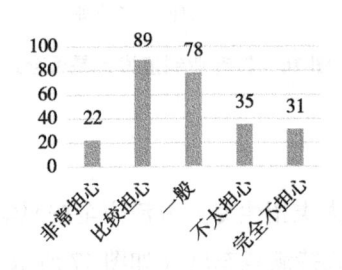

图 12 对分流后专业课学习的担心

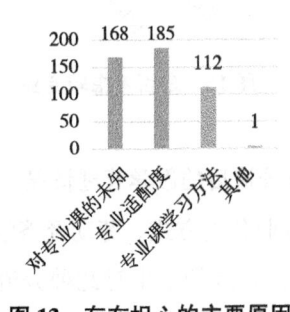

图 13 存在担心的主要原因

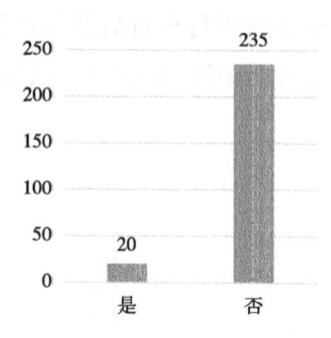

图 14　大类培养阶段教学管理是否存在问题

5. 关于转专业的情况

由图 15 可知，超过 70% 的学生在大类培养阶段即使符合学校转专业条件，也不考虑申请转专业，可见大多数学生对大类招生专业比较满意。此外，由图 16 可知，绝大多数学生认为在大类培养阶段，尚未对自己想学的专业有较为充分的了解，允许申请转专业的制度设置合理；部分不赞同的学生则认为这可能导致学生后悔，错失好的专业。

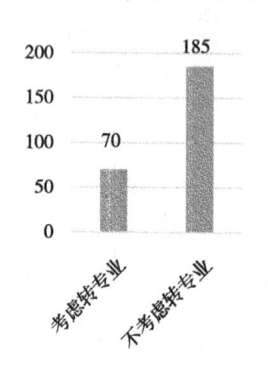

图 15　是否考虑转专业　　图 16　转专业制度设计是否合理

6. 专业分流后的教学管理情况

（1）专业分流方式。劳动经济学院大类招生专业分流完全按照学生个人意愿完成，超过八成的学生对此种分流方式持满意态度（如图 17 所示），绝大多数学生对分流后的专业满意（如图 18 所示），但是部分不赞同的学生认为这种分流方式容易导致冷热专业失衡的情况，如 2019 级 189 名学生中有 111 人选择了热门的人力资源管理专业，而只有 7 人选择了相对冷门的社会工作专业。

278

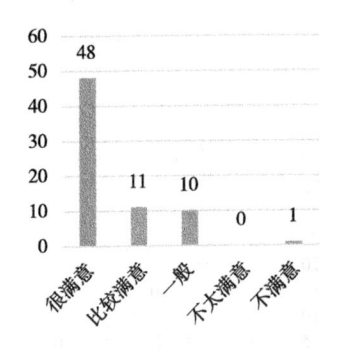

图 17　专业分流方式的满意程度 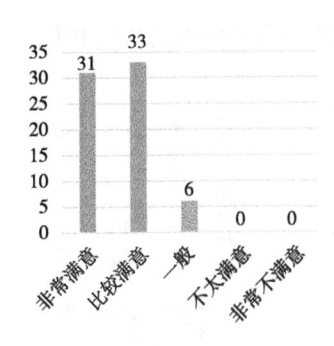　　图 18　对分流后的专业满意程度

（2）班级重组。劳动经济学院大类招生专业 2019 级专业分流后并未重新组建新班级，而 2020 级组建了新的班级。根据调查，超半数学生认为应该按照分流后的专业另行组建班级，另外约有三成的学生对此持无所谓态度（如图 19 所示）。

认为无需组建新班级的学生指出：一是同专业相处时间短，互学互助关系难以建立。二是行政班和专业班不一致，班级管理工作不畅。三是专业分流后，只有四成学生认为班级同学间的关系很紧密或比较紧密（如图 20 所示），低于大类培养阶段的六成。此外，近半数学生认为自己与分流前的同学交流多（如图 21 所示），可见专业分流对与班级凝聚力有较大的影响。

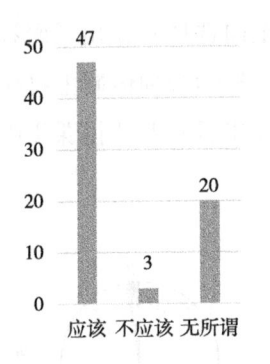

图 19　是否按照分流后的专业组建班级 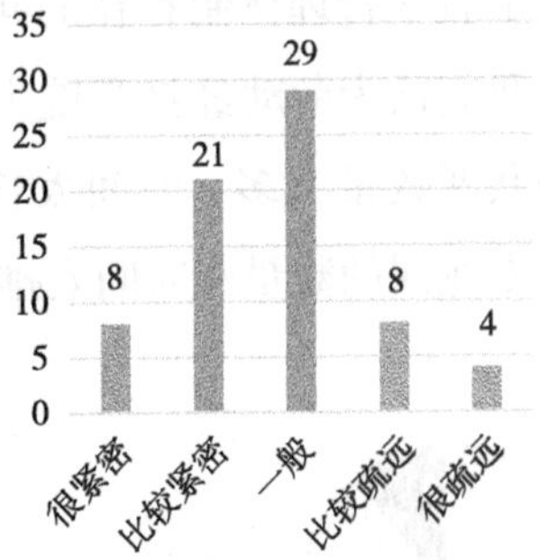　　图 20　专业分流后的同学关系

（3）学习状态。专业分流后，八成学生对学业持积极态度（如图 22 所示），相比大类培养阶段的七成来说有较为明显的提升，学生对专业课的学习

态度比通识课的学习态度略积极。

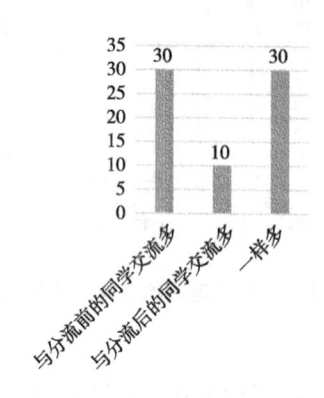

图21 分流前和分流后的同学关系

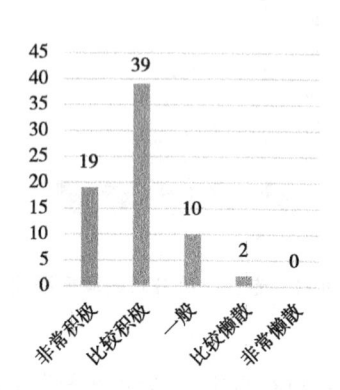

图22 专业分流后的学习态度

（4）对评奖评先等工作的影响。绝大多数学生认为大类培养并没有影响本科期间参加国家交流项目以及评优评奖、保研入党等工作的公平性（如图23所示）。仅有一成学生认为有影响，主要理由包括成绩计算复杂、投票影响大、评优评奖未进行标准化等。此外，学生几乎没有因为大类培养或者专业分流等原因在申请转专业、学分认定、补修重修等工作方面遇到过制度衔接不畅或者教学、学生管理网络系统的问题（如图24所示）。

（5）对课程的影响。调查显示（如图25所示），完成分流的70位学生针对大类招生下教学管理体制存在的问题（不定向选择）做出了回答。根据学生的回答，我们认为劳动经济学院大类招生下教学管理体制主要存在以下问题：一是公共课数量太多，时间太长；二是分流后专业课排课集中，上课压力大；三是专业课的数量和时间安排不合理。

图23 大类培养对评奖评先等工作的影响　　图24 是否因大类培养或专业分流而出现问题

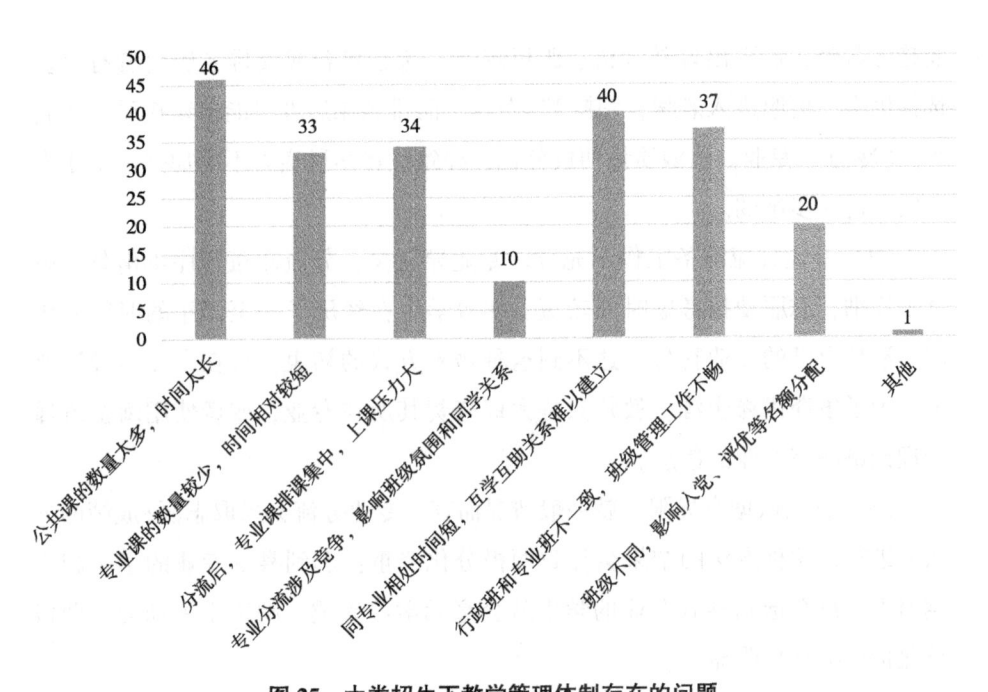

图表数据：
- 公共课的数量太多，时间太长：46
- 专业课的数量较少，时间相对较短：33
- 分流后，专业课排课集中，上课压力大：34
- 专业分流涉及竞争，影响班级氛围和同学关系：10
- 同专业相处时间短，互学互助关系难以建立：40
- 行政班和专业班不一致，班级管理工作不畅：37
- 班级不同，影响入党、评优等名额分配：20
- 其他：1

图 25　大类招生下教学管理体制存在的问题

（三）小结：大类招生背景下教学管理机制面临的挑战

大类招生制度实施的初衷有二：一是避免高考填报志愿的盲目性，赋予学生在充分了解专业的基础上的选择权，体现以学生发展为本的理念，有利于促进学生个性化发展；二是以专业选择为抓手，促使学生尽早思考学业、职业以及人生规划，激发学生大学期间的学习动力，缓解国内普遍存在的大学生学习目标、动力缺失问题，在一定程度上突破了制约专业教育改革的瓶颈问题。但根据上述调查以及结合其他高校的实践来看，大类招生改革对相关配套制度产生了挑战。例如：在班级管理上，新班级的建立导致学生的凝聚力不足，融入性不高；在宿舍分配上，分流之后，宿舍成员之间的专业关联性被打破，归属感不强；专业分流准备工作不充分，学生并没有选到自己真正喜欢或是适合自己的专业等，学校并没有从学生的角度出发，学生的正常生活受到了大类招生的影响。

1. 专业建设面临的挑战

（1）冷热专业失衡。大类招生模式下学生虽有更多的自主权，但对各专业未来发展趋势并无清晰认识，导致专业分流时，对自认为是"热门"的专业趋之若鹜，甚至出现随大流、跟风现象。这意味着成绩排名居前者有更多选择机会，更愿进入老牌、"热门"专业，而排名靠后者只能被动接受一些新小、"冷门"专业。生源质量两极分化，导致优势学科实力不断加强，新小专业实力进一步削弱。

（2）专业分流准备工作不充分。专业导航少，分流政策程序不清楚，解读不详细，志愿填报考虑时间较短。多数学生在经历了一至两年的时间后仍旧不清楚自己的专业喜好，达不到这种培养方式的初衷。且在专业引导讲座上，为了争夺优秀生源，教师只是大肆夸赞其所在专业，或者使用晦涩难懂的理论讲解该专业的信息。

（3）分流依据有局限。就一般情况而言，专业分流会采取志愿+成绩的方法来进行，这种方法的结果会导致两极分化严重：选到喜欢专业的学生越来越努力，没有选到喜欢专业的学生就会毫无学习兴趣、缺乏学习动力，两极分化情况会日趋明显。

（4）大类招生改革与"转专业"政策缺少衔接。各高校在实际执行转专业政策时，把优秀的标准做得相对比较低，有的规定平均学分绩点排名在专业年级前50%的学生可二次选择专业，这使得转专业具备了大类招生的一些特征。从当前的实践来看，高校实施转专业的时间分布在专业分流前后，但大多数高校并未对二者的衔接作出明确规定。

在转专业后，学生往往会面临着既要补修该专业之前落下的课程，还要随着专业的其他学生学习新的课程，导致学生压力大或是在学习新课程时，因为没有相关的专业基础知识跟不上课程进度，形成落差；或是有些学校在转专业后补学分只能裸考也没有平时分，最后影响评优或是保研。

（5）分流培养与教学资源间有矛盾。这一矛盾体现在师资配置、课程体系设置、学分制改革、传统教学手段的制约等方面，导致教学质量可能难以保障、专业培养方案修订不彻底、课程体系等配套改革未跟上、课程设置不够合理。

（6）"双万计划"的实施受到影响。"双万计划"是教育部实施的一流专业建设的计划，即建设一万个国家级一流本科专业点和一万个省级一流本科专业点。相对于以"通识教育+专业教育"为理念的大类招生制度来说有些许矛盾。大类招生改革后，院校通常是在第三年开始进行专业课的学习，由于一般院校在大三或大四有专业实习，这就使得专业课学习时间被压缩了，因此入选"双万计划"的专业的建设和培养会受到冲击。且由于分流大多依据学生的个人意愿与成绩，因此对"双万计划"所涵盖的专业能否吸引足够数量和相当优秀的学生进行选择是个问题。

2. 学生管理面临的挑战

（1）班级管理难度加大。专业分流后，班主任对班级的新学生状况不了解，又要重新认识和了解学生的学习情况、个人生活情况以及思想状况。新班级凝聚力不足。同时原有班委班子被打破，还需要重新建构。新生入学后，班级根据专业学科大类划分，学生在军训和学习后，建立起社交圈，班集体也具有集体荣誉感和较强的凝聚力。专业分流后，重新组合班级。由于学生之间都不熟悉，交流互动比较少，因此对新班级难有归属感，班级没有凝聚力，学校班风学风建设难度加大。例如：新班级学生除了上课时间，很多时候还在大一时形成的交际圈内活动，课堂小组讨论组合情况也是倾向于按原来自己的同班同学自动结合，新班级很难融合为一个有凝聚力的班集体。这种情况会导致集体观念淡化、集体活动也无法开展。由于相互不熟悉，新班委无法在新班级树立威信，开展工作也是困难重重。

（2）宿舍调整、管理困难。班级重组后，宿舍是否重组均有利弊。宿舍重组的优点是方便班级管理，利于专业内交流。缺点是需要适应新的宿舍环境，且凝聚力降低。此外，原有宿舍部分共有财产划分困难，如洗衣机等。若专业分流后不进行宿舍调整，优点是能促进不同学科、专业间的学习交流。缺点是宿舍分散，会增加班级管理难度，上课内容、作业和时间不一致，可能影响作息。

（3）学生党建工作受影响。党员建设也会出现两极分化，优势专业学生质量整体较高，成熟的入党积极分子较多，竞争激烈，但由于名额限制会影响很多学生的积极性。同时影响学生党建工作的连续性。学生在大类培养期间如何划分党支部成为难题。专业分流后，积极分子培养人和发展对象介绍人频频更换，影响党员发展质量，不利于党务工作的连续性。

（4）评优、保研的公平性和合理性受影响。我国高校教育管理中学生的评奖、保研名额的分配一般根据学生的整体数量按比例配比，评比的依据一般以成绩为主。但大类招生专业分流后，各专业的人数以及专业科目的课程、成绩等有所不同，导致评价方案的公平合理性受到挑战。

3. 国际交流工作面临的挑战

随着教育的国际化发展，越来越多的学校和学院建立了"2+2""3+1"多学位的国际联合培养项目，这些联合培养项目的本质就是境外高校对国内高校相关专业课程学分的认可。随着大类招生制度的改革，由于大一、大二采取大类培养，专业课相对较少，必然影响学生申请联合培养项目可获得认可的专业课程的学分数，并且由于专业课相对集中在大三、大四学年，学生如果出国交换，回国时，在将境外的学分转回学校后，可能仍将有大量的专业课程的学分需通过"免修不免考"等方式完成。

三、大类招生背景下教学管理机制的改革

越来越多的高校开始推行大类招生这一培养模式，但随着大类招生这一培养模式的不断发展，一系列问题也接踵而至。为了能使大类招生的效用发挥到最高，应从以下方面对大类招生及其相应教学管理机制进行改革完善。

（一）根据"专业定位"的不同实施差异化的招生制度

从高校、专业分类发展、内涵式发展的定位来看，不同高校之间存在研究型、应用型、高水平职业教育型的定位差异，同一高校内部不同专业之间也存在研究型和应用型的差异，大类招生、大类培养的模式更适合研究型大学和研究型专业，而对于应用型大学和应用型专业而言，更应该突出学生的专业能力培养。首都经济贸易大学劳动经济学院大类所包含的四个专业都偏向于应用型，因此，招生方式应该与高校和专业定位相匹配，不应该"一刀切"。

在推进招生制度改革时，要做好充分的调研工作，应该授予学校和学院更大的自主权，从而能够根据学校和专业的实际，自主确定招生模式。对于已经开始实施大类招生的学院，也应该给予一定的自主空间，无论是大类范围还是专业选择方面，力求使同一大类中的专业保持相对平衡，尽量避免在大类中出现过冷专业。要加强信息预测，在必要时可以控制专业人数，设置

一定的基础人数。至于基础人数设置为多少，可以根据学校的实际情况决定，降低对"双万计划"的影响，避免分流不设限所导致的有些专业吸收不到足够数量和优秀的人才，降低专业的含金量，或是由专业人数过多所导致的教学质量下降等问题。

（二）以"人"为中心的学生管理机制

高校是衔接学生时代和职业生涯的桥梁，是人才培养的主阵地，这一时期的管理工作对学生今后的发展具有重要影响。以"人"为中心的学生管理机制，可以更好地完善高校的管理工作，为高校学生管理开创新的局面。随着教学管理机制改革的深入，高校越来越重视学生的自主选择和个性化发展，调动学生的积极性、主动性、创造性，而大类招生这一人才培养模式比起传统的专业选择方式，更加符合以"人"为中心的理念。因此，在实施大类招生制度改革后，应由传统的以班集体为中心的学生管理模式，转向"以学生个体为中心"的管理模式。

1. 完善学生管理数字平台的建设和使用

一是组建班级网络。通过建立 QQ 群、微信群与班级共享微博等一系列虚拟社区的形式，摆脱线下交流的束缚，便于辅导员和班主任发布通知，加强与学生的沟通，降低管理成本。班主任和辅导员可以选用微信口令、红包等方式，活跃群内的聊天氛围，也可以开展感兴趣话题互动，或者是幽默故事讲解等，在群内活跃气氛。教师可以真正了解学生所想，学生也愿意与教师分享自己的生活。同时网络平台因为不用面对面，学生可以针对学习或生活中感兴趣的问题进行探讨，自由发表自己的看法，增强班级内部交流和班级凝聚力，辅导员和班主任利用网络对班级的学风、寝风进行有意识的引导，打造乐观积极的班级文化，解决专业分流后，因为新组建班级而导致的班级凝聚力不足、同学之间不熟悉、工作难以开展等问题。

二是完善学生管理信息系统数据，建立学生电子档案，保存学生成长轨迹。对于辅导员和班主任更换造成的对学生熟悉程度降低的问题，可以利用学生信息管理系统，保存学生的基本信息的同时记录学生在校期间的日常表现和其他一些特殊情况，如奖助学金信息、家庭经济情况、成绩问题、谈话记录和处分等。所有信息由班主任和辅导员进行填写，以描述和记录为主，即可真实深入地留存学生发展的过程性记录。这样,班主任和辅导员在工作交接时,可以方便地调阅和了解班级新同学的基本状况。对于一些问题学生,便于知晓他们的一些特殊情况,以便有针对性地进行帮助。同时,利用网络平台对学生的情况进行了解,也可以解决宿舍调整和管理困难的问题。在传统模式下,宿舍的分配往往是以同专业同班级为标准,这样可以使室友之间建立感情纽带,或是相互帮助学习;但在大类招生背景下,一开始同宿舍同学可能是同班级的同学,但分流后变成了不同班级不同专业的学生,情感纽带被中断,同学失去归属感。这时可以利用网络上的问卷填写,在宿舍分配之前了解学生对专业选择的初步意愿,将有相同意愿的学生分配到同一宿舍,如对专业认同度高的同学一开始被分到同一宿舍,或是邻近宿舍,在分流后也不会有太大影响,这样可以在减少一部分宿舍调换的同时,不影响学生的日常生活;对于那些专业有变化的同学,可以在分流后再次进行网络问卷调查,询问学生是否想要再次根据专业调换宿舍,如果愿意便可调换,如果不愿意调换,在一定程度上说明该学生本身在这个宿舍已有较强的归属感,已经建立了一定的情感纽带,那么学校也无须再过度干预。

三是尝试学生日常管理办公电子化。如学生管理系统、教务管理系统开设学生端口,处理一些常规的学生工作,每个学生都可以通过身份认证来进行日常请假、销假、申请报告、学分认定等,从而大大提高辅导员、班主任老师以及教学秘书办公的效率。甚至可以实现两大平台的数据共享,从而能够更加全面地掌握学生状况。

2. 完善专业分流指导

针对学生对专业分流准备不足的问题,高校应优化专业分流程序。一是增加专业分流的指导频次,加强专业分流相关内容的宣传力度。在新生入学后和开始实施专业分流之前给予学生大类招生培养模式、各专业和学科的情况、专业分流实施方案等多方位的指导,使学生对学业规划和发展目标有清晰的认识。

二是开设职业生涯规划课程。高校可以根据各自在专业分流工作中面临的具体情况,充分发挥职业生涯规划课程的引导作用,培养和增强学生在专业分流前后的自我认知能力、预判能力、专业选择能力、抗挫折能力和适应能力等。真正做到以人为中心，从学生的实际需要出发，避免分流前准备工作做得不充分所导致的学生脱离自身需要，选择一些看似比较热门但是自己不喜欢或是不适合的专业等，以及信息差所导致的迷茫情况。

3. 遵循就近原则，完善班级和宿舍分配制度

所谓就近原则，是指在专业分流之后，应该在尽量保持原班级、原宿舍人员的基础上做部分调整，辅导员和班主任能不调整的都不调整，必须调整的要让辅导员和班主任带更多自己熟悉的学生。这种方式既能最大限度地保持原班级的连贯性，还能尽量消除相互之间的陌生感，降低管理成本，使班级和宿舍管理尽早走上正轨，在一定程度上能加快解决新班级同学之间磨合的问题。

一是在专业分流后，应该根据实际情况，尽量完成由"大类班"转向"专业班"，进行班级的调整，并且尽量保留学生熟悉的辅导员和班主任老师。建立班主任＋辅导员＋导师制＋班助（学长制）的复合型管理模式，有效引导并开展思想政治教育工作。由于高校辅导员与学生的配比率较低且事务繁多，故必须加强专业教师和班主任、班干部群体的有效融入，切实提高学生管理工作效率，选用复合型管理模式。同时班助也是学长，与低年级的学生有较多的共同语言，也更容易了解学生的心事并且予以辅导，班助制有助于提高高年级学生的管理能力，从而提高人才培养质量。

二是根据新班级有计划地进行宿舍调整，增加学生的交往机会。尽量避免不同年级或不同专业学生之间出现混寝现象。当大类分流后，根据新班级学生的实际情况，有计划地分配宿舍。可以将学习有困难、爱玩的学生分配到学习能力较强且学习氛围好的宿舍内，以实现一帮多扶。并且将班级党员与积极分子安排到每个宿舍中，发挥先锋模范带头作用，带动宿舍群体集体进步。或者专业分流后，学生宿舍不必调整，而把学生工作重心转移到学生社区。

在完成班级和宿舍分配后的初期，要关注重新分班和分宿舍可能对学生的影响，强化相应的管理指导工作。一是在辅导员和班主任方面应该配优配强，选择有经验的、与学生熟悉，且获得学生认可的老师担任他们的班主任和辅导员老师，并且增加指导和咨询的频次，以便及时了解学生重新分班和调整宿舍后的问题,并予以解决,为教师和学生提供良好的交流平台。二是适当开展针对性的班级和宿舍活动,如"阳光体育运动""心理健康跑"以及学术沙龙等,强化班级和宿舍文化建设,增进专业班的荣誉感,提高班级凝聚力。此外,还可以利用大学生成长服务中心,强化学生的自我管理、自我服务能力,创造良好氛围。

(三)以"导论课"为基础的专业引导机制

1. 以"导论课"引导专业分流

在按"大类招生培养"时,必须统筹兼顾,努力做好协调指导工作,既要充分展示所谓"冷门"专业的发展前景,又要鼓励学生不盲目追求所谓的"热门"专业,要使学生根据个人的爱好、特长,并充分考虑学校教学资源情况及各自生源地的就业状况,有的放矢地选择专业。因此,在专业分流之前,应该设立专业导论课,一方面,使得各个专业能够公平竞争,激励各个专业及其教师竭力做好教学工作,想方设法增加专业吸引力,真正落实以本为本的要求;另一方面,能够帮助学生更好地了解专业,更好地进行专业选择,使得学生在进行专业分流前能够通过导论课对专业有更直观的了解,并且通过导论课学生能够就专业分流问题咨询专业老师。根据专业需要,可以通过调整导论课的时长和开设时间,发挥导论课作为专业引导的作用,不仅可以提前让学生了解什么专业更加适合自己,提早接触自己未来所学专业,更有利于培养学科思维,从而使学生可以尽早地阅读相关的专业书籍、文献等,而非等到大三、大四才找准方向。同时也可以降低对国际联合培养的影响,学生有相对足够的时间获得所申请学校认可的专业分数。

2. 强化"专业课"的提前融入

在课程体系设置、专业培养方面,要建立培养新型人才模式,优化人才培养体系。设置相关的导论课,引导学生选择专业,同时也要通过建立专业基础课和专业必修课的体系强化学生在大类培养阶段的专业能力的培养。一是在大类培养阶段,应该结合学院的专业构成,设立学院的专业基础课,并将相关课程安排在大类培养阶段,使得学生在专业分流之前能够获得相关专业的基础知识。二是通过专业实践,增加实际操作课程课时,增加与企业进行培训会议的机会,增强学生的能力并了解社会的需要。在该过程中,要充分考虑学生的未来职业规划，课程设定与就业挂钩，以满足市场的需要；利用模块化分解课程，并随时根据社会的需要对课程的内容进行调整。在这个模式中的各个环节一定要紧密地结合，专业的课程与实践的课程一定要保质保量。

3. 以导师制强化专业教师的指导

要提升专业培养质量，形成专业效应，强化学生的专业引导。一是充分发挥学院的专业教师的作用。在大类培养阶段，以"大科创"等项目以及教师的课题为基础，吸引、鼓励学生参与，通过这些活动，培养学生的专业认知，激励学生的专业兴趣。并且本科生导师可以更准确和及时地掌握学生的思想状态、学习方法、专业选择意向等情况，从而进行更为细致、更具有针对性的指导。二是聘请校外实践导师，形成专业实务专家与学校教师相互配合。实践导师的专业实践讲座、校外实践观摩等活动，可以让学生了解相关专业的实践应用，使得学生对专业有更加具象的理解，尤其是结合未来的就业领域。

4. 以职业生涯指导课进行专业分流指导

充分发挥学院的优势，依托学生管理部门，加强学生职业测评和职业生涯指导。在传统模式的基础上，可以将互联网、云网络等应用到课堂上，应用第三方服务平台定期对学生进行职业测评，并且根据测评结果调整课程设置、教学内容以及教学方法，增加线上线下职业生涯指导的频次。在网络上可以有更多的选择空间，时间也更加灵活，让学生在学习专业知识的基础上更便捷地参与职业测评和职业指导。

（四）以"学分制"为导向的学习机制

"大类招生，分流培养"能够降低专业选择盲目性，调动学生学习积极性，因而得到了广泛认可。这说明当前培养模式打破了原有招生模式下"高考定终身"的弊端，更加契合社会普遍的人才需求，也从侧面反映了实施"大类招生，分流培养"的必要性。然而，大类招生制度并非高考综合改革以及高等学校育人改革的最终手段，从目前来看，其只是过渡性手段。结合上文的分析，目前大类招生制度改革也暴露出诸多问题，制度改革的初衷也没有完全实现。例如，为了增加学生专业选择的自主性，实现基于兴趣和适应性的专业选择，大类招生就无法完全实现，充其量仅仅是相对于传统的按照专业招生适当地增加了自主选择的空间。因此，未来应该继续深化"学分制"改革，由学生根据自身的兴趣和适应性，按照培养方案，自主选择专业，完成相应学分修读，即可获得相应的毕业证和学位。当然，这一改革举措可能对教学管理提出更多新的挑战。

（五）以"综合评价"为基础的推优机制

与传统的教学模式相比，在大类招生这一培养模式下学习的学生，往往会出现分流前后或是转专业前后衔接不顺畅的情况，原本在同一班级的学生，在分流后，成为不同专业的学生，学生不得不经历从传统班级到专业班级的人员重组，涉及班级干部调整、寝室更换、班风学风建设、日常教学管理等诸多环节，上述事务处理不当势必影响学生正常的学习效率和教师的教学秩序。[①] 现有评奖评优体系，评优指标按专业或班级总人数比例划分至专业、班级，虽然保障了专业和班级间的公平性，但由于专业分流后专业、班级生源质量分布不均，部分专业学生综合素质评价较高，平均分配制的评奖评优体系已不再适用，需构建新的评奖评优指标和体系，这样既保证公平公正，又满足择优奖励的原则。[②]

对此，可进行以下改革：一是依托党支部，推动学生党建发展。大类招生模式下，可采用以专业纵向设置党支部为主，大类横向设置党支部为辅的模式。专业分流后，新发展党员和积极分子直接纳入专业支部培养，高年级正式党员按"就近就多"原则跟随进入专业党支部，最大限度减少积极分子培养人和发展对象介绍人变更。将横向设置一年级大类专业学生党支部作为纵向专业党支部的补充，有利于把学生党员教育培养贯穿于学生成长全过程，提升学生党建工作的实效性和连续性，保证基层党组织的相对稳定，同时有助于党建带团建工作深入开展。二是完善推优保研、评奖评先的评价机制。在专业分流后，依照各专业人数比例，进行专业内部的推优保研，而非按成绩在学院一起排名，避免因分流后所学课程不同，在成绩上影响推优保研的公平性。

---

① 颜兵兵，魏天路，李德君. 地方院校大类招生教育模式现状分析及对策 [J]. 教育与职业，2016（7）：25-28.
② 卢毓. 大类招生背景下学生管理模式改革的探索 [J]. 现代交际，2021（23）：48-50.

参考文献

[1] 满都拉,卢晓东.通识教育背景下的大类招生与专业分流：以东京大学为例 [J].高等教育管理,2018,12 (3)：21-27.

[2] 李姣姣,陈莉."大类招生、分流培养"运行机制的困境和对策：以工商管理类为例 [J].黑龙江高教研究,2014,244 (8)：81-83.

[3] 赵晓峰,王明月,张潮.高校大类招生：理论检视、困境表述与优化路径 [J].中国农业教育,2018 (2)：17-21,93.

[4] 杨凤华,陆建新.大类招生模式下"平台+模块"课程体系的建设 [J].中国农业教育,2007,78 (4)：49-50.

[5] 胡科,包学莲.回归与超越：大类招生背景下自由教育的省思 [J].当代教育科学,2020 (1)：9-14.

[6] 刘云杉.自由选择与制度选拔：大众高等教育时代的精英培养：基于北京大学的个案研究 [J].北京大学教育评论,2017,15 (4)：38-74,186.

[7] 姜友文.AMO视角下高校大类招生人才培养模式优化研究 [J].大学教育,2018,94 (4)：125-127.

[8] 于明慧,胡熊海,刘丽,等.高校大类招生背景下学风建设培养模式构建与实践：以北京理工大学珠海学院计算机学院为例 [J].大学教育,2021,134 (8)：141-144.

[9] 徐高明,张红霞.我国一流大学创新人才培养模式的新突破与老问题 [J].复旦教育论坛,2010,8 (6)：61-66.

[10] 乐毅,谭晓妹.韩国研究型大学本科生培养模式特点浅析：以韩国高等科学技术学院、首尔大学、延世大学为例 [J].比较教育研究,2015,37 (8)：32-38,46.

[11] 禹奇才,蔡忠兵,苗琰.推进高校大类招生改革若干问题的探讨 [J].高校探索,2014,135 (1)：136-139.

[12] 李胜军,何勇,王燕华.大类招生培养模式下的高等数学教学改革：以海南大学为例 [J].高教学刊,2017,62 (14)：66-68.

企业大数据人才需求分析
——基于线上招聘需求文本数据的研究

韩 放 任 韬

(首都经济贸易大学 统计学院)

【摘 要】近年来,对大数据人才的需求出现较大增长,但教育界和企业界对于大数据人才应具有的特征和技能在认识上并不统一,导致人才培养与企业需求脱节。本文使用网络爬虫技术对线上招聘平台中有关大数据人才的需求信息进行了爬取,并使用文本挖掘方法分析企业对大数据人才的需求特征。研究发现,企业对大数据人才需求具有三个特征:第一,具备多学科交叉能力,表现为不仅具备统计学和计算机专业知识,还具备业务领域专业知识;第二,实践和应用能力强,表现为要求人才能够应用大数据专业理论知识解决实际问题;第三,综合素质高,表现为企业既要求人才具备逻辑思维能力和数据敏感性等专业素养,又要求人才具备团队协作能力等社会素养。

【关键词】大数据人才;线上招聘;文本挖掘

一、引言

2014年,"大数据"首次写入政府工作报告,并逐渐成为社会关注的热点。2015年,党的十八届五中全会上,国家"十三五"规划建议提出"实施国家大数据战略",全面推进大数据发展,加快建设数据强国,同年,国务院印发《促进大数据发展行动纲要》,系统部署大数据发展工作。此后,大数据产业快速起步,截至2020年,大数据产业规模超过1万亿元,产业发展取得显著成效。2021年11月工业和信息化部发布的《"十四五"大数据产业发展规划》指出,到2025年,我国大数据产业测算规模突破3万亿元,我国大数据产业必将迎来新一轮高速发展。李亭亭、赵英豪（2016）研究了我国大数据应用现状，指出我国大数据应用十分广泛，在智能制造业、农业、新闻生产等领域都有广阔的应用前景，无论是工业、金融、研究、办公、媒体还是日常生活，都离不开大数据的支持。国务院印发的《促进大数据发展行动纲要》中也提出，要发展大数据在工业、新兴产业、农业农村等行业领域的应用，将大数据技术应用到整个产业链中。飞速发展的大数据产业使社会对大数据相关领域专业人才的需求更加迫切，需要熟练掌握大数据技术的人才来挖掘、加工数据，从而实现数据的增值。所谓大数据人才，正是能够对这些珍贵的数据资源进行专业化处理的人才。

普遍看来，由于大数据人才需要处理海量的、非结构化或半结构化的数据，最重要的就是掌握相应的分布式处理等大数据技术，大数据人才也和分布式、云计算从业者画等号。而大数据产业发展至今，其内涵越来越丰富。人力资源、会计、运营等需要处理数据量可能较小的岗位，也需要大数据人才。大数据人才背后，不仅仅是分布式、云计算这样单纯的技术，而是一种数据科学思维。大数据人才不仅可以在繁杂、海量的数据中挖掘数据的价值，更可以在结构化的、有限的数据中，应用科学和创新的思维，挖掘出数据新的价值，而无关于数据的体量和结构。现实中往往是第二种应用场景在业界更加普遍，更能有效地实现数据增值。综上所述，大数据人才不局限于某一行业，更不局限于某一类岗位，有数据的地方就需要大数据人才，这些能够挖掘数据价值的人都可以广义地称为大数据人才。

本文将站在企业需求的角度，使用网络爬虫技术收集线上招聘平台的企业大数据人才需求文本信息，并使用文本挖掘技术对需求进行分析，探究企业大数据人才需求的特征，为高校培养大数据人才提出有针对性的建议。

二、数据获取及属性分析

（一）数据获取

本文所使用的数据为招聘网站上大数据相关岗位的招聘信息，这些招聘信息中写明了用人单位对大数据人才的种种需求，较为全面、有代表性。本文获取招聘数据主要分为以下两个步骤。

第一步，获得岗位名称关键词。在开始爬取招聘数据前，需要明确哪些岗位需要大数据人才，以便用这些岗位名称作为搜索词，获取网站上该岗位的所有招聘信息。根据本文对大数据人才的定义，不论是什么岗位，都有可能需要大数据人才，为了尽量将用人市场对大数据人才的需求囊括全面，需要尽可能多地获取大数据人才可能从事的岗位名称。本文利用BOSS直聘网站中的"相关搜索"功能，进行岗位名称关键词的获取。

在BOSS直聘网站中输入"数据分析"关键词，在网页右侧的"相关搜索"框中，就会出现"数据支持""数据清洗""数据挖掘""数据处理"四个相关岗位。再将这四个岗位分别作为新关键词在BOSS直聘网站上进行搜索，分别获取这四个岗位的相关岗位，至此共获得与"数据分析"相关的16个岗位。以此类推，经过5轮迭代之后，将获取的所有岗位名称关键词进行汇总，共得到2 641个岗位名称关键词。在这些关键词中，除了完全相同的名称，还有潜在的重复项，如"数据运营专员"和"数据运营经理"本质上是相同的，进行进一步去重处理后，共得到623个关键词。统计这些词在原数据中的词频，筛选词频在20以上的关键词共12个，分别是：数据分析、数据运营、用户运营、产品运营、数据挖掘、深度学习、机器学习、自然语言处理、算法、大数据、BI、数据开发。由此得到岗位名称关键词集合。

第二步，获取招聘信息数据。以这12个岗位名称关键词作为搜索词，分别在前程无忧网站中进行检索，爬取各个岗位关键词检索出的所有招聘信息。之所以将招聘信息数据源选定为前程无忧网站，是因为它是中国具有广泛影响力的人力资源服务供应商，相比其他平台，该网站中招聘信息较多、较全面，有大量企业在该平台上发布招聘信息，该网站可以基本涵盖用人市场的所有需求，也可以满足本文的分析需求。

将招聘信息发布时间限制在2019年12月9日至2020年1月9日一个月之内，招聘地点选为全国，通过网络爬虫技术进行爬取并对数据进行去重处理，共获得42 579条数据，共7个变量。数据展示如表1所示。

表 1　招聘数据说明

变量名称	数据描述
岗位名称	字符型变量，例如：大数据分析师、BI 数据分析
城市	字符型变量，例如：上海浦东新区、佛山
学历要求	定性变量，例如：本科、大专
薪资范围	数值型变量，例如：2 万/月~4 万/月、4 000/月~6 000/月
经验要求	定性变量，例如：3~4 年经验、无工作经验
招聘人数	数值型变量，例如：招 1 人、招若干人
岗位描述	字符型变量，例如：跟踪产品发展，负责用户路径模型构建；进行健康度监控，提供业务决策支持

（二）数据多维属性分析

将获得的招聘数据进行清洗整理，如删除缺失值、统一量纲和数据格式后，对各个属性维度进行可视化分析，以此对大数据人才招聘需求现状进行初步认识。

图 1 展示了大数据人才薪资分布情况。薪资均值为 14 281.73 元/月，高于全国 2019 年平均工资 7 993.43 元/月，大数据人才具有较高的薪资待遇。数据中平均薪资的最小值为 520.75 元/月，这是一个用户运营实习生岗位，最大值为 70 万元/月，这是算法总监岗位，对经验和能力都有非常高的要求。由于实习生薪资水平与正式员工薪资水平有较大差异，因此本图中只绘制了正式员工薪资水平分布，不包含实习生薪资。总体来看，正式员工的薪资水平呈现右偏分布，存在少数薪资较高的岗位拉高了平均水平的情况。

图 2 展示了用人市场对大数据人才工作经验的需求。不要求求职者经验的岗位最多，许多用人单位愿意从零开始培养一名大数据人才，这些没有工作经验的求职者往往是应届毕业生，他们有着较强的学习能力和可塑性，只是缺乏实战经验，需要进一步锻炼。其次是对 3~4 年经验的大数据人才需求，这类大数据人才在经过了几年的工作后，经验丰富，大多已经具备独立完成项目的能力，工作上手快，且敢闯敢拼，受到用人单位的青睐。要求求职者有 10 年以上经验的岗位最少，这些岗位普遍是总监、经理、专家级别，需要

求职者身经百战、业务能力和经验兼具，这样的人才通常较为稀缺。

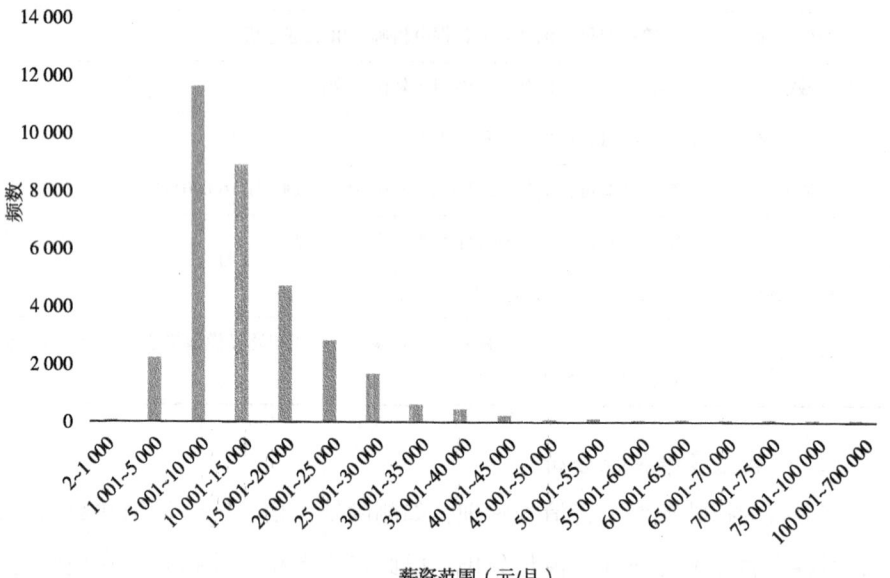

图1 薪资分布

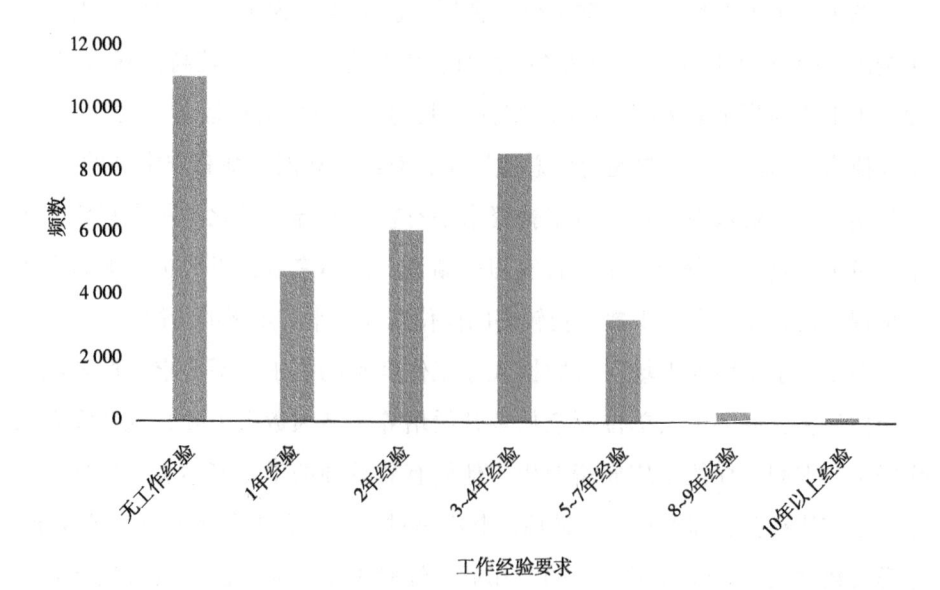

图2 工作经验需求频数

图 3 展示了用人单位对大数据人才学历的需求情况。用人单位对本科学历的大数据人才需求最大。随着越来越多的高校在本科阶段设立了大数据相关专业，一批又一批优秀的大数据人才涌现，本科毕业生的能力也得到用人单位的认可，本科学历的求职者都接受了较为系统的高等教育，有着基本的专业能力，可塑性强。用人单位对大专学历的人才需求位列第二，这是因为存在着许多如数据标注这样对学历要求不高的岗位，正如前文所说，有数据的地方就需要大数据人才，这些岗位看似没有技术含量，但想要做出成绩，仍然需要数据科学思维和专业技术能力。

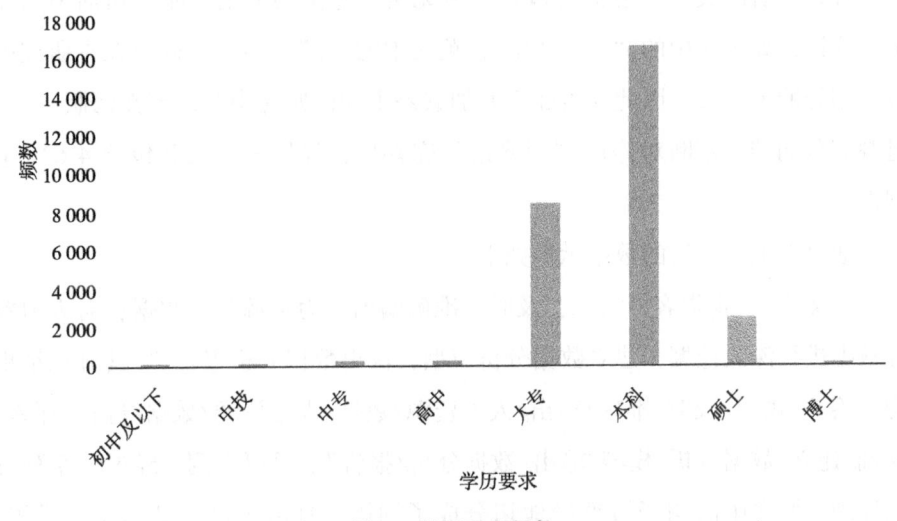

图 3 学历要求频数

三、岗位描述变量文本挖掘

（一）岗位描述文本预处理

岗位描述变量为字符型变量，统计其平均字符数量为 544 个字，字符数量小于 200 字的岗位表述过于简单，不能满足后续分析条件；字符数量大于 800 字的岗位描述大部分是全英文、中英双语的招聘信息，或是有大量无用信息，因此，将字符数量小于 200 字和大于 800 字的岗位描述删除。此外，岗位描述中可能存在一些特殊符号，如" * "" \ xa0"，需要将其统一删除。

对处理完成后的 31 141 条岗位描述文本进行分词处理。文本分词指将一个句子拆分为多个独立词语,在进行文本挖掘之前,这是必不可少的一步。本文使用 jieba 这一专用于分词的 Python 库进行分词,分词模式采用适合于文本分析的精确模式。分词结果的准确性对后续实验结果有着较大的影响,jieba 词库中对于大数据相关的新兴专业词汇收录并不全面,尽管 jieba 有识别新词的能力,但为了尽可能准确地进行分词,本文建立并加载了一系列自定义词库,包括专业名称词库、技术名词词库、综合素质词库等 6 个词库。根据分词结果不断完善后,自定义词库中共有 1 379 个词汇。

分词之后的文本中通常会包括许多无实际意义的词语,如一句话中的介词、连词,如中文中的"的""和",英文中的"a""are",以及在本研究中没有用处的地名等,因此还需建立并加载停用词词典(中文、英文两版)。通过观察分词结果不断对停用词词典进行完善后,停用词词典共包含 4 631 个词汇。

通过以上处理后的数据示例如下:

原文为:"根据客户需求,及时、准确输出人力资源相关数据;对人力资源数据进行深入挖掘,建立数据分析模型,输出数据分析报告。"其分词结果为"客户/需求/及时/准确/输出/人力资源/数据/人力资源/数据/进行/深入/挖掘/建立/数据分析/模型/输出/数据分析/报告"。可以看到,经过一系列分词处理,原文中的句子被准确地切分成了词语,且由于自定义词库的设置,切分粒度较为适中,停用词也被准确地删除。

将岗位描述数据全部进行分词处理,共得到 36 633 个不重复词汇,统计频率在前 10 的词汇见表 2。

表 2　岗位描述文本分词结果

分词结果	词频
运营	73 479
经验	49 876
数据	47 222
产品	43 273

续表

分词结果	词频
分析	39 397
用户	35 714
熟悉	34 655
能力	33 256
开发	26 342
算法	24 464

词频排在前三的分别是运营、经验、数据。原始数据中运营类岗位收集到的招聘信息最多，因此"运营"的词频最高；大部分岗位描述中都会注明对应聘者"经验"的要求，这也从侧面反映了经验的重要性；而"数据"更是本文在爬取原始数据时的核心关键词。总体来说，分词结果表现较好。

（二）Word2Vec 文本量化

将岗位描述数据进行分词处理后，原本的句子被切分成一个个词汇。然而，要想在文本挖掘算法中使用这些中文词汇，还需要对它们进行数字化处理，将其转化成计算机可以处理的数字。

一个比较直观的方法就是常用的词袋模型中的 one-hot 文本表示方法。one-hot 编码又称独热编码，编码后的词向量只有一个位置上的数值为 1，剩余位置上的数值为 0。下面以"建立数据分析模型"和"输出数据分析报告"两个短句为例进行说明（见表 3）。

表 3　one-hot 编码示例

词袋	建立	数据分析	模型	输出	报告
短句 1	1	1	1	0	0
短句 2	0	1	0	1	1

表 3 的第一行是这两句话构成的一个词袋，将两句话进行分词处理并去重后即可得到这 5 个词汇，词袋中词汇的数量即为文本表示时特征向量的长度。要将这两个短句进行数值表示，只需逐个判断词袋中的各个词汇是否存在于该句中，如果有，则该位置的值为 1，没有则为 0，不论词汇在句中出现

过几次，表格的第二行和第三行均为使用 one-hot 编码后的文本特征向量。更简单的操作是对单个词汇进行编码，例如在此语料库下，对"数据分析"这一单词进行编码，则应编码为 [0, 1, 0, 0, 0]，"建立"的编码应为 [1, 0, 0, 0, 0]，"模型"的编码应为 [0, 0, 1, 0, 0]，依此类推。句子的向量表示，就是句子中各个词汇的 one-hot 向量相加得到的结果。

这样进行文本表示有两个较大的问题。第一个问题是，由于本文数据量较大，词袋中的词汇数量以万为单位，将各条岗位描述文本进行 one-hot 编码后，会造成维度灾难和数据稀疏的问题。文本向量组成的矩阵中大部分元素将为0，增加了存储和计算上的困难，不适用于数据量大的作业。第二个问题是，进行 one-hot 编码后，句中原有的词汇排列顺序就消失了，不考虑语序，这意味着两句语意不同的句子的文本向量可能是相同的，这无疑大大减少了数据中包含的信息。

为了解决以上问题，本文使用 Word2Vec 算法对 one-hot 编码后的矩阵进行进一步处理，将 one-hot 编码的高维词向量嵌入一个低维空间，通过这样的降维操作，输出低维、稠密词、考虑词汇位置的向量表示。Word2vec 算法利用深度学习的思想，考虑词汇的上下文，从文本中学习语义信息，使语义相近的词语在向量空间中的距离相近，语义差别大的词语在向量空间中的距离较远，用向量空间上的相似度代表语义上的相似，是一种高效的算法模型。

Word2Vec 算法属于一种单隐藏层神经网络，包括两种模型：CBOW 模型和 Skip-Gram 模型。CBOW 模型的输入是某一个特定词汇的上下文的词汇的 one-hot 词向量，而输出就是这一特定词汇的 one-hot 词向量。Skip-Gram 模型和 CBOW 模型的思路相反，即输入是特定词汇的 one-hot 词向量，而输出是这个词汇对应的上下文的词汇的词向量。本文采用 CBOW 模型进行训练，训练模型如图4所示。

以句子"建立数据分析模型"为例，句中有三个词汇，将它们分别进行 one-hot 编码，则"建立" = [1, 0, 0]，"数据分析" = [0, 1, 0]，"模型" = [0, 0, 1]。假定选取"数据分析"这一特定词作为目标输出，选取上下文的窗口大小 C 的值1，则模型的输入为"数据分析"前

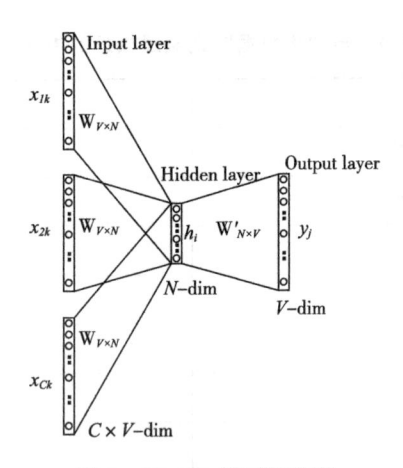

图 4　CBOW 模型示意图

一个词和后一个词的词向量，即为向量［1，0，0］和［0，0，1］，两个 one-hot 向量分别乘以共享的输入权重矩阵 W（一个 $V×N$ 的矩阵，此例中 $V=3$，为输入词向量的维度，N 为自己设定的降维目标维度）。将乘完之后的向量相加求平均作为隐层向量，再乘以输出权重矩阵 W'（$N×V$ 矩阵），将得到的向量通过激活函数处理得到一个 $V=3$ 维的向量，向量中的每个元素代表该位置的词出现的概率，在本例中，"数据分析"所在位置的数字越接近 1 越好，即输出的向量越接近［0，1，0］越好，以此思路定义损失函数，通过误差反向传播算法不断优化参数 W 和 W'，直至训练完毕后，输入层的每个 one-hot 词向量与矩阵 W 相乘得到的向量就是我们想要的低维、稠密、考虑上下文语义的词向量。

对岗位描述数据进行 Word2Vec 文本量化处理。首先将分词后的语料进行整理，用适当格式进行存储，再调用 gensim 库中的 Word2Vec 方法，设置目标降维维度为 100，设置参数将词频小于 80 的单词忽略，上下文窗口设置为 5。经过 Word2Vec 模型的处理，每个词都映射为 100 维的向量。

经过 Word2Vec 算法处理的文本数据，可以使用向量的夹角余弦计算向量的相似度，用向量的相似度代表词汇语义之间的相似度。计算与"大数据"这一词汇最相近的前 10 个词（如表 4 所示）。

表4 与"大数据"词义最相近的10个词

关键词	相似度
数据架构	0.60
数据系统	0.56
AI	0.54
云计算	0.53
BI	0.52
数仓	0.52
Hadoop	0.52
分布式	0.50
分布式计算	0.50
hadoop	0.50

以两两词汇单独计算相似度,"R语言"与"Python"之间的相似度达到0.65,"NLP"与"自然语言处理"的相似度达到0.92,"Spark"与"MapReduce"的相似度为0.71,均符合常识。根据以上结果,认为Word2Vec模型取得了较好的效果。

(三) K-Means 文本聚类

观察数据集中岗位描述原文可以发现,每条岗位描述的文章结构具有一定的规律。每条岗位描述都分为两部分:岗位职责和任职资格。以表5中的真实岗位描述数据为例进行说明。

表5 岗位描述结构规律示例

岗位职责	业务方面	● 负责业务体验领域(体验管理、网络运维、CMO市场等方向)场景化的业务指标和标签体系建设 ● 与业务专家一起完成领域内不同场景的AI业务、应用的探索和孵化工作,结合洞察分析和营销效果,给出模型优化方案
	技术方面	● 沉淀分析方法和数据模型,完善部门数据应用建设

续表

任职资格	专业背景	●本科以上学历，应用数学、统计学、机器学习、数据分析、软件专业优先
	专业知识	●2年以上数据分析或AI项目经验，有大数据实践经验者优先，掌握机器学习、数据分析相关算法 ●熟悉大数据平台的技术，能在Hadoop/Spark等框架下进行数据提取和分析 ●熟练运用SQL、Tableau、Excel、PPT
	综合素质	●学习能力强，具备良好的业务理解能力和商业分析能力，出色的沟通以及团队协作意识
福利待遇	—	—

岗位职责主要描述应聘者在本岗位上需要负责的工作内容。一般需要包含两个方面：一方面，用人单位需要向求职者介绍本岗位在业务方面的工作内容，即本岗位需要对接的业务领域是什么，工作目标、服务对象是哪些，不同业务领域对人才的需求也大大不同；另一方面，用人单位需要向求职者明确技术方面的工作内容，即本岗位需要求职者利用专业技术完成哪些任务，通常是较为专业且宏观的工作目标。本例中业务和技术方面的工作内容分得比较清晰，也有很多用人单位将这两者混在一起描述，在条目上没有分开，但逻辑上仍然是这两方面的工作内容。

任职资格主要是指用人单位对求职者的一系列具体能力的要求。一般包含三个方面：一是用人单位对求职者专业背景的要求，即此岗位偏好录用的专业是哪些；二是用人单位对应聘者专业知识方面的要求，即求职者需要具备哪些能力，如熟练使用哪些软件、熟悉哪些模型等；三是综合素质要求，也就是常说的软实力，是对应聘者性格、品行等方面的要求。

在本例中没有提到的福利待遇也是大部分岗位描述中都有的内容。用人单位会列出本岗位所能提供的福利，如五险一金、带薪休假等，以吸引求职者投递简历。

由于岗位描述普遍都是由以上几个部分组成的，行文顺序也大都如此，因此在岗位描述文本中同一位置附近经常提到的词语会具有更高的相似性。根据这一特点，可以使用K-Means聚类分析的方法对岗位描述文本中的词汇进行分类，从中挖掘用人单位对大数据人才需求的不同角度。

本文使用上文中得到的 2 509 个 100 维词向量进行聚类，在完成聚类后，语义相近的词语会被划分到一个类别中，语义不同的词语会被划分到不同类别中。在 K-Means 聚类中，K 值的设置代表要将样本分为多少类，不同 K 值将有着不同的分类结果，对实验影响较大。为了让分类结果具备更高的可解释性，在设置多个不同的 K 值之后，选择 K 值为 6，即将 2 509 个单词分为 6 类。聚类结果如表 6 所示。

表 6　聚类结果

类别名称	关键词示例	关键词个数
业务工作内容	管理、媒体、淘宝、宣传、主管、服务、品牌、合作等	918 个
技术工作内容	运营、数据分析、产品、优化、项目、设计、维护等	382 个
专业背景	计算机、统计、数学、电子商务、金融、自动化等	163 个
专业知识	大数据、机器学习、数据挖掘、算法、建模、SQL、Python、Linux、C++、Hadoop、hive 等	568 个
综合素质	团队、沟通能力、协调能力、抗压能力、解决问题、创新等	218 个
福利待遇	双休、五险一金、晋升、出差、成长、奖金等	266 个

根据各个类别中的词汇对其进行命名，可见聚类结果与前文对岗位描述行文结构的分析不谋而合，这也是使用 Word2Vec 和 K-Means 聚类算法处理这种结构有规律的文本的相对必然的结果。

对于业务工作内容和技术工作内容来说，虽然它们也反映了用人单位对大数据人才的需求，但更多的是具体到某一特别的岗位的内容，过于细节化、个性化，而福利待遇主要是用人单位给予自己员工的福利，与人才需求无关。因此，在后续人才需求特征分析过程中暂不考虑这三类。在剩余的类别中，专业背景、专业知识、综合素质属于用人单位对大数据人才需求的三个方面，接下来将从这三个角度对人才需求的特征进行分析。

四、大数据人才需求特征分析

（一）多学科交叉能力的需求

整理聚类结果中"专业背景"类别下的词汇，例如"计算机"和"计算机软件"等都合并成为"计算机"专业。获取这些专业在原岗位描述数据中的词频，统计前20位的专业名称（如表7所示）。

表7 专业背景需求关键词

序号	专业背景	词频	序号	专业背景	词频
1	计算机	10 656	11	信号处理	1 571
2	统计学	7 507	12	通信	1 507
3	数学	5 293	13	移动	1 331
4	图像处理	3 353	14	市场营销	1 301
5	电子商务	2 806	15	教育	1 300
6	金融	2 308	16	模式识别	1 218
7	自动化	1 788	17	电子	1 142
8	广告	1 718	18	数字	1 079
9	人工智能	1 698	19	零售	944
10	软件开发	1 621	20	医疗	878

可以看到，用人单位对计算机专业的需求量最大，第二位是统计学，第三位是数学专业。这些都是人们耳熟能详的与大数据相关的专业，如今各个高校所开设的大数据专业也基本都是这几个学科综合培养的结果。但除此之外，像金融、电子商务、广告、市场营销、教育等专业，也有着较高的词频，说明大数据人才普遍还需要具备这些领域的专业知识，才能满足企业需求。

如今，大数据人才不仅要具有计算机、统计学的专业背景，对于金融、电子商务等其他学科领域也要有所了解。这种具备多学科交叉能力的人才，更能将大数据技术转化为业务线上的生产力，应用所学知识解决行业问题，提高企业收益。

（二）实践和应用能力的需求

统计聚类结果中"专业知识"类别中的各个词汇的词频，展示前20位词汇（如表8所示）。

表8 专业知识需求关键词

序号	专业知识	词频	序号	专业知识	词频
1	开发	25 569	11	数据挖掘	4 779
2	算法	24 106	12	实践	4 613
3	技术	14 081	13	建模	4 507
4	大数据	10 674	14	编写	4 485
5	软件	10 503	15	深度学习	4 459
6	数据库	10 243	16	Python	4 353
7	系统	10 224	17	编程	4 328
8	SQL	7 087	18	语言	4 242
9	机器学习	5 554	19	C++	4 104
10	理论	5 126	20	框架	3 989

观察专业知识关键词集合，可以将这些关键词分为理论和技能两部分。

理论方面的关键词，譬如表中的机器学习和深度学习算法需求，反映了用人单位对大数据人才应用能力的需求，即应用理论知识解决实际问题的能力。用人单位希望应聘者能够将算法原理融会贯通，用于解决行业内面临的实际问题。如果应聘者仅仅熟知理论推导，但无法将其应用到工作中去解决问题，也是纸上谈兵毫无意义。只有在面对实际问题时，学会寻找最适当、最有效的算法模型去解决问题，才能实现大数据人才的价值。

除了理论知识关键词，集合中的大部分关键词，如表中的开发、软件、SQL、Python，都是大数据人才所需要具备的技能，这反映了用人单位对应聘者实践能力的需求。所谓实践能力，就是处理实际数据的能力。以编程语言为例，学习时通常只会使用最规整的示例数据进行语言的学习，但到了真正处理实际数据时往往会束手无策。缺失值怎样处理能最大化利用数据信息？脏数据怎样清洗成自己想要的格式？种种问题层出不穷。工作中面对的数据都是实际数据，用人单位希望应聘者具有处理实际数据的丰富经验，能够尽快上手解决问题。

综上所述，用人单位对大数据人才的实践和应用能力有着较高也较为具体的要求。大数据人才只有能够处理实际数据、解决行业实际问题，才能满足市场需求。

（三）综合素质人才的需求

统计聚类结果中"综合素质"类别中的各个词汇的词频，展示前20个词汇（如表9所示）。

表9 综合素质需求关键词

序号	综合素质	词频	序号	综合素质	词频
1	沟通能力	18 030	11	敏感	2 784
2	团队	17 624	12	办公	2 670
3	学习能力	7 976	13	压力	2 656
4	逻辑思维	6 954	14	抗压能力	2 575
5	独立	5 739	15	解决问题	2 536
6	责任心	5 549	16	活跃	2 465
7	组织	4 725	17	创新	2 446
8	协作	4 099	18	执行力	2 306
9	快速	2 922	19	表达能力	2 259
10	协调能力	2 918	20	热爱	2 006

除了要求大数据人才具备专业知识外，用人单位对求职者的综合素质也有较高的要求。大数据人才需要具备团队协作能力、沟通能力、协调能力、执行力，工作中往往需要以团队为单位，协调公司资源、沟通各个部门，人人具备这样的能力才能将团队的力量发挥出来。除此之外，由于大数据相关岗位的工作性质，大数据人才需要具备较强的逻辑思维能力、数据敏感性、创新性，以及独立解决问题的能力，这些能力正是大数据人才的核心竞争力。

五、结论及建议

首先，本文明确了大数据人才不局限于从事某一类岗位的人才，能够挖掘数据价值的人都可以广义地称为大数据人才。基于这一认识，本文在获取招聘信息数据时，以尽可能涵盖所有大数据人才可能从事的岗位为目标，利用BOSS直聘网站的相关岗位功能尽可能多地获取相关岗位关键词，在前程无忧网站中爬取各岗位的招聘数据。

其次，通过对招聘数据的描述性统计分析，本文发现大数据人才具有较高的薪资待遇，企业对没有经验的应届生和拥有3~4年经验的从业者需求较高、对学历的要求并不严格，大部分岗位只需本科或大专学历。

最后，通过对岗位描述的一系列文本挖掘分析，得到用人单位对大数据人才的三方面需求，分别是专业背景、专业知识、综合素质。对这三方面需求的关键词集合进行深入分析，总结出企业对大数据人才需求的三大特征：一是多学科交叉能力，企业要求人才不仅具备统计学和计算机专业知识，还要具备业务领域专业知识；二是实践和应用能力，企业要求人才能够利用大数据专业技能处理实际数据，应用大数据专业理论知识解决实际问题；三是综合素质，一方面企业要求人才具备团队协作等能力以便更好地融入团队，另一方面企业需要人才具备逻辑思维能力和数据敏感性，这样才能更好地胜任数据相关的工作。

基于上述研究结论，可以对高校的大数据人才培养提出如下建议：

第一，对于普通本科、研究生等较高层次的大数据人才培养单位，应当本着"厚基础，宽口径"的原则，夯实人才的数学、数据科学、计算机科学理论基础，并在实训环节创造出真实的企业大数据应用场景，引导学生面向企业实战锤炼自己的技能，提升学生综合素养，拓宽学生就业选择面。

第二，对于高等职业教育大数据人才培养单位，应当以企业需求为导向，基于本单位人才培养的优势和特色，聚焦企业业务领域，加强校企合作，有针对性地打造人才培养模式和课程体系，注重实际技能的训练，打通学生在校企间的能力和技能通道，使学生有明确的就业目标和路径。

第三，针对企业大数据人才需求多样性、综合性和技能性的特点，高校应在高年级学生的实践环节引入校外教学资源，如在线课程、校企合作的实训平台等，供学生根据自己的职业规划自主学习，真正将"宽口径"落到实处。

参考文献

[1] 李亭亭，赵英豪．我国大数据应用现状与发展趋势分析［J］．电子商务，2016（6）：6-7．

[2] 国务院印发《促进大数据发展行动纲要》［J］．电子政务，2015（9）：5．

[3] 王禹．电商平台购物虚假评论识别研究［D］．北京：首都经济贸易大学，2018．

[4] 宁艳，龚兆先，洪惠群．超越传统，"厚""宽"相济：建筑学学科"厚基础、宽口径"人才培养的形势与要求［J］．华中建筑，2012，30（5）：164-166．

[5] 曹子勤．"宽口径、厚基础"的教学目标与教学实践：《〈资本论〉选读》课教学体会［J］．内蒙古财经学院学报（综合版），2008（1）：16-19．

[6] 刘健，邹晓平．大学教学改革的成与败［J］．高教探索，2008（3）：77-79．

[7] 张胜利，张小绒．厚基础 宽口径 培养高素质人才：关于高校本科教育培养模式的思考［J］．中国林业教育，2007（4）：11-14．

[8] 董毅．新建地方本科院校应用型人才培养方案的设计：基于对"厚基础、宽口径"的反思［J］．高教探索，2010（3）：74-77．

[9] 张德江．应用型人才培养的定位问题及模式探析［J］．中国高等教育，2011（18）：24-26．

[10] 朝乐门，肖纪文，王解东．数据科学家：岗位职责、能力要求与人才培养［J］．中国图书馆学报，2021，47（3）：100-112．

[11] 宁慧聪．中国大数据专业建设的跨学科模式研究［J］．计算机科学，2019，46（S2）：159-162．

[12] 张燕，刘鹏，赵海峰，等．大数据专业建设的思考与探索［J］．中国大学教学，2019（4）：38-41．

[13] 屈莉莉，陈燕，王聪．基于成果导向的大数据专业建设及面向数据生命

周期的课程体系设计 [J]. 电脑知识与技术, 2021, 17 (6): 20-21, 29.

[14] 秦小燕, 初景利. 国外数据科学家能力体系研究现状与启示 [J]. 图书情报工作, 2017, 61 (23): 40-50.

[15] 张俊峰, 魏瑞斌. 国内招聘类网站的数据类岗位人才需求特征挖掘 [J]. 情报杂志, 2018, 37 (6): 176-182.

"贯通培养"本科课程建设研究与实践
——以工商管理专业为例

王少华

(首都经济贸易大学 商务学院)

【摘 要】首都经济贸易大学商务学院承接北京市"高端技术技能人才贯通培养项目",强调适用性、实践性,服务于北京市经济发展。商务学院下设5个专业,通过本课题研究,从工商管理专业教学内容再设计、教学方法改革,以及加强实践教学、过程性考核、加强课程思政建设、加强课程教学团队建设等方面,对学院工商管理专业核心课程建设提出综合方案,优化教学模式,提高教学质量,使课程教学体系更符合"贯通培养项目"人才培养目标。

【关键词】"贯通培养";课程建设;人才培养目标

首都经济贸易大学商务学院承接北京市"高端技术技能人才贯通培养项目",强调适用性、实践性,服务于北京市经济发展。"贯通培养项目"是北京市政府在教育领域的重点改革举措,面向首都经济建设发展紧缺的技术、服务和管理岗位,适应首都经济社会发展、产业转型升级需要,这种培养模式更加注重实践教学和学生创新创业能力的培养。增加实践教学学时比例是应用型本科的办学宗旨之一,而理论学时的压缩往往又会造成学生学习不够深入。基于这些问题,本文着力构建商务学院工商管理专业核心课程建设的综合方案,符合当前上级对首都经济贸易大学承接此项目以及高校教学改革的要求,也对学院教育教学实践进行研究,提供理论与现实依据,同时全面提高教学质量,提升学生自主学习及创新实践能力。

商务学院下设5个专业,各专业核心课程均为经济管理类人才必修的科目。通过本研究，从工商管理专业教学内容再设计、教学方法改革，以及加强实践教学、过程性考核、课程思政建设、课程教学团队建设等方面，对学院工商管理专业核心课程建设提出综合方案，优化教学模式，提高教学质量，使课程教学体系更符合"贯通培养项目"人才培养目标。

一、教学内容重构

（一）课程体系调整

课程体系是育人活动的指导思想，是培养目标的具体化和依托，它规定了培养目标实施的规划方案。为适应学生发展，教学内容选择的标准在于对学生科学思维和创新实践的培养。此次调整适当减少了第一学期的专业基础课和第二学期的专业课，这部分课程与"贯通培养"高职阶段的课程有少量的重复，将重复课程进行删减不再设课，相应地增加第三学期的专业技能课与大学生实用写作课程，目的是掌握本专业细分领域的专业技能，并且顺利、按时完成毕业设计。

专业技能课突出相关专业技能的讲授与训练，以及就业导向教育和引导，增开了相应的商务谈判、市场营销实务、人力资源管理技能操作等课程。

（二）课程的教学内容调整

在相应的课程教学内容中增加最新最前沿的经济与管理观念，同时做相关的拓展和延伸，引入互联网、大数据理念，反映高新技术驱动的理念演变，对网络时代以及未来人工智能影响因素进行分析。增加经济社会各领域出现的新产品、新业务、新模式、新业态等各方面内容。在教学内容中增加调查分析、市场预测、定量研究等操作性较强的技能训练，并适应知识创新的需要，积极推进教学内容创新。

二、教学方法新颖多样

有效的教学方法有利于培养学生科学思维能力和创新精神，因此要不断改革传统的教学方法、教学手段和教学管理，选用适宜的教学方法，采用先进的教学手段，合理运用现代信息技术等手段。

采用案例教学和讨论、学生分组模拟等教学互动方式，在教学过程中增加大量与教学目标一致的案例、研讨、游戏等，采用翻转课堂提前释放知识点，让学生有的放矢地高效预习，教师帮助学生有效开展讨论，使学生正确理解关键知识点、梳理内容、贯通思路、适当延伸、启发创新。

一部分课程（市场营销学）采用线上与线下混合式教学模式，课前下达线上视频学习任务，为学生推荐中国大学 MOOC（慕课）中的国家级精品课程。线下课堂授课开展以问题为前导，采用"面向问题"式、案例式、启发式教学模式，让学生在课堂上讨论所提出的问题，并有针对性地进行讲解。通过教师讲解、师生交流、协作与分享，实现知识的内化，使学生获得更好地解决复杂问题的综合能力，从而获得对知识点更深层次的理解。另外，下一步可以开通学院抖音号等方式发布一些短视频教学资料，提升教师教学水平，实现校园媒体融合发展，这也是对学院新媒体渠道的又一补充。

多种教学方法让学生的学习过程更符合实践要求，增强课程的启发性、趣味性等，使学生自主思考、自主解决问题的能力得到比较好的培养，在实践中、在思考中体验工商管理专业课程的"精髓"。

三、加强实践教学

（一）实践课程教学

为全面推进立德树人教育，贯彻"大思政"的要求，提高实践教学质量，提升学生就业能力，加大实践教学部分的比例，在工商管理专业课程建设方案中着重加强企业实地调研环节、推进学生校外实习基地建设，加深学生对于理论知识的理解和运用，培养学生的实践能力。

1. 校外实习基地建设

在实践课程教学探索中，学院教学工作指导委员会以2021级工商管理专业旅游方向为试点，选定北京市门头沟区雁翅镇高台村乡村产业扶贫为实践教学对象载体，"请进来，走出去"，将实践教学与贯彻国家大政方针、服务首都地方经济社会发展大局紧密结合。

2. 企业实地调研

学院组织参观调研美团综合指挥中心，为学生介绍企业整体情况、企业文化、组织架构及经营业务板块，相关负责人与商务学院师生代表还就行业需求变化推动供给侧技术改革、美团大数据营销、企业承担的社会责任与市场营销课程思政内容等方面进行了深度交流，解答了学生对于美团营销模式以及实习生聘用等方面的问题。此类实践学习活动，帮助学生将课堂学到的知识与企业实际联系起来，激发学习兴趣，拓宽专业视野。

3. 开设实践通识课

学院还先后开展了文化旅游项目投融资模式研究、欧李产业示范园乡村振兴开发模式、法国 MBA 市场营销案例分析等学生课题，组织成果评议会，评定相应奖项。组织了 10 余场专业技能讲座及开设实践通识课，为在校学生组织了暑假与寒假实习实践系列活动，与众多企事业单位共建校企生态合作实践基地。

（二）毕业设计（论文）方案改革

毕业设计是检验学生综合运用所学理论、知识和技能解决实际问题的一个重要教学环节，也是对学生综合素质的一次全面检验。"贯通培养"本科毕业设计方案要与所学专业和岗位需求紧密结合，要以就业为导向，把职业技能培养与应用作为主线。

结合学院的办学定位，同时针对 2022 届毕业生在毕业设计中出现的指导教师欠缺、学生毕业设计时间不够用等情况，对工商管理专业毕业设计方案进行了改革，以市场营销方向的案例分析报告形式为例，通过三个学期的纵向学习和四门课程的横向关联，培养学生独立完成完整毕业设计的能力，提升学生的专业技能，形成毕业设计成果。

1. 第一阶段

新生入学第一学期学习统计分析方法，通过本课程的学习，让学生学会如何运用统计分析方法分析数据，为案例企业的战略分析提供真实有效的数据支持；学习企业战略管理，培养和建立战略的思维和系统观，能够对案例企业所处的宏观环境、行业环境、内部环境进行分析，从而发现企业内外部环境中存在的优势与劣势、机会与威胁。结课时要求学生提交本阶段成果——某企业战略分析报告，字数要求 3 000 字左右，内容包括经营概述、公司计划、公司所处外部环境分析、宏观分析和微观分析，以及公司计划中的公司战略、商业模式、产品和服务及公司管理等。

2. 第二阶段

根据第一阶段选定的企业相关背景资料及获取的数据和结论，学生在第二学期学习市场营销管理实务课程，掌握市场的环境分析、消费者分析的方法，并学会运用 STP 战略及 4P 营销策略等理论分析该企业的某产品或服务的市场营销策略，字数要求 6 000 字左右。

3. 第三阶段

学生在第三学期学习大学生实用写作技巧，此课程涵盖学术论文写作规范、行业研究报告写作规范、新媒体营销方案写作技巧等方面的内容，由多位教师合作授课。主要解决学生写作不专业、内容不完整、格式不规范等问题，讲授内容包括但不限于资料查找、文章结构、学术引用、文献搜集、图表制作、字体字号、文章排版等，具体格式要求以毕业设计格式要求为标准。课程结课时要求提交内容完整的某企业产品/服务营销战略及策略分析报告，字数要求 8 000 字左右。

四、加强过程性考核

在考核评价环节贯彻落实《深化新时代教育评价改革总体方案》精神，加强学习过程管理和考试管理，不断深化并完善能力与知识考核并重、以过程性考核为主的多元化学业考核评价体系，引导学生从以知识学习为主向以知识、能力、素质一体化提升为主转变，有效实现课程教学目标。

（一）过程性考核的总体要求

学生修读课程总成绩由平时成绩（即过程性考核成绩）和期末成绩构成。其中平时成绩占比不低于课程总成绩的 40%，具体占比应与考核环节、考核次数相匹配，并应在课程教学大纲中予以明确说明。过程性考核原则上应以线上教学平台（超星学习通等）为主。因线上教学平台功能所限无法完成的过程性考核，可通过线下方式进行，但必须做好考核过程的记载与资料留存工作。

（二）过程性考核的实施细则

课程组教师应根据教学大纲共同研究制定本门课程过程性考核实施细则，明确过程性考核的形式、内容和要求。规定过程性考核时间进度，提出课程过程性考核各种形式的考核要求、评分标准与评分比例。在开课初期过程性考核实施前告知学生过程性考核细则，并在课程结果性考核之前汇总完成学生的过程性考核成绩。

第一，对于课堂中学习过程的考核，将课堂参与度、课堂问题的回答情况、课后作业质量等指标纳入考评范围，作为学习态度的评价指标。

第二，对于课下学习过程的考核，设置课前预习、课后作业的完成度及完成质量、相关文献的阅读量等指标进行考核。

第三，加强实践能力的考核，通过案例分析、设计策划方案、校外实地调研与实习等有机结合，丰富实践教学内容，改变传统考试依赖死记硬背的单一考核方式。

第四，认真组织课堂教学过程性考核，按时布置课后考核内容，督促学生积极参与考核，按时批改或完成各项考核内容，并客观、准确、公正地评定成绩。

第五，对于线上线下混合式教学课程，线上考核方面，教师可以根据学生学习的参与度、任务点的学情统计、测验成绩等综合进行；线下考核方面，以学生参与教学状态、完成案例的质量，再加上传统的试卷考试等对学生进行考核。

五、加强课程思政建设

课程思政是新时代的新理念、新要求、新任务，所有的课堂都要成为育人的主渠道，挖掘课程自身所蕴含的思政元素，有机融入课堂教学，要深入落实立德树人根本任务、健全"三全育人"的体制机制，形成高水平的人才培养体系。

（一）提升理念

课程思政建设是工商管理专业课程建设中重要的组成部分，要发挥课堂主渠道作用，使学生掌握现代经济管理基本理论和基本方法，了解当今经济管理的新思想和发展趋势，把做人做事的基本道理、社会主义核心价值观的要求、民族复兴的责任有机融入课堂教学，将无形的价值观教育与有形的专业知识有机融合，利用当前课程思政建设的契机，精心挖掘各种思政资源和德育素材，以"润物细无声"的方式实现"立德树人"的育人目标，实现"德业融合"。

（二）践行课程思政

全院教师认真学习并严格遵循学校《关于深化课程思政建设的意见》，深入学习课程思政理论精髓，广泛借鉴先进经验，课程思政建设取得了长足的进步。邀请了课程思政大赛获奖者来学院进行实地教学分享；所有教师集体观摩学校课程思政设计大赛一等奖获得者的参赛视频；举办了课程思政建设推进会暨教学观摩活动，邀请校领导以及各相关职能部门出席活动，学院教师代表进行了课程思政教学展示，并形成教学成果——《商务学院课程思政成果汇编》。学院组织教师进行了一系列活动的心得体会分享，教师们高度肯定授课教师的教风、教态、教学水平和教学效果，从获奖教师的课例分享中深受启发，并表示将在自己的课程教学中结合优秀经验，总结思政教学与专业知识的融合要点，努力做到知识传授与价值引领相统一。

在践行课程思政过程中，形成学院的"贯通思政"特色，教师与班主任"双肩挑"机制使教师们能够将课堂内外贯通起来，"双重身份，双重关心"，切实提升了学院立德树人的实效。

（三）建设展望

学院将继续以专业思政建设为抓手，把握人才培养和专业建设的基本遵循，不断明确专业人才培养目标、提炼专业核心素养、优化核心课程体系，持续将育人理念融入专业建设，提升课程思政育人成效的系统性、针对性和有效性，逐步构建高质量人才培养体系。

六、加强课程教学团队建设

拥有一支师德高尚、治学严谨、教学水平和师德"双高"的教师队伍是提高课程建设质量、实现课程建设可持续发展的关键。

（一）制度激励

加强学院教师管理，学院研究制定了《商务学院教师岗位聘任办法（试行）》，建立有效的激励机制，提升教师积极性。开展院级教学改革立项，提供一定数额的建设补助和建设经费，促进教师对教学的研究，提高教学水平。

（二）培训强化

强化对教师的培养培训和教学研究活动安排，学院可以充分利用校内教学资源，加强对青年教师的指导和帮助，迅速提高青年教师的教学水平，组织开展现代化教学技能培训、课程思政建设培训、教师职业技能培训等培训工作，以及相关主题的观摩、交流讨论、集体辅导活动和单独一对一辅导，旨在提高教师综合教学素质，提升教学设计能力和信息化教学能力，促进教师积极使用信息通信技术和互动式教学方法，全面提高教学质量。

综上所述，本课题为"贯通培养项目"课程建设做有效的探索与实践，通过工商管理专业核心课程建设的持续推进，充分发挥其示范与辐射效应，带动其他课程建设与发展。

1. 课程建设要服务于人才培养目标

课程建设不是针对单独割裂的一门课程，而是从本专业的角度，以人才培养目标为基础，根本目的是促进学生就业，服务首都经济建设。"贯通培养项目"本科阶段与目前全日制本科在培养目标、培养模式以及学制方面有明显的差别，是首都经济贸易大学人才培养的一个创新点，商务学院也力争形成首都经济贸易大学人才培养的一个特色亮点。本研究从工商管理专业课程建设着手，致力于提高"贯通培养项目"教学质量、突出实践教学、提升学生学习自主能力与创新创业能力，为学生毕业后快速融入岗位奠定基础，充分促进学生就业率的提升。

2. 教师与学生双向提升与发展

本研究课程建设方案倡导"学生参与式"的互动教学，注重学生参与教学过程中的师生之间信息交互与教学相长，让学生参与从教学内容和教学方式的设计，再到课堂教学、实践教学以及社会实践等各个环节，真正突出学生在学习中的主体地位与实践能力的培养。树立课程建设的新理念，构建以学生为主体、教师为主导的新型学习共同体，使学生达到知识、技能、素养有机融合，打造实践性强、突出创新创业能力的课程。激发学生求知欲和探索精神，提高实践能力与综合素质。同时，教师也要不断提升综合教学能力，成为学生的促学者和导学者，最终促进教学质量的提升和学生的发展与成长。

参考文献

[1] 戴永辉,闫柯鑫,王思懿.学科交叉融合人才培养模式下课程建设探索:以工商管理专业为例[J].创新创业理论研究与实践,2022(4):85-87,91.

[2] 张晓玲.新时代背景下工商管理类专业课程思政建设路径探析[J].财富时代,2021(9):133-134.

[3] 张菁菁.新商科视角下地方高校工商管理一流专业课程建设现状与对策研究[J].科教导刊,2021(17):50-52,68.

[4] 赵青.高职院校工商管理类专业课程建设研究[J].南方农机,2020(9):165-166.

法学实践"金课"打造的社会维度探讨

孙明春

(首都经济贸易大学 法学院)

【摘 要】 在法学实践"金课"打造的改革背景下,以往从职业维度出发来构建的法学实践教学正逐渐演变为以社会维度为取向的法学实践教育。将社会维度引入法学实践教学,除了解决单一职业维度所带来的各种问题和弊端外,也是在法学院校更好地学习贯彻习近平法治思想、践行社会主义核心价值观并最终实现高素质法治人才培养目标的必然选择。以社会维度来推进法学实践"金课"的打造可从建设课程思政、推进创新创业教育以及注重劳动教育三个方面来寻求突破。

【关键词】 法学实践;"金课";社会;法治

近代中国法学是"西学东渐"强劲影响下的产物,在以往取法欧美发展路径中,法学教育对外来法学著述和法律制度译介、移植得多,对中国本土国情民意乃至政法实践关注、研究得少。这导致中国法学教育在长期发展中出现了重域外轻本土、重理论轻实践的失衡现象,这一现象既不利于中国法学研究和法学教育的长足发展,也不利于卓越法治人才的全面培养。进入新世纪后,中国法学理论界和教育界逐渐意识到这些问题,并着手从国家政策制定、育人机制革新等不同方面加以改进。特别是近年来,教育部关于"金课"打造的相关部署为这些问题的破解提供了有力助推。

一、从法学实践教学到实践"金课"的演变

为了使法学教育更加突出中国本土的主体地位,进一步破解"重域外轻本土、重理论轻实践"的育人弊端,加入世界贸易组织以来,我国一方面加

大在国际贸易等领域与世界进行法律规则上的接轨，另一方面对于如何推进依法治国以及改进法学人才培养出台了若干文件，教育主管部门和各高校也在实践教学方面展开了一系列探索。2011年12月，教育部、中央政法委联合出台了《关于实施卓越法律人才教育培养计划的若干意见》（以下简称《意见》）。《意见》直陈我国高等法学教育尚存在"不能完全适应社会主义法治国家建设的需要，社会主义法治理念教育还不够深入，培养模式相对单一，学生实践能力不强，应用型、复合型法律职业人才培养不足"等问题。为此，《意见》将"培养应用型、复合型法律职业人才"作为实施卓越法律人才教育培养计划的重点，并实施了"双千计划"，即选派1 000名高校法学骨干教师到实务部门挂职1~2年，参与法律实务工作；选派1 000名法律实务部门具有丰富实践经验的专家到高校任教1~2年，承担法学专业课程教学任务。在强化法学实践教学环节，《意见》要求开发法律方法课程，搞好案例教学，办好模拟法庭、法律诊所等，充分利用法律实务部门的资源条件，建设一批校外法学实践教学基地。① 由此可见，此处的法学实践教学带有鲜明的职业维度取向，即预设所有法科学生将来的职业选择都是进入法律实务部门，要求他们在掌握好法学理论知识的同时多参加与提高法律实务技能相关的实践。

在《意见》的带动下，不少法学教育工作者也将实践教学内容限定在解决各类争议的法律实务领域。例如，梅龙生认为，"法科学生实践教学内容主要是运用法律基本概念、基本原理和基本制度于法律实践之中，重点是将具体法律规范运用于法律实践之中，分析和解决各类法律关系争议"②。现实操作中，大多数高校在法学人才培养方案中对于实践教学基本按照《意见》来设计和开展。

党的十八大以后，全面推进依法治国成为"四个全面"战略布局之一。2014年12月23日通过的《中共中央关于全面推进依法治国若干重大问题的

---

① 教育部 中央政法委员会关于实施卓越法律人才教育培养计划的若干意见［EB/OL］.［2020-10-12］. http://www.moe.edu.cn/srcsite/A08/moe_739/s6550/201112/t20111223_168354.html.

② 梅龙生. 论法学实践教学体系的完善［J］. 河南教育学院学报（哲学社会科学版），2016（6）：102.

决定》（以下简称《决定》）要求依法治国、依法执政、依法行政共同推进，法治国家、法治政府、法治社会一体建设。对于法治人才培养，《决定》也延续了以往职业维度的取向，提出"健全政法部门和法学院校、法学研究机构人员双向交流机制，实施高校和法治工作部门人员互聘计划"，并"建设通晓国际法律规则、善于处理涉外法律事务的涉外法治人才队伍。"①

2018年，教育部开启了本科教育改革大幕。在这一年的6月21日，新时代全国高等学校本科教育工作会议召开。时任教育部部长陈宝生在会上提出，对大学生要有效"增负"，要提升大学生的学业挑战度，合理增加课程难度，拓展课程深度，扩大课程的可选择性，真正把"水课"转变成有深度、有难度、有挑战度的"金课"②。随即在8月份，教育部印发了《关于狠抓新时代全国高等学校本科教育工作会议精神落实的通知》，提出"各高校要全面梳理各门课程的教学内容，淘汰'水课'、打造'金课'，合理提升学业挑战度、增加课程难度、拓展课程深度，切实提高课程教学质量"③。由此，淘汰"水课"、打造"金课"成为中国高校当前本科教育的重要议题。

据教育部高等教育司司长吴岩介绍，教育部未来要打造五大类型"金课"，即线下"金课"、线上"金课"、线上线下混合式"金课"、虚拟仿真"金课"和社会实践"金课"。其中线下"金课"主要针对的是传统的课堂教学，线上"金课"指向的是近年来在"互联网+教育"背景下诞生的慕课（MOOC），线上线下混合式"金课"主要指的是以翻转课堂为代表的交叉授课方式，虚拟仿真"金课"是由"智能+教育"所催生出的新型课程形态，社会实践"金课"则是由思想政治教育、国情民情教育、创新创业教育、劳动教育等融合在一起的综合课程形态。④

为巩固新时代全国高等学校本科教育工作会议成果，落实《教育部关于

---

① 中共中央关于全面推进依法治国若干重大问题的决定［EB/OL］.［2020-10-12］. http：//cpc.people.com.cn/n/2014/1029/c64387-25927606-3.html.
② 坚持以本为本 推进四个回归 建设中国特色、世界水平的一流本科教育［EB/OL］.［2020-10-15］. http：//www.moe.gov.cn/jyb_xwfb/gzdt_gzdt/moe_1485/201806/t20180621_340586.html.
③ 关于狠抓新时代全国高等学校本科教育工作会议精神落实的通知［EB/OL］.［2020-10-15］. http：//www.moe.gov.cn/srcsite/A08/s7056/201809/t20180903_347079.html.
④ 吴岩. 建设中国"金课"［J］. 中国大学教学，2018（12）：5-8.

加快建设高水平本科教育 全面提高人才培养能力的意见》的相关部署，2018年9月，教育部会同中央政法委在卓越法律人才教育培养计划基础上，联合发布了《关于坚持德法兼修实施卓越法治人才教育培养计划2.0的意见》（以下简称《意见2.0》）。这份意见进一步凸显了"实践"之于法学教育和法学教学的重要意义和特殊价值，认为重实践乃"强化法学教育之要"。与《意见》相比，《意见2.0》已跳出了单从"职业维度"探讨实践的窠臼，从更为宏大的"社会维度"来认识和谋划法学实践教育和实践教学。例如，《意见2.0》提出，"要着力强化实践教学，进一步提高法学专业实践教学学分比例，支持学生参与法律援助、自主创业等活动，积极探索实践教学的方式方法，切实提高实践教学的质量和效果"。《意见2.0》还提出，要"结合社会实践，积极开展理想信念教育、社会公益教育、中华优秀传统法律文化教育，让学生在感悟法治进步中坚定理想信念，在了解群众疾苦中磨炼坚强意志，在奉献社会中增长智慧才干"[①]。

通过以上介绍我们可以发现，近十年，在法科人才培养方面出现了两个重大转变：一是"重域外轻本土、重理论轻实践"的现象得到了很大程度的扭转；二是在法学实践"金课"打造的改革背景下，以往单纯从"职业维度"出发来构建的法学实践教学正逐渐演变为以"社会维度"为取向的法学实践教育，而后者比前者的育人视野更为宏大，教育内容和教学形式也更为丰富。

二、职业维度取向的优势与不足

在法学实践教学中引入职业维度，致力于提升法科学子的法律实务技能，可以在很大程度上缓解法学教育"重理论轻实践"的弊端，而且这对于将来有志于从事法律实务工作的学生来说确有必要。

在实务技能提升方面，中国人民大学法学院行动较早且成效显著。该院在中国人民大学物证技术实验室（前身为创建于1953年的中国人民大学刑侦

---

① 关于坚持德法兼修实施卓越法治人才教育培养计划2.0的意见［EB/OL］.［2020-10-15］. http：//www.moe.gov.cn/srcsite/A08/moe_739/s6550/201810/t20181017_351892.html.

实验室）的基础上于 2005 年成立了中国人民大学法学实验实践教学中心，中心下设三个部门：立法实验教学部、司法实验教学部、法律实践教学部。学生不仅通过物证技术实验、诊所教育课堂学习实务实践技能，还通过对外的物证技术鉴定中心、诊所对外的接案系统来提供法律服务，在提供服务的过程中不断提高实践水平。不少参加此类训练的学生表示从中受益良多。一位曾在中心服务的学生这样说："很庆幸自己能在本科即将毕业的时候选上这门实践性如此强的课程。也让我在学习了三年法律知识之后能够在学术研究和实践操作之间建起一座桥梁，认识到了实践中法律应当如何被应用。不管是实地考察还是案例模拟，都让我感受到在'灌输性'课堂感受不到的气氛。"[①]

在中国人民大学法学院的示范和带动下，国内不少高校的法学院纷纷成立了法律诊所，设置了模拟法庭，并动员学生积极参加模拟法庭等竞赛活动。湖南大学法学院还曾邀请长沙市岳麓区人民法院民事审判一庭、长沙市芙蓉区人民法院民事审判一庭在该院模拟法庭就相关案件进行公开审判，组织学生进行旁听观摩。所有这些安排，都以尽可能模拟、还原真实法律实务场景为手段，以此来帮助学生将对法的认知由书本上延伸至实务中，并尽可能缩短学生毕业后进入法律事务部门开展工作的适应期和磨合期，这也是传统法律实践教学在育人中的目的和优势所在。

以职业维度为取向的实践教学固然可以在大学期间让学生具备一定的法律实务问题处理能力，但若将实践教学仅局限在职业这一个维度则也存在一些不足，这些不足主要体现在以下三个方面：

第一，单一职业维度的实践教学难以满足法科生日益多元的职业发展需求。传统的法学实践教学长期以来有一个"默认"的前置条件，那就是把全体法科生作为潜在的职业法律人来对待和培养。在高等教育专业细分的大背景下，这一理念和做法本无可厚非，但我们也不得不正视，包括法学教育在内的整个中国高等教育已完成了由精英化到大众化的转变，但法律职业岗位

[①] 课堂内外的法学教育实践：记中国人民大学环境法律诊所 [EB/OL]．[2020-10-18]．http：//www.law.ruc.edu.cn/lab/ShowArticle.asp？47665.html.

需求并未随之有大幅提升。再加上国家统一法律职业资格考试面向全日制应届本科毕业生的报名通道即将关闭,这就导致不少法科生特别是本科生毕业后的首次就业岗位极有可能与法律无关。以笔者所在的首都经济贸易大学法学院为例,该院 2020 年共有本科毕业生 115 名,其中毕业去向为司法机关、律师事务所和公司法务岗的有 14 人,占当年毕业生总数的 12.2%,升学攻读法学硕士研究生 24 人,占当年毕业生总数的 20.9%,累计有 66.9% 的本科生毕业去向与法学专业无关。该院 2020 年将近 20% 的硕博研究生毕业生首次就业岗位也与法律无关。由此可见,法科生毕业后从事非法律职业已不再是个例。

第二,单一职业维度的实践教学难以克服客观条件制约的局限。法学院毕竟不同于法院、检察院、仲裁委、律师事务所,其一方面不能完全复制法律实务部门的硬件设施和办公环境,另一方面也不能保障具有丰富法律实务经验指导人员的充分供给。即便将审判庭"搬到"法学院,也是带有示范性质的偶尔为之,不可能成为常态。因此,不少高校设置的法律诊所、模拟法庭往往形式大于内容,其所起到的育人效果也经常会大打折扣。对此,于志刚曾指出:"模拟法庭被众多法学院所奉为实践教学的标志,但在开展时却放手以'绝对信任'的方式让没有任何实务经历、经验的年轻教师甚至是高年级学生指导低年级学生,让学生'自娱自乐',教师更多地担任'评委''观察员'角色,缺少教师理论指导尤其是缺少实务指导,整体规划的模拟法庭不单是一种教学活动,更多的成为一种实践活动。同样的问题在实践实习、法律诊所等方面均较为突出。"① 这些现象不得不引起我们的反思。

第三,单一职业维度的实践教学难以培养出"德法兼修"的卓越法治人才。中国在选贤任能方面有着"以德为先"的悠久传统,中国传统司法智慧讲究礼法合治,中国古代备受推崇的司法官一般也不机械适用法律,而是善于沟通礼法和民意,尽量做到"天理、国法、人情"协调统一。近代以来,随着中华法系的解体,中国固有的传统礼法体系受到了否定和批判,在立法

---

① 于志刚. 法治人才培养中实践教学模式的中国探索:"同步实践教学"[J]. 中国政法大学学报,2017(5):40.

领域"法律移植主义"盛行，在司法领域无视国情民意的情况时有发生，在过去一段时期里法律职业群体甚至形成了一种精英化、团体化的自我闭合倾向。这就导致一些法律在纸面上脱离传统与国情，在实施中与人情和民意相隔阂，法律职业群体的社会负面评价也时有发生。因此，如果我们在实践教学中仅对法科生强调职业取向这一个维度，就难以让其中的未来法律职业人具有"情理法"兼备的知识结构，也无法真正造就"德法兼修"的卓越法治人才。

三、社会维度的必要性分析

既然单一职业取向维度的法学实践教学存在诸多不足且难以适应新时代卓越法治人才培养的更高要求，这就需要法学院校在设计、开展法学实践教学时除了职业维度外还应及时调整工作思路，在育人机制构建中积极引入其他维度。其中作为孕育、承载以及开展法学教育和法治建设的"社会"理应成为实践教学中的一个必要维度。将社会维度引入法学实践教学，除了解决单一职业维度所带来的各种问题和弊端外，也是在法学院校更好地学习贯彻习近平法治思想、践行社会主义核心价值观并最终实现高素质法治人才培养目标的必然选择。

（一）将社会维度引入法学实践教学，有助于法学院校更好地学习贯彻习近平法治思想

2020年11月16日至17日召开的中央全面依法治国工作会议首次明确了习近平法治思想在全面依法治国工作中的指导地位。会议认为，习近平法治思想是顺应实现中华民族伟大复兴时代要求应运而生的重大理论创新成果，是马克思主义法治理论中国化最新成果，是习近平新时代中国特色社会主义思想的重要组成部分，是全面依法治国的根本遵循和行动指南。[①] 毋庸置疑，习近平法治思想也必然成为法学院校师生学习的重要内容。习近平法治思想博大精深，实践性可称得上是其最鲜明的理论品格。正如栗战书委员长所指

---

① 习近平出席中央全面依法治国工作会议并发表重要讲话 [EB/OL]. [2020-10-18]. https：// www.chinanews.com/gn/2020/11-17/9340781.shtml.

出的:"习近平法治思想是在推进伟大斗争、伟大工程、伟大事业、伟大梦想的实践之中完善形成的,也还会随着实践的发展而进一步丰富。"① 冯玉军从六个方面论述了习近平法治思想确立的实践基础:一是党领导人民建设社会主义市场经济的伟大实践为习近平法治思想的确立提供了经济基础;二是党领导人民追求民主政治的伟大实践为习近平法治思想的确立提供了核心动力;三是党领导人民建设社会主义先进文化的伟大实践为习近平法治思想的确立提供了方向引领;四是党领导人民构建和谐法治社会的伟大实践为习近平法治思想的确立提供了根植土壤;五是党领导人民建设生态文明的伟大实践为习近平法治思想的确立提供了时代课题;六是党领导人民积极参与全球法律治理的伟大实践为习近平法治思想的确立提供了重要使命。② 由此可见,法学院校师生要想学懂、弄通习近平法治思想还得从实践中认识、从系统处把握,而传统"就法论法"式的单一职业维度法学实践教学就难以胜任这一新的学习要求,从社会维度入手将会有助于法学院校师生更好地学习、领会、贯彻习近平法治思想。

(二)将社会维度引入法学实践教学,有助于法学院校更好地践行社会主义核心价值观

习近平总书记在党的十九大报告中指出,要以培养担当民族复兴大任的时代新人为着眼点,强化教育引导、实践养成、制度保障,发挥社会主义核心价值观对国民教育、精神文明创建、精神文化产品创作生产传播的引领作用,把社会主义核心价值观融入社会发展各方面,转化为人们的情感认同和行为习惯。2016年12月,中办、国办印发的《关于进一步把社会主义核心价值观融入法治建设的指导意见》提出:把社会主义核心价值观融入法治建设,是坚持依法治国和以德治国相结合的必然要求,是加强社会主义核心价值观建设的重要途径。2018年3月,第十三届全国人大第一次会议通过的宪法修正案,增写了"国家倡导社会主义核心价值观"的内容。2018年5月,中共中央印发的《社会主义核心价值观融入法治建设立法修法规划》提出:着力

---

① 栗战书. 习近平法治思想是全面依法治国的根本遵循和行动指南[J]. 求是, 2021 (2):5.
② 冯玉军. 习近平法治思想确立的实践基础[J]. 法学杂志, 2021 (1):14-17.

把社会主义核心价值观融入法律法规的立改废释全过程，确保各项立法导向更加鲜明、要求更加明确、措施更加有力。① 社会主义核心价值观是我国社会大多数成员所认可、遵从的价值观念和道德准则，而且也是为我国法律所确认、保障的重要对象，其不应在我国当前的法学教育中缺位。但单从职业维度切入并不能帮助学生系统、深入认识到社会主义核心价值观的社会意义和法治价值，如果我们在法学教育教学中引入社会维度，就能很好理解中央把社会主义核心价值观融入法治建设的用意和指向，我们所培养的法律人才也能较好地在未来法律职业中将良法与善治、法治与德治有机结合起来。如此，也从另一个层面推动了社会主义核心价值观在法学院校的落地和践行。

（三）将社会维度引入法学实践教学，有助于切实培养高素质法治人才

近年来，中央对于法学教育"培养什么人、怎样培养人、为谁培养人"等系列重大问题均有过相应阐述和部署。2017 年 5 月，习近平总书记视察中国政法大学并就如何更好地培养大批高素质法治人才发表重要讲话，他指出："法学学科是实践性很强的学科，法学教育要处理好知识教学和实践教学的关系。要打破高校和社会之间的体制壁垒，将实际工作部门的优质实践教学资源引进高校。"② 在这次视察中，习近平总书记还赋予了法学教育"立德树人，德法兼修，培养大批高素质法治人才"的时代使命。2021 年 1 月，中共中央印发的《法治中国建设规划（2020—2025 年）》中提出："深化高等法学教育改革，优化法学课程体系，强化法学实践教学，培养信念坚定、德法兼修、明法笃行的高素质法治人才。"③ 不论从习近平总书记的重要讲话还是中央文件的相关部署中我们都可以发现，高素质法治人才不仅是精通法律知识和拥有法律技能，还应具有坚定政治立场、高尚道德情操，同时又熟悉社情民意、善于身体力行，如此才能有望履行好建成法治中国的使命。显然，单一职业维度的法学实践教学很难满足这样的育人需求，只有将社会维度接

---

① 社会主义核心价值观融入法治建设立法修法规划［EB/OL］．［2020-10-18］．http：//www.gov.cn/zhengce/2018-05/07/content_5288843.htm.
② 习近平在中国政法大学考察［EB/OL］．［2020-10-20］．http：//www.china.com.cn/guoqing/xijinping/2017-05/04/content_40743910.htm.
③ 法治中国建设规划（2020—2025 年）［EB/OL］．［2021-1-18］．http：//www.gov.cn/zhengce/2021-01/10/content_5578659.htm.

引其中，才会有助于切实培养更多高素质法治人才。

四、社会维度下法学实践"金课"打造的实施路径

"社会"既是法学实践教学开展的必要维度，也是未来法学实践"金课"打造的重要基础。以社会维度来推进法学实践"金课"的打造可从课程思政建设、创新创业教育和劳动教育三个方面来寻求突破。

（一）加强课程思政建设，实现实践"金课"的价值引领

课程思政建设是近年来教育部推动课程改革的一个重要抓手。陈宝生在新时代全国高等学校本科教育工作会议上的讲话中指出："高校要明确所有课程的育人要素和责任，推动每一位专业课老师制定开展'课程思政'教学设计，做到课程门门有思政，教师人人讲育人。"对此，法学实践教学也不例外，未来评判法学实践"金课"成色的一个重要标准就是有没有较好地进行"课程思政"教学设计。根据教育部2020年5月印发的《高等学校课程思政建设指导纲要》的规定，课程思政建设"就是要寓价值观引导于知识传授和能力培养之中，帮助学生塑造正确的世界观、人生观、价值观"[1]。法乃规范与价值的统一体，法学专业在开展课程思政建设方面有着天然优势。笔者认为，法学实践"金课"在打造过程中应重点挖掘并融入以下三方面的思想政治教育资源。

一是习近平法治思想。习近平法治思想来自法治实践、指导法治实践并随着实践发展而发展，法学实践"金课"在内容设计中应自觉将习近平法治思想融入其中，特别是引导学生对"十一个坚持"中的"坚持党对全面依法治国的领导""坚持以人民为中心""坚持中国特色社会主义法治道路"等论述要有深切体认，帮助学生真正形成不脱离中国实际的法治观、正义观。

二是社会主义核心价值观。社会主义核心价值观是当代中国人在价值观念上的"最大公约数"，是沟通当前法治与德治的重要纽带。在法学院校中践行社会主义核心价值观既是一项政治任务，也是实现社会有效治理的实践需

---

[1] 教育部关于印发《高等学校课程思政建设指导纲要》的通知[EB/OL]．[2021-12-18]．http://www.gov.cn/zhengce/zhengceku/2020-06/06/content_5517606.htm．

要。因为在社会生活中有不少纠纷和问题是处于法律与道德的"中间地带",将社会主义核心价值观教育引入法学实践"金课",有助于学生了解社会治理的多面性和复杂性,在研习"良法"的过程中也能充分感受"善治"的价值和魅力。

三是"德法兼修"的职业素养。高素质法治人才的养成既需要掌握精湛的法律技能,也需要具备"德法兼修"的职业素养。在法学实践"金课"打造中,既可以通过邀请优秀法官、检察官、律师等法律人进校园来向学生们分享其执业的心路历程和点滴感悟,也可以安排学生到法律实务部门走访参观来近距离感受优秀法律人的职业风采,以此来帮助学生坚定法治信仰,增强职业责任感和自豪感。

(二) 开展创新创业教育,推进实践"金课"的交叉融合

创新创业脱胎于国务院 2014 年所倡导的"大众创业、万众创新",即统称的"双创",其一经提出就点燃了亿万国人的创新热情和创业激情。青年大学生是支撑未来经济社会发展的生力军,其创新创业的意识和能力如何始终得到党和国家的高度重视。2018 年 9 月,国务院发布的《关于推动创新创业高质量发展打造"双创"升级版的意见》再次肯定了创新创业的重要意义,意见指出:"创新创业与经济社会发展深度融合,对推动新旧动能转换和经济结构升级、扩大就业和改善民生、实现机会公平和社会纵向流动发挥了重要作用,为促进经济增长提供了有力支撑。"[①] 意见还专门就强化大学生创新创业教育培训作了要求和部署,提出在全国高校推广创业导师制,把创新创业教育和实践课程纳入高校必修课体系,允许大学生用创业成果申请学位论文答辩。

经过几年努力,创新创业教育在中国高校已经取得长足发展。但我们不得不正视的是,这种发展依然是不系统、不平衡的,这表现在,不少高校创新创业教育的课程体系还不健全,包括法学在内的人文社科专业学生参与创新创业教育的人数较少、热情不高。人文社科专业学生虽不像理工科学生那

---

① 国务院关于推动创新创业高质量发展打造"双创"升级版的意见 [EB/OL]. [2021-01-18]. http://www.gov.cn/zhengce/content/2018-09/26/content_5325472.htm.

样具有从事创新创业活动的"先天优势",但并不代表人文社科专业学生就可以无视创新创业对社会经济发展的重要推动,更不代表他们不需要具备创新意识和创业精神。我们可以在法学实践"金课"打造中为法科生尽快补齐创新创业教育这一短板。一方面,我们可在课程中及时向学生介绍创新创业活动所催生的新模式、新业态,引导学生积极思考由此可能带来的法律风险,并对规避或化解此类风险提出合理化的法律建议。另一方面,我们在课程中也可以向学生展现创新创业活动所形成的新理论、新方法,鼓励学生借此多开展跨学科交叉研究,丰富大家的知识结构。此外,我们还可以组织学生积极参与中国国际"互联网+"大学生创新创业大赛、中国创新创业大赛、"创青春"中国青年创新创业大赛等高水平赛事,通过"以赛促学""以赛促教""以赛促创",来激励学生们扎根中国大地了解国情民情,锤炼意志品质,增长智慧才干。

(三) 注重劳动教育,放大实践"金课"的育人效应

近年来,中央和教育部对劳动教育多有强调和部署。劳动教育目前已成为国民教育体系的重要内容,具有树德、增智、强体、育美的综合育人价值。教育部 2020 年 7 月印发的《大中小学劳动教育指导纲要(试行)》强调了劳动教育的思想性、社会性和实践性,并要求"必须加强学校教育与社会生活、生产实践的直接联系,发挥劳动在个人与社会之间的纽带作用,引导学生认识社会,增强社会责任感","必须面向真实的生活世界和职业世界,引导学生以动手实践为主要方式,在认识世界的基础上,获得有积极意义的价值体验"[1]。在高校开展劳动教育意义重大,正如刘向兵等所指出的:"高校加强劳动教育,既能引导新时代大学生努力学习科学文化知识、练就过硬本领,又能教育大学生坚定理想信念、锤炼高尚品格、培育劳动情怀,自觉把人生理想、家庭幸福融入国家富强、民族复兴的伟业之中,建构个人与集体、个人梦与中国梦、小家与国家民族融合统一的发展共同体和命运共同体,最终推动在广大青年学生的接力奋斗中实现伟大复兴中国梦。"[2]

---

[1] 教育部关于印发《大中小学劳动教育指导纲要(试行)》的通知 [EB/OL]. [2021-01-18]. http://www.moe.gov.cn/srcsite/A26/jcj_kcjcgh/202007/t20200715_472808.html.
[2] 刘向兵,等. 新时代高校劳动教育论纲 [M]. 北京:社会科学文献出版社,2019:5.

法学院校也应结合学科专业特点积极开展劳动教育。在法学实践"金课"的打造中,可从三个层面来设计劳动教育的相关内容。一是在日常生活劳动层面,可与学工团队、学生家长加强协作,将学生在宿舍、教室等公共领域参与劳动情况以及居家分担家务情况纳入法学实践"金课"的考察范围,督促学生养成公共意识和劳动习惯。二是在生产劳动层面,根据劳动教育开展应坚持因地制宜原则,法学院校可与相关工厂、车间、农场等建立广泛联系,组织学生根据个人兴趣爱好,"宜工则工、宜农则农",让学生在参加生产劳动实践中感知法的社会性和生命力。此外,法学院校还应引导法科生树立正确择业观,激励大家毕业后到法治建设基础相对薄弱、法治人才更为短缺的艰苦地区和边远地区建功立业,将个人法治理想与中国法治事业的整体进步紧密结合起来。三是在服务性劳动层面,法学院校可充分利用消费者权益保护日、世界环境日、宪法宣传周以及寒暑假等时间节点,组织学生到社区、学校、军营等场所积极开展普法宣传,投身法律公益活动,让学生在参与法律服务中感受劳动的快乐和奉献的价值。

在法学实践"金课"劳动教育资源整合方面,法学院校可号召师生向获得过"全国劳动模范""全国先进工作者"等荣誉称号的优秀法律人学习,例如与知识产权审判事业共同成长30年并获"'三八'红旗手""全国劳动模范""最美奋斗者"等荣誉称号的宋鱼水法官,用司法救助助力脱贫攻坚并获"全国先进工作者"等荣誉称号的王志勇法官,被誉为新疆昌吉州"反腐斗士"并获"全国五一劳动奖章"的丁殿勤检察官,致力普法宣传、热心公益事业并获"全国劳动模范"荣誉称号的刘畅律师等,都是其中的杰出代表。通过学习他们的先进事迹和优秀品格,让"劳动"在法学教育中变得更为形象、具体,从而能够释放更大育人效应。

参考文献

[1] 梅龙生. 论法学实践教学体系的完善 [J]. 河南教育学院学报(哲学社会科学版),2016(6):102.

［2］刘坤轮．我国法学类专业本科课程体系改革的现状与未来：以五大政法院校类院校为例［J］．中国政法大学学报，2017（4）：148.

［3］吴岩．建设中国"金课"［J］．中国大学教学，2018（12）：5-8.

［4］于志刚．法治人才培养中实践教学模式的中国探索："同步实践教学"［J］．中国政法大学学报，2017（5）：40.

［5］栗战书．习近平法治思想是全面依法治国的根本遵循和行动指南［J］．求是，2021（2）：5.

［6］冯玉军．习近平法治思想确立的实践基础［J］．法学杂志，2021（1）：14-17.

［7］刘向兵，等．新时代高校劳动教育论纲［M］．北京：社会科学文献出版社，2019.

数字化人才需求导向下的学生培养和教学改革探索
——以人力资源管理专业为例

杨旭华

(首都经济贸易大学 劳动经济学院)

【摘 要】我国数字经济的快速发展对产业和行业的数字化转型与升级提出了更高的要求,也催生了社会对数字化人才旺盛和迫切的需求。虽然近几年伴随数字经济的发展,部分院校也开设了一些相关课程,但在培养方案和课程设计上相对滞后,与产业发展和组织需求存在一定差距。此次教学改革以人力资源管理专业为例,通过调研分析目前高校人力资源管理专业转型的现状与面临的挑战,针对首都经济贸易大学学科发展提出切实可行的课程体系,明确培育人力资源管理数字化人才的改进方向,从而提升首都经济贸易大学人才培养的质量和口碑,形成支撑未来国家和北京市发展的人才培养特色,实现人才培养供给链与数字产业需求链的有效对接。

【关键词】数字化人才培养;数字化教学改革;人力资源管理专业

我国当前存在巨大的数字化人才缺口,数字人才培养体系亟须丰富和完善。数字化人才培养从学科导向转变为需求导向,从专业分割转向跨界融合。而人才培养的目标,也从服务数字经济转变为支撑和引领数字经济的发展,这为数字化人才的培养带来了新的冲击和挑战。据此,本文以探索切实有效的数字化人才培养方案和课程体系为目标,以提高学生数字思维和数字能力为目的,以数字时代发展对数字化人才的需求为导向,建立新的人才培养体系和实践教学体系，构建校企合作、协同育人的长效机制，积极应对未来发展和实践需求，形成首都经济贸易大学人力资源管理专业人才培养特色，提升人才培养质量。

一、教学改革背景

近年来，人工智能、计算机、大数据、5G 等新型技术推动着数字经济的快速发展，中国 2021 年度数字经济的总量已达到 45.5 万亿元，占国内生产总值（GDP）的 39.8%。数字化人才作为驱动我国数字经济产业发展的重要力量，已渗透到国民经济的各个领域。2022 年 9 月 30 日，人社部发布的新版职业分类大典首次标识了 97 个数字职业，占新职业总数的 6%，体现我国已进入数字化人才刚需时代。

由于数字化人才缺口较大，从事数字化职业或工作的从业者成为行业企业重点培养的对象，数字化人才的培养也得到国家的高度重视。国务院办公厅在《关于开展国家教育体制改革试点的通知》中明确表示，高等院校需要改革人才培养的模式，以互联网为依托的信息技术正促使教育改革向数字化的趋势发展。数字化人才培养方式有待完善、速度急需提升，以应对我国经济和社会的高质量发展。

首都经济贸易大学劳动经济学院于 1993 年作为全国第一批开设人力资源管理专业的院校，在全国设有该专业的 200 多所大学中综合实力排名第二。人力资源管理专业于 2020 年已入选国家级一流本科专业建设名单，探索数字化人才需求背景下的人才培养体系和教学改革措施，是一件重要且必要的工作。基于此，本文在人力资源管理专业学生数字能力水平调查研究和数据分析的基础上，探讨本专业数字化人才培养的核心体系、有效路径和可行方案。

二、人力资源管理专业学生数字能力水平调研与分析

研究从需求和供给两个角度探讨首都经济贸易大学人力资源管理专业学生的数字能力现状与需求差距。首先，在前期文献研究的基础上，本文采用内容分析和扎根理论的方法，对近十年国内外数字能力的相关研究进行梳理，并对企业界人力资源（HR）相关岗位的数字能力要求进行归纳总结，进而形成人力资源管理者数字能力需求指标体系。其次，以该数字能力需求体系为

基础，编制并发放调查问卷，对首都经济贸易大学全日制人力资源管理专业学生的数字能力状况和特点进行分析，探讨目前学生数字能力现状与组织人才需求的差异。

（一）人力资源管理者数字能力需求指标体系

1. 基于文献的数字能力体系与表现指标

通过对中国知网进行关键词检索，在Web of Science数据库中将"Digital competence""digitalization transformation""smart device""artificial intelligence""big data""robot"等词分别与"HR""HRM""human resource management""Major in human resource management"进行组合检索，时间跨度选择为2012—2022年，归纳了国内外人力资源管理者数字能力需求的代表性观点，提取高频率数字能力要素，对各要素进行概括，进而构建了人力资源管理者数字能力需求体系的核心维度（见表1）。

表1 数字能力体系的表现指标及文献来源

核心能力维度	具体描述	表现指标	来源文献
信息搜集能力	熟悉且能熟练运用基本的搜索引擎进行数据检索	数据检索能力	李桂英（2020）；Nawaz（2017）
		能够对检索到的信息进行评价	孙晓燕（2016）；邱茜（2021）
数字沟通能力	在数字环境中沟通，利用在线网络工具进行资源共享，与他人沟通交流，具备跨学科交流的意识	在数字环境中沟通与合作的能力	邱茜（2021）；江涛涛（2021）
		具备"跨界"思维	李倩（2016）；刘晖（2018）；江涛涛（2021）
数据处理与分析能力	掌握大数据基础知识和大数据分析技能，能够科学地将数据转化为人力生产力	使用基本办公软件的能力	岳龙华（2013）；王碧英（2016）；李亭（2020）
		运用基本数据分析软件的能力	张敏娜（2020）；倪艳（2022）；Bolton（2016）
		运用可视化技术的能力	张敏娜（2020）
		运用编程软件的能力	Anastasiia（2019）

续表

核心能力维度	具体描述	表现指标	来源文献
数字安全意识	保护个人信息、数据和数字身份，采取安全措施并持续利用的能力	保护数字设备和个人信息	李倩（2016）；邱茜（2021）；王辉等（2017）
		伦理与责任	邱茜（2021）
问题解决能力	能第一时间运转数字化思维，创造性地运用数字工具解决概念和技术问题，提高自身素质及能力	具备数字思维	李桂英（2020）；刘娜（2021）
		数字创新能力	袁苑等（2020）；刘娜（2021）；江涛涛（2021）

2. 基于访谈的数字能力体系与成果指标

人力资源管理数字化转型的实践探索目前在企业界正如火如荼地开展，我们选择了10位根植于不同行业的人力资源管理负责人，对他们进行了深度访谈。在访谈资料的基础上，通过扎根理论研究法梳理出了人力资源管理者数字能力需求体系的5个核心维度和15个具体表现指标。结合HR数字化岗位招聘信息中的核心要素，进一步形成人力资源管理者数字能力的成果性指标（如表2所示），并在此基础上编制了调查问卷。

表2 人力资源管理者数字能力体系的成果指标

能力维度	表现指标	成果指标
信息搜集能力	熟悉基本的搜索引擎	能够熟练使用多种搜索引擎（如百度、谷歌、360等）
	能够对检索到的信息进行评价	能够评价信息的实用性、时间性、精确性和整合性
数字沟通能力	在数字环境中沟通交流的能力	能够熟练地使用网络交流工具或平台与他人进行交流（如电子邮件、QQ、微博、微信、贴吧等）
	在数字环境中与他人合作的能力	能利用数字技术和媒体与他人进行团队协作
	具备"跨界"思维	能够对多学科、多领域的知识进行跨界整合

续表

能力维度	表现指标	成果指标
数据处理与分析能力	使用基本办公软件的能力	能够熟练使用 Microsoft Office（PowerPoint、Word、Excel 等）
	运用基本数据分析软件的能力	能熟练地使用数据统计分析软件（如 Excel、SPSS、MATALB、EVIEWS 等）
	运用可视化技术的能力	能够使用可视化软件（如 X-mind、MindManager、幕布等）绘制思维导图
	运用编程软件的能力	能够使用编程语言（如 Ruby、Python 等）来解决学术研究或工作中遇到的问题
数字安全意识	保护数字设备	能够使用基本的方法来保护自己的数字设备，掌握安全防范措施
	会使用数据保护工具	能够采用多种途径（如设定密码、隐藏文件夹等）保护个人信息数据的安全
	伦理与责任	能够按照规章制度获取信息资源，合法地获取、存储和发布文字、数据、图像或声音等
问题解决能力	具备数字思维	在工作或学习中遇到问题，能够第一时间运转数字化思维，并通过学习新技术或工具解决问题
	数字创新能力	能够灵活利用技术进行创新，积极参与数字化写作和多媒体创作
	寻找解决问题的相关知识的途径	能够利用视频网站、论坛、贴吧等工具学习新的知识以解决实际问题

（二）人力资源管理专业学生数字能力现状调查与分析

1. 问卷设计与发放

在人力资源管理者数字能力需求体系的基础上，按照信息搜集能力、数字沟通能力、数据处理与分析能力、数字安全意识和问题解决能力五个核心维度的成果指标编制问卷，最终形成人力资源管理专业学生数字能力调查问卷。向首都经济贸易大学人力资源管理专业在读的大二、大三和大四学生共发放 200 份问卷，回收 167 份。在删除无效问卷后，得到有效问卷 139 份。

2. 学生数字能力现状分析

根据李克特五点量表，题项选择1"完全不符合"和2"比较不符合"表示样本选项属于低水平，题项选择3"有时一般符合"表示样本选项属于一般水平，题项选择4"比较符合"和5"完全符合"表示样本选项属于高水平。

（1）数字能力总体水平。将信息搜集能力、数字沟通能力、数据处理与分析能力、数字安全意识和问题解决能力的得分均值与中间值3（表示"有时一般符合"）进行对比，单样本 t 检验结果（见表3）显示，研究参与者在五个维度上的得分均高于中间值，且 P 值均小于0.001，与中间值存在显著差异，一定程度上可说明人力资源管理专业学生数字能力整体水平较好，但在一些领域还有待发展和完善。

表3 数字能力总体得分情况

维度	N	均值	标准差
信息搜集能力	139	4.19	0.68
数字沟通能力	139	4.34	0.72
数据处理与分析能力	139	3.21	1.26
数字安全意识	139	3.95	0.77
问题解决能力	139	3.91	0.83

（2）信息搜集能力现状分析。调查结果显示，人力资源管理专业学生信息搜集能力的均值为4.19，标准差为0.68。如表4所示，在熟悉基本的搜索引擎和信息评价能力方面，分别有90.78%和82.98%的学生属于高水平人群。综合来看，学生们在信息搜集领域各项指标中达到了良好水平，能做到熟练使用搜索引擎，能对检索到的信息进行评估。

表4 信息搜集能力得分情况

表现指标	低水平（%）	一般水平（%）	高水平（%）	均值	标准差
熟悉基本的搜索引擎（Q1）	0.71	8.51	90.78	4.33	0.664
能够对检索到的信息进行评价（Q2）	1.42	15.6	82.98	4.06	0.679

（3）数字沟通能力现状分析。调查结果显示，人力资源管理专业学生数字能力的五个维度中，数字沟通能力的得分最高（$M=4.34$）。表5显示，在数字沟通能力各维度中，数字协同合作能力表现相对较弱，说明人力资源管理专业学生具备较好的数字沟通能力，但数字合作意识和团队协作能力还有待加强。

表5 数字沟通能力得分情况

表现指标	低水平（%）	一般水平（%）	高水平（%）	均值	标准差
在数字环境中沟通交流的能力（Q3）	0.00	7.09	92.91	4.47	0.629
在数字环境中与他人合作的能力（Q4）	4.96	17.02	78.01	4.00	0.808
具备"跨界"思维（Q5）	0.00	5.67	94.32	4.54	0.605

（4）数据处理与分析能力现状分析。在数据处理与分析能力方面，人力资源管理专业学生的表现与其他四个维度得分相比较差（$M=3.21$，$SD=1.26$）。表6显示，数据分析能力较差，只有不到半数的样本对象在数据分析和可视化能力上属于高水平人群；特别是在编程能力和数据可视化能力方面，样本得分标准差大于1，且有超过半数（69.51%）的学生在编程方面属于低水平，说明学生的编程能力参差不齐、有待提高。

表6 数据处理与分析能力得分情况

表现指标	低水平（%）	一般水平（%）	高水平（%）	均值	标准差
使用基本办公软件的能力（Q6）	2.13	11.35	86.52	4.17	0.708
运用基本数据分析软件的能力（Q7）	17.02	39.72	43.27	3.36	0.933
运用可视化技术的能力（Q8）	28.37	25.53	46.10	3.24	1.213
运用编程软件的能力（Q9）	69.51	15.60	14.89	2.08	1.168

（5）数字安全意识现状分析。调查结果显示，人力资源管理专业学生在数字安全意识方面表现中等（$M=3.95$）。表7显示，学生的伦理与责任方面有90.08%的样本属于高水平人群，但在保护数字设备和使用数据保护工具方面得分相对较低，信息数据安全保护的意识有待加强。

表7 数字安全意识描述性统计结果

表现指标	低水平（%）	一般水平（%）	高水平（%）	均值	标准差
保护数字设备（Q10）	2.84	21.99	75.18	3.88	0.733
会使用数据保护工具（Q11）	7.80	19.15	73.05	3.81	0.824
伦理与责任（Q12）	2.84	7.09	90.08	4.17	0.722

（6）问题解决能力现状分析。调查结果显示，人力资源管理专业学生在问题解决能力方面表现中等（$M=3.91$）。表9显示，人力资源管理专业学生利用数字技术学习新知识来解决问题的能力相对较强，但数字思维和数字创新能力还有待完善。

表8 问题解决能力描述性统计结果

表现指标	低水平（%）	一般水平（%）	高水平（%）	均值	标准差
具备数字思维（Q13）	7.09	33.33	59.58	3.64	0.808
数字创新能力（Q14）	4.97	33.33	61.70	3.69	0.788
寻找解决问题的相关知识的途径（Q15）	0.71	8.51	90.78	4.40	0.678

基于数据分析结果，可以看出首都经济贸易大学人力资源管理专业学生数字能力方面存在的问题主要是数字协作沟通能力不足，数据处理与分析能力较弱，对数字安全与隐患的认知有所欠缺，利用数字化手段和数字化工具解决问题的能力有待加强，数字思维和创新能力有待拓展。据此，本文探讨

了针对数字化变革和数字人才培养的课程体系、教学方式和实践平台的改善方案。

三、基于数字人才培养的课程体系与实践平台设计

在数字经济的驱动下，部分高校结合数字化转型的浪潮，创新了人力资源管理数字人才的培养模式和实训体系。例如：上海大学建立了人力资源大数据联合智能实验室，重点开展薪酬总量智能算法、全球人才薪酬数据库、人才画像与高潜人才识别、人才通道与任职资格体系、智能化绩效管理、元宇宙运用场景等专题研究。但目前大多数高校关于人力资源管理数字化人才的培养模式尚未能较好地契合现实需求，仅仅引入了热门的软件和工具，在具体方案设计和实践应用上还有待拓展和完善。

本文基于数字化人才的需求特征，为更好地助力首都经济贸易大学人力资源管理专业数字化转型与发展，对原有的人才培养方案进行了一系列的调整和完善，设计了人力资源管理专业数字人力方向的培养目标、修读要求、课程设置、授课内容等内容（具体请见实施方案），致力于培育符合数字时代发展趋势的人力资源管理专业人才，将教学内容和数字时代发展、数字人才需求紧密联系，从而帮助学生更好更快地适应数字化转型带来的改变。在原有专业培养方案的基础上，新的方案主要在以下方面做出了改善。

（一）提升数字能力，增加数字理论知识

新的专业培养方案既要求学生系统掌握人力资源管理、劳动法律法规、人际沟通与组织协调的理论知识和实践技能，也要求学生具备较强的数字化意识与思维、较强的业务洞察与诊断和解决问题的能力，掌握各种数字化分析工具和方法，具备数字化运营体系或方案的设计能力、推进管理创新的能力。重点培养和深化学生们以下方面的专业知识和能力：人力资源管理多岗协同多场景综合实务处理，以及融合生产经营实践进行业务问题诊断，开展整体业务解决方案设计并实施的能力；同时具备运用现代人力资源管理数据分析、大数据挖掘与分析技术方法，借助数字化平台开展组织与人才运营方案设计与实施，推进管理优化与创新的能力。

（二）重视实践教学，设置数字化实训课

新的专业人才培养方案特别重视实践教学，课程总学时 2 480 学时，其中实践教学课程有 752 学时，占 30.3%。专业总学分 164 学分，其中实践教学 61 学分，占 37.2%。专门设置了一系列的实训课程，例如管理沟通实务实训、人力资源大数据分析与决策专项实训、核心人才招聘与云招聘、绩效与薪酬管理实训、组织与人才数字化运营与创新、自我认知与先天特质、企业认知与仿真实习、企业商业模式设计、商业社会模拟实训、企业经营模拟实训、大中型集团企业人力资源管理专项实训。这些课程的增加有助于培养学生的数字思维，以促进学生数字能力的可持续提高。

（三）深化产教融合，强化协同育人机制

深化产教融合是改变人才供给侧与产业需求侧不平衡的关键，搭建协同育人平台，探索产教融合机制，有助于数字化专业人才的培养。企业专家与高校教师共同研究制定符合实践需求的数字化人才培养方案，在人才培养过程中，高校将企业最新技术与实战化工具融入学生学习过程，同时学校还可以建设基于企业真实场景和真实项目的实践训练平台，通过开展集中式项目实训，提升和强化学生的实践能力。

四、实施路径与努力方向

人力资源管理专业能力与数字能力的融合发展，不仅是时代发展的需要，也会产生"1+1>2"的效果。从课程内容、教学方式、培养模式、育人机制、产学结合、教师队伍等多方面开展综合改革，力求培育德才兼备、具备数字思维和数字素养的应用型、复合型专业人才。针对新的人才培养方案，未来的实施路径和努力方向主要包括以下四点。

（一）迭代课程内容、改革教学方式、创新培养模式

为了更好地满足数字化转型对人才知识体系和能力素质的新要求，针对培育数字能力的课程内容、教学方式和培养模式进行专业的综合改革。

迭代课程内容。第一，在课程设置方面结合数字时代要求，在专业选修课中增设 Python、RPA 等编程语言和技术的实操课，提高人力资源管理专业学生的大数据分析技能。第二，加强学生数字办公技能培训，例如 ERP 系

统、HR SaaS 平台的使用，以更好地契合数字化人才培养要求，提高学生的就业能力。

改革教学方式。第一，建立以学生为中心的教育理念，采用翻转式、探究式课堂，运用案例、项目、小组讨论等灵活的教学方法。以学生为主导的教育方式，在很大程度上可以激发学生自主学习的热情，增强学生学习的主动性与参与感。鼓励并引导学生利用中国大学 MOOC 网、超星学习通等网站自学编程知识，发挥学生的主观能动性。第二，为学生提供职业生涯规划导师，及时了解学生思想动态，指导大学生专业学习，激发学生在数字化转型领域的学习和研究，根据学生需要在科研、就业等多方面提供全方位指导。第三，定期举行经验交流会，由学生主导进行数字经济和数字化转型专业领域前沿问题的分享交流，帮助学生形成勤思多想的思维模式，培养学生批判性思考和实践创新能力。第四，通过线上和线下综合学习平台，实现学、练、赛、评全流程学习行为记录管理。

创新培养模式。人力资源管理（数字方向）专业以培养和提升学生数字能力为核心，采用互动与启发的教学手段，并利用数字化转型企业人力资源管理中真实典型的案例，帮助学生思考与复盘。未来在人才培养过程中，需要积极探索"课证融合机制"，面向校企合作培养的学生，在毕业前必须通过专业技能或行业认证考试。通过课程学习成果与专业技能证书的有效对接，打通数字化专业能力培养与专业资格认定的障碍，促进专业认证与行业认证的有机衔接。

（二）建立可持续的协同育人机制

推进协同育人机制。坚持产业需求导向与人才培养目标统一，瞄准国家数字人才缺口和行业数字化转型人才需求，校企双方联合制定面向数字化人力资源管理领域的方案，以解决数字化人才需求侧与培养供给侧"两张皮"的问题。在培养数字化人才的过程中，学校通过将企业新科技和实战化生产工具纳入学生的学习过程，共同构建基于实际应用场景和现实项目的企业实战培训平台，并通过实施集中式项目实习，进一步提高学生实践能力。为确保落地实效，首都经济贸易大学未来需要加大数字化培育资源与师资投入，以培养复合型、实践型、创新型的人力资源管理数字化人才。

构建可持续化培育。首先，围绕人力资源管理数字化人才的培养目标，校企双方可以定期商讨并更新具体培养路径，不断提升数字化专业人才的培养效果；其次，学校可以根据学生实际的学习情况，开展与数字化转型相关的主题论坛、学术讲座、专业比赛、特色夏令营、企业实习实践等活动；最后，根据用人单位的反馈动态更新人才培养方案和课程体系，帮助学校优化人才培育的各阶段、各环节、各流程，将数字化人才的行业发展、人力资源专业数字能力要求以及综合素养提升的理念贯彻到专业人才培养的全周期。

(三) 强化产学深度融合，提升数字化教学模式的应用绩效

建立产学研合作模式，促进创新发展。从企业实践平台建设到特色人才培养方案制订，从联合课程开发到专业教材出版，从企业实训课程教学到学生综合素质提升，高校教师加企业讲师，高校辅导员加企业班主任的"2+2"模式，是深化产教融合、实现特色培养的重要路径。我们向学生提供相应的企业资源，引领人才进行探究式学习；定期邀请企业专家开设讲座，介绍人力资源数字化技术最新发展和人力资源数字化转型的经典案例；聚焦未来数字化转型，共创培养体系、共建课程模块、共享人力资源。

创建数字化教学平台，实现深度融合。第一，建设与数字产业相关的实践平台，通过建设数字化人才培育实验区等形式，构筑数字化人才学习和实践的平台。以该平台为载体，增加与各类企事业单位的紧密合作，尤其是加强与政府资源、行业协会间以及数字技术、数字产业相关的企业的合作。第二，创建数字化教学基地。采用"校企合作，产学结合"的模式，一方面帮助人力资源管理专业学生尽早了解岗位具体能力要求，明确人力资源管理工作流程，意识到数字思维和数字能力对职业工作的重要性；另一方面，合理有效的产学结合模式，可以聚焦组织所需培养的人才，促进组织需求与教育教学深度融合，搭建人才培养与科技创新有机衔接的产教融合新平台，从而实现共赢。

(四) 培养并激活双师型教师队伍

拓展校企导师合作，引入实战专家。教师队伍是培养数字化人才的重要保障，因此学校需拓展师资模式设置，建设"双师型"模式。一方面，尽可能引进校外具有丰富数字化转型经验的专业人士，选聘学校、企业"双导师"共同指导学生，围绕企业人力资源管理数字化转型问题，在真实的人力资源

管理数字化场景中培养学生的专业知识运用能力、数字能力、创新能力及解决复杂问题能力等；另一方面，校企合作中，高校专业教师与企业形成教研小组，通过联合备课、联合授课实现高校教师与企业讲师的优势互补，强化双师型师资培养的机制研究与探索，打造教学资源的共建、共创、共享平台。

深化教师队伍发展，实现精益培训。第一，持续提升数字化专业课程教师队伍的能力素质和教学水平。对于任课教师实行分类分层精准培训，完善教师自主发展机制，构建因人而异的角色成长体系。遴选出具有数字化特色的优质示范课，帮助教师进行取长补短、更新教学方法、提升教学能力。第二，鼓励在校教师定期参与有助于提升学生数字化能力的实践活动，以实践驱动教学内容的重构与再造。第三，鼓励教师深入企业一线，合力解决企业数字化转型发展中的问题和挑战，促进学术研究和管理实践相结合，将实践经验转化为教学资源，不断提升教师实践教学水平。

参考文献

[1] 新华三大学数字化产教融合之道 [J]. 中国教育网络，2019（5）：76-77.

[2] 邱玥. 开启数字人才刚需时代 [N]. 光明日报，2022-08-04（015）.

[3] 新版职业分类大典净增158个新职业 [N]. 光明日报，2022-09-30.

[4] 黎博，黄毅，徐运保，等."卓越计划"视域下的管理人才创新创业能力培养路径探究：评《基于卓越计划的管理类专业人才培养模式改革研究》[J]. 管理世界，2021，37（2）：26.

[5] 蔡晓珊，薛燕玲. 人力资源管理课程混合式教学模式探究 [J]. 科技风，2021（17）：60-62.

[6] 宋锟泰，杜鹏程. 新文科背景下《人力资源管理》课程教学模式探索 [J]. 铜陵学院学报，2022，21（3）：126-129.

[7] 王郁蓉，刘楠. 新文科背景下人力资源管理专业创新型产教融合育人模式构建 [J]. 人才资源开发，2022（19）：63-65.

新商科智慧实验室建设探讨

——以首都经济贸易大学为例

纪长青 郝海波 黄卫明 王博群 董林杉

(首都经济贸易大学 经济与管理实验教学中心)

【摘 要】 新商科实验室是新商科实验教学资源建设的基础设施。首都经济贸易大学在建设新商科智慧实验室过程中，通过"教学内容+教学方法+教育技术"相融合，基于企业财务共享中心的场景化方式促进大数据、人工智能、物联网等信息技术与实验教学内容、实验室管理等的深度融合。本文从建设思路、建设内容和建设价值等方面归纳和梳理首都经济贸易大学新商科智慧实验室的建设经验。

【关键词】 新商科；实验室建设；智慧实验室

2019年教育部等13个部委启动"六卓越一拔尖"计划2.0，全面推进新工科、新医科、新农科、新文科建设，打赢全面振兴本科教育攻坚战。新文科建设的目标为"推动哲学社会科学与新科技革命交叉融合，培养新时代的哲学社会科学家"。"新文科"之新，重在新科技革命与文科的融合发展。为了促进新科技革命与文科的融合发展，文科实验室建设成为新文科建设的重要抓手。《教育部社会科学司2020年工作要点》提出"重点支持建设一批文科实验室，促进研究方法创新和学科交叉融合，引领学术发展"。

新商科是新文科范畴内的一个概念，是指培养数字经济时代急需的创新型商科人才，即培养适应新时代要求和面向未来的财经人才。新商科同样强调新科技革命与商科的融合。吕朝晖认为新商科是新技术、新商业模式、新商业业态在商科教育中的必然反映；齐佳音等认为新商科是在人工智能等新技术下对传统商科的范式转换变革,是新技术对商科教育的重塑性变革。新商科实验室建设也是新商科建设的重要抓手。

作为一所以经济学、管理学为重要特色和突出优势,并拥有法学、文学、理学和工学等六大学科,各学科相互支撑、协调发展的北京市属高水平研究型大学,首都经济贸易大学积极布局新商科建设。由于在经管类实验实践教学方面具有良好的基础和优势,新商科智慧实验室建设成为首都经济贸易大学新商科建设的一项重要工作。本文总结梳理了首都经济贸易大学新商科智慧实验室建设经验,主要包括建设思路、建设内容、建设价值与作用等。

一、新商科智慧实验室的建设思路

智慧实验室是实验教学内容、实验教学方法与手段、实验室管理等方面与新一代信息技术深度融合后形成的智慧化实验教学环境。构建智慧实验室是高校开展智慧校园建设的内在诉求,是实现实验教学中教与学变革的基础,是创新人才培养模式、提升人才培养质量和水平的必然选择。

首都经济贸易大学新商科智慧实验室的建设以企业数字化转型后的组织变革为特色进行场景搭建,以云计算、大数据、物联网、人工智能等作为技术支撑,通过"教学内容+教学方法+教育技术",优化和丰富教师教学方式,提升学生学习体验和综合素养。

首都经济贸易大学新商科智慧实验室是在企业数字化转型人才需求的背景下,以新商科一流学科建设和高水平本科建设为方向,以提升学生数字化能力为目标,以满足新商科教学需求为驱动,以新一代信息技术深入融合教学内容和教学方法为手段,以改善线上线下教学环境和软硬件条件为基础保障,以模拟数字化转型后企业财务共享中心为特色,为创新创业教育和劳动教育等提供沉浸式场景化的实践环境条件,基于深度的校企合作方式,统筹规划与分步实施,形成产学研用一体化的实验室开放共建共享模式。

二、新商科智慧实验室的建设内容

为了搭建企业数字化转型场景,引进产业界先进的数字化转型实践和前沿的信息技术,首都经济贸易大学充分利用校园教学优势,与领先的数字化企业进行深度的校企合作，引入企业数字化转型实践，基于真实商用的企业数字化平台，从促进"教学内容+教学方法+教育技术"的角度，围绕新商科智慧互动实验教学，建设实验室的实验教学智慧互动平台、个性化学习空间和实验室智能管控平台。

（一）实验教学智慧互动平台建设

新商科智慧实验室在教学内容上将前沿的 ERP 技术、财务共享服务中心、影像扫描与安全、OCR 识别、电子发票、电子档案、RPA 智能机器人、大数据、区块链等技术融入教学内容。

新商科智慧实验室基于企业数字化转型场景模拟构建一体化智慧实践教学平台，开发针对不同专业的新商科课程。一体化实践教学平台主要包括新道 ARE 虚拟仿真实验教学平台、VBSE 创新创业经营决策训练平台、DBE 财务共享服务中心实践教学平台、DBE 财务大数据实践教学平台、DBE 智能财务实践教学平台、DBE 区块链综合实践教学平台、约创云平台、RPA 智能财务机器人和 DTC 数字化教学云平台等课程平台。

在教育技术上突出云计算的混合教学模式，基于学校搭建的智慧互动网络教学平台，实验教学资源部署云端，形成课前、课中、课后教学全过程的线上线下实验教学生态，让教师可以随时备课，学生可以随时自主学习与实验，平台自动生成学生学习记录分析报告。利用基于云计算和大数据的智能助教机器人对学生进行一对一辅导，负责常规性知识点讲解。

（二）个性化学习空间建设

2018 年教育部在《教育信息化 2.0 行动计划》中提出推动高校数字校园建设，推进智能教育，开展以学习者为中心的智能化教学支持环境建设等。董海军和凌伊指出，为了促进新文科实验教学的创新发展，需要创新设计实验室环境空间。

首都经济贸易大学新商科智慧实验室，主要包括新商科云财务共享实验室和新商科战略财务大数据实验室。实验室在学习空间的设计与建设上以学生实践为中心，基于企业数字化转型后的职场场景，将理论知识、学习实践与情境化活动联系在一起，以翻转课堂式、探究式、案例式、团队合作式，通过多屏互动、远程双师、无线投屏、小组互动促进学生自主浸入式深度学习。

(三) 实验室智能管控平台建设

实验环境安全化、设备管理自动化、实验室管理智能化高效化是智慧实验室的智慧性特征的重要体现。

新商科智慧实验室搭建了物联网管控、实验教学设备运维实时监督，实验室运行数据统计分析的可视化平台。通过教学中心、监控中心、设备中心、运维中心、数据可视化中心五个维度一体化构建智能管控平台，满足实验室设施的统一管控、告警感知及统一控制，支持场景化的智能切换，满足实验教学场景的智能化控制应用；同时结合日常的管理工作，构建统一的智慧实验室运维中心，从设备管控、日常报修到教学开放、设备管理，形成综合性的智慧管理平台。

新商科智慧实验室可视化管理平台通过实时、智能化的大数据采集与分析，为管理者提供覆盖实验教学管理、设备运行、安全管理等全方位的数据可视化呈现，并与实验中心视频监控系统、机房电源管控系统、实验室门禁系统、网络基线管理系统、实验室信息化管理平台等对接，实现实验室电源、门禁智能管控，提高实验室运维保障的效率；实现跨平台图形展示和交互，让实验室管理维护变得简单快捷，提高了新商科实验教学与实验室管理建设水平，形成了智能、开放、绿色节能的智慧教育教学环境。

三、新商科智慧实验室的建设价值与作用

新商科智慧实验室对首都经济贸易大学的建设和发展具有重要意义，对于学校新商科人才培养、高水平本科建设、德智体美劳"五育"并举、新商科学科建设和学科交叉融合、智慧校园建设和促进校企深度合作具有巨大促进和支撑作用。

(一) 培养新商科人才的重要平台

近年来中国数字经济快速发展，2019年其生产总值占国内生产总值（GDP）比重达到36.2%。随着中国数字经济的发展，各行业急需大量的数字技能人才，而数字经济人才短缺成为中国数字经济发展面临的巨大挑战。欧盟高校已经通过加强数字技能实验教学，培养数字经济人才。因此，为了大

力培养适应数字经济时代的新商科人才，高校有必要促进数字技能实验教学，加快建设新商科智慧实验室。新商科智慧实验室建设是首都经济贸易大学培养新商科人才的重要举措。

（二）建设高水平一流本科教育的重要支撑

为了建设高水平本科教育，教育部于2018年出台《关于加快建设高水平本科教育全面提高人才培养能力的意见》，对实验教学与实验室建设提出了相应的措施，包括：重塑教育教学形态，打造适应学生自主学习、自主管理、自主服务需求的智慧实验室；建设国家虚拟仿真实验教学项目，提高实验教学质量和水平；加强校内实验教学资源建设，构建功能集约、资源共享、开放充分、运作高效的实验教学平台。这些举措表明实验教学和实验室建设对于建设高水平本科教育具有重要的支撑作用。因此，新商科智慧实验室建设可以有效支撑首都经济贸易大学一流专业建设和一流课程建设。

（三）实施劳动教育的校内实践基地

2020年中共中央和国务院在《关于全面加强新时代大中小学劳动教育的意见》中提出：为了提升劳动教育支撑保障能力，要多渠道拓展实践场所，各级各类学校要配齐劳动实践教室和实训基地。高校实验室可以成为开展劳动教育的校内实践基地，实验教学不仅可以巩固学生掌握的知识，更重要的是培养学生的观察能力、操作能力和解决问题能力等实践能力，而劳动教育就是教育与生产劳动的结合，通过劳动提升学生的劳动技能水平，因此实验教学有利于促进劳动教育的开展。

2020年教育部出台的《大中小学劳动教育指导纲要（试行）》提出了高校开展劳动教育的要求："注重围绕创新创业，结合学科专业开展生产劳动和服务性劳动。"高校实验室是创新创业教育的实践载体，对创新创业教育的学生实践具有支撑作用，高校实验室可以进行场景化环境设计，为学生进行创新创业提供模拟场景、实践条件和项目来源。高校实验室作为劳动教育与创新创业教育的教学与实践空间，能够有效促进学校劳动教育和创新创业教育的融合，促进学生掌握劳动技能和开展创新创业实践，从而成为劳动教育和创新创业教育"融合共建"的校内实践基地。

（四）促进新商科建设和学科交叉融合的关键载体

文科实验室是高校文科实验实践教学的基础性平台，对文科人才培养质量和文科专业发展前景具有直接和长远影响。山东大学新文科建设中将创新文科实验室和实验平台建设作为加强新文科实验实践教学建设的重要工作。

新商科智慧实验室建设是许多高校新商科建设的重要工作。上海对外经贸大学将搭建数字经济与管理创新型实验室作为新商科建设的重要路径之一，探索建立包含丰富的智能化教学工具与教学分析工具的新教学平台。河北经贸大学将新型实验室建设作为改革新商科教学形态的重要路径，并以产教协同方式建设新金融实验室。

王震宇等认为，新文科实验室在促进学科交叉融合方面可以发挥三种功能：促进传统学科的转型升级，并推动了新的跨学科学术共同体的形成；具有智库资政、政策模拟和决策辅助的功能；促进企业、社会组织、公众等主体的多重互动，推动知识"产学研用"的转化进程。首都经济贸易大学通过新商科智慧实验室建设促进经管法文理工等学科的交叉融合，为北京发展数字经济提供智库资政、政策模拟和决策辅助等服务，贯通学校产学研用。

（五）支撑智慧校园建设的教学环境基础设施

《关于加快建设高水平本科教育全面提高人才培养能力的意见》提出推进现代信息技术与教育教学深度融合，应用信息技术重塑教育教学形态，打造智慧教室、智慧实验室、智慧校园。智慧实验室是智慧校园的重要组成部分。根据国家标准《智慧校园总体框架》，智慧实验室属于校园信息化基础设施中教学环境基础设施，既可以是实体的教学环境，也可以是虚拟结合的混合教学环境，为智慧校园提供基础保障和实验教学数据感知。因此，新商科智慧实验室建设成为首都经济贸易大学智慧校园建设的实验教学基础设施。

（六）深化校企合作的产教研一体化平台

新商科智慧实验室是首都经济贸易大学深化校企合作的产教研一体化平台。校企双方基于培养新商科人才的目标，合作共建新商科智慧实验室，共同对实验教学设备与教学平台、模拟化场景化教学空间设计、智能管控的教学环境、新商科实验课程及教学内容等进行开发和建设。在新商科科研方面，校企双方将基于新商科智慧实验室开展企业数字化转型的研究课题，解决企业数字化转型、数字化管理和数字化运营中的问题,并将研究成果转化为实验教学内容。在社会服务方面,新商科智慧实验室可以成为企业数字化人才培训基地,提升企业人员的数字技能。

四、结束语

新商科智慧实验室可以支撑首都经济贸易大学的会计类专业、管理类专业、经贸类专业、人力资源类专业等大商科专业创新实践类课程的开设,涵盖学校多个经管类学院专业;围绕核心岗位能力框架体系,结合不同专业培养方案的课程体系,可承接专业基础课程、专业核心课程的实验教学部分,并开展专业实训课程和企业综合实训课程;可以提升教师信息化教学水平,促进学生深度学习,提升学习效率和效果,从而达到提高人才培养质量的目标。

新商科智慧实验室建设是首都经济贸易大学推进新商科建设的重要举措,必将有助于学校探索新商科创新人才培养模式,深化实验教学改革,提高学校人才培养质量,优化数字经济时代新商科创新人才的供给,对于商科专业重构,形成经管学科与法文理工等多学科交叉融合,建设跨学科人才培养体系有着重要的战略意义。

参考文献

[1] 樊丽明,杨灿明,马骁,等.新文科建设的内涵与发展路径(笔谈)[J].中国高教研究,2019(10):10-13.

[2] 吕朝晖.新商科:学科内涵与实现路径[J].河南工程学院学报(社会科学版),2020(12):79-84.

[3] 齐佳音,张国锋,吴联仁.人工智能背景下的商科教育变革[J].中国大学教学,2019(7/8):58-62.

[4] 王重润.新文科背景下新财经教育改革路径及案例研究[J].黑龙江高教研究,2020(12):57-62.

[5] 胡国强,杨彦荣.智慧教育背景下高校智慧实验室的构建与研究[J].实验技术与管理,2021(3):283-287.

[6] 中华人民共和国教育部.教育部关于印发《教育信息化2.0行动计划》的通知[EB/OL].(2018-04-18)[2023-01-20].http://www.moe.gov.cn/srcsite/A16/s3342/201804/t20180425_334188.html.

[7] 董海军,凌伊.新文科建设背景下实验教学的创新与发展[J].实验室研究与探索,2021(3):216-220.

[8] 张丹,崔光佐."互联网+教育"背景下高校智慧实验室的构建[J].现代教育技术,2019(6):122-126.

[9] 中国信息通信研究院.全球数字经济新图景(2020年):大变局下的可持续发展新动能[R/OL].(2020-10-15)[2023-01-20].http://www.caict.ac.cn/kxyj/qwfb/bps/202010/t20201014_359826.htm.

[10] 陈煜波,马晔风.数字人才:中国经济数字化转型的核心驱动力[J].清华管理评论,2018(1/2):30-40.

[11] 杜海坤,李建民.从欧盟经验看数字人才培养[J].中国高等教育,2018(22):61-62.

[12] 中华人民共和国教育部.教育部关于加快建设高水平本科教育全面提高人才培养能力的意见[EB/OL].(2018-10-08)[2023-01-20].http://www.moe.gov.cn/srcsite/A08/s7056/201810/t20181017_351887.html.

[13] 中共中央,国务院.关于全面加强新时代大中小学劳动教育的意见[EB/OL].(2020-3-26)[2023-01-20].http://www.gov.cn/zhengce/2020-03/26/content_5495977.htm.

[14] 中华人民共和国教育部.教育部关于印发《大中小学劳动教育指导纲要(试行)》的通知[EB/OL].(2020-07-15)[2023-01-20].http://www.moe.gov.cn/srcsite/A26/jcj_kcjcgh/202007/t20200715_472808.html.

[15] 葛涛,付双成,刘文明.创新创业教育背景下高校实验室建设管理研究[J].实验技术与管理,2021(4):275-278.

[16] 吕艳娇，姜君. 新时代高校劳动教育与创新创业教育融合：价值、困境与路径［J］. 当代教育论坛，2021（4）：116-124.

[17] 程世红，孙纯学，高若宇，等. 基于资源共享的文科实验教学中心建设实践［J］. 实验技术与管理，2012（6）：125-129.

[18] 袁凯，姜兆亮，刘传勇. 新时代 新需求 新文科：山东大学新文科建设探索与实践［J］. 中国大学教学，2020（7）：67-70.

[19] 王震宇，薛妍燕，邓理. 跨越边界的思考：新文科视角下的社会科学实验室探索［J］. 中国高教研究，2020（12）：61-68.

[20] 全国信息与文献标准化技术委员会. 智慧校园总体框架：GB/T 36342—2018［S］. 北京：中国标准出版社，2018.

基于大数据技术的学生评教语义分析研究

孙 亮 张丽玮

(首都经济贸易大学 教务处、管理工程学院)

【摘 要】 教学质量评价是教育教学管理工作的一项重要内容。经过调研发现，教学质量评价指标一般分为选择型、打分型和问答型，选择型和打分型评价指标较容易获得结论，但问答型题目很难统计和分析，也没有系统可以实现。本文基于学生评教文本的细粒度情感分析研究旨在识别出评教文本中的各个评教维度及其对应的情感倾向并加以整合与应用。首先，通过分析大量的真实学生评教数据，定义了以学生为中心的评教维度标签体系；其次，根据评教文本的特点，提出了基于特征词匹配的评教维度分析方法，通过特征词抽取以及设计软、硬匹配相结合的匹配策略识别出评教文本中的多个评教维度；再次，考虑到评教文本的评教维度较多，同时各个维度的情感较为复杂，且缺乏大规模标注数据，在面向评教维度进行情感分析时，建立了情感分析模型：通过构建评教情感词典进行情感分析，作为标注数据较少时的冷启动策略；最后，设计基于细粒度情感分析的学生评教反馈分析的整体方案，提出了学生评教多文本的观点整合与应用方法，进一步提高应用价值。

【关键词】 教学质量评价；细粒度情感分析；评教维度；语义分析

一、绪论

（一）研究背景与意义

近年来，我国高等教育规模不断扩大，据教育部统计，2018年全国高等教育在学总规模达到3 833万人。与此同时，社会对于高校教育质量和人才培养质量的关注也日益增长，《国家中长期教育改革和发展规划纲要（2010—2020年）》中就明确指出，提高质量是当前高等教育的核心任务，是建设高等教育强国的基本要求。

学生评教（students' evaluation of teaching，SET）是目前国内外高校教学质量监督保障的重要方式，是指在校学生依据一定的教学要求和评价标准，对教师的教学和自身的学习过程进行价值判断的行为。起初，学生评教依托线下纸质量表实施，此后，随着教育信息化的发展，学生网上评教成为高校学生评教的重要形式。在当代高校教育中，学生评教一方面能够帮助教师以学生需求为导向发现自身教学过程中的不足并做出有针对性的改进，从而提高教师课堂教学质量；另一方面也为高校教育改革提供参考和依据，促进高校内涵式发展。

学生评教一度引起了国内外研究者们的广泛关注，研究内容主要集中在基础理论研究、指标设置、评教工具设计、评教有效性分析等方面。而随着学生评教数据的不断积累，以及以学生为中心的教育改革的进行，对于学生评教数据的挖掘和利用逐渐成为研究焦点。学生网上评教数据一般包括结构化评分数据和非结构化评价文本数据两类。目前学术界的研究成果主要针对结构化评分数据，通常是利用数据挖掘方法和统计分析方法对评分数据以及其他相关属性数据进行关联分析挖掘相关知识，同时高校对于学生评教数据的利用也大多停留在简单地根据评分结果对教师进行奖惩阶段，而对于非结构化评价文本数据的挖掘和利用则较少。学生评教文本数据蕴含着学生对于教师教学各方面表现的具体态度，同时也是教师与学生之间重要的交流方式。不同于评分数据，文本数据具有丰富的观点语义信息，对这些信息进行深度挖掘，将有利于发现学生视角下教师在教学过程中的具体不足之处以帮助教师进行改进。因此，如何对学生评教文本数据进行深度挖掘和利用就显得尤为重要。

本文对学生评教文本进行细粒度情感分析，获得学生对于各个评教维度的褒贬信息，具有重要的研究意义。一方面，可以挖掘并反馈评教文本中深层次的观点信息，以便充分发挥"以评促教"的作用。例如，教学管理人员可以从中发现学生诉求，从而有利于教学改革；或者教师可以在教学过程中对评价较差的程度进行针对性改进，从而促进教学质量的提升。另一方面，也可为高校学生评教文本数据的深入挖掘和利用提供方法借鉴和启示。

（二）国内外研究现状

1. 学生评教数据挖掘研究现状

目前，学者对于学生评教领域的数据挖掘研究内容可以大致分为两类：评教结构化数据挖掘和评教文本数据挖掘。

（1）评教结构化数据挖掘。对于评教结构化数据的挖掘通常是利用统计方法并且侧重于学生评教的有效性及影响因素分析和评教数据中关联规则的发现等方面的研究。

在学生评教的有效性研究方面，研究表明，学生评教成绩会受到学生主观心理因素的影响，如学生个人对于高分的期望以及学生对老师的报复心理等。除此之外，评教的方式，如网上评教和课堂评教，也会引起评教偏差。国内学者李香林通过因子分析和主成分分析方法分析吕梁学院学生评教数据中教学因素的影响，结果发现学生更注重教学态度和教学方法。戴璨和苗璐等利用广义线性混合模型对 600 余门课程的学生评教数据进行了实证分析，得出了教师背景、班级属性和课程三大类非教学因素对评教分数的影响程度。

在评教数据中关联规则的发现方面，帕拉利（Palali）和范·埃尔克（van Elk）等对学生评教分数和教师的学术研究成果进行关联性研究，结果表明二者不具有显著相关性。翁宇通过构建决策树，分析教学质量评价的影响因素，并推导分类规则用于评价教师的教学质量。李超锋等利用 Apriori 算法对教师自身属性和学生评教结果进行关联规则挖掘，发现教师的职称和年龄与学生评教分数之间的多条关联规则。何喜军等利用 SPSS 中的 Pearson 相关系数和 Kendall 相关系数发现了学生人数、课程性质与学生评教分数之间的关联规则。杨钧等对中医院校学生评教数据进行关联规则挖掘，发现了学生所在学院、教师职称和教师所在学院对学生评教结果影响较大。

（2）评教文本数据挖掘。对于学生评教文本数据的挖掘一般是利用情感分析或文本分类技术进行相关研究。桂红兵和张继美构建了情感倾向分析系统 CUCsas，通过识别句子中的观点词来判断句子的情感倾向，从而将过程性评教与结论性评教相结合，使得评教结果更加真实客观。袁阳利用半监督的集成方法对学生评教句子的情感值进行计算，为教师的教学质量综合评价提供依据。罗玉萍、潘庆先等基于知网的情感词库对评教留言的情感褒贬程度进行计算，并形成评教摘要。黄友墨利用情感短语模式匹配（SPPM）方法对教学反馈句子进行情感分类以达到情感分析的真实目的。

综上所述，目前对于学生评教数据的挖掘主要集中在结构化数据的研究上，评教文本数据的研究成果并不多见。已有学者对学生评教文本进行情感分析相关的研究，但仅限于评教文本整个句子的情感倾向，无法得到更细粒度的情感信息。本文对学生评教文本进行细粒度情感分析，促使学生评教数据的合理有效利用，弥补了应用领域的空白。

2. 细粒度情感分析研究现状

情感分析（sentiment analysis）是指利用自然语言处理技术、文本分析技术以及其他相关计算机技术自动化识别主观性文本中的情感最终提供决策支持的过程，是文本挖掘（text mining）研究领域的一个重要分支。情感分析的早期研究对象以篇章级文本为主（如电影评论文章），并认为整篇文本只表达对单一对象的一种情感倾向（积极倾向或消极倾向），我们可称这类研究为篇章级情感分析。篇章级情感分析的主要任务可看作是对整个文本进行情感分类，研究的是整体层面的情感，属于最浅层情感分析。但是随着网络的发展，用户表达的观点呈现出丰富性和多样性，篇章级情感分析的分析粒度显得较为粗糙，研究者们逐渐将研究转向句子级情感分析。句子级情感分析以每个句子作为分析单元（如博客、论坛文本等短文本），研究整个句子的情感倾向，即将整个句子的情感倾向分类为正向或者负向。虽然句子级情感分析在分析粒度上较篇章级情感分析更为细致，但是实际应用中仍无法满足更高的分析需求。例如，"这件衣服质量挺好的，款式也很好看，虽然物流有点慢，但是整体上还算满意。"这条商品评论在句子整体上情感倾向为正向，但是其中对于物流这一方面的评价却是负向的。因此，细粒度观点挖掘应运而生。

细粒度情感分析（fine-grained sentiment analysis）旨在识别出观点句中评价对象的属性（方面、主题）以及相应的情感倾向，因此也被研究者称为基于属性的情感分析或者方面级情感分析，并广泛应用在电商领域、社交网络领域等。例如在电商领域，通过对产品评论进行细粒度观点挖掘，一方面，商家可以及时全面了解用户的喜好和反馈，进而有针对性地进行改进或者营销；另一方面，消费者可以在购买前提前了解产品的用户口碑，进而选择合适的产品。

近年来，细粒度情感分析技术因其具有丰富的应用价值而受到国内外学者的广泛关注，并在各个方向上取得不错的研究成果。下面将从观点要素抽取和情感倾向分析两个方向分别介绍国内外的研究现状。

（1）观点要素抽取。观点要素抽取是细粒度情感分析的重要步骤，一般指对主题词和情感词的抽取。

在非监督方法中，评价对象及其评价词的联合抽取主要是基于统计和规则来实现的，区别在于制定规则的依据不同。早期研究中有基于窗口的方法，即先识别主题词（或情感词）再识别一定窗口范围内的情感词（或主题词）。金（Kim）和霍维（Hovy）首先根据观点词系统识别出评论文本中的情感词，然后以情感词为中心，在固定窗口大小内查找评论对象。虽然这种基于窗口的方法很简便，但是无法识别评价对象与情感词的长距离依赖。之后，研究者们发现主题词和情感词之间往往具有某种语义关联和句法关系。赵妍妍和秦兵等利用句法路径来表示评价对象及其对应的评价词之间的关系，并通过对大量评论文本的分析构建了句法路径库；为了抽取评价对象及其对应的评价词，他们首先通过情感词典匹配的方法找到评价词，之后在句法路径库中筛选高频句法路径并利用编辑距离找到对应的评价对象。邱广等提出了一种基于依存关系的双向传播方法用于对评价对象、评价词以及评价关系的提取。顾正甲和姚天昉利用SBV主谓关系抽取评价对象–情感词对，并提出了ATT链算法扩展评价对象和情感词的边界。张璞、李逍等利用SBV和CMP两种依存关系结合词性制定了7条核心评价搭配抽取规则，并补充1条基于语义分析的抽取规则加以完善，最后利用ATT、ADV关系识别评价对象和评价词的完整边界。

在有监督方法中，一般将观点要素抽取问题看作是序列标注问题（sequence labeling）。传统序列标注问题的解决方案有隐马尔科夫（hidden markov model，HMM）、最大熵以及条件随机场（conditional random fields，CRFs）等模型。国内的方明、刘培玉在最大熵模型中引入特征词、词性、词距等多种特征，结合酒店领域情感词表，提升了评价搭配抽取性能。雅各布

(Jakob)和古列维奇(Gurevych)为了抽取评论要素,将特征词、词性、词距以及句法路径等多个语言学特征作为 CRFs 模型的输入进行模型训练,最终在多个领域的数据集上取得了不错的效果。丁(Ding)和江(Jiang)在 CRFs 模型中引入了领域本体知识,提出了基于条件随机场和领域本体的评论对象抽取技术,并取得了较好的效果,但是该方法依赖完备成熟的领域本体知识。

近年来,深度学习技术在序列标注问题当中大放异彩,如循环神经网络模型(RNN)、长短时记忆网络模型(LSTM)等。刘鹏飞等利用 RNN 进行细粒度情感分析,通过实验证明了深度神经网络比 CRFs 具有更好的性能。张(Zhang)等将深度神经网络模型与条件随机场相结合,充分利用二者的优点在序列建模上取得显著的效果提升。李盛秋和赵妍妍等针对循环神经网络的局限性,将 LSTM 网络应用于评价对象和评价词的抽取任务上,并与双向传播算法进行对比,证明了其算法的优越性。

综上所述,基于机器学习和深度学习的有监督方法虽然能够取得较好的观点要素识别效果,但是模型效果依赖观点要素标注训练集的大小和质量且模型的领域移植性较差。而依存句法分析可以反映出句子中各个语法成分的语义依存关系,而且能够获取长距离的评价搭配信息且与语法成分的位置无关,因此目前广泛应用于观点要素识别研究中。

(2)情感倾向分析。情感倾向分析是细粒度情感分析研究中的关键任务。在本文的细粒度情感分析研究中,重点关注特定评价主题下的情感分析问题。该类问题的解决方法一般有三种:基于词典的方法、基于机器学习的方法和基于深度学习的方法。

基于词典的方法即利用带有极性标注的情感词典与待分析文本中的情感词进行匹配从而得到对应的情感倾向。该类方法不需要人工标注数据,算法性能依赖词典质量以及匹配算法的准确性。目前已经有很多常用的公开词典资源,例如英文的 SentiWordNet、中文的 NTUSD 等。王振宇等通过 HowNet 进行同义词扩展并结合 PMI 计算词语的情感极性,实验证明该方法比传统方法的效果提升 5%。陆未然在研究餐饮领域中文评论意见挖掘时构建了餐饮评论情感词典,其中包含了常用的基础词典、口语词典、表情符词典以及领域情感词典,同时结合细分情感词汇集实现了基于主题分类的意见倾向性识别,并取得了不错的效果。侯玉林将常见的公开中文词典资源进行合并重构了基础词典，并结合语义相似度计算识别快递服务评论中的评论词的情感倾向。

基于机器学习的方法将情感识别看作是分类问题，需要首先将文本进行向量表示以及特征选取，其次在训练集上训练分类器，最后通过训练好的分类器将文本的情感倾向分类成正向或负向。该类方法需要事先人工标注用于训练分类器的数据集，并且在模型训练中往往需要进行启发式的特征筛选组合。典型的机器学习算法有朴素贝叶斯、支持向量机等。何跃等提出了一种将微博中的表情符号等情感知识与传统机器学习相结合的组合情感分类算法，实验证明该算法优于传统机器学习算法，有助于通过微博进行舆论发现。

基于深度学习的方法体现了自动学习文本的潜在特征的优势，减少了人工干预，因而引起研究者们的关注。唐（Tang）和秦（Qin）等将目标词与上下文进行向量融合，提出了 TD-LSTM 和 TC-LSTM 两个模型，在目标词相关的情感分析问题上实现了性能的提升。王（Wang）和黄（Huang）等在方面级情感分析研究中将注意力机制引入 LSTM 模型，提出了 ATAE-LSTM 模型，实验证明该模型的性能优于 TANG 的模型。陈（Chen）和孙（Sun）等引入多层注意力机制，提出了循环注意力神经网络模型（recurrent attention network on memory，RAM），该模型能够分批次捕获句子中重要的情感特征，在一定程度上增强了情感分析性能。范（Fan）和高（Gao）等构建了 Conv-Memnet 模型，该模型在双向循环神经网络和注意力机制的基础上，引入了卷积操作来做特征抽取，并取得了较为优秀的情感分类性能表现。

综上所述，在对细粒度情感分析进行应用领域拓展时，根据应用领域特点以及实际的应用需求进行相关技术的选择和改进十分关键。

（三）研究内容

本文基于学生评教文本的细粒度情感分析研究旨在识别出评教文本中的各个评教维度及其对应的情感倾向并加以整合与应用。首先，通过分析大量的真实学生评教数据，定义了以学生为中心的评教维度标签体系。其次，根据评教文本的特点，提出了基于特征词匹配的评教维度分析方法，通过进行特征词抽取以及设计软、硬匹配相结合的匹配策略识别出评教文本中的多个评教维度。再次，考虑到评教文本的评教维度较多，同时各个维度的情感较为复杂,且缺乏大规模标注数据,在面向评教维度进行情感分析时,建立了情感分析模型:通过构建评教情感词典进行情感分析,作为标注数据较少时的冷启动策略。最后,设计基于细粒度情感分析的学生评教反馈分析的整体方案,提出了学生评教多文本的观点整合与应用方法,进一步提高应用价值。

本文共包括七个部分,各部分的具体内容安排如下:

第一部分,绪论。首先介绍选题的背景以及研究意义,接着介绍学生评教数据挖掘以及细粒度情感分析的国内外研究现状,最后阐述了本文主要的研究内容。

第二部分,评教语料获取与评教维度体系定义。首先对评教语料的来源进行介绍并分析总结了评教文本特点,其次对评教语料进行预处理以获得有效研究语料,最后结合校方评教指标以及对评教文本的挖掘分析定义了一套评教维度体系,为后续评教维度级别的情感分析研究工作的顺利开展奠定基础。

第三部分,基于特征词匹配的评教维度分析。首先介绍本文评教维度识别的整体流程框架,其次详细介绍流程框架中的文本分句、特征词抽取和评教维度匹配识别三大模块。对于文本分句,介绍了分句的具体方法和结果示例。对于特征词抽取,首先对特征词的词性和依存关系进行了分析,其次对基于依存句法分析方法设计的抽取规则进行了详细阐述。对于评教维度匹配识别,首先介绍构建的种子词表,其次详细阐述本文设计的软硬匹配策略。

第四部分,面向评教维度的情感分析。本部分介绍了基于评教情感词典的情感分析方法,包括评教维度情感词典的构建以及评教维度匹配识别策略。

第五部分,实验与结果。首先对本文实验的环境与工具、实验数据以及实验评估指标进行介绍,其次重点对本文提出的评教维度分析方法和面向评教维度的情感分析方法的各个模块进行有效性实验,最后对本文构建的基于学生评教文本的细粒度情感分析模型整体效果进行验证。

第六部分,学生评教观点整合与应用。首先,介绍基于细粒度情感分析的学生评教反馈分析的整体流程;其次,介绍基于情感标签的观点整合方法;再次,引入关注度和情感得分这两个指标并介绍基于关注度和情感得分的多维评教反馈分析方法;最后利用一个学生评教文本子集对本文提出的学生评教观点整合与应用方法进行实验及结果分析。

第七部分，总结、展望与应用。主要是对本文工作及成果进行概括总结，并对未来的研究工作提出展望。

二、评教语料获取与评教维度体系定义

本文的学生评教细粒度情感分析研究重点关注评教维度级别的情感分析，旨在识别出评教文本中的各个评教维度及其对应的情感倾向。评教语料获取和评教维度体系定义是本文后续评教维度情感分析研究的基础和前提，因此本部分将对评教语料获取和评教维度体系定义的相关工作进行阐述。

（一）评教语料介绍

1. 评教语料来源

本文研究所用的学生评教语料来源于首都经济贸易大学（以下简称"首经贸"）教务管理系统的真实数据。首经贸推行学生网上评教教学管理活动多年，学生评教工作实施经验丰富，其间积累了大量的学生评教数据。首经贸秉承"以学生为本"的教育理念，从教学态度、教学内容、教学方法、教学手段、教学效果等五个方面制定学生评教指标体系（见表1）。

表1 首经贸学生评教指标

评价号	指标内容
1	教学态度——关爱学生，认真负责，为人师表
2	教学内容——导向正确，重点突出，联系实际
3	教学方法——启发引导，循序渐进，因材施教
4	教学手段——灵活多样，恰当适用，合理有效
5	教学效果——增长知识，提高能力，激发兴趣
6	你对该课程的总体评价

网上评教工作进行时，学生需要根据教师课堂教学的真实表现给出自己的价值评判，这里的价值评判包括客观评分和主观文字评价两部分：客观评分是指学生对5个评教指标分别进行打分，各个评教指标都分为5个等级，每个等级代表一个分数段：90~100分为优秀，80~89分为优良，70~79分为

中等，60~69 分为及格，59 分以下为不及格。主观文字评价指学生对教师的课堂教学给出的文字性评价或建议。对于学生给出的客观评分，其结果作为最终该学生对于该教师的评教分数，并作为该教师的奖惩依据之一。而对于学生给出的主观文字评价，并没有对文字评价数据做更进一步的处理或挖掘。学校限制学生必须参与学生评教工作才能获得在教务系统中选课和查看成绩的权限，这使得首经贸的学生网上评教参与度将近 100%，因此积累了大量的学生评教数据，其中主观评教文本数据量每学期高达上万条，为本文的研究开展提供了良好的数据基础。本文收集了首经贸教务管理系统中近 5 年的所有学生评教语料，共 70 840 条文本，作为本文的原始语料。

2. 评教文本特点

为了深入了解学生评教语境以便更有效地进行情感分析，本文对学生评教语料的文本特点进行分析总结，具体见表 2。

表 2　学生评教文本特点

编号	方面	特点
1	语言规范	语言表达较为随意，语法句法不够规范
2	评教内容	观点密集，一条评教文本含有多个方面的观点
3	评教用词	经常使用成语或习语来表达对某一方面的观点

（1）语言规范。学生评教文本属于短评类，学生在语言表达上通常较为随意，语法句法上不够规范。例如："老师的课真的好，很喜欢，讲得好，很有实用性，不错哦。"这无疑增大了文本处理与分析的难度。

（2）评教内容。在一般产品评价中，用户的评价对象仅为产品本身，而学生评教面向的是教师本身及其教学活动构成的综合主体的评价，且同样涵盖多个方面。例如，"还不错的老师，知识丰富，为人和气亲切，就是课程安排有些不合理。"这条文本涉及学生对老师本人的人品性格以及对老师教学安排的评价和感受。

（3）评教用语。汉语中存在很多形容老师和教学活动的成语或习语，加之高校学生已形成对这些成语或习语的使用习惯，因此学生在进行评教时，除了使用常规的形容词之外，还经常使用成语或者习语来进行表达。例如，

"深入浅出""循循善诱""诲人不倦""平易近人""和蔼可亲"等。

(二) 评教语料预处理

由于部分学生在评教时存在敷衍了事心态，因此原始语料中会存在部分无效评教语料。这些无效语料将在很大程度上影响后续的研究进程。因此，为了获得高质量的研究语料，本节将对原始语料中的无效语料进行清洗和过滤。

典型的无效评教语料有以下两种类型：

类型1：含有大量停用词。

本文发现部分学生会随意输入键盘符号来凑评教内容，而这些无意义的字符基本属于停用词范畴。示例如下：

"6666"

"。。。。。。。。。。。。。。。。。。"

"fff"

类型2：含有大量重复词。

除了停用词，本文还发现学生会多次复制粘贴同一词语来凑评教内容，例如"可以可以可以可以可以可以可以可以可以"。

基于上述无效语料特点，本文设计了如图1所示的语料清洗流程。

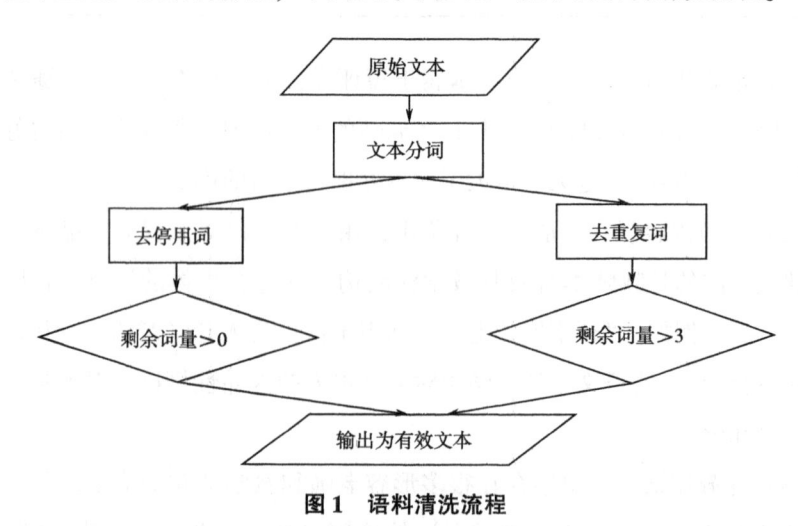

图1 语料清洗流程

具体清洗步骤如下：

第一步：分词。

对于每一条评教文本 s，为了后续的文本处理，首先使用中文文本处理工具 HanLP 对评教文本进行分词。

第二步：基于停用词的无效语料清洗。

对分词后的评教文本进行去除停用词处理，若去除停用词之后剩余词量为 0，则该条评教文本可被认为是无效语料而被过滤掉。本文使用个人自制的停用词表，包含常见标点符号及中文停用词，并加入语料中经常出现的无意义字符，共 432 项。该步骤可以有效过滤类型 1 的无效语料。

第三步：基于重复词的无效语料清洗。

对分词后的评教文本进行去重，若去重后的剩余词量小于 3，则该条评教文本同样可被认为是无效预料而被过滤掉。该步骤可以有效过滤类型 2 的无效语料。

经过上述清洗过程，最终剩余有效评教语料 68 328 条，这些语料将用于后续的研究与实验。

（三）评教维度体系定义

作为观点句，主题词和情感词是评教文本中重要的观点要素。主题词指的是文本中出现的能够表现评价主体的特征、方面、属性的词（也称为方面词、属性词），如"陈老师讲课的态度很认真"这句评教文本中的主题词为"态度"；情感词指的是文本中具有褒贬情感倾向的评价内容，如"陈老师备课很认真"中，主题词"备课"搭配的评价内容为"认真"，且具有褒义情感倾向。由于中文表达方式的多样性，不同的主题词往往表达同一评教维度，如主题词"方式、方法、教学手段"均可概括为"教学方式"这一评教维度。因此，评教维度实质上是评教主题词在语义上的凝聚，即高度概括。

本文关注评教维度级别的情感分析，以获取更深层次的评教情感，使得研究结果更具有应用价值。由于在学生评教领域并没有明确的评教维度体系定义，因此本文根据研究需要构建一套评教维度标签体系。

1. 初始评教维度体系

本文在第二部分介绍首经贸制定了 5 条学生评教指标供学生参考，详见

表1。因此本节首先以首经贸校方制定的评教指标体系内容为基础,通过对评教领域知识的理解,将指标内容进行合理划分,构建包含5个一级维度、15个二级维度的初始评教维度体系(见表3)。

表 3 初始评教维度体系

一级评教维度	二级评教维度
教学态度	关爱学生
	认真负责
	为人师表
教学内容	导向正确
	重点突出
	联系实际
教学方法	启发引导
	循序渐进
	因材施教
教学手段	灵活多样
	恰当适用
	合理有效
教学效果	增长知识
	提高能力
	激发兴趣

2. 以学生为中心的评教维度体系

根据本文对于语料的观察发现,除了参照校方制定的指标,学生还会对教师及其教学活动中自己比较关注的其他维度发表观点,如教师讲课的口音语速、课程的考核方式、教师的人品性格等维度。因此,本文将进一步挖掘学生潜在关注的评教维度,以期从学生视角对评教维度体系进行补充和完善。

为了挖掘学生潜在关注的评教维度,本文首先对学生评教语料进行关键词提取,其次对提取出的关键词进行归纳总结,最后根据归纳结果对初始评教维度体系进行补充和调整,最终形成以学生为中心的评教维度体系。具体方法如下。

（1）关键词提取。本文以词频和词性作为提取学生评教语料中关键词的特征，设评教文本集合为 T，关键词词性集合为 P = { 'n'，'v'，'vn'，'vi'，'a'，'i'，'l'，'al'，'ad'，'vl' }，s 为评教文本集合 T 中的一条文本，w 为 s 中的一个词，p 为词语的词性，n 为一个词出现的频度，λ 为关键词频度阈值。

本文运用了以下三个方法，其中方法一、方法二利用 HanLP 的接口实现。

方法一：split_words（）接收评教文本作为输入，将其分词后返回词语集合 W。

方法二：pos_tag（）接收评教文本作为输入，返回其各个词语对应的词性集合，其组成元素为词语与其对应的词性构成的二元组（w，p）。

方法三：init（）接收词语集合 W 作为输入，构造集合 W_N，其组成元素为词语及其对应的频度构成的二元组（w，n），n 初始化为 0。

本文将阈值 λ 设置为 50 对语料清洗后得到的 68 328 条有效评教语料执行关键词提取，最终得到的关键词集合 KeyWord 中共含有关键词 487 个。

（2）关键词归纳。本文对 KeyWord 中的关键词进行了初步的语义上的归纳总结，并发现老师的个人魅力、师生关系、教学语言等学生潜在关注的评教维度。部分示例如表 4 所示。

表 4　关键词归纳部分示例

关键词	关键词归纳
点名、签到、考试、考核、试题等	课程考核、考核难度等
普通话、嗓门、发音等	老师的教学语言表现
好看、漂亮、穿着、高冷、随和、平易近人等	老师的个人魅力体现
尊重、感情、爱护、关心、对待	老师与学生之间的师生关系
知识渊博、专业性等	老师的专业素养
兢兢业业、备课、认真等	教学态度

（3）以学生为中心的评教维度体系。本文根据关键词归纳结果以及对学

生评教领域知识的理解，对初始评教维度体系进行补充和调整，最终形成以学生为中心的评教维度体系（见表5）。

表 5 以学生为中心的评教维度体系

一级评教维度	二级评教维度
教学态度	关爱学生
	认真负责
	为人师表
教学内容	导向正确
	重点突出
	联系实际
教学方法	启发引导
	循序渐进
	因材施教
教学手段	灵活多样
	恰当适用
	合理有效
教学效果	增长知识
	提高能力
	激发兴趣
师生关系	对待学生
	交流互动
个人魅力	仪表仪态
	人品性格
课堂氛围	课堂氛围
整体评价	整体评价

从表5中我们可以看到，相较于初始评教维度体系，以学生为中心的评教维度标签中共增加师生关系、个人魅力、课堂氛围、整体评价4个一级维度，最终共9个一级维度，编号 D_i（$i=1, 2, \cdots, 9$）。二级维度中增加了一些整体性维度和其他潜在维度并对一些维度进行合并重组等调整，最终共21个二级维度，使得评教维度体系的定义更加明确和完善。

三、基于特征词匹配的评教维度分析

本部分的研究任务是在预定义的评教维度体系下,分析判断出评教文本对应的评教维度。一条评教文本中通常包含多个评教维度,且评教维度间具有顺序性。如"老师很负责,虽然课堂气氛一直不活跃,但是通过该课程的学习,我收获很大"对应的评教维度为教学态度,课堂氛围,学习收获。为了避免数据稀疏,本文仅识别到评教维度体系中的9个一级维度,即教学态度、教学内容、教学方法、教学手段、教学效果、师生关系、个人魅力、课堂氛围、整体评价。

（一）整体流程

评教维度分析也可以看作是多标签文本分类任务,传统的研究方法包括基于规则映射的无监督方法和基于机器学习的有监督方法。基于规则映射的无监督方法的步骤为在抽取出特征词的基础上,设计相应的匹配规则来进行识别,该方法简单有效且准确率高。基于机器学习的有监督方法首先需要获取标注训练数据集,然后进行特征的选取和表示,之后针对每类标签数据集合分别训练分类器（逻辑回归、支持向量机、最大熵、神经网络等）。在本文评教维度分析任务中,运用基于机器学习的有监督方法时存在每个评教句子的标签个数不确定且评教维度边界区分不明显等问题,导致分析效果不尽如人意。因此,本文采用基于规则匹配的方法进行评教维度分析。

本文提出了基于特征词匹配的评教维度分析方法,该方法同时考虑将主题词和情感词作为评教维度分析的特征词,解决了过往研究中仅考虑显性主题词而忽略隐性主题词造成的问题,从而提高了评教维度分析的准确率。

图2展示了本文基于特征词匹配的评教维度分析方法的整体流程。

1. 文本分句

由于评教文本表述简短但又观点密集,为了提高评教维度识别的准确率,本文以评教文本的分句作为特征词抽取及匹配识别的基本数据处理单元,因此首先需要对文本进行分句处理。

2. 特征词抽取

正如本文第二部分所说,评教维度实质上是评教主题词在语义上的凝聚,

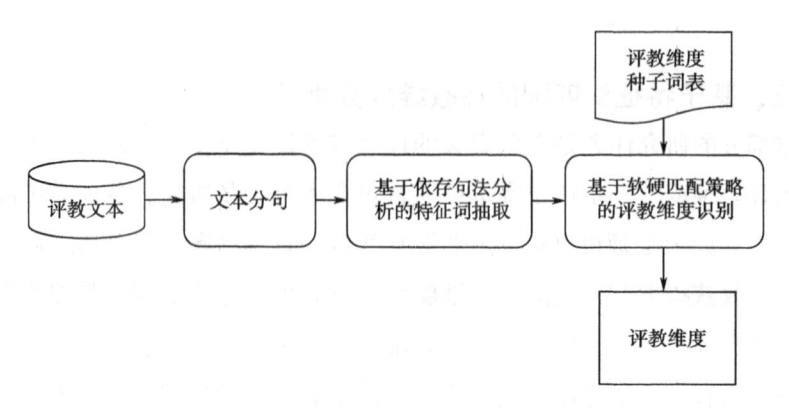

图 2　基于特征词匹配的评教维度分析流程

即高度概括。例如，主题词"方式、方法、教学手段"均可概括为"教学方式"这一评教维度。同时，当评教文本中出现隐性主题词时，评教维度也可以通过情感词体现出来。例如，"他很认真"中不含主题词，但我们可以根据领域知识得知情感词"认真"是对维度"教学态度"的评价。因此，本文将主题词和情感词作为评教维度识别的特征词，在进行评教维度匹配识别之前进行特征词抽取，即抽取主题词和情感词。

3. 评教维度匹配识别

首先构建评教维度种子词表以建立特征词与评教维度之间的基本映射关系，其次通过设计特征词与种子词表之间的匹配策略来识别评教文本中对应的评教维度。

（二）文本分句

对文本进行分句处理，即根据一定规则将原始文本划分为多个分句。目前主流划分方法有两种，分别为基于自然标点符号的划分以及基于特征词表的划分。本文采用基于自然标点符号的分句方法，其中常见的强分句符号有"。!？……"，弱分句符号有"；、，"。由于评教文本结构松散且标点符号使用不规范，因此本文基于依存句法分析的特征词抽取方法中将强分句符号与弱分句符号相结合，并根据语料中的常见标点符号对分句符号进行扩充，使得分句后每个分句仅包含对单一评教维度的评价。

表 6 给出了本部分模型构建的分句符号集（clause symbol set，CSSet），表中每个符号之间以"｜"相隔开。CSSet 中包含了常规分句符号的中英文版

本，以及扩充的特殊符号，如"~""·""'"及空格符号，共 16 个分句符号。

表 6 分句符号集

。|！|？|……|；|、|，|~|·|．|!|！|；|,|'|?||

接下来对分句处理过程进行示例说明（见表 7）。

表 7 分句处理例句

编号	例句
S1	陈老师备课很认真，讲课很仔细，对待学生也很亲切。
S2	教材有不足，比较严谨，强调作图规范……

对于表 7 中的例句，根据 CSSet 分句处理的结果如表 8 所示，表中同时标注了分句中的主题词和情感词信息。

表 8 分句结果及分句中的主题词和情感词

原句编号	分句编号	分句	主题词	情感词
S1	C1-1	陈老师备课很认真	备课	认真
S1	C1-2	讲课很仔细	讲课	仔细
S1	C1-3	对待学生也很亲切	对待	亲切
S2	C2-1	教材有不足	教材	不足
S2	C2-2	比较严谨	—	严谨
S2	C2-3	强调作图规范	—	—

由表 8 我们可知，原句 S1 和 S2 分别被切分为三个分句，每个分句中至多包含对一个方面的评价信息，若分句中无情感词，则本文认为该分句不是观点句。特别注意的是，评教语料中标点符号的不规范使用，尤其是重复输入标点符号（比如表 7 中的例句 S2），使得分句处理后出现长度为 0 的分句。这里我们将长度为 0 的分句进行过滤，以提高数据质量，降低后续任务的复杂度。

（三）基于依存句法分析的特征词抽取

本文采用基于依存句法分析的方法对主题词-情感词词对进行抽取，通过分析评教文本中主题词和情感词的词性特征以及依存关系特征对传统抽取方法进行改进，以提高抽取性能。

1. 特征分析

过往主题词-情感词词对抽取研究中存在以下问题：仅考虑名词和形容词词性下的主题词和情感词以及仅考虑常见的主谓关系（SBV）和动补结构（CMP），忽略了实际应用中的领域文本特点，导致较低的模型召回率。因此，针对以上问题，本节将根据学生评教领域文本特点，进行词性和依存关系的特征分析和选择。

（1）词性特征。

①主题词词性特征。学生评教领域中，主题词除了名词类，还包含动词类，如"讲解""批改""引导"等。因此，本部分特征词抽取中主题词词性特征选择名词类和动词类，定义主题词词性集合 TPosSet，具体为｛'n'，'v'，'vn'，'vi'｝。

②情感词词性特征。由学生评教文本特点可知，学生经常使用成语或习语表达评教观点，因此情感词的词性特征为形容词、成语和习语，定义情感词词性集合 SPosSet，具体为｛'a'，'i'，'l'，'al'，'ad'，'vl'｝。

（2）依存关系特征。

本部分旨在获取学生评教领域中主题词与情感词之间的依存关系特征。

通过对学生评教语料的依存句法分析，本文总结了评教语料中主题词与情感词之间的主要依存关系（见表9），这里仅关注两种情况下的依存：主题词与情感词直接依赖；主题词与情感词均依赖于另一词语。

表9 评教语料中主题词与情感词的常见依存关系

依存关系类型	例句	主题词	情感词
核心关系（HED）	平易近人	—	平易近人
定中结构（ATT）	新颖的教学方式	方式	新颖
动补结构（CMP）	老师备课很认真	备课	认真
状中结构（ADV）	兢兢业业地讲课	讲课	兢兢业业
主谓关系（SBV）	态度很认真	态度	认真

续表

依存关系类型	例句	主题词	情感词
动宾关系（VOB）	老师的教学方式我认为很新颖	方式	新颖
并列关系（COO）	教学方法和态度都很不错	方法	不错
		态度	不错
	讲课风格幽默风趣	风格	幽默
		风格	风趣

我们从表9可以看到，在评教语料中主题词与情感词的主要依存关系共有七种，分别为核心关系（HED）、定中结构（ATT）、动补结构（CMP）、状中结构（ADV）、主谓关系（SBV）、动宾关系（VOB）和并列关系（COO）。

①主谓关系SBV：当主谓关系结构由"名词+形容词"组成时可表达一种情感趋势，如表9中的评教文本"态度很认真"，"态度"和"认真"之间为主谓关系，此时主语即为主题词，谓语即为情感词。

②定中结构（ATT）：当定中结构由"形容词（习语）+名词"组成时可表达一种情感趋势，如表9中的评教文本"新颖的教学方式"，"新颖"和"方式"之间为定中结构，此时定语即为情感词，中心语即为主题词。

③状中结构（ADV）：当状中结构由"形容词（习语）+动词"组成时可表达一种情感趋势，如表9中的评教文本"兢兢业业地讲课"，"兢兢业业"和"讲课"之间为状中结构，此时状语即为情感词，中心语即为主题词。

④动补结构（CMP）：当动补结构由"动词+形容词（习语）"组成时可表达一种情感趋势，如表9中的评教文本"老师备课很认真"，"备课"和"认真"之间为动补结构，此时谓语即为情感词，补语即为主题词。

⑤动宾关系（VOB）：动宾关系有时会与一个主谓关系套合构成主谓宾短语，如"叫你不要讲话，让他坐下"等。此时若该主谓宾结构由"名词+动词+形容词（习语）"组成时可表达一种情感趋势。如表9中的评教文本"老师的教学方式我认为很新颖"，"方式"和"认为"之间为主谓关系，而"认为"和"新颖"之间构成动宾关系，此时主语即为主题词，宾语即为情感词。

⑥并列关系（COO）：并列关系的结构形式为"成分1+连词+成分2"，

375

有时连词会省略，且通常成分1和成分2的词性会相同。学生评教文本中有时会将主题词并列表达或者情感词并列表达。如表9中的评教文本"教学方法和态度都很不错"，"方法"和"态度"为并列主题词，此时我们认为并列主题词共享情感词。另一种并列关系如评教文本"讲课风格幽默风趣"中，"幽默"和"风趣"为并列情感词，一般我们认为并列情感词的情感倾向相同。

⑦核心关系（HED）：由于评教文本表达的不规范性，观点句可能仅为单个情感词或者短语，此时该情感词即为句子的中心成分，因此HED指向词即为情感词。如表9中的"平易近人"这个分句中仅包含单个情感词，HED指向词"平易近人"即为该情感词。

2. 抽取规则设计

本文设计了主题词-情感词联合抽取规则Topic-Sentiment Joint Extraction Rule（简称TSJER），TSJER由基础规则、补充规则、候选结果筛选三部分构成，接下来对这三部分进行详细介绍。

（1）基础规则。本文在传统基于依存关系的抽取规则中引入HED指向词，以提高抽取准确率。HED指向词为依存句法理论下句子中唯一的中心成分，由于评教文本表达的不规范，利用HED指向词可以减少不必要的候选观点要素的抽取。

本文总结了评教语料中主题词、情感词和HED指向词三者之间的5种相互依存类型，具体如下：

类型1：主题词与情感词直接依赖且情感词为HED指向词。
类型2：主题词与情感词直接依赖且主题词为HED指向词。
类型3：主题词和情感词无直接依赖且均依存于HED指向词。
类型4：主题词与情感词直接依赖且主题词依存于HED指向词。
类型5：主题词与情感词直接依赖且情感词依存于HED指向词。

图3给出了主题词、情感词和HED指向词之间的5种相互依存类型的示意图，其中"T"代表主题词，"S"代表情感词。同时，为了理解方便，本文标注了根节点Root，Root指向的词即为HED指向词，5种相互依存类型分别对应示意图（a）（b）（c）（d）（e）。

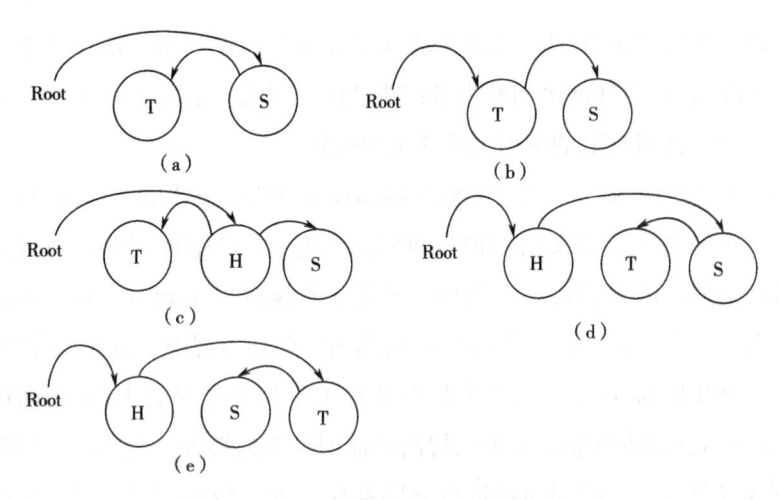

图 3　5 种相互依存类型示意图

本文根据以上 5 种相互依存类型设计了主题词-情感词联合抽取的基础规则 TSJER_basic（）：定义 Data 为预处理后的文本分句集合 $\{c_i\}$，每个分句 c_i 包含词性标注和依存句法标注，$head_i$ 为分句 c_i 中的 HED 指向词，word_p 为词 word 的词性；TPosSet、SPosSet 分别为前文定义的主题词和情感词词性集合；T_S 为主题词-情感词词对<t, s>的集合，初始值为 $\{\phi\}$；TSJER_basic（）以 Data 为输入，输出每个分句的主题词-情感词词对 $\{<t, s>\}$，即 T_S。

（2）补充规则。本节将针对主题词-情感词词对抽取中的并列词问题和复合主题词问题对抽取规则进行补充。

①并列词问题。虽然上述 5 条基础规则已经可以抽取出大部分的主题词-情感词词对，但是没有考虑文本中存在的并列关系（COO），易造成候选结果的遗漏。因此，本文利用 COO 关系补充对并列主题词和并列情感词的处理规则以提高抽取召回率。

②复合主题词问题。以上规则抽取出的主题词在语义上有时并不完整，如"课程进度慢"和"说话速度慢"这两个句子分别抽取出词对（进度，慢）（速度，慢），仅根据词对则这两句话无明显区别，但其实前一句评价针对的是课程内容，后一句评价针对的是语速即教学技能。此时，若抽取出的主题词为"课程进度"和"说话速度"则能更准确地代表原句语义。这里我们称"进度""速度"这类主题词为原子主题词，"课程进度""说话速度"

这类主题词为复合主题词。复合主题词通常为名词性结构，依存关系为定中结构（ATT），其中修饰语词性为名词或动词。因此，本文利用 ATT 关系抽取复合主题词，使得抽取的主题词语义更加准确。

（3）候选结果筛选。经过基础规则和补充规则抽取出的主题词–情感词词对存在一定的噪声，本文利用词频对候选主题词–情感词词对进行过滤。首先，统计抽取出的主题词在语料中的词频，若词频低于阈值，则过滤该主题词–情感词词对。本文设计了主题词–情感词联合抽取规则 TSJER 的完整算法。算法中，TSJER_basic（）基于词性和依存关系特征并结合 HED 指向词实现对主题词–情感词进行联合抽取以提高特征词抽取的性能。其次，分别针对并列词问题以及复合主题词问题进行规则补充，进一步提高特征词抽取的召回率以及语义准确性。最后，根据词频对候选元素进行过滤，降低抽取的噪声。最终实现对评教文本中主题词–情感词的联合抽取。

（四）基于种子词表的评教维度识别

上一节介绍了如何抽取特征词<topic，sentiment>，本节将介绍如何根据特征词进行评教维度的匹配识别。本文采用基于种子词表的评教维度识别方法，首先构建评教维度种子词表，其次设计了硬匹配与软匹配相结合的评教维度识别策略，提高评教维度识别的准确性和召回率。

1. 种子词表构建

传统的维度词表仅基于显性主题词构建，这样则忽略了隐性主题词问题而降低了识别性能。因此，本文构建了同时包含显性种子词和隐性种子词的维度词表 Dim_Seeds，从而提高评教维度的识别性能。

（1）显性种子词表 exp_Seeds。显性种子词主要由名词类和动词类词语组成。本文以前文的关键词集合 KeyWord 中的名词类和动词类关键词为基础，结合学生评教领域知识以及评教维度体系中的二级维度定义，将关键词划分到不同的评教维度标签，从而构成显性种子词表。

（2）隐性种子词表 imp_Seeds。通常隐性主题可由情感词体现出来。例如，"他很认真"中不含有主题词，但我们可以根据领域知识得知情感词"认真"是对维度"教学态度"的评价。因此，我们可以利用情感词这一特征来识别含有隐性主题词的文本所对应的评教维度。本文隐性种子词主要由形容词类、成语、习语类词语组成。本文以前文的关键词集合 KeyWord 中的形容词类、成语、习语类关键词为基础，结合学生评教领域知识以及评教维度体系中的二级维度定义，将关键词划分到不同的评教维度标签，从而构成隐性种子词表。

显性种子词和隐性种子词共同组成评教维度种子词表 Dim_Seeds，表 10、表 11 分别展示了 exp_Seeds 和 imp_Seeds 的部分内容。

表 10 显性种子词表 exp_Seeds 的部分内容

维度编号	一级维度	二级维度	显性种子词
D_1	教学态度	关爱学生	态度、教学态度、备课态度、讲课态度、课前准备、守时、责任心、时间观念
		认真负责	
		为人师表	
D_2	教学内容	导向正确	内容、课程内容、讲课内容、教材、讲解、干货、层次、重点、难点、课程进度、组织、安排、环节、结构、知识点
		重点突出	
		联系实际	
D_3	教学方法	启发引导	方法、方式、结合、手段、自学、实践、案例、引导、启发、激发、兴趣、吸引、调动
		循序渐进	
		因材施教	
D_4	教学手段	灵活多样	思路、条理性、教学水平、水平、能力、经验、技能、技术、逻辑、板书、口音、语速、语气、说话、普通话、嗓门、发音、吐字
		恰当适用	
		合理有效	
D_5	教学效果	增长知识	掌握、收获、获得、效果、提高、帮助、收益、学习兴趣
		提高能力	
		激发兴趣	
D_6	师生关系	对待学生	爱护、尊重、关心、对待、关系、答疑解惑、交流、回答、沟通、感情
		交流互动	
D_7	个人魅力	仪表仪态	仪表、仪态、气质、穿着、人品、性格、为人、脾气
		人品性格	
D_8	课堂氛围	课堂氛围	气氛、氛围、积极性、活跃度、学习热情、发言
D_9	整体评价	整体评价	教学质量、好评、称赞、满意度、整体评价、评价

表 11 隐性种子词表 imp_Seeds 的部分内容

维度编号	一级维度	隐性种子词
D_1	教学态度	认真、负责、仔细、诚恳、端正、积极、努力、严谨、尽职尽责、孜孜不倦、兢兢业业
D_2	教学内容	通俗易懂、晦涩难懂、充实、突出、合理、紧凑、严格
D_3	教学方法	合适、多样、恰当、因材施教、创新、先进、配套
D_4	教学手段	熟练、规范、照本宣科、条理清晰、渊博、博学多识
D_5	教学效果	受益匪浅、收获颇丰、醍醐灌顶
D_6	师生关系	乐于助人、一视同仁
D_7	个人魅力	好看、漂亮、帅气、高冷、随和、平易近人、呆板
D_8	课堂氛围	活跃、沉闷、无聊、死气沉沉、乏味
D_9	整体评价	不错、优秀、厉害

2. 匹配策略设计

(1) 硬匹配策略。硬匹配的基本思想是将抽取出的特征词词对<topic, sentiment>与评教维度种子词表中的种子词直接进行字符串匹配，若匹配成功，此时该种子词对应的评教维度标签即为该评教文本分句的评教维度识别结果。该策略能够快速有效地获取评教文本对应的评教维度标签。

(2) 软匹配策略。软匹配策略主要用来解决领域新词问题，即当硬匹配未成功时执行该策略。该策略的处理对象为词向量表示，词向量中蕴含着潜在的语义信息，使得在语义上接近的词语在同一向量空间中的距离也更接近。因此，我们可以通过特征词与种子词词向量之间的相似度来进行匹配识别。

在计算特征词和种子词词向量之间的相似度时，相似度值越大，则该特征词属于该种子词对应的评教维度的概率越大；反之，概率越小。

软匹配策略的主要思想为：对于硬匹配中未成功的观点要素三元组，通过计算词向量之间的相似度，返回相似度最大的种子词对应的评教维度标签即为最终识别结果。该策略可以利用向量中的潜在语义信息有效识别评教维度标签，同时亦可根据新的评教语料，不断更新种子词表，降低词表维护成本。

四、面向评教维度的情感分析

上一部分通过提取特征词并设计有效的匹配策略识别出了评教文本中多个评教维度，本部分的任务则是在给定文本的评教维度信息下识别评教维度对应的情感倾向，从而最终实现评教文本的细粒度情感分析。

传统的情感倾向分析研究方法一般可分为三类：基于词典的无监督方法、基于机器学习的方法以及近年来兴起的深度学习方法。基于词典的无监督方法无须标注数据集，利用构建的情感词典以及匹配规则识别出与给定评教维度相关的情感要素的极性即可。基于机器学习的方法将情感倾向分析看作是二分类任务，首先将文本转化为计算机可以识别的向量形式，然后在标注数据集上训练分类器并进行预测。该方法有两个缺陷：第一，依赖训练集且其中烦琐的特征选择过程费时费力；第二，对于评教文本中的多个评教维度需要进行多次二分类，因而增加了任务的难度和复杂度。基于深度学习的方法能够自动学习相关特征，受到众多学者的青睐，该类方法的关键在于语义向量的表示以及构建合适的网络模型。

本文将采用基于词典的无监督方法解决本文面向评教维度的情感分析任务，首先通过构建评教情感词典进行情感分析，作为标注数据较少时的冷启动策略。

本文提出了基于评教情感词典的评教维度情感分析方法，该方法考虑主题词、情感词及其修饰词作为评教维度相关的观点要素，并通过构建评教情感词典来识别评教维度的情感倾向。

（一）评教情感词典构建

本文构建的评教情感词典包括情感词词典和修饰词词典两个部分，接下来对其进行详细介绍。

1. 情感词词典

情感词具有明显的褒义（positive，+1）和贬义（negative，-1）极性情感色彩，而且通常可将情感词分为极性语境无关的情感词和极性语境相关的情感词两类。极性语境无关的情感词，顾名思义，该类情感词的极性不会随着语境（即上下文）的不同而变化。例如，"美好"的情感极性为褒义。一般我们可以通过查询公开情感词典资源（如 WordNet、知网 HowNet 等）来获取该类情感词的极性。因此在本文的研究中，将基于公开情感词典资源构建基础词典用于识别学生评教文本的情感极性。

相对的，极性语境相关的情感词的极性是动态的，会随着语境的不同而变化。例如下面的评教句子：

S1：通过该课程的学习，我的【收获】很【大】。

S2：该老师的【脾气】很【大】。

上述句子中的情感词"大"在不同的上下文中表达不同的情感极性。S1中的情感词"大"搭配主题词"收获"，此时表达的情感极性为褒义。而 S2 中的情感词"大"搭配主题词"脾气"，此时表达的情感极性为贬义。因此在本文的研究中，将构建主题词-情感词搭配词典来解决该类情感词极性识别问题。

接下来将对基础词典和评教搭配词典的构建进行详细介绍。

（1）基础词典。为了提高词典的覆盖度，本文构建的基础词典综合考虑了三个公开情感词典资源：知网 HowNet 中的中文词典、清华大学李军中文褒贬义词典和台湾大学 NTUSD 中文情感词典简体中文版本。构建方法如下：

第一步：对上述三个公开词典进行合并以及去重，并形成褒义情感词 Pos_Dic 和贬义情感词 Neg_Dic 两个子词典。

第二步：由于中文词汇存在"一词多义"的现象，部分情感词会在表达不同含义时体现不同的情感极性。例如，"骄傲"这个情感词在使用时可以表达自豪的意思，也可以表达自大的意思。但当"骄傲"表达自豪的含义时，我们认为该词情感极性是褒义的，而在表达自大的含义时，我们认为该词的情感极性是贬义的。因此，本文根据学生评教语境对该类词语进行了唯一极性定义。

最终构建的基础词典中，Pos_Dic 共 8 934 个词语，Neg_Dic 共 7 568 个词语。

（2）评教搭配词典。本文总结了学生评教领域中极性上下文相关的 8 个词语，见表 12。

表12　极性上下文相关的情感词

大、小、多、少、高、低、快、慢

为了解决极性上下文相关的情感词问题，以提高情感分析的准确性，本文根据对学生评教语料的观察分析以及对领域知识的理解，构建了评教搭配词典。该评教搭配词典包含褒义搭配（Pos_Pair）和贬义搭配（Neg_Pair）两个子词典。表13展示了评教搭配词典的部分内容。

表13　评教搭配词典部分内容

子词典	主题词	情感词	极性
Pos_Pair	水货、迟到、差评、犯错 脾气、噪声 迟到率、缺勤率 进度	少 小 低 慢	+1
Neg_Pair	水货、迟到、差评、犯错 脾气、噪声 迟到率、缺勤率 进度	多 大 高 快	-1

2. 修饰词词典

修饰词一般为表达否定的词语，可反转观点的褒贬倾向。因此，本文通过收集常见否定词构建了修饰词词典（ModDic）。ModDic包括22个常用的修饰情感的否定词，具体内容见表14。

表14　修饰词词典（ModDic）

否定修饰词
不、不然、不可、不必、不用、不再、不是、不能、没有、没、毫无、毫不、绝不、并不、未、未必、非、无需、无从、否、绝非、绝无

（二）评教维度情感分析

如何准确识别评教维度相关情感要素的极性是提高评教维度情感分析性能的关键问题。因此，本文首先基于多级情感词极性识别策略识别出评教维度相关的情感词极性，其次考虑否定修饰词的影响得出最终的评教维度情感倾向，从而提高评教维度情感分析的准确性。

1. 观点要素三元组

本文定义了观点要素三元组<主题词 topic，修饰词 modifier，情感词 sentiment>用于评教维度情感分析，并将评教维度的情感极性识别转化为对观点要素三元组的极性识别。因此，在进行评教维度情感分析之前，需要首先获取观点要素三元组。针对主题词和情感词的获取，本文采用上一部分介绍的主题词-情感词联合抽取规则 TSJER，具体内容在此不再赘述。接下来，本节将详细介绍修饰词的获取方法。

由于评教文本分句较为简短，因此本文认为每个观点分句中至多有一个否定修饰词，且通常该否定修饰词位于情感词左侧。本文设计了修饰词抽取规则（Modifier Extraction Rule，MER）。MER 在上节抽取出情感词的基础上，利用位置特征和修饰词词典进行修饰词抽取。具体规则内容如下：

MER：设置遍历窗口大小为 3。对于已抽取出的情感词 sentiment，在窗口大小范围内依次遍历 sentiment 左邻词语，并与 ModDic 进行匹配，若匹配成功，则更新修饰词 modifier 值为该词。

2. 多级情感词的极性识别策略

识别情感词的极性 P_{sent} 是本文基于评教情感词典的情感分析的关键任务。利用本文构建的评教情感词典可以快速准确地识别情感词极性，但是对于特定领域新词的极性识别能力还是有所欠缺。对此，本文引入并列情感词和相似度计算来识别新词的情感极性，进一步提高极性识别性能。

（1）基于并列情感词的极性识别。前文介绍了学生评教文本中存在并列依存关系（COO），学生有时会将情感词并列表达，如评教文本"讲课风格幽默风趣"中，"幽默"和"风趣"为并列情感词。同时，我们认为并列的情感词的情感倾向相同。因此，我们可以利用并列情感词来识别新词的情感极性。具体方法如下：

假设 S 为已识别出情感极性的情感词 w 的并列情感词候选集合，我们可以根据 S 中情感词 $sent_i$ 的极性 P_{sent_i}，利用多数极性原则来判断新词的情感极性 P_{new}。计算方法见式（1）。若 $score \geq 0$ 则正向极性并列词占多数，因此 $P_{new}=+1$；反之，若 $score<0$，则负向极性并列词占多数，因此 $P_{new}=-1$。

$$score = \sum_{i \in S} P_{sent_i} \tag{1}$$

（2）基于相似度计算的极性识别。为了进一步提高情感分析的性能，这里补充了基于相似度计算的极性识别。针对未识别极性的情感词，计算其与已识别极性的情感词之间词向量表示的余弦相似度值，选择相似度值最高的情感词的极性 P_{max} 作为该未知极性情感词的极性 P_{new}，即 $P_{new} = P_{max}$。

（3）多级情感词极性识别策略。下面介绍本文提出的多级情感词极性识别策略的具体内容。

第一步：首先利用评教搭配词典进行第一轮匹配。识别含有褒义搭配 Pos_Pair 和贬义搭配 Neg_Pair 的三元组，并将其相应情感词极性进行标记。即若命中 Pos_Pair，则 $P_{sent} = +1$；若命中 Neg_Pair，则 $P_{sent} = -1$。

第二步：接着利用基础词典对剩余未识别极性情感词进行第二轮匹配。若情感词 sent 属于 Pos_Dic，则 $P_{sent} = +1$；若情感词 sent 属于 Neg_Dic，则 $P_{sent} = -1$。

第三步：对于前两步未识别极性的情感词，利用上文介绍的基于并列情感词的极性识别方法确定该词情感极性。

第四步：对于上述策略后均为识别极性的情感词，利用上文介绍的基于相似度计算的极性识别方法确定该词情感极性。

3. 评教维度情感极性识别

利用上一节多级情感词极性识别策略可以有效识别出三元组中情感词的极性 P_{sent}，本节将介绍如何通过三元组的情感极性 P_{Unit} 来实现评教文本 s 的评教维度情感分析，即获得评教文本中各个评教维度标签所对应的褒贬情感倾向。

（1）三元组情感极性计算。三元组中的修饰词 modifier 一般为表达否定的词语，对于观点的情感倾向具有转折作用。因此，三元组的情感倾向 P_{Unit} 不仅与情感词的极性相关，还与修饰词有关。P_{Unit} 计算公式如下：

$$P_{Unit} = m \times P_{sent} \tag{2}$$

式中，m 为修饰词权重，当修饰词 modifier 为空时，$m = 1$；当修饰词 modifier 不为空时，$m = -1$。

（2）评教文本的情感倾向分析。每条评教文本包含多个观点要素三元组，在得到各个三元组的极性后，需要将评教维度标签相同的三元组及其极性进行合并去重，从而得到该评教文本中各个评教维度标签所对应的情感倾向。本文默认同一条评教文本中相同评教维度标签的三元组极性相同。

五、实验与结果

本部分重点对本文提出的学生评教文本细粒度情感分析相关方法进行实验验证，并通过实验分析，找出本文方法的优势与不足。

（一）实验数据

为了对本文提出的学生评教文本细粒度情感分析相关方法进行实验评估，本文首先基于第二部分清洗后的有效语料构建了细粒度情感分析标注数据集 Opinion_Set。

本文对评教文本中的评教维度情感要素（即主题词和情感词）、评教维度以及情感倾向进行人工标注。同时，为了保证标注数据的可靠性，本文邀请两位标注者分别对数据进行标注，并通过 Kappa 系数检验两人标注的一致性。Kappa 系数检验的公式如式（3）所示。

$$Kappa = \frac{P_a - P_e}{1 - P_e} \tag{3}$$

式中，P_a 指的是检验者实际观察到的一致率，P_e 指的是理论下期望的一致率。Kappa 值越接近 1，说明一致性越高；Kappa 值越接近 0，说明一致性越低。

最终，本文选择一致性较高的 6 000 条评教文本作为本文实验所用数据集，即 Opinion_Set。表 15 展示了 Opinion_Set 的标注内容分布情况。

表 15　Opinion_Set 的标注内容分布

每条文本的平均字数	27
每条文本的平均主题词-情感词词对数量	3
每条文本的平均评教维度个数	2.6
正向情感标注个数	12 765
负向情感标注个数	5 734

从表 15 中我们可以看到，Opinion_Set 中每条评教文本的平均字数为 27，属于短文本范畴。但观点比较聚集，每条文本的平均主题词-情感词词对数量为 3 个。每条文本中不同的主题词-情感词词对可能对应相同的评教维度，因此标注的每条文本对应的平均评教维度个数为 2.6 个。为每条文本中的各个评教维度标注对应的情感倾向，最终 Opinion_Set 中正向情感标注 12 765 个，负向情感标注 5 734 个。

（二）实验评估指标

本文基于混淆矩阵（confusion matrix）对实验结果进行评估。混淆矩阵是一种在机器学习、信息抽取领域常用的用于可视化模型性能的表格布局，在无监督算法中也叫匹配矩阵。混淆矩阵一般具有"预测值"和"真实值"两个维度，具体定义见表 16。

表 16　混淆矩阵

混淆矩阵	预测值=1	预测值=0
真实值=1	TP	FP
真实值=0	FN	TN

在一般的预测分析中，TP（true positive）表示预测值为 1 且真实值也为 1 的实例数量；FP（false positive）表示真实值为 1 但预测值为 0 的实例数量；FN（false negative）表示真实值为 0 但预测值为 1 的实例数量；TN（true negative）表示真实值为 0 且预测值也为 0 的实例数量。

混淆矩阵中展示的是基本的数量统计，为了更好地衡量模型的优劣，在此基础上衍生出了精确率（precision）、召回率（recall）、F1 值 3 个评估指标，计算公式如下：

$$precision = \frac{TP}{TP + FP} \quad (4)$$

$$recall = \frac{TP}{TP + FN} \quad (5)$$

$$F1 = 2 \times \frac{precision \times recall}{precision + recall} \quad (6)$$

精确率体现了模型预测值为 1 的所有实例中预测正确的占比；召回率体

现了真实值为 1 的所有实例中模型预测正确的占比；$F1$ 值综合了精确率和召回率的结果，$F1$ 值为 1 时模型性能最佳，$F1$ 值为 0 时模型性能最差。

（三）评教维度分析方法实验

本文第三部分提出了基于特征词匹配的评教维度分析方法，该方法包含两个模块：基于依存句法分析的特征词抽取和基于种子词表的评教维度识别。本节将对这两个模块方法的有效性进行实验验证。

1. 不同特征词抽取方法的对比实验

基于依存句法分析的特征词抽取方法的核心内容是主题词-情感词联合抽取规则 TSJER，为了避免表达不规范或者依存句法分析不准确造成错误抽取，TSJER 中利用词频阈值对抽取出的候选词词对进行过滤筛选。本节首先对 TSJER 中的参数进行设置，方法如下：以 μ 的取值为 1、2、3、4、5 分别对 Opinion_Set 中的评教文本进行 5 次实验，并选取 $F1$ 值最高的值作为最优参数，最终确定 3 作为 μ 的最优值。

相较于传统特征词抽取方法，TSJER 在词性和依存关系特征的选取以及抽取方式等方面进行了改进以提升特征词的抽取性能。为了进一步验证 TSJER 在特征词抽取上的有效性，本节设计如下对比实验。

（1）对比实验 1：主题词和情感词的词性分别仅考虑名词和形容词。

将 TSJER 规则中的主题词词性 TPosSet 和情感词词性 SPosSet 分别替换为 {'n'} 和 {'a'}，其他内容保持不变，之后对 Opinion_Set 中的评教文本进行特征词抽取。这里，将对比实验 1 简称为 Contrast_Pos。

（2）对比实验 2：依存关系仅选择 SBV 和 CMP 两种。

将 TSJER 规则仅保留含有 SBV 和 CMP 依存关系的规则，其余内容保持不变，之后对 Opinion_Set 中的评教文本进行观点要素抽取。这里，将对比实验 2 简称为 Contrast_Dep。

（3）对比实验 3：本文提出的 TSJER 规则。

对比实验 3 即为本文提出的 TSJER 规则。这里，将对比实验 3 简称为 Contrast_TS。Contrast_Pos、Contrast_Dep、Contrast_TS 三个对比实验的结果如图 4 所示。

从图 4 中我们可以看到，在精确率方面，Contrast_Pos、Contrast_Dep、

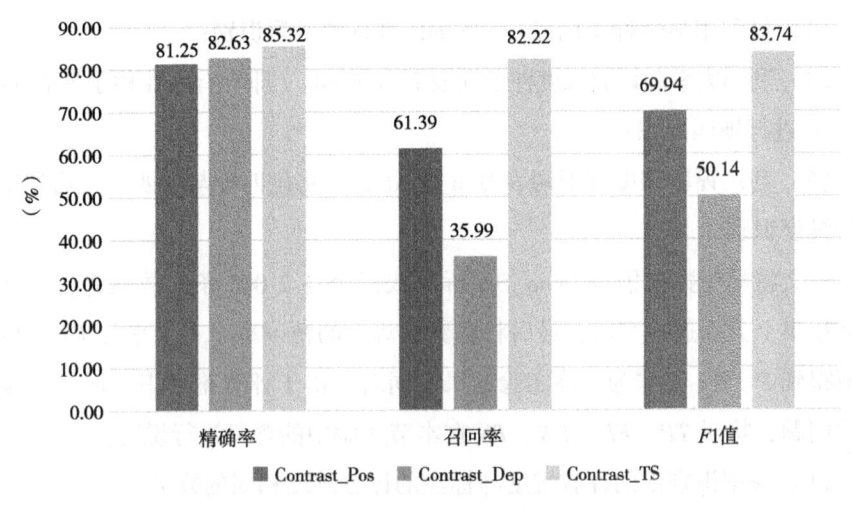

图4 不同抽取规则的性能对比

Contrast_TS 三者都在 81%以上，这充分验证了本文设计的抽取规则的有效性；同时，三者的精度有些波动，这是因为词性标注和依存句法分析等数据预处理过程可能导致一些偏差。

在召回率方面，Contrast_TS 相较于 Contrast_Pos 和 Contrast_Dep 有大幅度提升。具体而言，Contrast_TS 比 Contrast_Pos 高了 21 个百分点，原因可能是，TSJER 将主题词词性设置为名词和动词，情感词词性设置为形容词、成语和习语，这符合学生评教文本的实际情况，考虑更加全面。Contrast_TS 比 Contrast_Dep 高了 46 个百分点，原因可能是 TSJER 全面考虑了学生评教文本中的 7 个依存关系，并设计了相应的抽取规则。这也说明了 TSJER 中词性和依存关系特征的改进对抽取性能的提升具有积极作用。

从 $F1$ 值的表现来看，Contrast_TS 具有明显优势，达到 83.74%，比 Contrast_Pos 高了 13 个百分点，比 Contrast_Dep 高了 33 个百分点。因此，进一步验证了本文提出的基于依存句法分析的特征词抽取方法的有效性。

2. 不同评教维度匹配识别策略的对比实验

基于种子词表的评教维度识别方法，首先构建了评教维度种子词表，其次结合硬匹配和软匹配策略识别出评教文本对应的评教维度。为了验证该评教维度识别方法的有效性，本文设计如下对比实验：

（1）仅利用显性种子词表 exp_Seeds 进行硬匹配识别；

（2）利用完整版评教维度种子词表 Dim_Seeds（即含有隐性种子词表 imp_Seeds）进行硬匹配识别；

（3）利用评教维度种子词表 Dim_Seeds，并将硬匹配与软匹配策略相结合进行维度识别。

本文将标注数据集 Opinion_Set 拆分成三个各 2 000 条的数据集，并在三个数据集上分别进行实验，最后将各数据集上的精确率、召回率和 F1 值取平均值得到 P、R、F 作为最终实验结果。同时，由于评教维度识别属于多标签分类问题，特对 TP、FP、FN、TN 在本节实验中的含义进行说明：

TP：模型识别出的评教维度与标注的评教维度相同的数量。

FP：标注有评教维度但模型未识别出或者识别出的不同的数量。

FN：标注无评教维度但模型识别出评教维度的数量。

TN：标注无评教维度且模型未识别出评教维度的数量。

实验结果如图 5 所示。

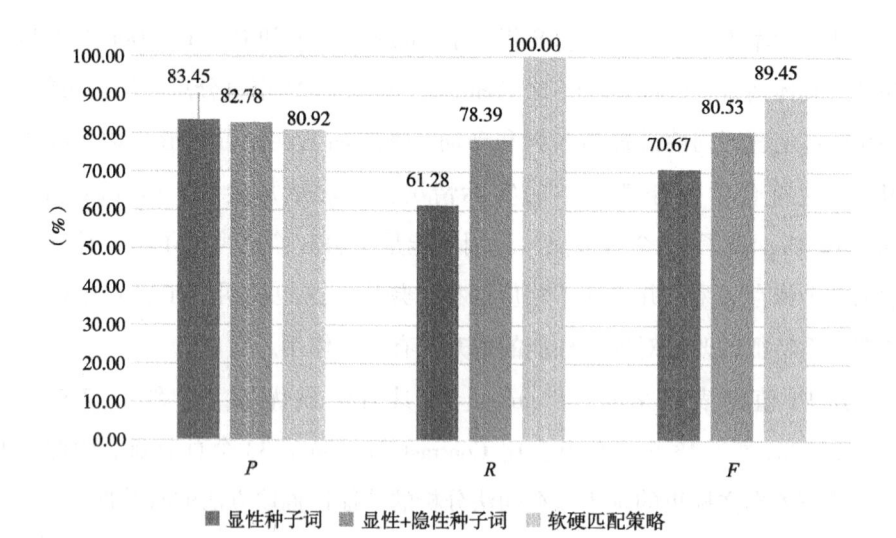

图 5　评教维度识别对比实验结果

从图 5 中我们可以看到，显性种子词表结合硬匹配策略的维度识别精确率最高，达到 83.45%，但同时召回率也是最低的，仅为 61.28%，可知虽然显性种子词表的质量较高，但是仅采用显性种子词表对于整体的评教维度识别覆盖度较低。

增加隐性种子词表之后，从图 5 中可以看到评教维度识别的召回率有了大幅提升，原因可能是学生评教文本中存在很多省略主题词的观点表达，而本文构建的隐性种子词表则有效地解决了这一类文本的维度识别问题；同时，精确率下降了 0.7 个百分点，可能是由于表达方式多样，同一情感词有时会与多个评教维度对应。

采用硬匹配与软匹配结合的识别策略之后，召回率显著提升，同时保持着较高的精确率，这意味着软硬匹配策略有效解决了学生评教维度识别中的领域新词问题。

从综合性能来看，本文方法的 $F1$ 值达到 89.45%，明显高于其他两个方法，因此证明了本文基于种子词表的评教维度匹配识别策略的有效性。

（四）面向评教维度的情感分析方法实验

本文第四部分提出了基于评教情感词典的评教维度情感分析模型，通过构建评教搭配词典，解决了极性语境相关的情感词问题，并设计了多级情感词极性识别策略，提高情感分析性能。为了验证该方法的优劣，本节设计了如下对比实验：

第一，仅使用公开词典资源 HowNet 识别情感词极性，进而计算各评教维度对应的情感倾向。

第二，仅使用本文构建的评教情感词典识别情感词极性，进而计算各评教维度对应的情感倾向。

第三，采用本文构建的评教情感词典并通过多级情感词极性识别策略识别情感词极性，进而计算各评教维度对应的情感倾向。

这里我们假设特征词抽取和评教维度识别等前置任务已经完成，仅考虑情感分析模型的效果。因此，我们在 Opinion_Set 中带有特征词标注和评教维度标注的评教文本数据上进行以上对比实验。同时，为了避免实验结果的偶然性，本文将标注数据集 Opinion_Set 拆分成三个各 2 000 条的数据集，并在三个数据集上分别进行实验。最后将精确率、召回率和 $F1$ 值取平均值得到 P、R、F 作为实验评估指标，结果如图 6 所示。

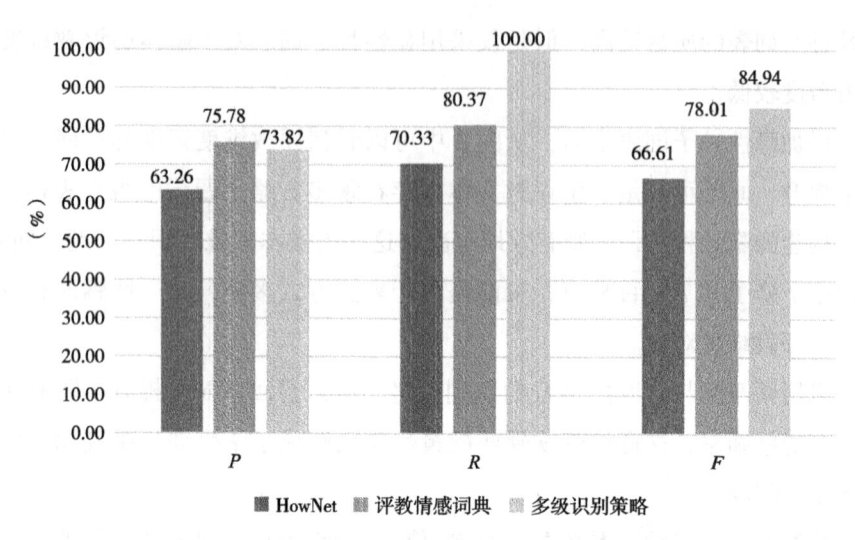

图 6 基于评教情感词典的情感分析对比实验结果

从图 6 中我们可以看到，相较于 HowNet，使用评教情感词典的情感分析实验在精确率和召回率上都略胜一筹，其中精确率提高了 12 个百分点，召回率增加了 10 个百分点。这是由于评教情感词典中包含评教搭配词典用以解决极性语境相关的情感词问题，因此验证了本文构建的评教搭配词典在学生评教情感分析中的可用性。

采用多级情感词极性识别策略的实验召回率达到 100%，这是因为该策略中引入了基于并列情感词的极性识别方法和基于相似度计算的极性识别方法，有效地解决了领域新词问题；同时 $F1$ 值达到 84.94%，因此可以得出多级情感词极性识别策略对提高学生评教情感分析性能具有积极作用。

综上所述，本文提出的基于评教情感词典的评教维度情感分析方法具有一定的有效性，并且在精确率和召回率上表现优异。

六、学生评教观点整合与应用

经过本文第三部分的评教维度识别和第四部分面向评教维度的情感分析，可以得到每条评教文本的评教维度及其情感倾向。但是在实际应用中，我们往往需要整合归纳多文本的观点信息，进而呈现和分析出更有价值的信息。本部分将重点阐述如何整合和应用多文本的评教情感分析结果，进一步展现学生评教文本细粒度情感分析的应用价值。

(一) 整体流程

在学生评教领域，针对某位教师及其所授课程往往会有多条评教文本（即评教文本集），本文将以高校学生评教的结果反馈以及教学质量综合评价为应用导向，对评教文本集的细粒度情感分析结果（即评教维度及其对应情感倾向）进行有效的整合和分析。图7展示了基于细粒度情感分析的学生评教反馈分析整体流程。

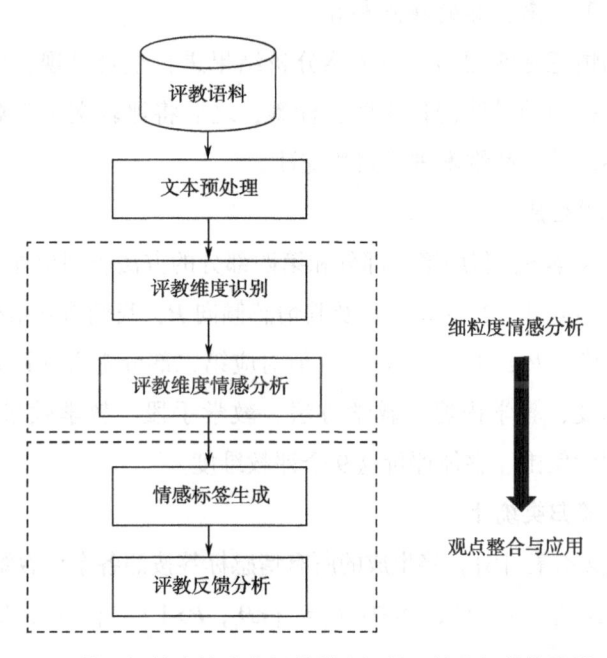

图7 基于细粒度情感分析的学生评教反馈分析整体流程

对于网上评教系统中的学生评教文本，首先进行细粒度情感分析，即根据本文第三部分和第四部分的方法识别出评教文本中的多个评教维度及其对应的情感倾向；其次对识别出的观点信息进行整合与应用。观点整合与应用任务是情感分析的上层任务，旨在整合多文本细粒度情感分析结果以便有针对性地进行分析应用。

为了获得对于评教对象整体性的观点摘要，需要整合归纳多文本的情感分析结果。如何有效组织多文本中的评教维度及其对应的情感倾向是观点整合的关键。组织方式可根据实际应用需求进行选择，基本要素通常含有"类别+情感"以及相关的统计量。例如，在电商领域，平台主要通过标签形式整合呈现某一商品的众多评价内容。根据学生评教领域实际情况，本文采用情感标签的形式对情感分析结果进行整合呈现。

如何利用情感标签获取有价值的信息并促进教学质量改进，对于实现学生评教文本细粒度情感分析的应用价值至关重要。因此，本文对基于情感标签的评教反馈分析方法进行了探索。

（二）基于情感标签的观点整合

本文采用情感标签的形式对情感分析结果进行整合呈现，首先将单条评教文本的观点挖掘结果结构化为情感标签，之后将评教文本集对应的所有情感标签按照不同的评教维度进行归类统计。

1. 情感标签生成

对于评教文本 S，利用第三部分和第四部分的方法识别出评教文本中的多个评教维度 D_i（$i=1, 2, \cdots, 9$）及其情感倾向 P，我们将其结构化为情感标签 $<D_i, P>$，其中 $P \in \{+1, -1\}$，D_i 值对应第二部分定义的评教维度体系标签，即教学态度、教学内容、教学方法、教学手段、教学效果、师生关系、个人魅力、课堂氛围、整体评价这9个评教维度。

2. 情感标签归类统计

对于评教文本集 {S}，将生成的所有情感标签按照各个评教维度进行归类，则生成9个集合 $C_1, \cdots, C_9$，其中：$C_1 = \{<D_i, P> | i=1\}$，$\cdots$，$C_9 = \{<D_i, P> | i=9\}$。

情感标签归类后，我们可以方便地得到统计量 $n(C_x)$，即 C_x 中情感标签总数量，且 $n(C_x) = n(C_{x|P=+1}) + n(C_{x|P=-1})$。其中 $x=1, 2, \cdots, 9$，$n(C_{x|P=+1})$ 代表 C_x 中好评情感标签数量；$n(C_{x|P=-1})$ 代表 C_x 中差评情感标签数量。情感标签归类统计的可视化结果见图8。

（三）基于关注度与情感得分的评教反馈分析

上一节采用情感标签的形式对观点挖掘结果进行简单的归类统计，能够直观呈现评教文本集合中的细粒度观点信息，有助于学生评教的结果反馈。本节将引入关注度和情感得分两个指标，继续对评教结果进行深入分析。

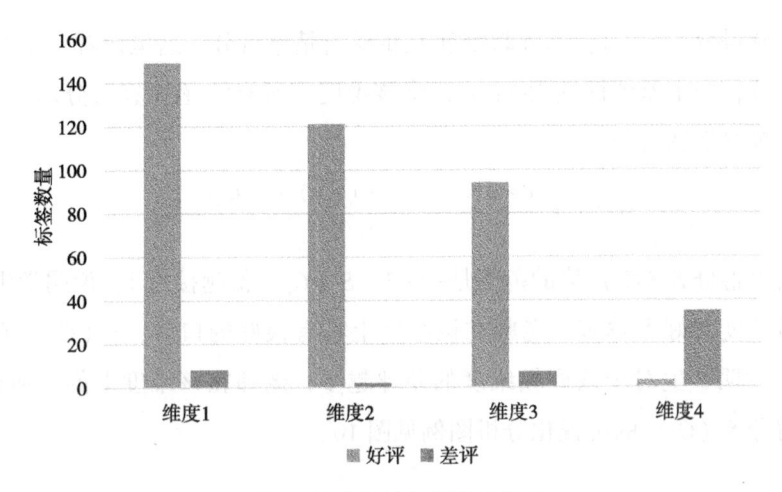

图8 情感标签归类统计结果

关注度 $F(C_x)$：即学生对评教维度 C_x 的关注度，是评教维度 C_x 的情感标签数目与所有情感标签数目的占比，见下式：

$$F(C_x) = n(C_x) / \sum_{x=1}^{9} n(C_x) \qquad (7)$$

$F(C_x)$ 值的范围为 0~1。$F(x)$ 越接近1，说明在教师的教学表现中学生对于评教维度 C_x 的讨论度、关注度越高，该教师在评教维度 C_x 上越具有鲜明特点；越接近0，说明学生对于该评教维度关注度越低。关注度 $F(C_x)$ 的可视化分析图例见图9。

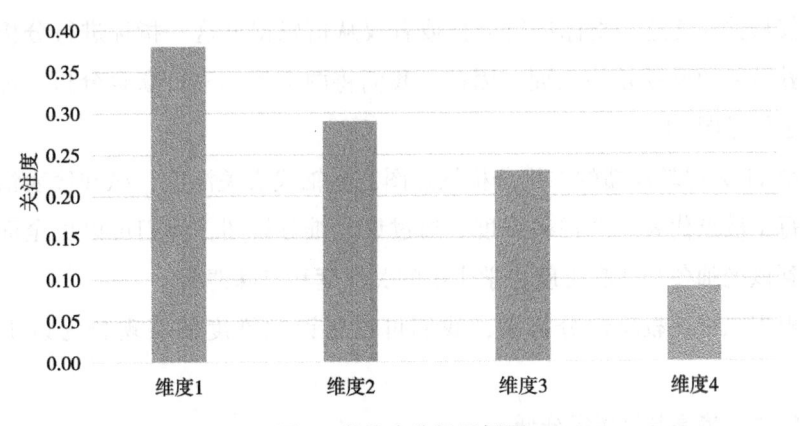

图9 关注度分析示例图

395

情感得分 $S(C_x)$：即评教维度 C_x 的综合情感得分，这里设置一个好评标签得 1 分，一个差评标签得 -1 分，将该维度下所有情感标签得分求平均值，则得到最终情感得分。

$$S(C_x) = \frac{1 \times n(C_{x|P=+1}) + (-1) \times n(C_{x|P=-1})}{n(C_x)} \tag{8}$$

情感得分 $S(C_x)$ 值的范围是 $-1\sim1$。$S(C_x)$ 值越接近 1，说明学生对于该评教维度的好评越多，老师在该维度上具有很好的口碑；$S(C_x)$ 值越接近 -1，说明学生对于该评教维度的差评越多，老师在该维度上的口碑越差。情感得分 $S(C_x)$ 的可视化分析图例见图 10。

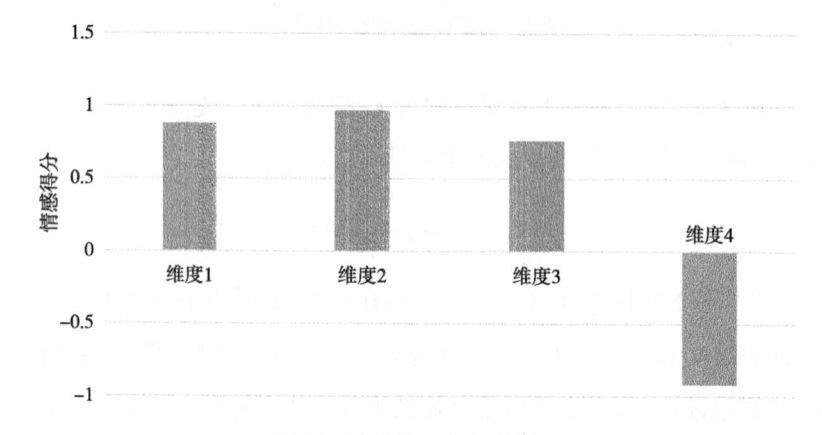

图 10　情感得分分析示例图

仅从关注度这一指标进行分析或者仅从情感得分这一指标进行分析都会使评教结果的反馈较为片面，因此，我们将两个指标进行联合分析。可视化分析示例见图 11。

图 11 为评教反馈的二维分析散点图，横轴代表关注度，纵轴代表情感得分，每个散点代表一个评教维度。通过该二维分析图，我们可以更全面直观地看到该老师各个评教维度在学生中的关注度和口碑情况。

根据二维评教反馈分析图，我们可以将评教维度的表现分为以下四种情况。

1. 关注度高且情感得分低

该类评教维度是老师最应该关注反思的，如图 11 中的"维度 4"，这表明

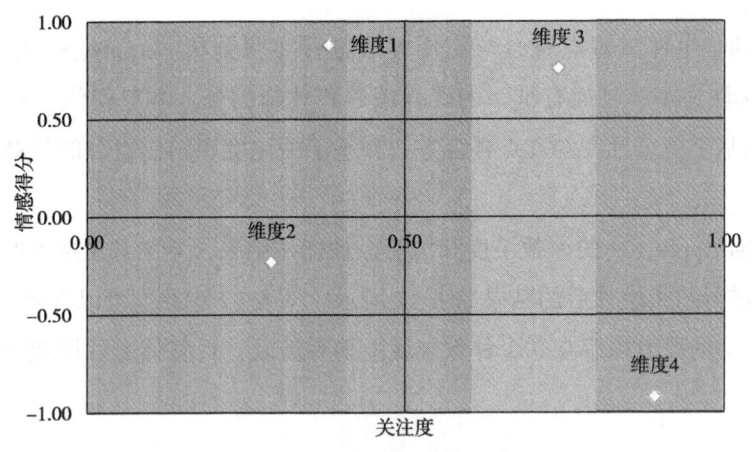

图 11　二维评教反馈分析图

该评教维度对教学质量的影响程度较大且学生对此有较为强烈的负向感知。因此，老师应该对该评教维度的表现给予足够重视并做出针对性改进，以提高自身整体教学质量。

2. 关注度高且情感得分高

该类评教维度是最值得称赞和学习的，如图 11 中的"维度 3"，这表明该评教维度对教学质量的影响程度较大并且在学生中具有很好的口碑。因此，老师应该继续维持该评教维度的表现，以保持教学质量的稳定。

3. 关注度低且情感得分高

该类评教维度是老师的个人特色所在，如图 11 中的"维度 1"，这表明该评教维度虽然影响力较小，但是却收获较高的口碑。因此，我们可以从中得到该老师的个性化标签。

4. 关注度低且情感得分低

该类评教维度可以适当视情况给予重视，如图 11 中的"维度 2"，这表明该评教维度虽然口碑较差，但是影响范围较小。若排除有学生带有个人情绪的情况，老师对该评教维度的表现加以改进，则可成为个人加分项。

综上所述，基于关注度和情感得分的二维分析图不仅可以直观全面呈现评教反馈，而且可以为以学生需求为导向的教学质量改进提供决策支持。

（四）实验及结果分析

本节将选取 Opinion_Set 中的一个学生评教文本子集 Apply_Set 来对本部

分提出的学生评教观点整合与应用方法进行实验分析。Apply_Set 中共含有 230 条标注文本,且拥有唯一的课程编号和教师编号。本节将依次对 Apply_Set 应用基于情感标签的观点整合方法和基于关注度和情感得分的评教反馈分析方法。

根据 Apply_Set 的评教维度和情感极性标注结果,本文共生成 548 个情感标签,进行归类统计后的结果如表 17 所示。从表 17 中我们可以看到,Apply_Set 中学生的评教内容在 9 个评教维度上均有涉及,且整体上好评数远高于差评数。

表 17 Apply_Set 情感标签统计

评教维度	好评数	差评数
教学态度	186	0
教学内容	33	1
教学方法	32	12
教学手段	56	7
教学效果	55	6
师生关系	15	2
个人魅力	11	0
课堂氛围	100	14
整体评价	23	1

引入关注度和情感得分指标后,Apply_Set 的评教反馈结果如图 12 和图 13 所示。从图 12 中我们可以看到,高情感得分的评教维度有个人魅力、教学态度等,低情感得分的评教维度有教学方法、教学手段等,这表明该老师的个人魅力和教学态度等在学生中获得了较好的口碑,而该老师的教学方法和教学手段等口碑则相对较差。高关注度的评教维度有教学态度、课堂氛围等;低关注度的教学维度有个人魅力、师生关系等,这表明该老师的教学态度和课堂氛围得到了学生们的较多关注,而个人魅力、师生关系等获得的关注相对较少。

图 12 评教反馈一维分析图

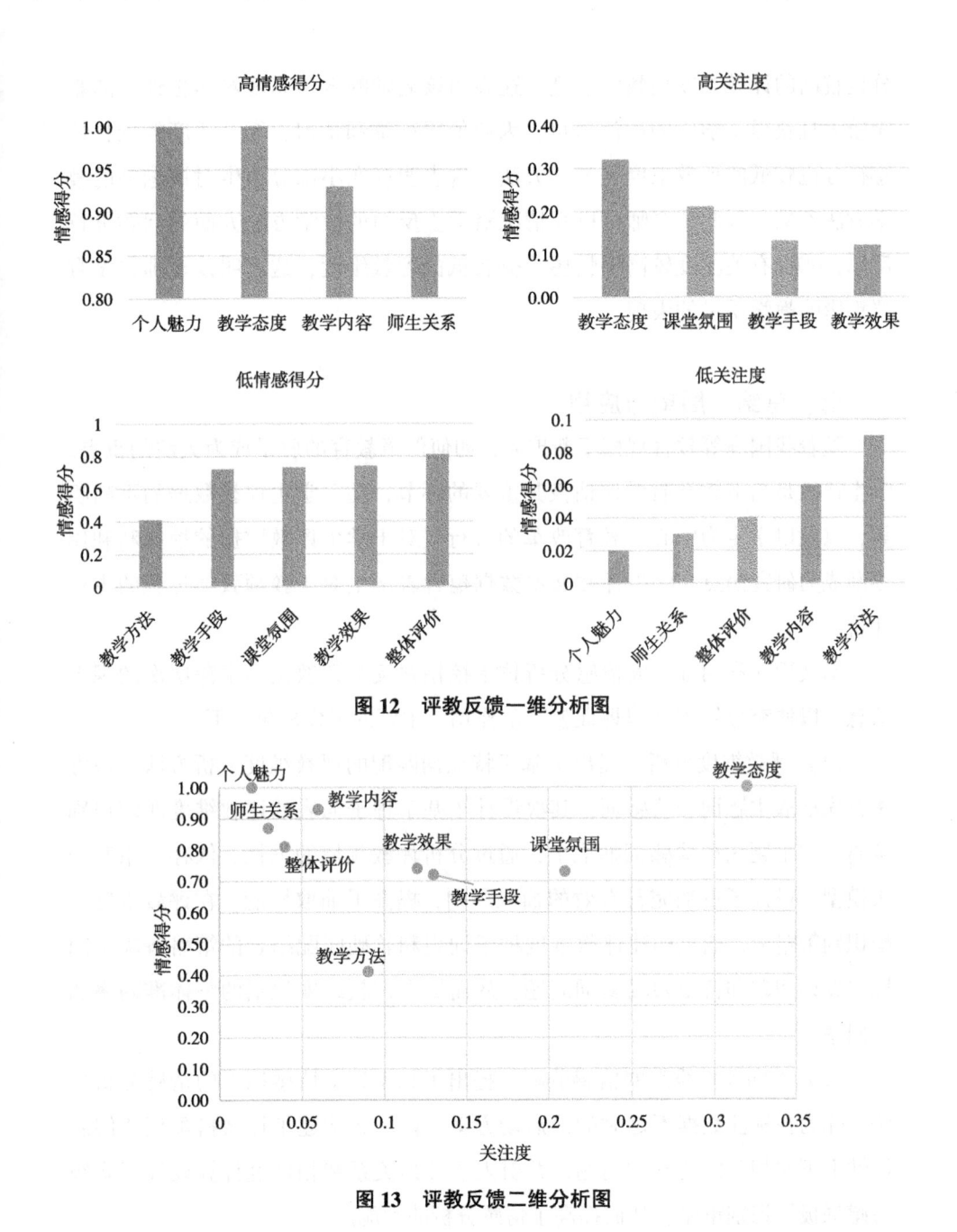

图 13 评教反馈二维分析图

从图 13 中我们可以看出：①关注度较低但情感得分较高的评教维度有个人魅力和师生关系，这表明该老师在拥有独特的个人魅力并能够与学生建立良好的师生关系上可能给部分学生留下了深刻印象；②关注度较高且情感得

399

分也较高的评教维度是教学态度，这表明该老师的教学态度对学生评教的影响较大且获得了学生的广泛认可，因此值得称赞和学习；③关注度较低且情感得分也较低的评教维度是教学方法，这表明存在小部分学生对该老师的教学方法不满，因此该老师可以视情况对学生反馈的教学方法方面的问题进行反思；④没有关注度较高但情感得分较低的评教维度，这表明该老师并没有严重影响教学质量的表现。

七、总结、展望与应用

随着我国高等教育规模不断扩大，如何保障教育的质量成为关注的重点。学生评教是当下教学质量评估极其重要的环节，随着学生评教数据的不断积累，以及以学生为中心的教育改革的进行，对于学生评教数据的挖掘和利用逐渐成为研究焦点。学生评教文本数据蕴含着学生对于教师教学过程的主观评价。

本文旨在利用细粒度情感分析技术挖掘并反馈评教文本中深层次的观点信息，以便充分发挥"以评促教"的作用。主要的工作成果如下：

（1）评教维度分析：提出了基于特征词匹配的评教维度分析方法。该方法首先抽取主题词和情感词，其次设计了基于种子词表的评教维度匹配识别策略。在主题词和情感词抽取上，通过分析评教领域的词性、依存关系和句法模型，设计了更加完善有效的抽取规则，提高了抽取性能。在评教维度匹配识别策略上，通过构建评教维度种子词表和软硬匹配结合的策略解决了隐性主题词问题和特定领域新词问题，从而提高评教维度识别的整体准确率和召回率。

（2）面向评教维度的情感分析：提出了基于评教情感词典的情感分析方法，作为在标注数据不足时的冷启动方案。该方案构建了评教搭配词典解决极性上下文相关的情感词问题，并引入了并列关系和相似度计算设计了多级情感词极性识别策略，从而提高了情感分析的性能。

（3）学生评教观点挖掘与分析整体方案：设计了基于细粒度情感分析的学生评教反馈分析整体方案，提出了基于情感标签的观点整合方法和基于关注度和情感得分的评教反馈分析方法，进一步提高了本文研究的应用价值。

最后，经过实验，验证了本文工作的有效性。

由于研究方法、数据资源等的局限，本研究还存在一定的不足，未来可从以下两个方面开展研究工作：

第一，构建更加自动化的评教维度分析方法。本文评教维度分析方案中的特征词抽取以及评教维度匹配识别策略虽然取得了可观的实验效果，但是较为耗费人力且仅适用于数据量较小的情况，因此在接下来的研究工作中将探索更为自动化的方法。

第二，设计与实现教师画像系统。本文的学生评教细粒度情感分析结果直观概括了教师在学生心中的各方面口碑，据此构建教师画像系统，可以为更全面评价教师教学效果、学生选课以及教务管理等提供参考依据。

参考文献

[1] 李元元. 新时代中国高等教育发展的新判断新特征新使命 [N]. 中国教育报，2017-11-02（006）.

[2] 国家中长期教育改革和发展规划纲要（2010—2020 年）[EB/OL]. [2022-10-20]. http：//old.moe.gov.cn/publicfiles/business/htmlfiles/moe/info_list/201407/xxgk_171904.html? authkey=gwbux.

[3] 余海波. 基于学生评教的高校教师教学能力提升 [J]. 国家教育行政学院学报，2017（6）：77-81.

[4] 段媛媛. 反映学生需求的评教指标系统研究 [D]. 石家庄：河北师范大学，2019.

[5] PAUL I, HARINDER S. Do higher grades lead to favorable student evaluations [J]. Journal of economic education，2005（1）：29-42.

[6] MAURER T W. Cognitive dissonance or revenge? student grades and courseevaluations [J]. Teaching of psychology，1983（3）：176-179.

[7] CLIFFORD N, LEWIS R, JOE K. Non-response bias in student evaluations of teaching [J]. International review of economics education，2014（17）：

30-38.

[8] 李香林. 基于因子分析与层次聚类的学生评教数据挖掘 [J]. 吕梁学院学报, 2014, 4 (2): 1-4.

[9] 戴璨, 苗璐, 朱恒, 等. 非教学因素对高校课堂效果的影响及其启示: 基于学生评教数据的实证分析 [J]. 高等教育研究, 2017, 38 (5): 72-80.

[10] 翁宇. 数据挖掘技术在高职教学质量评价中的应用 [D]. 广州: 华南理工大学, 2010.

[11] 李超锋, 胡鹏. 基于关联规则挖掘的学生评教结果分析 [J]. 海峡科技与产业, 2017 (6): 206-208.

[12] 何喜军, 朱相宇. 高校学生评教数据深度挖掘的实证研究 [J]. 黑龙江高教研究, 2019, 37 (10): 85-88.

[13] 杨钧, 马铁明, 吴磊, 等. 关联规则在中医院校学生评教系统中应用 [J]. 辽宁中医药大学学报, 2016, 18 (11): 222-224.

[14] 桂红兵, 张继美. 句子级倾向性分析在学生评教系统设计中的应用 [J]. 宜春学院学报, 2017 (6): 119-122.

[15] 袁阳. 基于半监督集成学习的学生评教情感分类模型研究 [D]. 广州: 华南理工大学, 2018.

[16] 罗玉萍, 潘庆先, 刘丽娜, 等. 基于情感挖掘的学生评教系统设计及其应用 [J]. 中国电化教育, 2018 (4): 91-95.

[17] 黄友墨. 基于关联挖掘的教学评论情感分析研究 [D]. 南昌: 江西财经大学, 2019.

[18] MOHEY D. A survey on sentiment analysis challenges [EB/OL]. (2016-04-26) [2023-01-20]. http://www.sciencedirect.com/science/article/pii/S101 8363916300071.

[19] LIU B. Sentimentanalysis and opinion mining [J]. Synthesis lectures on human language technologies, 2012, 5 (1): 1-167.

[20] 唐晓波, 刘广超. 细粒度情感分析研究综述 [J]. 图书情报工作, 2017, 61 (5): 132-140.

[21] SOMPRASERTSRI G, LALITROJWONG P. Mining feature-opinion in online customer reviews for opinion summarization [J]. Journal of universal computer science, 2010, 16 (6): 938-955.

[22] 赵妍妍, 秦兵, 车万翔, 等. 基于句法路径的情感评价单元识别 [J]. 软件学报, 2011, 22 (5): 887-898.

[23] QIU G, LIU B, BU J J, et al. Opinion word expansion and target extraction through double propagation [J]. Computational linguistics, 2011, 37 (1): 9-27.

[24] 顾正甲, 姚天昉. 评价对象及其倾向性的抽取和判别 [J]. 中文信息学报, 2012, 26 (4): 91-98.

[25] 张璞, 李逍, 刘畅. 基于规则的评价搭配抽取方法 [J]. 计算机工程, 2019, 45 (8): 217-223.

[26] LAFFERTY J D, MCCALLUM A, PEREIRA F C N. Conditional random fields: probabilistic models for segmenting and labeling sequence data [C]. Williamstown: Morgan Kaufmann, 2001: 282-289.

[27] 方明, 刘培玉. 基于最大熵模型的评价搭配识别 [J]. 计算机应用研究, 2011 (10): 14-17.

[28] JAKOB N, GUREVYCH I. Extracting opinion targets in a single- and cross-domain setting with conditional random fields [C]. Massachusetts: ACL, 2010: 1035-1045.

[29] ELMAN J L. Finding structure in time [J]. Cognitive science, 1990, 14 (2): 179-211.

[30] HOCHREITER S, SCHMIDHUBER J. Long short-term memory [J]. Neural computation, 1997, 9 (8): 1735-1780.

[31] GERS F A, SCHMIDHUBER J, CUMMINS F. Learning to forget: Continual prediction with LSTM [J]. Neural computation, 2000, 12 (10): 2451-2471.

[32] PENGFEI L, JOTY S, MENG H. Fine-grained opinion mining with recurrent neural networks and word embeddings [C]. Lisbon: dblp, 2015: 1433-1443.

[33] 李盛秋,赵妍妍,秦兵,等. 基于 LSTM 网络的评价对象和评价词抽取 [J]. 智能计算机与应用, 2017, 7 (5): 95-97.

[34] 王振宇,吴泽衡,胡方涛. 基于 HowNet 和 PMI 的词语情感极性计算 [J]. 计算机工程, 2012, 38 (15): 187-189, 193.

[35] 陆未然. 基于餐饮领域中文评论意见挖掘方法的研究 [D]. 上海: 上海交通大学, 2016.

[36] 侯玉林. 基于文本意见挖掘的快递服务质量评价研究 [D]. 北京: 北京交通大学, 2019.

[37] TAN S, CHENG X, WANG Y, et al. Adapting naive bayes to domain adaptation for sentiment analysis [C]. Berlin: Springer, 2009: 337-349.

[38] SILVA N F F D, HRUSCHKA E R, HRUSCHKA E R. Tweet sentiment analysis with classifier ensembles [J]. Decision support systems, 2014, 66: 170-179.

[39] 何跃,赵书朋,何黎. 基于情感知识和机器学习算法的组合微文情感倾向分类研究 [J]. 情报杂志, 2018, 37 (5): 189-194.

[40] CHEN P, SUN Z, BING L, et al. Recurrent attention network on memory for aspect sentiment analysis [C]. Copenhagen: Natural Language Processing, 2017: 452-461.

[41] FAN C, GAO Q, DU J, et al. Convolution-based memory network for aspect-based sentiment analysis [C]. Ann Arbor: Research and Development in Information Retrieval, 2018: 1161-1164.

[42] CARLETTA J. Assessingagreement on classification tasks: the kappa statistic [J]. Computational linguistics, 1996, 22 (2): 249-254.

大学数学学困生的学习障碍成因与对策
——以首都经济贸易大学为例

郭文英

(首都经济贸易大学 统计学院)

【摘 要】 大学数学学困生不仅给自身发展带来阻碍,造成教育成本的增加,也对校园学习氛围、班风乃至校风产生较严重的负面影响。本文分析首都经济贸易大学学困生的现状,探讨学困生学习障碍成因的教、学、管理等多方面的影响因素,根据大学数学课程的特点,同时考虑学生自身基础差、学习方法不当、自我管理能力差等情况,提出一系列对策,即实施多样化的教学方法,进行分层教学或者开设重修课,帮助学生建立对数学的兴趣、形成良好的数学学习习惯,再结合学校积极的管理,将学困生变为合格生,为社会输送更多的合格人才。

【关键词】 大学数学;学困生;学习障碍

一、引言

数学作为一门基础学科,它能且已经为其他许多学科的发展提供坚实的理论依据,从而越来越广泛地应用在各个领域上。同时,社会对数学越来越高的需求,也促进了数学的快速发展。大学作为培养社会高级人才的摇篮,大部分的专业均开设了公共数学课。但是,数学自身高度的逻辑性、抽象性,使得数学成为最难学的学科之一。

由于我国社会经济发展的需要,目前的高等教育已经是非精英化教育,在此环境下,学生的性格、能力、入学以前所处的环境更加多元化、异质化。许多大学生的数学学习能力不能匹配大学数学的学习要求,成绩不够理想。

同时，大学数学的教学方式也比较传统。教与学的共同问题，使得感觉数学学习困难的大学生人数居高不下。首都经济贸易大学每年都有大约800人次学生参加数学补考。大学数学学困生已成为高校不可忽视的特殊群体。然而这些学生不是实际意义上的差等生，在进入大学之前他们也是各自中学的学业优良者，只是环境、学业要求等主客观方面的变化使他们有诸多不适应的地方。分析这些大学生学习困难的成因，探讨相应的教与学的改进策略，是大学数学教学的一项重要任务。

学困生一直是教育界的热门话题。20世纪60年代美国教育家首先提出"学困生"这个概念，但学术界并没有给出明确统一的定义。在我国，综合大部分教师的看法，学困生是指那些智力正常，但在学习上有困难，学习效果无法达到学校学籍管理规定的课程结业要求的学生。

教育理论和实践一直关注着学困生。巴班斯基认为学习困难是由意志薄弱引起的，罗杰斯研究认为学困生缺乏自信是其学习困难的实质。肖（Shaw）研究发现学困生很少主动寻求他人帮助以提高自己的学业表现，解压能力往往也较低，他们的学习态度和动机有待提高。韩晓峰（2018）分析了数学学困生出现的原因，并从数学水平、学习兴趣等五大方面提出了行之有效的改进措施。夏衍等（2020）研究了学困生群体特征，并分析了他们参与第二课堂、选考辅导班开课情况等方面的辅导干预效应，认为基于第二课堂实施的选考辅导可以提升学困生的学业成绩。李启来等（2020）从班导师的角度，调查了学困生的学习态度、动机、基础、归因等方面，通过了解学困生的心理与诉求，提出了切实可行的班导师下精准帮扶学困生的措施。张京良（2020）基于建构主义学习理论，调查和分析了大学数学学困生的成因，认为采用混合式教学方法可以明显提高学困生的学习主动性。刘晓红等（2020）从逆向思维角度，认为教育实践中尊重学生个体差异，运用差异化的教学手段、采取多方面的综合考核机制等可以助力学困生的转变。刘作权等（2021）认为分层教育可以更好地引领学困生，促进学困生未来多元化的发展，提升高校教育的质量，最后改善分层教育指导下的高校学困生学风。李乙（2021）从情感关怀的角度进行研究，他认为教师要自觉充当关怀者，帮助学困生树立正确的社会主义核心价值观，建立良好的人格品质，进而形成努力向上的学习态度。纪巧玲等（2021）认为建立学业预警机制有利于提高学困生的学业成绩。庄桂山等（2022）认为学困生认识到自己的问题后可以从多个角度纠正以往错误，逐渐转化为上进生。

笔者多年从事概率论与数理统计的本科教学工作，因此本文以此课程为例，依据中外教育理论和实践，从教、学、管理等方面分析大学数学学困生学习障碍的原因，进而给出帮助他们脱掉学困生"帽子"的办法。

二、大学数学学习现状

随着经济问题定量化要求的提高，教育部的专业培养要求以及本学科自身发展的需求，更多的专业把大学数学作为必修课。首都经济贸易大学作为市属财经类院校，涉及经济管理类门类的大部分专业。其中，城市与公共管理学院开设公共管理类（PM）的数学，工商管理学院等8个学院都开设经济管理类数学课程。

笔者从教多年，经历了大学数学从精英教育到大众教育的转变，目睹了精英教育时代大学生学习状况，也看到了大众教育环境下的大学生学习状况。总的感受是授课学时没有变化，教学内容要求越来越少（例如在2000年左右，数理统计部分要讲参数估计、正态总体参数的假设检验、回归分析，而现在则只讲参数估计即可；线性代数也一样，以前要讲向量空间、正定二次型，现在都没有时间讲了），但学生的不及格率却没有降低，学困生层出不穷。2019—2022年首都经济贸易大学概率论与数理统计补考中参加重修补考的学生占比分别为46%、47%、19%、45%。虽然在2020年后由于新冠疫情的影响，采取线上补考方式后，参加补考的人数有所减少，但重修生占比并没有降低，还有的重修生参加过多次补考。而且在2022年4月举办的线上开卷补考中，还有22名学生的补考成绩在50分以下（其中有11名重修生）。

虽然教学难度、要求降低了，但仍有不少学生的学业成绩达不到学校学籍管理规定的基本要求，成为大学数学学困生。教师、学校始终关心着这些学困生，一直在认真、努力地分析到底是什么原因导致学生成为数学学困生，怎样才能使他们从学困生变为合格生。

三、学困生学习障碍的成因

人才的培养是一个国家的大计，涉及方方面面。学生生活在现实的社会中，因此学生的学习也不单是学生个人的事情，很多因素都会影响学生的学习效果。下面从与学生最密切相关的几个方面探讨学困生学习障碍的成因。

（一）大学数学课程的特点

首都经济贸易大学经济管理类专业一般开设三门数学课：微积分（高等数学）、线性代数、概率论与数理统计。相对而言，在这三门数学课中微积分最难，概率论与数理统计次之，线性代数最简单。概率论与数理统计实际上由概率论、数理统计两个学科组成。概率论探讨和研究随机现象的统计规律；数理统计的教学内容以概率论为基础，给出统计量的分布，统计方法只介绍参数估计。可以看到教学内容还是相对比较多的，而教学课时只有68学时，再除去各种假期等，实际上课大约有62学时。与其他的数学课一样，概率论与数理统计是一门具有严格逻辑性的学科，它讲究由公理出发，根据一定的条件推导得出相应的结论，从而有根有据地回答为什么。它由众多的定义、定理组成，公式较多，例如数学期望这节就有各种随机变量期望计算的六个公式，再加上数学期望的性质，要记的公式就更多了；符号也多，例如对离散型和连续型随机向量都需要讨论它们的联合分布、边缘分布、条件分布，这样就有六个不同记号。概率论与数理统计的知识也具有连贯性，不能跳跃性学习，比如对估计量的评选标准的判断，需要知道数学期望、方差、依概率收敛这些概率论的知识，否则就会一头雾水。另外，由于学生是第一次分析随机现象，许多概念也比较抽象，比如学生不知道什么时候是条件概率，什么时候是事件的概率。

（二）学困生自身的原因

虽然大学数学比较难，但每学年也只有少数学生考试不及格。学生是学习的主体，因此，对于考试不及格，学困生自己也有很大的责任。

有的学困生对数学没有兴趣，中学学习数学完全是因为高考，进入大学本来想选择自己喜欢的专业，可是家长更多地从以后的就业、收入等方面考虑，为学生选择了一个学生不喜欢的专业。学生对家长选择的专业产生抵触心理，更何况是比较难学的数学。例如，有的学生自己想学法律，家长使劲说经济专业好，结果上大学后学生对经济学等不感兴趣，自然难以调动其学习大学数学的主动性、积极性。

有的学困生基础差。有的学生中学数学就没有学好，每次考试就是凭借背题勉强及格，高考数学分数也较低，全凭其他学科拉分进入大学，而经济管理类的专业均要求开设大学数学课，所以只能硬着头皮学数学，祈求每门数学课及格。但是数学知识之间有较强的连贯性，前面知识掌握的程度直接影响后面知识的学习与运用。例如，2021年期末概率论与数理统计考试有一道几何概型的题目。求解该问题需要首先在二维坐标上画出样本空间 $0 < y < \sqrt{2ax - x^2}$ 的图像，而这属于高中或微积分的知识要求内容，可试卷显示有20%的学生没能给出正确答案，但出此题的本意是送分的（此题是教材复习题的原题）。因此，以往知识的较多缺失，造就了这部分的数学学困生。

有的学困生的数学学习方法不好。他们除了数学基础薄弱外，学习数学的方法也不合适。就像上面所说，有的学生学习数学也采用死记硬背的方法。数学中确实有许多需要记忆的知识，例如一些基本的定义、定理，但更多的是需要在理解的基础上再记忆（例如，点估计方法中的最大似然估计，学生知道其步骤为构造似然函数，然后求似然函数的最大值点。首先要分清楚总体是离散型还是连续型从而得到似然函数，然后判断似然函数是单调函数还是非单调函数，才能采用不同的方法求其最大值点，得到未知参数的最大似然估计）。有的学生则延续高三数学学习方法，采用题海战术。但是大学数学内容较多，比如概率论与数理统计中的随机变量不仅有离散型、连续型，还有混合型等，如果不能正确理解概念以及所用方法的本质，只会生搬硬套是无法给出正确答案的。例如，很多学生都知道求解连续型随机变量函数的分布的解题步骤，但实际给出的题目中随机变量的概率密度有的无解析表达，即使有解析表达，其表达形式也有若干，函数的表达又有很多，因此不同题目的分布函数中需要划分的区间就不同，然后这个分布函数是否可以得到显示表达式，导致求导的方法又不同，因此题海战术不可能囊括所有可能情况，只有理解分布函数的本质并结合微积分中的求导，才能思路清晰地给出正确结果。

有的学困生自我管理能力差。于小艳等（2019）调查发现，"95后"学困生自制力差，主观厌学，无法快速适应大学学习。中学时有高考的压力，又有家长、老师随时随地的关注与关心。进入大学，学生基本上都住宿，脱离了家长的视线，班主任、任课教师也不像中学那样随时可以见到，有的学生就开始茫然，不知道该干什么了，或者想着"我终于自由了"，于是开始放飞自己，开始玩游戏或者做其他自己喜欢的事情，结果第一学期的微积分就挂科了，对后面的数学课程的学习肯定产生负面影响。

（三）大学数学教学的原因

与高中相比，大学课程门数多，涉及的知识面广，中学一节课可能就讲教材的几页、一两个定义和定理，大学一节课可能要讲教材的十几页、若干个定义和定理。例如概率论与数理统计的教学中，基本用一次课的时间讲完大数定律和中心极限定理，内容包含一个定义、一个不等式、两个定律、两个定理。包志梅（2022）研究发现，高中到大学的情境变动引发学生学习的无意义感、无力感和人生的无方向感是导致其学业不良的重要根源之一。

由于教学管理方面的原因，我们目前大学数学的教学都是以行政班为单元的，但是首都经济贸易大学是以经济管理类专业为主，这类专业高考招生是文理皆收，因此一个教学班内文科生与理科生同听一堂课，既有高考数学高分生，又有低分生，有时候混班教学既有高分专业的学生又有低分专业的学生。作为教师，面对这样的情况只能采取居中原则，以中等生为基础组织教学，这样数学基础差的学生听课就会云里雾里、费劲，如果自己课后再不努力，势必就会沦落为学困生。曾有学生在课间的时候给笔者提建议说：讲得太细了，例题不用给那么多。旁边立刻就有学生说：目前这样挺好，就这样我还是勉强才能跟上。

教师不仅有教学任务，还有科研的要求，尤其年轻教师还存在"非升即走"的压力，很多教师没有看过中学数学教材，不了解中学数学的知识点，因此在大学数学教学中会产生脱节。其实有时候大学的三门数学课都会产生脱节，例如概率论与数理统计中计算两个独立的随机变量和概率分布时需要用到卷积公式，而卷积公式在微积分中不是所有老师都会讲到的，每次讲到这个知识点时，问学生卷积公式学过吗，有的学生说见过，有的说没见过。

四、破除学困生学习障碍的对策

数学学困生并不是我们平常意义上的差生，他们只是在数学的学习过程中有一定的困难。因此，针对这些困难，本文从教、学、管理三方面提出对策。

（一）合适的教学方法

教学方法的多样化。随着社会的发展，现代科学技术也被广泛运用到教学中，微信、QQ的出现拉近了教师和学生的距离，学生的问题、教师的解答可以穿越空间，师生之间的联系不再受到距离的影响。众多教育平台的出现，使得教师可以将录制好的教学视频放在平台上，通过视频观看时长检查学生的学习状况，通过平台解答学生的疑惑，同时配合作业、考试评定学生的学习效果。首都经济贸易大学概率论与数理统计课程组采用的是超星教育平台，教师将该门课程的知识点录制成30个视频，考虑到学生的注意力，每个视频时长大约只有15分钟。每次上完线下课后，告诉学生相应的视频，这样课堂上没听明白的学生就可以自己去看视频，相当于又上了一堂课，当然学生也可以通过其他平台学习（如中国大学慕课、B站等）。另外，上课时运用PAD书写投影的方式，每学期第一堂课就告诉学生，上课不要着急记笔记，以听课为主，重点内容、自己没听明白的内容做记号，课后把上课的讲义发给学生，方便学生复习。

混合式教学。进入首都经济贸易大学同专业的学生既有理科生也有文科生，既有喜欢数学的也有害怕数学的，既有想进一步深造的也有只求能毕业的学生，不同的学生有不同的需求，照顾大多数学生的教学势必会加大学困生的学习难度，因此我们可以采用分层教学，实施教学理念与活动分层、人才培养目标分层，或者开设重修课。李承晟（2016）也提出分类管理学困生的优势。对于学困生人数多的班级，实施基本的教学目标，课前通过微信或

QQ 等布置预习任务，放慢课堂进度，适当补充和回忆所需的数学知识，例如二维连续型随机变量的学习中需要用到二重积分，因此在讲相关例题时给出概率论中的公式，然后再给出具体的求解过程，引导学生回忆起二重积分应该首先在二维坐标中画出积分区域，然后再确定内侧积分、外侧积分的积分上下限，最后正确地计算出积分值。由于学困生的学习水平、能力较低，因此教学中以基础为主，讲清楚原理，学生知道知识的来龙去脉即可。例如全概率公式的运用，一般情况下，我们要求学生根据题意给出所涉及事件的数学符号，然后给出所用的公式，最后代入数据得到结果，这样体现了学生知道自己所做工作的理论基础；但是对待学困生，只要求能够正确代入数据得到结果即可。另外，数学学困生的归纳总结能力也有待提高，因此教师可以通过精讲多练，通过例题帮助他们熟悉解题步骤。例如独立同分布中心极限定理的运用，其实通过"设学校某年级共有 2 个社团。设学生参加社团的个数是一个随机变量。设一个学生不参加社团、参加 1 个社团、参加 2 个社团的概率分别为 0.05，0.75，0.25，若该年级共有 500 名学生，设各学生参加社团相互独立，且服从同一分布。①求参加 2 个社团的学生总数少于 150 的概率；②求参加 1 个社团的学生人数超过 440 的概率。"这一个例题即可，对待学困生可以再增加三个例题，让其在总体任意分布、二项分布中 n 很大，以及已知概率求样本量等情况下熟悉中心极限定理的解题过程。需要注意的是，例题要多选用学生身边的实际例子，这样学生既了解了数学的用处，也加深了理解，如贝叶斯公式可以用《狼来了》这个寓言故事来示范。

课程思政提高学生的自信心。以名人或身边人的事迹鼓励学困生，数学不难学，只是学困生需要花费的时间要更多些。例如数学家埃尔米特，他的大学入学数学考试考了 5 次都不过，上了大学后也因为数学不合格差点毕不了业，数学考试简直就是他一生的噩梦，但这并不影响他成为 19 世纪伟大的代数几何学家。还有清华大学副校长薛其坤大学毕业后决定考研，但高等数学只考了 39 分，他并没有就此放弃，三战成功。

（二）学困生的自我提高

数学虽然逻辑性、抽象性比较强，但它也是一门挺有趣的学科，有不少人都体会过苦思冥想解出一道题的乐趣。在老师的引导下，学困生可以从一些有趣的问题出发,培养对数学的兴趣,最后掌握知识。例如对事件的独立性以及二项分布的学习,可以计算这道题目:假设每局比赛相互独立,如果你与别人比赛,问你是采用三局两胜制还是五局三胜制。这个题目本质是运用事件的独立性比较两种比赛规则下最终获胜的概率的大小,较大的概率对应着有利的比赛制式,最后得到的结论是,假设每局中甲胜的概率为 P,则①当 $P < 0.5$ 时,甲选择三局两胜制对自己有利;②当 $P > 0.5$ 时,甲选择五局三胜制对自己有利;③当 $P = 0.5$ 时,两种规则都可以。将这个结论运用到实际生活中,当自己与别人对决时,可以充分考虑自己的实力,如果自己实力强,就选择五局三胜制;如果自己实力弱,就选择三局两胜制;如果实力相当,则任意。这样学生就认为运用概率论知识可以帮助自己做决策,有了学习兴趣,也达到了掌握知识的目的。

很多学困生对待数学的学习依然采用背诵、死记硬背或者题海战术。但是想要会解数学题,还是要比较灵活地运用定义、定理等已知的知识。"授人以鱼不如授人以渔",学困生在老师的指导下,经过一定量的训练不仅要"学会"而且要"会学",建立良好的数学学习习惯,才能够较灵活地应用数学知识。以 2021 年概率论与数理统计期末考试题为例讲解。已知二维离散型随机变量的联合分布率,但含有三个未知参数 a、b、c,又已知 $E(X) = 0.2$,$P\{X \leq 0 | Y \leq 0\} = 0.5$,设 $Z = X + Y$。求:① a、b、c 的值;② Y 的边缘分布律;③ Z 的分布律;④判断 X 与 Y 的独立性(说明理由)。这道题目涉及离散型随机变量的几乎所有知识点,虽然涉及知识点多,但如果能够对离散型随机向量及其概率分布有一个完整清晰的认识,那么这道题实际是送分题。对待老师讲过的例题、教材的例题,学生要认真复习,看看自己能否独立解答,课后的习题一定要独立完成。经过这种有效的解题训练,通过期末考试是不成问题的,毕竟期末考试只是考核性考试,不是选拔性考试。

学困生还可以和优秀生合作学习。由于同学之间的交流更方便,因此对于一时没有搞明白的问题,学困生可以直接请教同学。学困生不要觉得这是耽误别人的时间,实际上同学通过讲解能够使自己更明白。现代学习方式的理论中的"学习金字塔"显示:如果只是自己做题训练,两周后的平均学习内容留存率为 75%;如果是教授给他人,则留存率达到 90%。

(三) 学校积极的管理

进入大学后，绝大多数学生都选择住宿，因此学生的学习和生活都发生在校园里，学校积极的管理也会减少学困生的出现。

建立完善的学业预警制度。虽然学校有完整的学生学业管理系统，但它只记录了学生的考核结果，可能直到大学的第四年学生才关心自己的选课还差多少、学分绩点是多少等。因此，建议学院建立可以每学期跟踪学生学习情况的学业预警制度，若学生学习过程中出现不好的情况要及时提示学生和家长，把不良情况扼杀在摇篮里。例如，学生出现逃课次数较多时，及时告知学生并给出警告。

充满爱心的学工管理。学生进入大学第一个接触到的就是负责学工的老师，因此会产生无可言状的亲近感。同时，学工老师和辅导员负责学生的学习、生活、思想等日常杂事，因此他们能更近距离地了解学困生，可以通过座谈、聊天、帮扶等帮助学困生。

大学生虽然过了18岁，但他们仍然需要家长的关心与督促。因此，学困生的家长也应该关注自己的孩子，积极与教师、班主任等联系。

五、小结

大学数学的学习，直接影响学生专业课程的学习，关乎学生能否顺利毕业。数学包含许多定义，有的还可推导出更多的定理，进而衍生出五花八门的公式，而且后面的知识必然以前面的知识为基础。有的学生的数学基础较差，缺乏学习兴趣，学习方法不当，在大学里变成了大学数学的学困生。这些学生给自己、家庭、社会都带来了一定的负面影响。但这些学生智力正常，也曾经是学习的佼佼者。因此，在重视培养卓越型人才、创新型人才、复合型人才等高水平人才的同时，也要非常关注学习的弱势群体。具体而言，教师在教学中，使用微信、QQ、各种教育平台结合课堂等多样化教学为学生答疑解惑，通过分层教学或者开设重修课给学困生"开小灶"；学困生自己也要努力向上，完善自己的数学学习习惯；同时辅以学工系统的爱心管理。各方面一起努力，有针对性地进行教育教学改革，将学困生变为合格生，真正实现"三全育人"，为社会输送更多的合格人才。

参考文献

[1] 世界公认最难的十大学科 [EB/OL]. [2022-11-05]. https://www.maigoo.com/top/419381.html.

[2] 张月华, 刘芳, 邹霞. 基于文献分析的学困生研究综述 [J]. 教育技术, 2019, 2 (18): 6-10.

[3] 刘作权, 时祖光. 分层教育理论指导下的高校学困生学风建设研究 [J]. 中国标准化, 2021 (24): 165-167.

[4] 马琰. 地方院校英语学困生成因分析及其转化对策 [J]. 商洛学院学报, 2013 (1): 84-89.

[5] 包志梅. 我国高水平大学学困生的形成过程与边缘化轨迹研究 [J]. 中国青年研究, 2022 (4): 112-120.

[6] 韩晓峰. 论数学学困生的教育 [J]. 教学论坛, 2018 (2): 219-220.

[7] 夏衍, 乔健丽, 顾秋丽. 第二课堂开展选考辅导对高校学困生的干预效应研究 [J]. 时代经贸, 2020 (27): 98-99.

[8] 李启来, 朱军, 李丽, 等. 高校"学困生"成因分析及班导师工作策略研究 [J]. 科技资讯, 2020 (36): 187-190.

[9] 张京良. 面向学困生的高等数学教学实践与探讨 [J]. 高教学刊, 2020 (9): 113-116.

[10] 刘晓红, 蔡丽丽. 逆向思维视域下待优生教育策略探微 [J]. 内蒙古社会科学, 2020, 2 (41): 197-199.

[11] 李乙. 论教师对学困生的情感关怀 [J]. 科教文汇, 2021 (17): 39-40.

[12] 纪巧玲, 徐威. 学业预警工作对学困生的干预效应研究 [J]. 教育教学论坛, 2021, 5 (19): 165-168.

[13] 庄桂山, 邓蓉蓉. 学困生的成因与对策探讨 [J]. 产业与科技论坛, 2022 (3): 85-86.

[14] 郭文英, 刘强, 孙阳. 概率论与数理统计 [M]. 北京: 中国人民大学

出版社，2019.

[15] 于小艳，王琪，刘宇轩. 高校"95后"学困生现状调查研究 [J]. 重庆电子工程职业学院学报，2019（4）：4.

[16] 李承晟. 高校"学困生"转化策略探讨 [J]. 高教学刊，2016（10）：171-172.

第四篇 教学方法建设

试论以自然文学为载体的美育在大学英语教学中的实施

石海毓

(首都经济贸易大学 外国语学院)

【摘 要】随着我国经济发展和人民生活水平提高,人民的审美体验与审美能力成为时代进步的需要。高校作为民众接受高等教育的主要途径,也成为审美能力提升的重要场所。大学英语作为公共基础课具有课时多、内容丰富、学生无差别上课等特点,是对学生进行美育最为合适的课程。作为一种艺术形式的文学兼具知识性、审美性、伦理道德教化性,而自然文学作为唤醒人们敬畏生命、热爱自然的独特文学形式,在国家大力倡导生态文明建设的当下,在呼唤和培养人们的生态道德方面起到了引领作用。在大学英语教学中实施以自然文学为载体的美育教育具有较高的可行性。

【关键词】大学英语;高校美育;自然文学;教学改革

随着我国经济的发展和人民生活水平的提高,人们对精神生活丰富化的需求不断提高,人民的审美体验与审美能力成为时代进步的需要。高校作为民众接受高等教育的主要途径,也成为审美能力提升的重要场所。大学英语作为公共基础课具有课时多、内容丰富、学生无差别上课等特点,是对学生进行美育最为合适的课程。目前大学英语教学依然延续着传统的教学理念和模式,教材仍旧是一些常见话题相关的阅读材料,根据材料内容设计单词操练、句子改写、翻译等练习,内容没有与时俱进,练习也无法训练学生的批判性思维和独立思考的能力。以现有大学英语教材为载体的课堂教学仅仅能够支撑学生一些基本词汇的学习及中学已学过的语法的重复练习,并不能满足大学阶段学生的智力和思维发展需要，这样的大学英语课亟须进行调整以满足社会需求，紧跟时代发展的步伐。

2019年4月教育部印发了《关于切实加强新时代高等学校美育工作的意见》，强调提高学生的审美和人文素养，全面加强和改进美育是高等教育当前和今后一个时期的重要任务。目前，高校美育还未切实有效地开展，即使有些学校试图加强美育，也多采取举办校园歌舞比赛等活动，或是以音体美社团等形式来丰富学生的课余生活，这样的美育措施并不能高效持久地让学生得到审美能力的提升。美育不应该只是指狭义的音体美形式的活动，而是应该取其广义，要扩大美育载体和实施途径。众多美育载体中文学就是最恰当的一种美育载体。文学是人学，是社会现实最切实的反映，同时，受众群体最广泛。文学教人如何做一个有良心、有情怀、有品位、有精神、人格健全、内心丰蕴的人！作为一种艺术形式，文学兼具知识性、审美性、伦理道德教化性。在国家大力倡导生态文明建设的当下，自然文学作为唤醒人们敬畏生命、热爱自然的独特文学形式，在呼唤和培养人们的生态道德方面起到了引领作用。中国的传统文化中富含生态道德理念，有待通过自然文学的研究和传播加以弘扬，为构建世界范围的生态文明范式做出文化贡献，同时增强中国人民的文化自信。研究自然文学在高校美育中如何介入、如何发挥作用，将为国家培养具有生态道德、生态审美的高素养人才做贡献。

一、审美教育的重要性

随着经济的发展，人们的物质需求得到极大满足，人们不再仅仅满足于物质生活的丰富，而是对精神生活提出了更高的要求，希望生活中不断涌现美的东西，进而在精神上获得审美愉悦。为什么我们的生活需要美？因为"它（美）与万物息息相关，它是诸多极端的平衡。它具有永恒性，同时具有向善的特点"[1]，还因为"世界是一个美的存在，美能够对一个人的思想和心智产生巨大的影响"[2]。爱默生认为，"每一个美丽的事物，都会有某种浩瀚

---

[1] 爱默生. 爱默生散文精选 [M]. 程悦，译. 武汉：长江文艺出版社，2017：39.
[2] 爱默生. 爱默生散文精选 [M]. 程悦，译. 武汉：长江文艺出版社，2017：34.

的、神圣的东西注入其中"①。因此，人们看到美就会觉得生活具有了某种独特的价值，进而让自己的生活态度和理念发生改变，多感受美、接受审美教育，人的心灵也会变得美好，进而人格得到健全成长，利于人类社会发展。

美是一种感受，审美是心灵对生活的实践、感受和体验，是"通过情感的激发以及由此产生的从感官到心理、直到精神上的愉悦，可以影响人的灵魂和生命活动，对人起到一种特殊的教育作用。而且这种作用是任何其他的教育方式所不可取代的"②。因此，我们在承认美的客观性的同时，不能忽略审美主体的主观感受和审美能力。无数中外名家都曾强调审美的重要性。马克思说，"对于不辨音乐的耳朵来说，最美的音乐也毫无意义"③；罗丹说，生活中不缺少美，缺少的是发现美的眼睛，这同朱光潜所说的"有审美的眼睛才能见到美"④ 如出一辙；鲍姆嘉通认为，审美是以美的方式进行思维的能力，这种能力包括"'敏锐的感受力'、'丰富的想象力'、'洞察一切的审视力'、'良好的记忆力'、'创作的天赋'、鉴赏力、预见力、表达力、'天赋的审美气质'等"，这种审美能力如果不经常训练也会衰竭、消失。审美经验的直接目的"虽不在于陶冶性情，但却有陶冶性情的功效。心里印着美的意象，常受美的意象浸润，自然也可以少存些浊念……一切美的事物都有不令人俗的功效"⑤。由此可见，美的事物以及审美体验是人成长与生活中不可或缺的因素，而审美体验又离不开审美教育。

18 世纪末，席勒正式提出了审美教育的思想。席勒认为工业文明使得人们将逐利作为人生目标，人们被欲望驱使而物化和异化，从而失去了完美的人性成为不完整的人。因此，席勒希望通过审美教育来实现人性的复位，使人成为完整的人。现代社会更注重实效和功利，虽然这推动了社会经济发展，但也带来了一系列的社会问题：由于人们过多关注知识和技能的获得，忽略

---

① 爱默生. 爱默生散文精选 [M]. 程悦，译. 武汉：长江文艺出版社，2017：32.
② 曾繁仁，谭好哲. 当代审美教育与审美文化研究 [M]. 北京：人民出版社，2016：131.
③ 鲍姆嘉通. 鲍姆嘉通说美学 [M]. 高鹤文，祁祥德，编译. 武汉：华中科技大学出版社，2018：15.
④ 朱光潜. 谈美 [M]. 北京：中华书局，2015：2.
⑤ 鲍姆嘉通. 鲍姆嘉通说美学 [M]. 高鹤文，祁祥德，编译. 武汉：华中科技大学出版社，2018：92.

了人类的精神塑造和人格培养，很容易把人培养成牟利工具，结果有可能造成社会道德滑坡、风气败坏，因而科学技术给人类社会造福的同时也有可能带来不良后果。可见，要扭转科学技术以及经济发展对人和社会造成的不良影响，塑造人精神和心灵的审美教育在现代社会意义重大。维柯指出："当我们竭力耕耘于科学时，却忽视了伦理学，关于人类精神的心智及其情感如何适应公民生活……的学说。"[①] 他同时强调了人文教育对培养健全人格方面的重要作用。健全人格的塑造不能仅仅依靠知识的传授来完成，更要经过个体的情感体验来实现，个体通过情感体验将理性知识内化成自己的思想从而实现人格养成。"美育的重要性就在于它是情感的教育。"[②] 情感是体现人本能的心理现象，是"主体对于能否满足自身需要的客体所产生的一种态度的体验，它以感觉为基础但又不同于一般的感觉……态度的体验是以爱憎、悲喜等心理形式所表露出来的主体对事物的一种评价，它不仅与个人的生存状态，而且与人的价值观念乃至整个心灵活动有着内在深刻的联系……"[③] 因此，作为情感教育之一的审美教育在当今社会培育人方面就具有了重要的作用。以往普遍存在和实行的教育观念都偏重于知识的传授而没有将审美教育放在合适的位置，结果就是培养出来的往往是缺少独立人格和自由意志的工具理性的人，而不是人格健全的人。教育造就的不应仅是会做事的人，更应该教人学会怎样做人，从而使人树立正确的人生观、价值观和世界观，以此指导人的具体行事方向和方式。在这方面，"审美教育就起着知识教育和意志教育所起不到的作用"[④]。席勒的审美教育理念认为"美是现象中的自由，是显现在感性直观中的自由的形式……而达到自由的途径不是政治经济的革命而是审美的教育，至少是须先有审美的教育，才有政治经济的改革条件"。借助文化教养，人们可以实现感性和理性的完全发展和统一，实现人"最丰满的存在和最高的独立自由"[⑤]。

---

① 王元骧. 审美：向人回归 [M]. 杭州：浙江大学出版社，2015：96.
② 王元骧. 审美：向人回归 [M]. 杭州：浙江大学出版社，2015：208.
③ 王元骧. 审美：向人回归 [M]. 杭州：浙江大学出版社，2015：227.
④ 王元骧. 审美：向人回归 [M]. 杭州：浙江大学出版社，2015：211.
⑤ 鲍姆嘉通. 鲍姆嘉通说美学 [M]. 高鹤文，祁祥德，编译. 武汉：华中科技大学出版社，2018：123.

二、自然文学的美育功能

美不只是视觉、听觉、知觉等感官的感受和体验，更重要的是心灵可以感受到的和谐之美，心灵的体验能力需要一定的培养和训练，因此，审美教育必然要经由一定的途径和载体得以实现。关于艺术，鲍姆嘉通认为应该有一个承载它的容器，他发现诗是最好的艺术载体，"能激起最强烈情感的就是最有诗意的"[1]。黑格尔的美学体系里把艺术分为绘画、音乐、雕刻、建筑、诗歌五大体系。其中，诗歌可以看作是文学的统称，文学是人类生存方式的审美体现，同时又是人类文化模式的重要建构者，守护正义与良知、慰藉人的心灵和情感是文学的使命和责任。席勒认为："'古代诗人凭借有限物的艺术而成为强有力的人'，……虽然自然使人与自我统一，文明与发展使人分而为二，……文明和自由使现代人失去自然的美满境界，回归自然即寻觅精神家园，寻求最高的理想境界。"[2] 这就表明自然在人类审美体验和审美教育中的作用。文学作为一种艺术形式，受众最广泛，最不具有选择性，认识字能够阅读的人都可以通过阅读文学作品来进行艺术体验，从而实现审美教育，而以描写人与自然关系的自然文学在审美教育中起到了独特的作用。

20世纪80年代以来，美国文学界兴起了一种文学流派——"美国自然文学"。程虹在《美国自然文学三十讲》里指出："自然文学是以文学的形式，引导人们去化入一种既有利于身心健康、又融入自然的精神境界。它强调人与自然进行亲身接触与沟通的重要性，并试图从中寻求一种文化与精神的出路，唤起人们与生态环境和谐共存的意识，践行新型的生活方式。"可见，自然文学就是关于人与自然之间关系的文学。爱默生认为自然对于人类，不仅仅是物质，还是过程和结果。自然展现在人类眼前的不仅是有形的物质世界，更有这物质世界所显现的造物的神奇与美妙。自然从来都是抚慰心灵、启迪思想、荡涤灵魂的所在。爱德华兹在牧场中漫步所体验到的上帝之光的辉映，

---

[1] 鲍姆嘉通. 鲍姆嘉通说美学 [M]. 高鹤文，祁祥德，编译. 武汉：华中科技大学出版社，2018：47.

[2] 鲍姆嘉通. 鲍姆嘉通说美学 [M]. 高鹤文，祁祥德，编译. 武汉：华中科技大学出版社，2018：126.

巴勒斯在鸟儿啁啾、阳光轻抚的森林漫步时高贵灵魂的展现，缪尔在优胜美地徒步走来时王者归来的风度，梭罗在瓦尔登湖畔辛勤劳作时爱土地敬自然的朴素情感的流露，迪拉德在汀克溪边对自然的朝圣所感受到的自然的神奇与威力，无不显示出自然中蕴藏着的丰厚的精神资源、充足的心理能量，以及实用的指导原则。在文学中，所有的能量都来自创造性的想象，而这创造性的能量的持续流动则是人类社会中的生命赖以存在的基础。阅读、教学以及批评话语都是诗歌中储存的能量和力量的释放。根据热力学原理，能量不会消失，只会转换和降级或释放。因此，诗人从自然界中获取能量，并将这能量存储在诗歌中，通过诗歌将能量以抚慰、启迪、警醒等方式传递给读者，而且，这能量也可以在人与人之间传递。同理，自然文学作家也同诗人一样，甚至有的自然文学作家本身就是诗人，他们从自然中汲取能量和力量，并通过自然文学向人们展现自然的魅力，讲述自然的故事，传递自然的能量，揭示自然的启示。自然文学从审美角度讲人与自然的关系，旨在教人们生态的审美，即正确认识人与自然的关系。

"文学应该是面对现实的审美思考，要有对现实清醒独到的眼光，追问现实呈现和隐藏着的问题，成为文化揭示和批判的力量，影响到现存的思想观念和价值体系的解构和重塑。"[1]作家则用文学审美的方式把现实的危机、困境表达出来，给读者带来对生存现实的思考甚至观念、价值和行为方式的改变。正如王尔德所说，"艺术家和思想家按照生活本来的样子创造了形象同时这形象又为人们提供了行为模仿的范例"[2]。现实的生态危机有其深刻的思想文化根源，是人类中心主义思想主导下的人类文化的危机。要从根源上消除生态危机，我们需要重审我们的生活方式、思想观念和伦理道德等方面的问题。面对严重的生态危机和文化危机，海德格尔主张诗意的拯救策略。他认为"重拯破碎的自然与重建衰败的人文是一致的，他把拯救地球和拯救人类的最后一线希望寄托在'诗'（文学艺术）上，他甚至宣称，只有一个上帝可以救度我们，那就是诗。'诗'让'天、地、神、人'融为纯净的一体，'一切

---

[1] 薛敬梅. 生态文学与文化[M]. 昆明：云南大学出版社，2008：64.
[2] CHERYLL G, HAROLD F. The Ecocriticism Reader[M]. Georgia：University of Georgia Press, 1996：166.

艺术在本质上都是诗',……诗意的救度意味着,参与自然、顺应自然、守护自然。让自然万物如其所是地存在,还意味着,灵魂与自然之间、自我与环境之间没有任何隔膜、障碍"。马尔库塞也认为只有靠文学艺术,只有文学(诗)才能使人那"异化""物化""僵化"的人性重新灵动起来[1]。

自然文学可以帮助人们唤醒感官体验。卡森认为,"自然界里充满了奇迹,许多奇迹并非发生在人迹罕至的地方,而是就在我们的身边。人们之所以不能发现自然的奇妙,除了人过于自大、把自然仅仅当作工具和对象化的自我等思想观念外,还因为许多人的感官已经尘封、麻木,感觉能力已经退化"[2]。不断膨胀的人口,不断扩展的城市将自然驱逐出我们的视线,生活在钢筋水泥筑成的"森林"中,我们的身体和心灵都离自然越来越远,远得看不见,也摸不着,日久天长,用进废退,人们的感官便不再敏感了。自然越来越远、越来越陌生,取而代之的不仅有形的现代化成果,还有无形的技术产品。现在的我们处于一个信息膨胀的时代,各种信息、数据充斥着人们的日常生活,人们被包围在信息之中,"我的精神被信息碾压得粉碎,并被其抽空为一种绝望,已完全不能为我那人的躯体所容纳"[3]。为了能够迅速快捷而又大量地提供信息,人们往往倾向于使用大量的数据、数字。然而"排山倒海"般的数字日复一日地向人们涌来,日久天长,人们变得习以为常,甚至对数字所揭示的信息——无论好的坏的——也变得熟视无睹、麻木不仁了。"曾几何时我们用感官去认识世界,而现在我们越发将其认作为数据的天地……原先的世界在很多基本方面是由自然的严酷现实所决定的——天气、地形、各种运行过程所需的时间,以及长距离信息传递的间隙。而新的现实已意味深长地被从自然切分出来,在很大程度上不再受到天气的干扰,能够以全球作为参照,而且以即时通信为预设前提。我们用虚拟替换了真实。"[4]这样的现实将人压迫得呼吸不畅、无处可逃,转而变得"懈怠、漠然、虚弱,变得内向,转而贪图吃喝玩乐……",这样的麻木、消极和"面对触目惊心且

---

[1] 胡志红. 西方生态批评研究 [M]. 北京:中国社会科学出版社, 2006:88, 89, 90.
[2] 王诺. 生态与心态:当代欧美文学研究 [M]. 南京:南京大学出版社, 2007:40.
[3] SCOTT S. Going away to think [M]. Reno:University of Nevada Press, 2008:146.
[4] SCOTT S. Going away to think [M]. Reno:University of Nevada Press, 2008:150.

让人束手无策的环境统计数字时的那种无动于衷"演变成一种惯性,成为一种"自动和普遍的心理反应"。

我们该如何做才能重返现实,摆脱僵硬的数字的包围以及数字对人们的不良影响,重拾对活生生的生活的敏感?"数字是很重要的,但它们并非一切。形象常常能够比数字给予我们更强烈、更深沉的震撼。数字在我们心中激发的情感总不如形象那么浓厚。我们很快就会对事实与算术变得麻木不仁。"①其实,现实生活中的我们渴求着能够触动心灵,激活我们感官知觉的形象与故事、饱含情感的话语。"数字只有包含在叙事中才会有意义,才能添加到知识之中。"②文学成为能够承担这种责任的重要一员。"文学是一面透镜,我们通过它能够加深对世界上最重大问题的理解。"③斯科特·斯洛维克认为,自然文学"具有潜在的巨大力量,可以帮助读者重新想象他们与这颗星球的关系,并克服那种因异化而产生的极度恐慌和消极情绪——而通过连锁效应,该文学还能触及其真正的读者以外的人群"④。而自然文学在当代文学表达之中方兴未艾,是因为一些作家"懂得自己的书写是在做这样的尝试,即不但要写出美丽而抒情的语言,还要能够达成一种关于人类社会与这个星球的现状之间的关系的理解"⑤。

自然文学用生动的语言形象、深刻的生态思想重新唤起人们对这个世界的感觉,感受到大地的气息和生机,让我们的生命回归大地,听到来自内心的呼唤,与其他生命惺惺相惜。"自然文学作品中关于自然和生命的书写,那些在大地上自然舒展的生命姿态,让人类回望曾经有过的生命景观,同时让那些整天追逐欲望的人们看到被人类逐渐抛弃的传统生活方式的魅力,在简单中感受到生命的温暖。"⑥由此可见,自然文学在生态审美教育以及社会成员的生态文化教养的养成中有着举足轻重的作用。自然文学中蕴含的生态知识、生态伦理和生态审美素材如海滩上的贝壳,俯拾皆是,随处可见。自然文学

---

① SCOTT S, Going away to think [M]. Reno: University of Nevada Press, 2008: 146.
② SCOTT S, Going away to think [M]. Reno: University of Nevada Press, 2008: 144.
③ SCOTT S, Going away to think [M]. Reno: University of Nevada Press, 2008: 8.
④ SCOTT S, Going away to think [M]. Reno: University of Nevada Press, 2008: 154.
⑤ SCOTT S, Going away to think [M]. Reno: University of Nevada Press, 2008: 154.
⑥ 薛敬梅. 生态文学与文化 [M]. 昆明: 云南大学出版社, 2008: 65.

作家欣赏自然、研习自然、融入自然，他们消解了人类中心思想的影响而将人类视作自然大家庭中的一员，从而向人们揭示生态整体原则。自然文学作品中作家对自然中或是野性的壮美，或是柔和的优美，淋漓尽致地挥洒，让自然生动鲜活地跃然纸上，如诗如画呈现眼前，这为审美教育提供了可能性。

三、如何以自然文学为载体实现大学英语教学中的美育

大学英语要坚持课程集知识、能力、素质于一体，三者有机结合，培养学生解决复杂问题的综合能力和高级思维。课程内容强调广度和深度，培养学生深入分析、大胆质疑的精神。课程设计突出研究性、创新性，加大学生的学习投入。大学英语课应该充分发挥自身特点和优势，突出时代性、社会性、广博性、灵活性、审美性、伦理教化性，以此加强学生的人文素养，培养学生的审美旨趣，树立正确的伦理观、人生观、世界观和价值观，将学生培养成顺应新时代要求的具有独立思考力、审美判断力、生态伦理观、跨学科视野的高素质人才。

随着经济的发展，人们的物质需求得到极大满足，人们对精神生活提出了更高的要求，希望生活中不断涌现美的东西，进而在精神上获得审美愉悦。美与万物息息相关，具有永恒性，同时具有向善的特点。世界是一个美的存在，美能够对一个人的思想和心智产生巨大的影响，一切崇高的美都包含某种道德因子，而且美永远同思想的深度成正比。由此可见，旨在培养学生了解美、欣赏美、享受美、创造美、传播美的美育是高等教育不容忽视的工作，正如教育部印发的《关于切实加强新时代高等学校美育工作的意见》强调的"要切实改变高校美育的薄弱现状，遵循美育特点，弘扬中华美育精神，以美育人、以美化人、以美培元，培养德智体美劳全面发展的社会主义建设者和接班人"。

美育即审美教育，是全面发展教育不可缺少的组成部分。美育是指运用审美的方式实施教育，培养学生健康的审美观，发展他们感受美、鉴赏美、创造美的能力，培养学生的高尚情操与文明素养，促进学生的德智体全面发展。高校美育的广泛开展，要找到恰当的切入点。美育不能仅仅狭义地理解为与音乐、美术、舞蹈相关的文娱活动，更应该是面向全体学生的审美能力

427

的培育。要充分利用大学英语课时多、覆盖面广、受众范围大的特点，将高校美育贯彻执行。语言本身就是一种艺术形式，语言教育天然地具有审美教育的特性，而且，大学英语教学的内容可以丰富多彩，教学模式也可以多样化，因此，大学英语课堂是开展美育工作的最佳实施场地。美育教育的主要任务提出要培养学生充分感受自然界的美，要使学生具有正确理解和善于欣赏美的知识与能力，使学生按照美的法则生活，养成美化环境以及生活的能力和习惯。自然是人类最好的老师，探索人类与自然关系的自然文学间接地将自然呈现在读者面前，自然文学中对自然界的描写让学生可以在语言学习中感受自然的美，增强对美的感知力。同时，自然文学中倡导的人与自然和谐相处的模式也为学生按照品德美和行为美的准则自律地生活提供了榜样。因此，通过围绕自然文学展开一系列教学活动，学生可以获得审美感受，增强审美能力，获取自然知识，养成独立思考习惯，以及良好的生活习惯和方式，进而形成正确的道德观、人生观和世界观。

在大学英语教学中实施以自然文学为载体的美育可以实现美育工作的巨大突破。具体建设内容包括：第一，突破传统英语教学的思维模式，以继承和创新、协同与共享为主要途径，促进多学科的交叉融合。传统的大学英语主要以语言知识的学习、语言技能的训练为主，但是这已经不能满足学生智力发展和综合能力训练以及新时代人文素养提升的要求。在大学英语教学中融入多学科的知识及思想，继承以往教学中效果显著的教学模式，充分利用信息技术对课堂活动加以创新，将各学科内容交叉融合，创造新的课程内容和活动实践，力争提高学生的审美鉴赏力、感知力以及深入思考问题、解决问题的能力。选取自然文学经典作品作为课堂活动的素材，自然文学作品富含生态科学的基本原理和知识，可以帮助学生确立人与自然是一个相互依存的有机整体的生态世界观，为培养生态文明时代的高素质人才做贡献。第二，将中国传统文化经典的中英文材料引入大学英语教学内容和课堂活动，通过中西文化的对比，培养学生的研究性介入，增强学生的研究能力，同时弘扬传统文化，增强文化自信。中国传统文化中蕴含着丰富的生态思想和生态理念，这是东方文明的瑰宝，在生态文明建设中具有巨大的理论指导价值。同时，中国传统典籍中有着丰富的艺术审美对象，可以借此培养学生的文化审美力。此外，中国传统文化中有着最具普世性的理念，如儒家学说和道家学说，已经被西方国家加以借鉴，甚至有西方学者认为中国的思想具有救世的大用，因此，在大学英语教学中加入这些内容，有利于培养学生的传统文化根基，利用英语优势，助力中国文化走出去。第三，与时俱进，密切关注国内外时事，将时事新闻等新鲜的材料渗透到课堂教学中。报纸杂志、网络新闻、广播电视、相关书籍等媒介中有关环境保护等的相关内容可以作为听说材料、课堂讨论材料，以此保持课堂内容的鲜活、新颖和时效。鼓励学生查找相关材料，组织课堂讨论，营造以学生为主体的课堂教学氛围，充分调动学生的积极性、主动性，利用最贴近现实的语言锻炼学生的听说能力，同时也为学生提供了紧跟世界最新时事动态的机会。第四，改进教学方法和教学模式，应用先进的信息技术，丰富教学手段，引导学生进行探究式学习。充分利用语言、文字、图片等媒介，音视频等信息技术手段有意识地丰富课堂教学的审美内容，培养学生的审美判断力，鼓励学生利用课堂活动来进行审美创造，实现美育目的。同时，在培养各项能力的同时，不忽视听说等基本功的训练，以及调动学生深入探究问题的积极性，激活学生的内在学习动力，激发学生学习知识、思考问题、探究本质的能动性。改变大学英语教学无力与收效甚微的现状，要对传统的大学英语教学内容和模式进行转型、改造和升级。目前大学英语教学多以考试为导向，教材内容陈旧，教学模式容易僵化，教学效果不理想。大学英语课时多，学生受众体量大，因此，要充分发挥大学英语教学的优势，通过教学内容的重组、教学方法和手段的更新、教学模式的转换，打破课堂沉默，调动学生主动学习的积极性，进行人才的全方位培养。

在大学英语教学中实施以自然文学为载体的美育可以实现以下目标：首先，实现大学英语教学全面升级。目前大学英语教学内容老旧，没有与时俱进，缺少对现实的观照，以此为内容展开的教学模式单一，教学手段单调，难以调动学生的积极性和创造性。在教学中适当加入文学内容，可以提升教学内容的品质，将传统的教师讲授式的教学模式升级为学生讨论式。引进先进的现代信息技术，增强课堂教学的灵活性和生动性。其次，实现学生的全方位多视角的能力提升。文学是人学，是对现实生活最切实的反映。富有思想性的文学内容的加入，可以激发学生思考、展开讨论、表达自己的观点，在锻炼口语表达的同时，培训学生的批判性思维，提高学生关注现实世界的敏感性和运用所学为社会的良性发展做出贡献的能力和意愿。大学英语教学中，自然文学经典作品以及中国传统文化经典的介入，有利于高素质人才的培养，促进学生跨学科的知识储备和视野拓展，审美力的增强，正确伦理道德观的确立，爱国情怀的厚植，最终形成健全的人格。再次，实现大学英语授课教师的角色转型。大学英语教师是实施审美教育的中坚力量。教师首先要了解大学英语课程的教学特点，能够熟练运用现代信息技术和教学手段，拥有设计和驾驭课堂活动的经验，开展教学实践改革。通过团队建设，摒弃原来大学英语课堂中教师起主导作用的模式，让课堂活动的主体回归学生，教师成为教学内容的选择者、课堂活动的设计者与引领者。教学材料中关于自然界美好事物的描写，网络中自然美景视频的呈现，可以让学生在美的感受中进行英语听说能力的训练。从这个角度来看，在融入美育的教学中，师生共同体验美，教师因此成为审美活动的引导者。最后，响应国家生态文明建设号召，实现学生生态知识的增加、生态素养和生态审美的养成。国家大力倡导生态文明建设，生态教育是人类实现可持续性发展和创建生态文明社会的需要，因此，将学生培养成具有生态知识、生态素养和生态审美的新时代高素质人才是高校不可推卸的责任。自然文学富含生态审美、生态理论、生态知识、生态文化等生态教育所需要素，在大学英语教学中实施以自然文学为载体的美育可以将公民培养成具有生态审美能力的完全意义上的人。

参考文献

［1］爱默生．爱默生散文精选［M］．程悦，译．武汉：长江文艺出版社，2017.

［2］鲍姆嘉通．鲍姆嘉通说美学［M］．高鹤文，祁祥德，编译．武汉：华中科技大学出版社，2018.

［3］CHERYLL G, HAROLD F. The Ecocriticism reader［M］. Georgia：University of Georgia Press,1996.

［4］ 胡志红.西方生态批评研究［M］.北京：中国社会科学出版社，2006.

［5］ SLOVIC S. Going away to think［M］.Reno：University of Nevada Press，2008.

［6］ 王诺.生态与心态：当代欧美文学研究［M］.南京：南京大学出版社，2007.

［7］ 薛敬梅.生态文学与文化［M］.昆明：云南大学出版社，2008.

［8］ 曾繁仁，谭好哲.当代审美教育与审美文化研究［M］.北京：人民出版社，2016.

［9］ 朱光潜.谈美［M］.北京：中华书局，2015.

教育信息化 2.0 落地解决教学困境研究

刘经纬

(首都经济贸易大学　管理工程学院)

【摘　要】《教育信息化 2.0 行动计划》将信息化技术、互联网+运营与传统教育三者深度结合，"互联网+教育"模式具有高效率、大范围、低成本传播影响能力。随着新冠疫情形势加剧，全国多所院校被迫线上开学，"互联网+教育"线上教学逐渐成为常态化方案，线上教学产生了大量的新问题，主要表现在：线上课堂交互薄弱、实践教学缺失、教学质量与线下课程相比显著降低。针对上述背景和问题，本文尝试运用"教育信息化 2.0"的理念，聚焦解决线上教育领域的上述问题，特别是针对突发的疫情新形势，使用信息化手段，持续改进线上、线下教学的教学质量、学生学习体验。本文提出了"实时反馈""实时实践""实时 PDCA"教学改革理念，提出了"全境教学"范式（方法）并实现了教学信息化系统。教改实践与影响体现在：教改课程在中国大学慕课选课人数超过 2 万人，教学信息化（还包括自媒体、答疑社群）规模超过 3 万人。教改课程获得了北京市高校教师教学创新大赛一等奖。研究成果还包括：申报和发表了国家发明专利、论文、软件著作权、学术专著、教材等。

【关键词】实时反馈；实时实践；实时 PDCA；教育信息化

一、绪论

2018 年教育部印发的《教育信息化 2.0 行动计划》中指出，"积极推进'互联网+教育'，坚持信息技术与教育教学深度融合的核心理念"，"教育信息化具有突破时空限制、快速复制传播、呈现手段丰富的独特优势，必将成为促进教育公平、提高教育质量的有效手段"。

(一) 教育信息化提升教学质量研究现状

《教育信息化 2.0 行动计划》的最终目标是提升教学质量和人才培养质量。国内外关于现代教育技术、教育信息化、教学质量提升方面相关的研究现状如下。

1. 教学理念方法方面，强调学生的动手实践

国内课堂教育往往采用灌输式、"填鸭式"教学，一般教师在课堂上讲解理论知识，把知识一味地灌输给学生，学生不能完全理解知识，就不能有效运用知识；而国外提倡的启发式、探究式教学，以实践为特点，使学生养成理论联系实际的学习能力。所以，应通过教师启发、引导，培养学生独立思考的能力，加深学习印象，理解知识应用。

2. 教育技术手段方面，提倡课堂上实时互动

在国内多数学校的课堂教学中，不难发现大学课堂教学普遍存在一个突出问题：教师的教学基本是板书加 PPT，以讲授为主，利用新技术进行课堂互动等教学手段和方法还比较少；而国外交互学习已成为在线学习设计的主流，可以与教师直接线上沟通，还可以通过小组形式进行学习和互评互助。教师利用现代教育技术辅助课堂教学，实现课堂实时互动的优化，提升学生的课堂参与感，提高教学质量和效果。

3. 质量管理手段方面，提倡高频率测试检验

传统教学模式中多数教师因精力不足，对学生的学业考核采取以期末考试为主要衡量标准，导致学生平时上课不努力，期末临时抱佛脚；而国外通过频繁的测验和大量的作业，保证学习效果。课堂上频繁进行随堂测试，实现实时 PDCA，并将随堂测试结果、课后作业完成情况计入学业考核，保证频繁练习，能有效改善学习效果。

(二) 教育信息化在线上教学领域的研究现状

线上教学是教育信息化非常有代表性的一个应用领域，也是本研究聚焦之处。国内外线上教育的研究现状如下。

1. 国外线上教学整体起步早，疫情常态下线上教学成为大势所趋

早在 2007 年美国犹他州立大学就建立了网络课程原型。2011—2012 年多所美国著名大学陆续设立网络学习平台。2013 年，慕课（MOOC）开始进入亚洲。2015年教育部出台《关于加强高等学校在线开放课程建设应用与管理的意见》，推动我国大规模在线开放课程建设。2019年中国大学MOOC成立，2020年世界慕课大会在清华大学召开，教育部部长陈宝生指出：中国慕课数量和应用规模居世界第一位。西门子（Siemens，2011）认为MOOC具有网络与个性化的特征，能够更加发挥学习者的主观能动性。

2. 国内外线上教学质量保障机制初步建立，"专业的管理"是趋势

陆双双（2021）指出，国外学者对线上教学质量标准有多种：一是以对人才的需求、得到政府和社会的资金与资源奖励为目标；二是以做好课程的考试评分与学生全面素质的评分为目标；三是以为更多学习者提供课程为目标。高澍苹（2010）提出建立ISO-9001远程教育质量管理体系。仇立等（2018）认为将6Sigma管理理念导入高校教学质量管理体系，借助DMAIC实施步骤，倾听学生真正需求，分析影响教学质量的因素，积极持续改进，直至学生满意。田珍等（2021）提出把PDCA循环理论作为持续改进质量的有效方法。屈华等（2021）认为运用QFD质量管理方法，获取学生需求，进而转换为教学质量特征与相关程序，可达到改进教学质量的目的。

3. 国内线上教学形式多样，问题凸显，"数字化、智能化"是趋势

焦建利等（2020）总结线上教学形式有"网络在线课程""网络直播教学""学生自主学习""电视空中课堂"。陈武元等（2020）、陈颖等（2021）指出线上教学问题是缺少师生互动、教学要求和评价标准。也有学者提出线上教学导致学生缺少参与感，指出线上教学中学生很难集中注意力（Menon，2020；Azlan，2020）。邬大光（2020）认为线上教学这种"应急教学"不是暂时的。苏碧云等（2021）提出新冠疫情对教育行业冲击大，要保证教学"随时完全线上"。苑莎等（2021）提出借助云平台构建全方位、全过程、实时监控机制，更加及时有效地应对教学问题。

（三）本研究主要创新与解决的问题

第一，通过实现和实施"实时实践"，提升教学质量与人才培养质量。进一步完善开发"实境编程"授课（编程）系统，构建备课与讲课系统，同时教学内容全部更新为项目实践内容，将传统的知识体系教学设计，升级为每一个知识点都配套真实的项目案例，例如讲解"随机数"知识点，则带领学生编写"晚会幸运观众生成系统"。激发学生的兴趣,让学生主动学的状态倒逼老师提供更多教学内容,进一步改变老师主动、学生被动的教学局面。

第二,通过实现和实施"实时反馈",提升教学质量与人才培养质量。进一步开发完善"跟随编程"教学系统,实现每个学生都能实时接收到教师所写板书,教师写一句学生写一句,即使学生基础差也可以跟着教师学会。实现"100%学生 100%课堂时间 100%全神贯注学会教师教授的 100%知识和技能"。

第三,通过实现和实施"实时 PDCA",提升教学质量与人才培养质量。进一步实现"实时评测"教学系统,对学生上课输入的笔记进行实时教师板书比对,采用智能算法对学生走神、没跟上、没学会的情况进行识别,开发频繁测试模式,实现实时沟通,发现教学中的问题。

二、研究方案

(一)研究方案概述

本研究聚焦一种实时交互教学方法,并设计了配套的信息化系统,可以应用到备课、授课等领域,主要创新点以申报国家发明专利的形式进行总结。该方法和系统包括教师端(机房教室)、学生端(机房教室)、网络层(网络中心)、服务层(教育机构)和核心层(教育机构)。本系统使平板电脑、计算机或手机可以通过 Internet 网络或手机网络,在编程课堂中实现学生端同步显示教师端内容,实现教师与学生的双向互动,帮助教师更加充分地讲解知识,节省精力,并且可以帮助学生理解知识,熟练运用知识,从而建立学生的成就感和自信心。同时还可以通过学生的提问反馈,实时监控学生学习情况和情绪状态,以帮助教师更好地调整授课模式与进度。

(二)研究动机与创新出发点

在创新创业蓬勃发展、计算机编程教育普及的今天,大学新课显著增多,教师备课缺乏参考资料和案例,很难找到优质前沿的教学资源。另外,高校教师评职称压力过大,教师评职称的关键一点就是科研成果和论文数量,很多大学教师把更多精力投入自己的项目和课题,从而没时间投入教学,忽视了真正关乎学生权益的授课。现阶段计算编程课程仍存在以下问题:大学教师因缺乏用人单位工作的经历,讲课内容落后且与实际应用相脱节,学生对教师授课内容不感兴趣，难以集中精力学习；编程课程属于上机课，大多数同学都需要老师的单独辅导，个体指导工作量繁重；大学课程期末都需要任课教师自己出题阅卷，期末考试出一份完美的试卷需要花费大量的工作时间，批改卷子工作更是繁重。

当今大多数学生上课只关心该课程最后的所得分数以及该课程是否对自己未来就业有直接帮助，故学生上完课后不知所学课程的实用性在哪里，对自我感觉不实用的内容不感兴趣；学生上课所学习到的内容都是一些基础性的知识或老化的旧知识且缺乏实践性，课上所学与实习工作相脱节，实习工作时，很多软件都不会使用，最新技术及编程语言都没有接触过，学生因此失去信心。

教师与学生之间缺乏沟通反馈机制，特别是在疫情防控期间的网络教学，教师给学生上课过程中，课程内容讲得不明白也是因为没有一种反馈机制可以得到学生的反馈，从而导致学生边听课边走神直至放弃；教师缺乏对学生情绪的监控，无法及时针对学生情况调整教学模式。现今的教学模式有两种：一是以传统的手段授课，教师在讲台前讲课，学生在下面听课，此种教学方式易导致学生厌学；二是以慕课等为主的网络课程，在此种教学模式下课程没有规范模式，学生上课没有统一的学分认定，学生线下学习缺乏自主性，学习过程容易因缺乏自制力而失控，教师无法做到统一管理。基于以上问题分析以及高校编程教学的真实需求，本研究提出了新一代针对编程教学的，学生端同步显示教师端内容，实时交互的，教师能够监控学生情绪的系统——全境编程教学系统。

（三）研究方案的核心目标

本研究的目标在于克服现有编程教学模式的上述缺陷和满足监控学生情绪的需求，提供一种超前的全境编程教学系统和实时交互方法。

本研究的目的之一是解决教师精力不足问题，实现新课备课、跟随授课、实境自学，以解决高校编程教学目前存在的理论与实践脱节、编程实践缺失、编程能力难以评价等问题，大幅度减少教师工作量。

本研究的目的之二是帮助培养学生的编程思维、提高高校计算机编程教学的能力。全境编程教学系统自带编程实践环境，为学生打造全新的实境编程学习体验。重点增加交互、即时反馈等功能，学生可以在具有双向互动特性的教学系统上进行二次编辑代码，实现即学即练，熟练掌握编程知识与技巧从而增强自身的自信心与成就感。

本研究提出的实时交互方法，核心目标是实现学生可以随时向老师提出问题，以解决教师授课中无法了解学生学习状况与情绪情况，无法针对学生情况及时调整授课进度与模式等问题。

（四）具体实现方案

为了实现上述目标，本文的技术方案分为系统设计与方法设计。下面结合图 1 和图 2 详细说明本实例。

1. 系统（信息化）方案

如图 1 所示，全境编程教学系统由教师端、学生端、网络层、服务层和核心层五个主要部分构成。

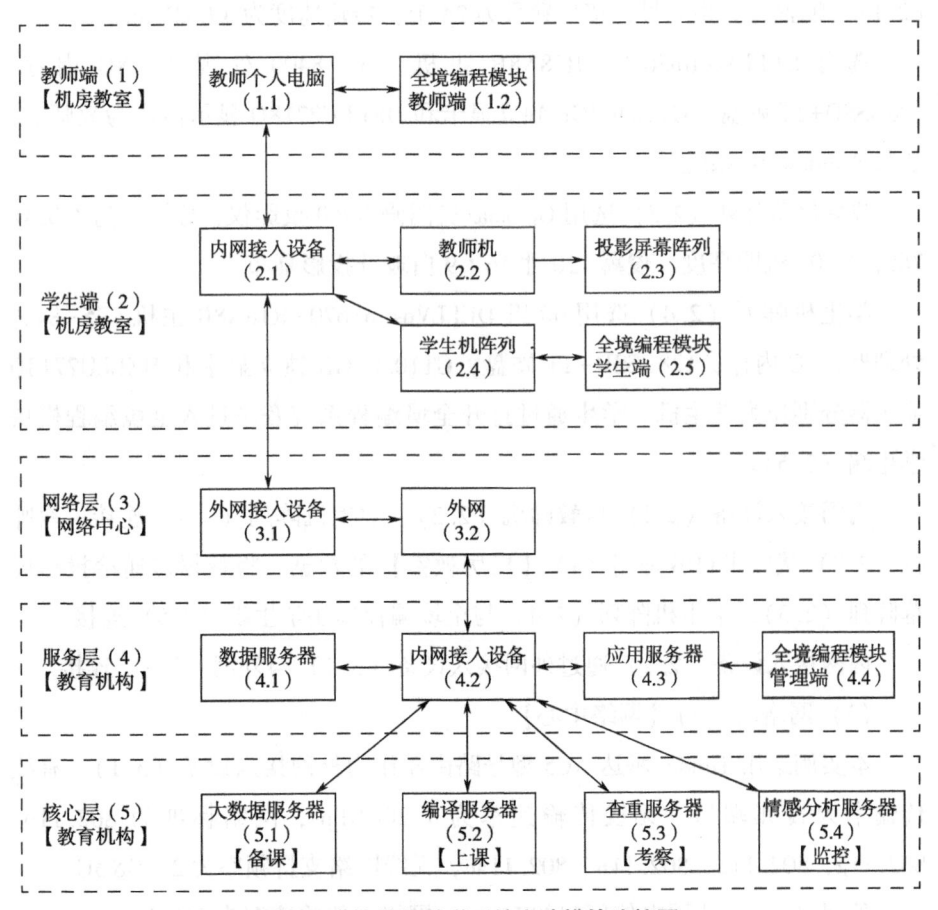

图 1 全境编程教学系统电路模块连接图

(1) 教师端（1）【机房教室】。

本实例中选用 Apple15 英寸 MacBookPro，搭载 2.2GHz 六核第八代 IntelCorei7 处理器、RadeonPro555X 图形处理器，配备 4GBGDDR5 显存、16GB2400MHzDDR4 内存、256GB 固态硬盘作为教师个人电脑。教师打开全境编程系统登录进入全境编程模块教师端（1.2）。

教师个人电脑（1.1）与全境编程模块教师端（1.2）连接；通过内网接入设备（1.2）与教师机（2.2）、学生机阵列（2.4），并和外网接入设备（3.1）连接。

(2) 学生端（2）【机房教室】。

本实例选用锐捷（Ruijie）RG-NBS228F-E-P 交换机作为内网接入设备（2.1），配置为：型 8 号，接口数目为 24 个，传输速度为 4 000Mbps。

选用 DELLVostro3670-R18N8R 主机，i5-8400 处理器，8G 内存，128GSSD+1T 硬盘，GT10302GB 独立显卡和 DELLU2718Q 显示器作为教师机，装载 Windows10 系统。

投影屏幕阵列（2.3）选用 Optoma/奥图码 X460 投影仪，分辨率为 1 024×768，4 500 流明亮度，俊翼 120 寸 16:9 白玻纤投影幕布。

学生机阵列（2.4）选用 60 组 DELLVostro3670-R18N8R 主机，i5-8400 处理器，8G 内存，128GSSD+1T 硬盘，GT10302GB 独立显卡和 DELLU2718Q 显示器分别作为学生机。学生通过打开全境编程系统登录进入全境编程模块学生端（2.5）。

内网接入设备（2.1）与教师机（2.2）、学生机阵列（2.4）连接，教师机（2.2）接收来自教师端（1）【机房教室】的数据，将数据传递给投影屏幕阵列（2.3），学生机阵列（2.4）与全境编程模块学生端（2.5）连接。

内网接入设备（2.1）通过外网接入设备（3.1）与外网（3.2）连接。

(3) 网络层（3）【网络中心】。

本实例选用 Tenda/腾达 AC5 型号路由器作为外网接入设备（3.1），有线传输率为百兆端口，无线传输速率为 1 200Mbps，网络标准为 802.11b、802.11g、802.11a、802.11n、802.11ac，无线网络支持频率为 2.4G&5G。

外网（3.2）选用电信部门的 Internet 网络，传输速率为 100M。

外网接入设备（3.1）通过外网（3.2）与内网接入设备（4.2）连接。

(4) 服务层（4）【教育机构】。

本实例选用品牌 Systemx3650M5 型号作为数据服务器（4.1），其硬件配置为：CPU 型号为 XeonE5-2650；内存类型为 DDR4；内存容量为 16GB；硬盘接口类型为 SAS；操作系统支持 WindowsServer2008R2，MicrosoftWindowsServer2012/2012R2，RedHatEnterprise9Linux5ServerEdition/Serverx 64Edition，SUSE Enterprise Linux Server（SLES）12/12withXEN，SUSELINUXEnterpriseServer11forAMD64/EM64T/11forx86，Toshiba4690Operating SystemV6，VMwarevSphere5.1（ESXi）/5.5（ESXi）；预装软件为 Windows Server2008，asp.net4.6，sqlserver2014，iis8.0。

本实例选用锐捷（Ruijie）RG-NBS228F-E-P 交换机作为内网接入设备（4.2），配置为：型 8 号，接口数目为 24 个，传输速度为 4 000Mbps。

选用品牌 Systemx3650M5 型号作为应用服务器（4.3），其硬件配置为：CPU 型号为 XeonE5-2650；内存类型为 DDR4；内存容量为 16GB；硬盘接口类型为 SAS；操作系统支持 WindowsServer2008R2，MicrosoftWindows Server2012/2012R2，RedHatEnterpriseLinux5ServerEdition/Serverx64Edition，SUSE Enterprise Linux Server（SLES）12/12withXEN，SUSE LINUX Enterprise Server 11 for AMD 64/EM 64T/11forx 86，Toshiba 4690 Operating SystemV6，VMware vSphere5.1（ESXi）/5.5（ESXi）；预装软件为 Windows Server2008，asp.net4.6，sqlserver2014，iis8.0。

内网接入设备（4.2）与数据服务器（4.1）、应用服务器（4.3）、大数据服务器（5.1）【备课】、编译服务器（5.2）【上课】、查重服务器（5.3）【考察】和情感分析服务器（5.4）【监控】连接。

应用服务器（4.3）与全境编程模块管理端（4.4）连接。

(5) 核心层（5）【教育机构】。

核心层（5）【教育机构】包括大数据服务器（5.1）【备课】、编译服务器（5.2）【上课】、查重服务器（5.3）【考察】和情感分析服务器（5.4）【监控】。

本实例选用品牌 Systemx3650M5 型号作为大数据服务器（5.1）【备课】，其硬件配置为：CPU 型号为 XeonE5-2650；内存类型为 DDR4；内存容量为

439

16GB；硬盘接口类型为 SAS；操作系统支持 WindowsServer2008R2，Microsoft Windows Server2012/2012R2，Red Hat Enterprise Linux5 Server Edition/Serverx 64 Edition，SUSE Enterprise Linux Server（SLES）12/12withXEN，SUSE LINUX Enterprise Server11 for AMD64/EM64T/11forx86，Toshiba 4690 Operating System V6，VMware vSphere 5.1（ESXi）/5.5（ESXi）；预装软件为 Windows server 2008，asp.net4.6，sqlserver2014，iis8.0。

选用某品牌 Systemx3850X6 型号作为编译服务器（5.2）【上课】，其硬件配置为：CPU 型号为 XeonE7-4809v2；内存类型为 DDR3；内存容量为 32GB；最大内存容量为 1536GB；硬盘接口类型为 SAS；最大硬盘容量为 8TB；操作系统支持 WindowsServer2008，Red Hat Enterprise Linux，SUSE Enterprise Linux（Server 和 Advanced Server），VMware ESXServer/ESXi4.0；预装软件为 Windows Server2008，asp.net4.6，sqlserver2014，iis8.0。

选用某品牌 PowerEdgeR730XD 型号作为查重服务器（5.3）【考察】，其硬件配置为：CPU 型号为 XeonE5-2603v3；主板芯片组为 IntelC610；内存类型为 DDR4；内存容量为 4GB；最大内存容量为 768GB；硬盘接口类型为 SATA；标配硬盘容量为 1TB；操作系统支持 Microsoft Windows Server 2008/2012SP2，X86/X64（X64 含 Hyper-VTM），Microsoft Windows Server2008/2012R2，X64（含 Hyper-VTMv2），MicrosoftWindowsHPCServer2008，Novell SUSE Linux Enterprise Server，Red Hat Enterprise Linux，VMware ESX；预装软件为 Windows Server 2008，asp.net4.6，sqlserver2014，iis8.0。

选用某品牌 Systemx 3850 X6 型号作为情感分析服务器（5.4）【监控】，其硬件配置为：CPU 型号为 XeonE7-4809v2；内存类型为 DDR3；内存容量为 32GB；最大内存容量为 1536GB；硬盘接口类型为 SAS；最大硬盘容量为 8TB；操作系统支持 WindowsServer2008，Red Hat Enterprise Linux，SUSE Enterprise Linux（Server 和 Advanced Server），VMware ESXServer/ESXi4.0；预装软件为 Windows Server2008，asp.net4.6，sqlserver2014，iis8.0。

2. 实时交互教学方法方案

上述系统（信息化）方案是基于如图 2 所示的方法步骤实现的。

步骤 1：系统开始（0）后，用户登录（0.1），系统根据用户登录信息进

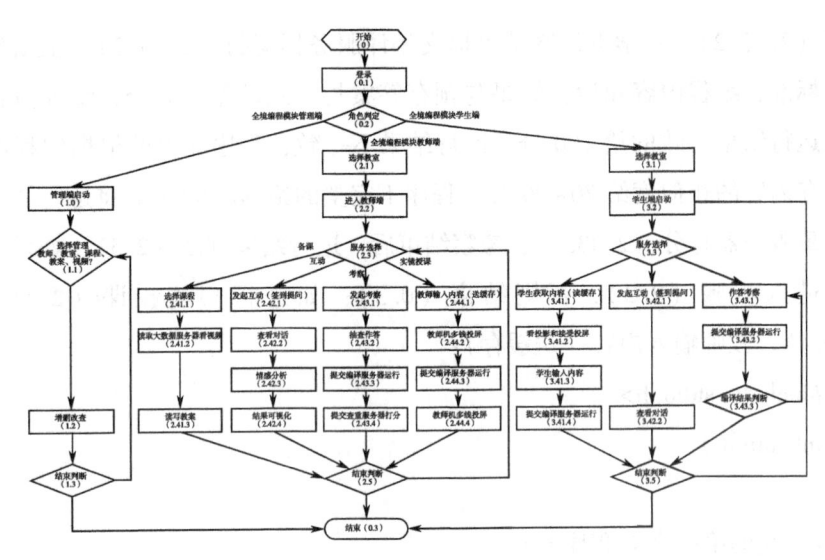

图 2 实时交互方法图

行角色判断（0.2）。

步骤 2：用户 admin 角色为管理员，全境编程模块管理端启动（1.0），admin 选择管理教师、教室、课程、教案、视频（1.1），对所选内容进行增删改查（1.2），系统进行结束判断（1.3），如果不结束，进入步骤（1.1），否则结束（0.3）。

步骤 3：用户 teacher001 角色为教师，全境编程模块教师端启动，teacher001 教授 C 语言课程，选择教室（2.1），进入 C 语言课程教室，进入教师端（2.2），进行服务选择（2.3）：如进行备课，选择 C 语言课程（2.41.1），读取大数据服务器看视频（2.41.2），读写教案（2.41.3），备课结束后，进行结束判断（2.5），如果不结束，进入步骤（2.3），否则结束（0.3）；如与学生进行互动（2.42.1～2.42.4），课程开始时教师发起签到，学生在学生端签到，教师查看学生出席情况后开始上课，学生对课程内容进行提问，教师进行回答，系统收集大量学生的发言内容并进行情感分析，将分析结果提供给教师，若分析结果为消极（听不懂），教师可针对听不懂的内容进行反复讲解。互动结束后，进行结束判断（2.5），如果不结束，进入步骤（2.3），否则结束（0.3）；如对学生进行考查，教师发起考察（2.43.1），在系统中输入题目，提交正确的编程内容和程序运行结果，预存正确，抽查

441

作答（2.43.2），将学生作答结果提交编译服务器运行（2.43.3），根据预设评分标准，编程内容和运行结果与预存答案均一致的给 100 分，编程内容不一致运行结果一致的给 100 分；运行结果不一致，程序完整的根据编程内容与预存内容的相似度给 70~99 分，程序不完整的给 60~69 分。将运行结果提交查重服务器打分（2.43.4），考察结束后，进行结束判断（2.5），如果不结束，进入步骤（2.3），否则结束（0.3）；如进行实境授课（2.44.1~2.44.4），教师输入内容（送缓存）：

```
#include<stdio.h>
intmain（）
{
/*我的第一个 C 程序*/
printf（" Hello, World! \ n"）；
return0；
}
```

机房投影显示内容，将输入代码提交编译服务器运行，返回运行结果：
Hello, World!

投影同步显示，授课结束后，进行结束判断（2.5），如果不结束，进入步骤（2.3），否则结束（0.3）。

步骤 4：用户 student001 角色为学生，选择 C 语言课程教室（3.1），全境编程模块学生端启动（3.2），进行服务选择（3.3），实境授课时（3.41.1~3.41.4），学生端页面分为左右两大四小部分，左上部为接受的教师端代码，左下部为教师端运行结果，右上部为学生输入代码区域，右下部为学生代码运行结果显示区域。学生获取内容（读缓存）：

```
#include<stdio.h>
intmain（）
{
/*我的第一个 C 程序*/
printf（" Hello, World! \ n"）；
return0；
```

}

获取教师代码运行结果：

Hello, World!

学生观看投影和接收投屏，跟随学习，实际操作实践时，学生输入学习内容：

#include<stdio. h>

intmain ()

{

/ * 我的第一个 C 程序 */

printf (" Hello, World! \ n");

return0；

}

将内容提交编译服务器运行，返回运行结果：

Hello, World!

授课结束后，进行结束判断（3.5），如果不结束，进入步骤（3.2），否则结束（0.3）；教师发起课堂签到时，学生进行课堂签到，在听课遇到问题时提出问题，查看教师回复，互动结束后，进行结束判断（3.5），如果不结束，进入步骤（3.2），否则结束（0.3）；学生被抽查作答时，作答考察（3.43.1），将作答结果提交编译服务器运行（3.43.2），学生对编译结果进行判断（3.43.3），如果编译结果符合预期，作答结束，否则可返回（3.43.1）。作答结束后，进行结束判断（3.5），如果不结束，进入步骤（3.2），否则结束（0.3）。

根据实时交互方法的步骤 3 中所述的情绪分析方法，是按照以下步骤实现的。

步骤 1：各智能终端和外部数据源通过网络向应用服务器传输数据后进入步骤 2.1；该步骤的作用是采集终端评论数据，发送给进行情感分析的服务器，准备进行数据处理。

该步骤的具体做法是：①环境配置。本例在 Python3.6.3 版本，SQL2012 版本的环境下。②在 Python 中 import 包 pymssql（在此之前应该在终端 cmd 下载该包），用 pymssql 中的 connect 方法，输入服务器的 ip 地址、用户名、密码、数据库名。③利用 cursor 方法在 Python 中生成游标，利用 execute 执行 SQL 语句，利用游标 cursor 执行 fetchall 方法保存所有数据，设样本的变量名称为 df_weibo，维数为 265 433×2，列名分别为 label 和 review，分别保存当前评论信息的标签和文字评论，则用 df_weibo [i, j] 表示数据集，其中 i=1, 2, 3…，265433, j=1, 2, 例如：df_weibo.iloc [1, 1] 的内容为第二个样本的评论信息 "风格喜欢喜欢张"，采用 pandas 包中的 DataFrame 方法把数据 df_weibo 格式转换成数据框，维度不变。

步骤 2：应用服务器接收到数据后进行处理产生待处理数据。该步骤的作用是把终端评论样本由文字类型的数据转换成指定维数的向量类型的数据，准备卷积神经网络的输入。步骤 2 由 5 个步骤组成。

步骤 2.1：应用软件 Python 收到递交后的 df_weibo [i, j] 数据集进行去网页标签、分词处理、去停用词，同样本词句分离，转步骤 2.2。

该步骤的具体做法是：①用 Python 的 import 语句加载需要用到的包：os 输入输出包、numpy、pandas、jieba、bs4 中的 BeautifulSoup 包。②用 jieba 包中的 cut 方法对 df_weibo.iloc [i, 1] 列即文字数据进行分词处理，引入中文停用词 stopwords（字典类型，共有 1 893 对键值对），并把停用词 txt 文档中的词变为 "": None 格式。③用 Python 中的 BeautifulSoup 函数去除文本中包含的 html 标签，用 split 函数初步对去除了 html 标签后的文本做词语划分，剔除在停用词之中的词语，将剔除后的词语以空格重新组合成句子，将以上该步骤整合入函数 clean_Ctext () 中，得出结果 df_weibo_clean [i, 1] = [i, 1] clean_Ctext (df_weibo [i, 1])。

步骤 2.2：Python 收到递交的数据 df_weibo_clean [i, j] 后进行样本数据的列表化，其后初始化 Word2Vec 模型参数，把列表化后的数据输入模型中，转步骤 2.3。

该步骤的具体做法是：①用 list 中的 append 方法把每一个样本的每一个词 df_weibo_clean [i, 1]，i=1, 2, …，265433 变成列表 list 格式。②引入 genism 包，初始化参数，包括转换的维度 num_features = 256、最小词频 min_word_count = 20、参数控制训练的并行数 num_works = 4、滑动窗口 text_ window=10 以及模型的名称。

步骤 2.3：Python 收到递交后的数据进行 Word2Vec 的建模，把模型保存至当前的目录下，转步骤 2.4。

该步骤的具体做法是：①利用 Word2Vec 函数建立模型；②保存模型 model 至当前目录下。

步骤 2.4：利用 Python 再次读入终端评论最新样本 df_weibo_new［i，j］，i=1，2，…，1 000，j=1，2，从样本中提取出样本标签 df_weibo_label［i，j］，i=1，2，…，1 000，j=1。转步骤 2.1，从步骤 2.1 输出的数据转步骤 2.2，转步骤 2.5。

步骤 2.5：Python 读入步骤 2.3 中保存的模型 model，利用该模型计算出新样本的向量化后的数据 df_weibo_vec=model（df_weibo_new［i，j］），进行训练集和测试集的切分，把切分后的数据存放至当前目录下，转步骤 3.1。

该步骤的具体做法是：①在 Python 中 import 入 sklearn 中的 train_test_split，用 train_test_split 函数直接切分训练数据及其对应标签和测试数据及对应标签 x_train，x_test，y_train，y_test=train_test_split（df_weibo_vec，df_weibo_label，test_size=0.2，random_state=0）。②用 DataFrame 数据自带的to_csv 函数把（1）中切分好的数据保存到规定的目录下，格式为 csv。

步骤 3：步骤 2 中的输出数据作为神经网络的输入数据，训练集训练网络模型，测试集测试精度，并利用训练好的模型对待测数据进行处理。步骤 3 由 3 个步骤组成。

步骤 3.1：应用软件 Python 读入步骤 2 输出数据 x_train，x_test，y_train，y_test，初始化参数；进行神经网络的训练，保存模型参数，转步骤 3.2。

该步骤的具体做法是：①利用 matlab 的 csvread 函数读入步骤 3 输出的数据，把所有数据结构变成样本量×维数×维数的形式，并把数据值全部映射到（0，1）。②定义 cnn 的基本主体结构，由输入层、卷积层、池化层、卷积层、池化层组成。其中卷积层（3.2.1）的输出 16 维度是 6，卷积核的大小是 5，池化层（3.2.2）的大小为 2，卷积层（3.2.3）的输出维度是 12，卷积核大小是 5，池化层（3.2.4）的大小为 2。③定义学习率 0.1，训练批次 5，训练次数1。④把设定好的cnn结构及参数值传入cnnsetup函数中,再把x_train,y_train数据集输入cnntrain函数,得到训练好的模型cnn[ ]。

步骤3.2:把测试数据x_test,y_test作为步骤3.1中模型的输入,计算出最小均方误差MSE和误差率error,如果达到要求,转步骤3.3;如果未达到要求,则转步骤3.1。

该步骤的具体做法是:①验证集数据输入至步骤3.1保存的模型中,用cnnff函数计算出每一类对应的结果(概率)y = cnnff(cnn, x_test)。②取最大概率对应的类别y作为最终结果。③把计算出的类别y与原类别y_test进行比较,得出计算错误的概率error和最小均方误差MSE,如果达到界定值0.10与0.05,则转步骤3.3,否则转步骤3.1调整cnn[ ]参数设定。

步骤3.3:把待测数据作为保存的模型的输入,计算每个样本数据所属的标签。

该步骤的具体做法是:把待测数据x(i, j)作为步骤3.2保存模型的输入,用cnntest函数计算每个样本数据所属的标签:y(i, j) = cnntest(cnn, x(i, j)),把标签结果y(i, j)返回到数据库中。

三、实施与效果

上述方法和系统的具体实施情况如图3所示。"教育信息化2.0"教学方案,将线下课程和线上课程打通,即线下课程也同时开启线上课程。局域网、互联网直播与线下课程同时开启:线下课堂、中国大学慕课直播、新浪微博直播同时开启,课程结束后,直播会自动生成回放(录播),方便学生复习。教师在学校上线下课程,身后放置便携绿幕,笔记本电脑打开摄像头,实现实时抠像,不用额外的劳动,即可生成全世界学生可以无限次学习的网课,实现"构建网课不费工夫"。

如图4所示,通过全境编程的跟随编程授课系统,学生与教师上课达到实时同步编程。结合中国大学慕课实现学生自学,满足了学生想自主超前学、多学、反复学的需求。

图3 教改创新方法与系统的实施情况

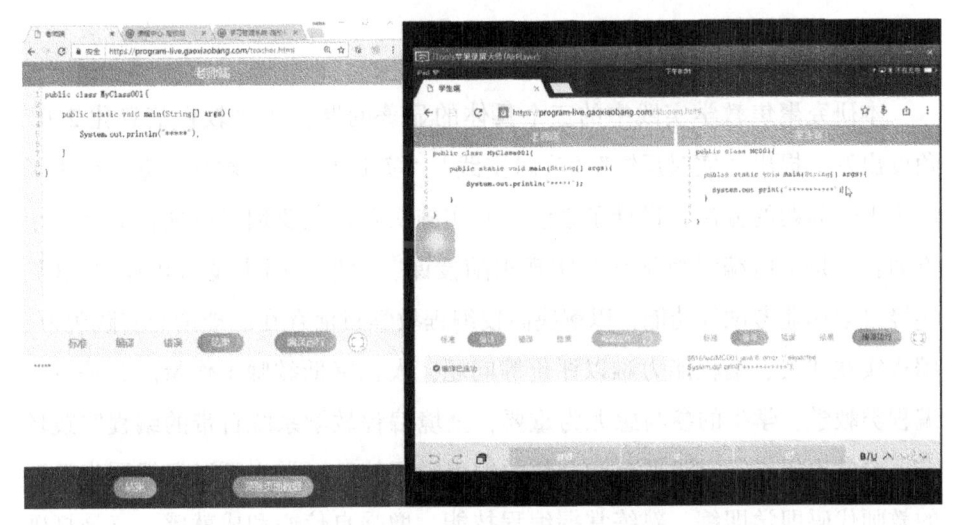

图4 全境编程"实时实践"教学系统教师端与学生端

通过全境编程"实时交互"反馈系统（如图5所示），为了解决"线下课""战疫网课"缺少互动等问题，提升学生学习体验，线下课程同时开启直播的模式，平均每3~5分钟就与全班同学进行互动，大幅度提升学生的参与感。

通过全境编程"实时PDCA"系统，每次上课都可以获得学生的阶段学习效果（知识点掌握情况），每节课都可以随时快速反馈学生的学习效果，从而解决考试前后教师部署环境批改试卷困难的问题，帮助教师定位本节课程

提交者（自动）	提交时间（自动）	教学班级（必填）	课上听懂程度	实时满意度	备注1（改进建议）	备注2（上课速
[illegible]	2022/5/5 14:47:33	[illegible]	100	90	[illegible]	7
沈乐通	2022/5/5 14:48:54	《互联网金融科技与Python大数据处理》全校公选课	100	100	快快讲	4
蒋	2022/5/5 14:48:58	《互联网金融科技与Python大数据处理》全校公选课	100	100		5
肥羊、大人	2022/5/5 14:50:15	《互联网金融科技与Python大数据处理》全校公选课	100	100	暂时无	5
哼唧	2022/5/5 14:52:50	《互联网金融科技与Python大数据处理》全校公选课	70	100	希望老师能反复讲解，因为经	7
AAHRK	2022/5/5 15:06:14	《互联网金融科技与Python大数据处理》全校公选课	100	100	等都好了再开始	5
刘思涵	2022/5/5 15:08:10	《互联网金融科技与Python大数据处理》全校公选课	100	100		5
赵今麦官宣男友	2022/5/5 15:08:15	《互联网金融科技与Python大数据处理》全校公选课	100	100	暂无	5
Lumos	2022/5/5 15:08:19	《互联网金融科技与Python大数据处理》全校公选课	100	100		5
On the way	2022/5/5 15:08:35	《互联网金融科技与Python大数据处理》全校公选课	100	100		
momo	2022/5/5 15:08:52	《互联网金融科技与Python大数据处理》全校公选课	100	100		5
斗大石碎胸口	2022/5/5 15:09:04	《互联网金融科技与Python大数据处理》全校公选课	100	100	下节课服务器还用申请一遍吗	5
ymmmmmmmmmm.	2022/5/5 15:09:05	《互联网金融科技与Python大数据处理》全校公选课	100	100		
禽人	2022/5/5 15:09:29	《互联网金融科技与Python大数据处理》全校公选课	100	100		5
	2022/5/5 15:10:36	《互联网金融科技与Python大数据处理》全校公选课	100	100	mac打开的服务器中无法输入	5
&	2022/5/5 15:15:15	《互联网金融科技与Python大数据处理》全校公选课	85	100	一些细节操作能拍图放到笔记里最好	

图 5　学习需求与感受“实时交互”反馈系统

是否精确地对知识进行输出。

四、总结与展望

本研究聚焦教学实践中的三个具体的显著问题，从“教育信息化 2.0”角度出发，提出“实时反馈”“实时实践”“实时 PDCA”教育理念，提出了解决上述问题的方法，设计了系统，并实施实践，主要创新体现在如下三个方面：一是全境编程教学系统实现跟随授课、学生端同步显示教师端代码、实境自学作业考试等功能，以解决高校编程教学目前存在的理论与实践脱节、编程实践缺失、编程能力难以评价等问题，大幅降低教师工作量。二是对于编程类教学，学生的参与感尤为重要，全境编程教学系统自带的编程实践环节，给学生提供了实践平台和全新的编程学习体验，学生可以根据同步显示的教师代码即学即练，熟练掌握编程技能，增强自信心和成就感。三是打破了传统的课程单向输出的惯有模式，重点增加交互、即时反馈等功能。本研究对学生的反馈进行情绪分析，从而使教师即时掌握学生的情绪与学习情况。

未来可以在以下方面开展进一步的研究：一是采用 ISO 等国际标准与 PMP 等项目管理手段对信息化建设进行规范化、精确化管理；二是借助人工智能、大数据技术支撑信息化手段；三是进一步针对线上教育或其他聚焦领域进行研究。

上述进一步研究的内容获得了全国教育科学“十四五”规划教育部重点项目支持，可以进一步在“教改深水区”开展深化研究，深度挖掘“教育信息化2.0"在提升教学质量与学生学习体验等方面的功能。

参考文献

[1] 田珍. 高中数学教学中学生直观想象培养 [J]. 学苑教育, 2023 (11): 9-11.

[2] 陈双双. 中国政治文献外译研究体系的构建探索 [J]. 语言教育, 2023, 11 (1): 90-100.

[3] 屈华. 教育艺术是第一教学力 [J]. 华人时刊 (校长), 2020 (6): 36-37.

[4] DYRESON M. Making the American Team: sport, culture, and the olympic experience [M]. Urbana and Chicago: University of Illinois Press, 1998.

[5] 张文雯, 金衡山. 美国体育与美国梦对美国软实力的影响路径 [J]. 河北体育学院学报, 2021, 35 (6): 30-35.

[6] 舒盛芳. 大国竞技体育崛起及其战略价值研究 [M]. 上海: 上海人民出版社, 2015.

线上线下融合式情境学习模式下的口译课程思政建设探究

——一项基于商务会议口译课程的实践研究

葛卫红

(首都经济贸易大学 外国语学院)

【摘 要】近年来,高校教育界就如何开展课程思政进行了不同的探索与实践,但多是从育人理念、课程改革等较为宏观的层面,或针对某一具体课程开展思政教育实践。课程思政建设应充分结合不同课程的属性与特点,采用不同的教学模式和手段,从而更好地实现育人目标。本文以马克思主义语言观为价值指引,以商务会议口译课程为例,探讨如何利用混合式教学手段创新教学模式,构建以教师为主导、以学生为中心的思政建设路径,聚焦如何从线上线下两个维度挖掘教学资源,创新教学模式,更好地实现课程的思政教育目标,即不仅强调学生口译技能和语言能力的培养,还重视学生的政治意识、爱国情怀、职业道德感和责任感的养成。

【关键词】马克思主义语言观;商务会议;口译课程思政;混合式教学

一、引言

当前,"发挥好每门课的育人作用,将思政融入教育教学全过程"已然成为当前我国教育教学届的深刻共识和努力的方向,围绕"培养什么人、怎样培养人、为谁培养人"这一根本问题,外语教育界也进行了不断探索,深刻挖掘不同课程的思政教育资源,针对"全面提高人才培养能力这个核心点",从思政内涵、育人理念、课程改革、教学内容、教学材料、教学手段等不同维度进行了深刻反思，展开了多种创新实践（文秋芳，2021；丁凤等，2021；刘建达，2020；司显柱，2021；杨华，2021；徐锦芬，2021）。各学科课程内容和特点不尽相同，要实现价值塑造、知识传授和能力培养的有机融合需要教育生态的重建（丁义浩，2020）。因此，思政内涵与专业知识有机结合的过程也呈现不同的特点与路径，教师应充分结合课程具体内容，利用不同教学手段与信息技术挖掘思政资源，实现立德树人的目标。习近平总书记在2016年的全国高校思想政治工作会议上强调"要运用新媒体新技术使工作活起来，推动思想政治工作传统优势同信息技术高度融合，增强时代感和吸引力"。2020年5月28日，教育部印发的《高等学校课程思政建设指导纲要》（以下简称《指导纲要》）再次重申教师要充分利用现代信息技术手段全面推进课程思政建设。线上线下混合式教学是目前教育教学的新趋势，融合了传统学习和网络学习的优势，有助于提升学生学习的积极性、主动性和创新性，优化学习效果（何克抗，2004）。外语专业口译课融合听、说、读、译等多种语言能力，在与现代技术的结合和利用上具有天然基因和优势。本文以商务会议口译课程实践为例，深入探讨如何利用混合式教学手段创新教学模式，充分发挥新媒体技术在拓展学习空间、挖掘在线口译资源思政元素方面的潜力，构建以教师为主导、以学生为中心的口译类课程思政建设路径，不仅强调语言素养和口译能力，还重视学生政治意识和职业道德感的养成，从而培养新世纪新形势下既心怀祖国、又通晓国际大势，既具备外语语言知识自信，又充满强烈的爱国情怀和中华文化自信，既能传播中国的正面形象维护国家利益，又能推动不同文化与文明互学互鉴的新一代。

二、以马克思主义语言观为口译课思政内涵的根本遵循

外语学科的思政教育具有鲜明的特点，由于语言直接涉及不同文化、不同价值观和不同思想意识形态的碰撞，在外语人才的培养过程中，主流意识形态价值观引导和文化自信的建立是首要内容（杨金才，2020），口译课尤其如此。马克思主义语言观是包括语言的社会属性、阶级属性和语言功能属性的系统的语言观（窦星辰、黄云明，2021），它为口译课的思政建设提供了理论原则、价值指引和语言方法论思想，思政教育与实践都要以此为遵循，塑

造学生正确的世界观、人生观、价值观，培养具有政治认同、家国情怀和全球化视野的国际人才。

语言的社会本质属性是马克思主义语言观的一个重要特征（文旭，2021），是一种实践的意识，产生于实践，来源于实践。马克思主义语言观同时具有鲜明的阶级属性，它认为语言反映了话语人的意识、思想和价值观，"是思想的载体，要为人民群众的利益发声"（窦星辰、黄云明，2021）。在中国特色社会主义的建设过程中，在中国参与国际事务与国际治理并构建自己国际话语体系的过程中，马克思主义语言观对外语学科的思政建设具有重要指引意义。语言教学应立足当今国内国际的发展现实与实践，深刻反映世情、国情、党情、民情，要服务于党的治国理政，服务于人民，服务于中国特色的社会主义建设，服务于改革开放和现代化建设，要"为党育人、为国育才"（文旭，2021）。

口译活动是涉及不同文化、不同价值观、不同意识形态的复杂互动，口译员充当中介协调人和沟通者的角色，最终的目的是实现双方的交流沟通与协作。过去口译员往往被认为是交际双方语言信息的"传声筒"，但是需要注意的是口译活动发生在人与人之间，发生在不同文化和价值观之间，因此口译话语也具有社会和文化属性。虽然国际上重要的翻译组织对译员的口译行为界定了"中立（neutrality）、疏离（detachment）、无立场（nonpartisanship）和不偏不倚（impartiality）"等立场性准则要求（任文，2011），但任文（2011）认为在实际口译交际过程中，口译员几乎不可能做到绝对的中立。一方面，正如马克思主义语言观所示，语言本身的形成与一个社会的发展、历史演变、政治和经济发展历程、长期以来形成的文化习俗、本民族的发展沿革等各个层面息息相关，本身就具有社会和阶级属性；另一方面，在口译任务过程中，译员本身具有一定的身份并持有一定的交际目的，他/她自己的意识形态制约并影响着其口译行为和话语的产出，因此译员在口译过程中不可能做到完全的中立。王斌华和高非（2020）认为口译活动中的意识形态与译员本身、所服务的对象和场合以及口译活动的影响相关，口译员应时刻牢记，他们在国际口译交际场合绝对不是代表自己，而是代表一个国家的声音、态度和形象。

因此，口译员不仅仅需要具备较高的双语素养和口译技巧，能在特定场合快速地将一种语言的信息准确传译为另一种语言，有效推动持有不同语言、具有不同文化背景的双方进行交流沟通；还需要具备坚定正确的政治立场、高度的政治敏锐性和强烈的爱国热情，在国际口译交际场合，尤其在外交等重要场合，利用自己进行人际互动和跨文化交际协调行为的特殊角色，自觉维护国家形象和利益，构建社会主义国际话语体系。而这一点也正是口译课思政教育的重要内容。

三、混合式教学推动商务会议口译课程思政建设的策略与实践路径

当今信息技术、智能技术的不断发展给高校外语教学带来极大便利，不仅给学习者提供了丰富的学习资源，与传统教学方式的深度融合也给外语教学打开了全新的视角，有助于创建多元复合的教学环境，提高学生学习体验和效率，从而不断提高教学质量。混合式学习（blended learning）融合传统课堂和远程学习两个学习维度的不同优势，既发挥教师的引导、启发和监控作用，又有助于提升学生学习的积极性、主动性和创新性（何克抗，2004）。它打破了学习的时空限制，有效延展了传统课堂的边界。混合学习情境有助于构建全方位沉浸式学习环境，提供多模态的文字、图片、视频、音频等语言信息，以及 MOOC、SPOC 等在线开放课程资源、线上线下讨论平台、电子课程等，让学生可以随时、随地获取学习资源，根据自己的实际情况有选择地学习，更能满足学生的个性化需求（吕晓敏，2021）。自从何克抗（2004）第一次引入混合式学习的概念以来，这一教学模式不断被引入外语教学课堂，高校外语教师不断进行创新教学模式的探索和实践研究，势头不断扩大。目前已经开展的混合式教学在外语课堂的应用研究主要集中于一流课程和金课的建设（见骆蓉，2021；王丽丽和张晓慧，2021；张丹，2021）、学生学习投入与学习动机（见陈静等，2021；任庆梅，2021；司炳月等，2019）、教材建设（饶国慧，2020）、MOOC/SPOC 在线课程的应用（吕晓敏，2021）以及"云班课""ismart"等智能学习平台（王志宏等，2020；贾巍巍，2019）在混合式教学中的运用。鲜有学者从线上线下混合式教学模式如何助力外语专业口译课程思政建设的角度开展实践研究，岳曼曼等（2020）阐述了混合式

外语教学与课程思政在理论和实践上的契合之处，但只是理论上的分析，没有具体课程实践做支撑。外语学科不同的专业课程各有特点，在外语教学上的侧重点不同，因此思政建设的维度与角度也有所差异。本研究以商务会议口译课程为例，探讨如何利用线上线下混合式教学模式推动外语专业口译课程思政建设。

商务会议口译是为首都经济贸易大学商务英语专业三年级学生开设的高阶口译课程，学生前期已经修读过笔译、经贸翻译实务、基础口译等课程，具备基本的口笔译知识和技巧。课程旨在使学生掌握常见的商务词汇与表达法；通过大量情景模拟实践练习，巩固信息听辨、公共演讲、口译笔记、短时记忆、顺句驱动、预测等交替传译的能力与技巧；具备基本的职业道德和职业素养意识，将来能胜任一般难度的商务会议口译任务。课程由浅入深不断将知识学习、能力培养、价值塑造三者有机地融为一体，学生通过观看视频、了解术语内容、学习口译方法、参与口译实践练习等方式不断将材料所揭示的思政知识进一步内化为自己个体的价值观，于润物细无声中实现了课程的育人育才功能。

四、深挖商务会议口译课程思政教育内涵

《指导纲要》要求课程思政建设内容要紧紧围绕坚定学生理想信念展开。在当今谋求中华民族伟大复兴和实现两个百年伟大奋斗目标的关键时刻，在处于世界百年未有之大变局的新国际形势下，翻译教育事业要继续服务改革开放，要更加注重服务于经济和文化走出去，服务于中国参与全球治理和构建中国国际话语体系（黄友义，2018）。在人才培养过程中，要坚定学生的政治认同，激发爱国情怀，锤炼口译素养与道德品格；要在提高学生口译知识与能力的同时，培养具有家国情怀和文化自信的高素质双语人才，提高其用英语表达中国声音的能力，更好地服务于中国企业走出去，推动中国与世界的交流与合作。具体思政教育目标可分为价值目标、知识目标、语言与技能目标、职业素养目标。

第一，价值目标。培养学生坚定、正确的政治立场，高度的政治敏锐性和强烈的爱国热情，要自觉维护国家主权尊严、利益和声誉。口译员在涉外

商务活动中扮演着至关重要的角色，由于处于国际交流的最前沿，译员的一言一行为外方嘉宾而言都在传递中国的信息，他们代表的绝不仅仅是其个人，而是整个国家的利益和形象，因此，译员首先要具备正确的政治立场和高度的政治敏锐性。口译课程要强调译员坚定的政治立场，在涉外口译活动中注意选词酌句，在语言的微观层面自觉维护国家利益。例如，"中国大陆"这一概念在各种话语场合出现频率非常高，带有强烈的政治色彩，其含义涉及中国统一，译文应谨慎而准确。根据百度百科，"中国大陆"意指大陆地区，即中国除台湾地区以外的领土，包括香港特别行政区和澳门特别行政区，与台湾地区相对应，两地区同属一个中国。CNN等外国媒体对"中国大陆"的表述几乎都是"mainland China"，由于"中国大陆"这一表述是相对台湾而言，"mainland China"这一英文表述的言下之意是还存在所谓的"island China"，容易给人们造成"一中一台""两个中国"等错误理解。"中国大陆"的规范译法应该是"Chinese mainland"、"China's mainland"或者"the mainland of China"（刘奎娟，2021），从权属上强调中国大陆和台湾都是中国的一部分。因此，对外媒关于中国的英文表述，口译员应持有谨慎和批判性的态度，坚决不采用含有西方意识形态的用语，坚持用中方自己的表述。口译课要强调学生的政治意识和敏感性，不盲从西方的外文表达，从而维护国家利益。

第二，知识目标。基于单元主题内容，引导学生深刻理解和准确把握国家的政策方针和政治热点的内涵，从而掌握中国文化外宣和中国企业走出去的精准表达，为讲好中国故事奠定扎实的基础，尤其在"一带一路"经济合作中更好地传播中国声音，讲对中国故事，讲好中国故事。翻译是将一种语言信息转变为另一种语言信息的行为，在严复所提出的"信""达""雅"的翻译标准中，"信"是首要的，口译中要求不背离演讲人的本意，译文准确而全面。而"信"的前提是正确理解演讲人原意，如果对原文信息理解有误，则定会造成译入语信息的背离或错误。中方演讲人讲话中往往会涉及中国的基本国策和大政方针，要准确传译原文，首先要深刻理解其中的内涵，尤其是有中国特色的词语及语篇，需要在准确透彻理解原文的基础上，有效地转换为译入语，通过直译、意译、直译加注和意译加注等多种翻译策略，最大限度地保持中国文化底蕴和精髓。汉英口译中经常会出现两会、"十四五"规划等中国大政方针,若要正确传译其中的意思,更好地让外方了解中国,避免误解,译员则首先要自己深刻理解其中的内涵,才能更好地向世界传递中国的信息。例如,"一带一路"倡议是我国国家顶级合作倡议,旨在借用古代丝绸之路的历史符号,积极发展与沿线国家的经济合作伙伴关系,共同打造政治互信、经济融合、文化包容的利益共同体、命运共同体和责任共同体。目前外交部官方译文是"Belt & Road Initiative(BRI)",教师应强调切记不能将其翻译成"strategy"或"project"。"strategy"一词含有"为实现某个目标而进行谋划"的含义,这显然与"一带一路"的宗旨相悖,因为"一带一路"是一个经济合作倡议,始终秉持共商共建共享原则,倡导开放、包容、透明的精神,是促进共同发展、实现共同繁荣的合作共赢之路。翻译成"strategy"会造成他国对这一重大倡议的误读、污名化和妖魔化,不利于"一带一路"倡议在国际上的推广,不利于中国树立积极正面的国际形象。此外,"project"的含义也与"一带一路"倡议本身的出发点不符。因此,译员本身对重大国策内涵的深入理解至关重要,也与口译课程思政教育深度契合。

第三,语言与技能目标。培养学生较高的语言专业素养和翻译技巧与能力,尤其要具有思辨能力。译员应一方面精通双语,具有国际视野;另一方面具备较强的临场反应能力、听辨理解能力、短时记忆能力并熟练掌握笔记法和不同的口译技巧。只有这样才能在较短时间内正确理解说话人意图,并迅速地解码和编码,之后以译入语流利通顺并准确地表达出来。具有较高专业素养和口译能力的译员有助于涉外活动的成功,在语言服务中实现有效的跨文化沟通和商务合作,为国家和区域经济社会发展服务。反之,不合格的译员则会造成涉外商务活动失败,浪费双方的时间和资金投入,严重情况下还可能使国家形象和利益受损。

第四,职业素养目标。提高学生的口译职业素养,包括提高学生的职业道德意识和职业责任感。口译作为一种职业,需要口译员以高度的责任感和敬业精神完成口译语言服务,在正式的商务涉外场合着装得体,忠实准确地传译双方话语内容,在非公开场合不泄露内部商业秘密,更好地助力对外文化传播和中国企业走出去。同时,译员还要具备团队合作和终身学习的意识与能力,以不断提高自己的专业素质为目标,提供更好的语言服务。2021年

3月份中美战略对话中美双方两位译员的表现就是极佳的例子。中方译员表现出了杰出的专业素养,以超长的短时记忆能力和出色的口译能力准确流畅地口译出了杨洁篪16分钟的发言内容,赢得了众多网友的称赞。而美方译员在郑重的外交场合谈紫色发色显得不太适宜,口译过程中还有信息遗漏,这都是缺乏专业性的表现。

五、构建动态立体的教学资源库

《指导纲要》确定了"立德树人"的课程培养目标,要突出课程的育人功能和以学生为中心的理念,英语课程思政的核心是发挥学科课程的特色和优势,培养学生的综合语言能力、文化意识和思维品格(徐锦芬,2021)。因此,教学材料内容的选择和思政要素的充分挖掘至关重要。商务会议口译课程采用教师自编立体动态教材,内容经过任课教师的精心筛选,全部来自真实的会议材料。一方面,内容能反映首都经济贸易大学商贸特色和商务会议口译课的学科属性,涉及的口译练习还能有效强化关键性口译技巧,如公共演讲、信息听辨、口译笔记、顺句驱动等,由此实现课程的知识语言与技能目标。所选主题涉及商务谈判、金融保险、跨境合作、电商零售、投资促进等,并全部配有原声录音,目的是还原真实的国际商务会议情境,给学生以更加真实的体验,从而实现更佳的学习效果。另一方面,课程所涉及的演讲内容作为课程材料也能与思政教育有效契合,隐性地传递积极的商业价值导向,如爱国情怀、诚信交易、合规经营、正当竞争、互惠互利、企业社会责任、人类命运共同体等,并通过讨论与反思商业欺诈、非法经营和不正当行为可能带来的道德风险以及负面后果等,增强学生的思辨能力。

口译教师应具有较强的政治敏锐性,时刻关注社会热点。由于口译课教学内容实效性很强,课程材料内容需要不断更新,以反映最新国内国际事态的发展,并给学生最大的新鲜感。信息技术与混合式教学模式让口译课教师可以更便利地将国际上最新的演讲内容融入课堂,随时添加社会时事热点,让学生熟悉最新最重要的双语政策表达,跟上时代的需求。口译教师应该具备敏锐的眼睛,深挖网络资源,从外交部网站、商务部网站、每年两会期间召开的新闻发布会、美国白宫网站、国务院网站、联合国网站等处都能获取很多口译资料，教师应仔细斟酌分辨，找到有价值的资料，并与课堂教学相结合，供学生使用。此外，由于疫情原因，很多国际会议都转到线上召开，很多资源免费向公众开放，教师可以根据难易程度和课程安排，利用一手真实的材料给学生进行课堂或课下练习。

商务会议口译课程教师在超星泛雅云智慧教学平台创建了线上课程，构建了在线动态课程教学资源库，将课程相关教学资料分章节或单元上传，其中包括文字、图片、会议背景和日程、演讲人背景、演讲内容简介、演讲音视频和相关网络链接等各种资料。相比纸质教科书，动态在线教学资料更新速度更快，内容可以随时根据社会热点进行调整和添加，在架构上还可以很方便地将一个单元的文字内容与音视频、网络链接等进行匹配组合，使学生学习起来更加直观和方便。

六、主题情境式混合教学（BTSL）模式

课程采用"主题情境式混合教学"（blended theme-based situated learning, BTSL）模式（如图 1 所示），将线上线下混合式学习与情境学习有机结合。课堂上采用中方与外方教师双师-学生互动翻转课堂教学模式，融合多种教学方法，如讨论法、合作学习法（cooperative learning）、任务驱动法（task-based approach）等，构建口译情境并进行实践模拟，给学生最直接的双语冲击和最真实的口译情境体验。情境学习（situated learning）理论在 1990 年前后由美国学者雷夫（Lave）和瓦格（Wager）提出，主张知识的学习应该在真实情景中通过社会互动性和协作获得，把学与用相结合（郭遂红，2014）。在我国，英语教学是典型的 TEFL（teaching english as a foreign language）环境，缺乏真实语言应用语境，主要以课堂教学为主（王娜、张敬源，2018）。语言学习是一个习惯形成的过程（梁焕强，2006），口译技巧的掌握更是一个通过模仿和操练不断内化的过程。在课堂上构建类真实的恰当的口译会议情境，并与线上线下混合式教学手段相结合，不仅能够突破原有的课堂学习空间的局限，实现教学场景和教学手段的多元化，给学生带来类似真实口译实践的感受，从而加深对所学口译知识和技巧的理解，提高语言能力；还能通过学生间的合作式学习增强团队和互助精神，强化思辨能力，塑造更佳的思维品

格，从而实现课堂的思政目标。

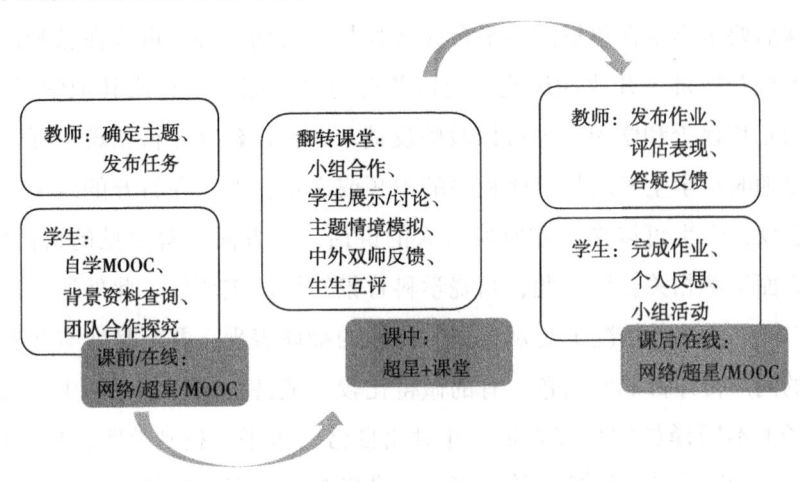

图 1 主题情境式混合教学（BTSL）模式

教学过程中，教师课前在超星平台所建课程中发布单元任务，学生要按照要求独自或分组开展预习活动。具体的预习任务根据每个单元的具体情况可能有所不同，有的是了解会议背景，在网络上查询背景资料并对重要内容加以提炼；有的是对某一具体行业主题（如寿险）的现状与背景进行了解；有的则是总结某一领域的重要双语术语表。

线下授课采用多种教学方法与路径，开展不同的翻转课堂活动。教学以教师为主导，以学生为中心，注重采用启发式、引导式教学模式，理论教学与实践相结合。课堂上教师会结合播放视频、小组讨论、教师讲解、情境实践、模拟演讲等不同形式开展不同活动。教师播放两会新闻发布会等场合专业译员的出色表现，让学生了解什么才是真正专业的口译员以及应该具备何种素养；会对重点口译知识技巧进行讲解，加深学生的认识和理解；与外教共同探讨文化差异以及应该注意的问题；与外教开展国际会议情景模拟，体会真实口译场景；利用网络国际会议资源模拟在线国际会议口译等。为活跃课堂气氛，也会采用超星泛雅平台提供的不同在线"活动"功能与学生展开互动，如"抢答""分组任务""随堂练习""投票"等，以充分活跃课堂气氛，提高学生学习兴趣。教学过程中充分挖掘教学材料中所蕴含的思政元素，强化并内化学生的政治敏锐性和作为译员的责任感与使命感，引导其树立正

459

确的世界观、价值观，培养敏锐的批判性思维。

课后要求学生在超星泛雅平台完成教师布置的任务，可以在教师设置的讨论区域开展自主开放性讨论，上传各自的口译练习录音或其他学习成果，同学间互相评价和学习，也可以教师反馈。课程还建立了微信群，课下教师在群里随时给学生发送与口译相关的视频或文章，如正在召开的线上开放式国际会议，学生可以在线收听发言人的讲话，一方面了解常见的讲话风格，另一方面了解相关会议主题，知晓学科背景知识的重要性。此外还可以收听现场口译，大多数情况下是观察同声传译的翻译表现，并不是所有线上国际会议的同声传译都非常出色，有的做得比较一般甚至糟糕。让学生有机会看到市场上不同译员的真实表现，并对比自己的水平，找到差距，树立信心。基于线上国际会议不同的同传表现，可借机与学生探讨译员专业素养和职业道德的问题。

七、单元教学案例——2021年中美安克雷奇战略对话

口译教师必备素养之一就是时刻关注国内国际大事，将合适的内容及时融入课程教学，以增加课程内容的时效性和相关性。当前各种信息与智能技术也提供了极好的支持，使之成为可能。2021年3月在美国安克雷奇举行的中美战略对话，尤其是中美口译员的表现，引起了公众极大的关注。课程在对话发生后的一周及时将其带入课堂，开展口译课堂教学，并利用其中的内容开展思政教育。

课程采用课前预习法、课中讨论法、参与式练习法、情境学习法、课后总结与反思等授课方法与教学手段。课前教师将视频网址和相关新闻网页发到超星泛雅课程平台，将学生分组，要求学生协作完成预习任务。第一，要求了解本次对话的背景、中美两国外交政策的导向以及谈话的最终结果。第二，分工进行视频听抄和文字整理工作，同时结合中文媒体文字报道和美国国务院官网公开的英文内容，小组协作共同整理出了本次对话一个小时的中英文对照版本，以方便学生后期的学习。整个听抄过程锻炼了学生的听力能力、文字整理能力和团队协作能力，加深其对本次对话的理解。

在课堂教学中结合讨论与参与式练习带领学生深刻理解两会、"十四五"

规划等重大国家制度与政策的内涵，学习正确的英文表达方法，从而更好地传播中国的声音。此外，通过对英语近义词词义的辨析，说明译者应该具有的语言专业素养与政治敏锐性，并培养学生的批判性思维。如"大国"一词应该翻译成"big power"还是"major country"？"power"一词在英文中有"列强、强权"的意思，因此当翻译"中美都是大国"这句话时，应处理成"China and the US are both major countries in the world"，避免造成他国的误解，影响中国在世界上的形象和利益，由此再次强调口译员政治敏锐性的重要性。最后，通过让学生课下对重要术语与政策概念的双语梳理进一步强化其理解与记忆。课程的显性教学内容是口译技巧与知识，但却建构在中国对话的主题内容之上，以学生乐见与隐性的方式，将思政元素潜移默化地传达给学生。在教学过程中，通过课前背景知识准备、课中针对重点词语的讨论学习，尤其是词义辨析学习，以及课后的反思与总结使学生在学习与实践过程中不自觉地将其内化、强化和认同，从而实现专业教育与思政教育的同向同行，达到口译教学中立德树人的任务与目的，"形成翻译知识与人格培养相结合、翻译技能与价值形成互促、知识惠人与立德树人相统一的"翻译教学（代正利，2020）。课后要求学生整理对话过程中涉及的中国关键词，做成双语学习表，对有些关键内容需要了解其背后的含义，如"两个百年目标"到底是什么？在深刻学习本次对话内容并了解了关键术语之后，要求四人一组开展口译训练，分别扮演中美双方演讲人和口译员，用自己的话开展谈判，课下模拟谈判的内容可以与中美对话类似，也可以有自己的发挥，练习内容录音后上传到超星平台的公共区，小组之间互听互评，给予反馈，相互学习。

本单元在教学过程中，由浅入深不断将知识学习、能力培养、价值塑造三者有机地融为一体，学生通过观看视频、了解术语内容、学习口译方法、参与口译实践练习等方式不断将材料所揭示的思政知识进一步内化为自己个体的价值观，他们不仅学到了口译知识与技巧，还更多地了解了中国的政治制度、中国的远景规划、中国取得的成绩和中国在人权、民主、价值观上的观点与立场，自己的思想得到了升华，因此在润物细无声中实现了课程的育才育德功能。

八、课堂思政建设效果与教学反思

目前口译课堂教学存在的主要问题有：只重视翻译技巧的传授和翻译能力的培养（代正利，2020），而忽视了学生价值观的形成和思维品格的培养。口译员作为中外沟通的纽带，不仅要具有良好的语言文化素质和跨文化交际能力，更重要的是要有高度的政治敏锐性和强烈的爱国热情，在涉外活动中自觉维护国家利益和形象。译员不仅要具备较高的专业和职业素养，还要有高度的职业道德和责任感。2020年4月教育部发布的《普通高等学校本科外国语言文学类专业教学指南》要求本科翻译专业毕业生"具有正确的世界观、人生观和价值观，良好的道德品质，中国情怀与国际视野，社会责任感，人文与科学素养，合作精神，创新精神，以及学科基本素养"，进一步要求把思政建设全面融入口译课堂教学。

为更好地了解混合式教学模式下融合课程思政的商务会议口译教学效果，课程结束后在问卷星网站开展了一次问卷调查，并对个别学生进行了访谈。本课程一共教授两个班51名学生，实际收到51份有效问卷，包括两名其他专业的选修生。问卷全部匿名，以收集学生客观真实的反馈。

问卷一共有15道选择题，7道主观题，涉及教学内容、教学方法等不同维度，而本文仅对与课堂思政有关的内容进行分析讨论。结果显示，学生对于本次课程的整体效果都比较满意，对融入的思政元素也给予了积极的反馈。72.55%的学生表示对本次课程"非常满意"，27.45%的学生表示"满意"。对于"满意"或"非常满意"最重要的原因，50.98%的学生选择"教师选择的口译材料内容符合当下实际，在学习口译技巧的同时，了解了国家大政方针和译员素养"，其次是"学习到了有用的口译技巧"。62.75%的学生表示他们的口译能力在本课程之后"有一定的提高"，47.06%的学生表示他们的翻译职业素养和价值观在本课程之后有"有很大提高"。这就说明课程教学达到了教学目标和思政教育目标。

关于思政元素隐性地融入口译课堂教学，学生给予了非常积极的反馈。针对"本次课程在无形中融入了很多思政的元素，如学习'中美对话'中表达的重要的国家政策和立场、区分Chinese mainland和mainland China的含义，学习'一带一路'和'抗疫'过程中表现出的国家精神等，对此你有何感

受?"这一开放性问题,学生回答:

◇ "很实用,让我在学习英语翻译的过程中了解到了国家政策。"

◇ "从同学和外教的发言中我感受到,中外思维方式由于国家立场的原因真的存在差异,而这种差异不是在对方的国家多待几年,多了解对方国家文化就能轻易改变的。我希望以后我能够更加客观地看待一些问题,不论是什么问题。"

◇ "增强了本人的政治素养。"

◇ "增强了民族自豪感。"

◇ "我觉得很好,很贴近生活和国家大事,我拥有了更大的动力去学习这门课程。"

◇ "虽然英语不是我们的母语,但是在涉及政治问题、国家利益时我们不能一味地听从国外的说法,我们要有自己的判断,及时纠正国外错误的用法。"

◇ "我受到很大的启发,明白作为一名中方的翻译,要政治正确、严谨细致、做足功课,这样才能体现大国译员的风采。"

学生的这些积极反馈无疑说明课堂思政元素的融入产生了很好的效果,已然让学生内化于心,民族自豪感、爱国热情和作为一名口译的责任感与使命感已经在学生心中扎根,学生有了更高的政治素养。批判性思维、辩证思维和历史思维习惯也已经开始在学生脑海中悄然养成。

九、结语

口译员在涉外活动和国际文化传播过程中往往担任着多重角色,他们不仅是中外信息的传递者、语言问题的协调者、双边交际的促进者,也是中国文化的传播者、中国国家形象的构建者、国家利益的维护者和全球治理体系的参与者。习近平总书记于2016年曾强调,参与全球治理需要一大批熟悉党和国家方针政策、了解我国国情、具有全球视野、熟练运用外语、通晓国际规则、精通国际谈判的专业人才。因此我们要加强人才队伍建设,做好人才储备。口译课堂要积极推进思政建设,全程育人,守好一段渠,种好责任田。马克思主义语言观为高校的外语学科教育的思政建设提供了价值指向,融合线上线下教学模式，口译课堂教学能够利用智能和信息科学技术，更好地挖掘和传递思政元素。融合多元教学方法，开展以学生为中心的混合式教学不仅有助于学生掌握口译技巧、学到口译知识，还能进行价值塑造，融盐于水、春风化雨，让学生具备正确的政治立场、高度的政治敏锐性、强烈的爱国情怀和深厚的文化自信。要教育引导学生正确认识世界和中国发展大势，具备国际视野，构建有中国特色的话语体系，成为能共建人类命运共同体的社会主义接班人。

参考文献

[1] DRISCOLL M. Blended learning：Let's get beyond the hype [J]. Learn training innovations，2002（3）.

[2] MARX K，ENGELS F. The German ideology [M]. London：Lawrence & Wishart，1974.

[3] 陈静，陈吉颖，郭凯. 混合式学术英语写作课堂中的学习投入研究 [J]. 外语界，2021（1）：28-36.

[4] 代正利. 大学英语翻译教学中的思政融入探索 [J]. 上海翻译，2020（6）：61-65.

[5] 丁凤，王蕴峰，欧阳护华，等. 全人教育理念下的课程思政：以"交际英语"课程为例 [J]. 中国外语，2021，18（2）：91-96.

[6] 丁义浩. "课程思政"建设须打破三个误区 [N]. 光明日报，2020-01-13（03）.

[7] 窦星辰，黄云明. 马克思恩格斯的语言观与中国特色社会主义话语体系建构 [J]. 学习与实践，2021（5）：5-12.

[8] 郭遂红. 基于教学情境的外语教师非正式学习与专业发展研究 [J]. 外语界，2014（1）：88-96.

[9] 何克抗. 从 Blending Learning 看教育技术理论的新发展：上 [J]. 电化教育研究，2004（3）：1-6.

[10] 黄友义. 服务改革开放 40 年，翻译实践与翻译教育迎来转型发展的新时代 [J]. 中国翻译, 2018, 39 (3): 5-8.

[11] 黄越岭, 朱德全. 情境学习理论视阈下的网络学习评价: 体系与策略 [J]. 中国电化教育, 2015 (2): 29-33.

[12] 贾巍巍. iSmart 外语智能学习平台的开发与应用 [J]. 中国大学教学, 2019 (3): 84-87.

[13] 梁焕强. 情境语言教学理论在外语教学中的应用 [J]. 高教探索, 2006 (5): 59-60.

[14] 刘建达. 课程思政背景下的大学外语课程改革 [J]. 外语电化教学, 2020 (6): 38-42.

[15] 刘奎娟. 《习近平谈治国理政》第一至三卷英译探析 [J]. 中国翻译, 2021, 42 (1): 139-146.

[16] 吕晓敏. 基于 MOOC 的混合式教学模式在大学英语教学中的实践探索 [J]. 外语电化教学, 2021 (1): 10, 61-65.

[17] 骆蓉. 外语类线上线下混合式一流本科课程设计与构建: 以"英美文化"为例 [J]. 外国语文, 2021, 37 (3): 138-146.

[18] 马永霞, 张雪, 曹宇驰. 校企合作培养如何影响工科研究生胜任力?: 基于情境学习理论的分析 [J]. 学位与研究生教育, 2021 (1): 61-67.

[19] 苗兴伟, 穆军芳. 批评话语分析的马克思主义哲学观和方法论 [J]. 当代语言学, 2016, 18 (4): 532-543.

[20] 潘黎, 刘建如, 侯剑华. 国际"情境学习"研究的热点领域与前沿问题 [J]. 比较教育研究, 2014, 36 (6): 42-46.

[21] 饶国慧. 基于混合式学习的教材出版融合创新之路: 以上海外语教育出版社"新目标大学英语系列教材"为例 [J]. 出版广角, 2020 (5): 53-55.

[22] 任庆梅. 混合式教学环境下动机调控对大学英语课堂学习投入的影响研究 [J]. 外语电化教学, 2021 (1): 7, 44-50, 60.

[23] 任文. 试论口译过程中译员的"中立性"问题 [J]. 中国翻译, 2011, 32 (6): 36-41.

[24] 司炳月，吴美萱，李悦莹. 信息技术背景下混合式教学模式对英语学习者动机的影响研究 [J]. 教育理论与实践, 2019, 39 (30)：43-45.

[25] 司显柱. 翻译教学的课程思政理念与实践 [J]. 中国外语, 2021, 18 (2)：97-103.

[26] 王斌华，高非. 口译的意识形态研究：口译研究的拓展 [J]. 外国语（上海外国语大学学报），2020, 43 (3)：89-101.

[27] 王丽丽，张晓慧. 基于产出导向的大学英语混合式"一流课程"建设研究 [J]. 黑龙江高教研究, 2021, 39 (3)：146-151.

[28] 王娜，张敬源. 信息技术与外语教学深度融合之反思：基于技术融合的大学英语课堂教学改革实践 [J]. 外语电化教学, 2018 (5)：3-7.

[29] 王斯璐，吴长安. 留学生高效汉语情境认知学习策略研究 [J]. 东北师大学报（哲学社会科学版），2022 (5)：55-62.

[30] 王薇. 指向问题解决能力发展的学习活动模型研究：基于情境学习理论的分析框架 [J]. 教育学术月刊, 2020 (6)：88-95.

[31] 王志宏，张杰. "云班课"混合式学习模式建构研究：以英语语言学为例 [J]. 中国电化教育, 2020 (3)：100-105.

[32] 文秋芳. 大学外语课程思政的内涵和实施框架 [J]. 中国外语, 2021, 18 (2)：47-52.

[33] 文旭. 语言学课程如何落实课程思政 [J]. 中国外语, 2021, 18 (2)：71-77.

[34] 徐锦芬. 高校英语课程教学素材的思政内容建设研究 [J]. 外语界, 2021 (2)：18-24.

[35] 杨华. 我国高校外语课程思政实践的探索研究：以大学生"外语讲述中国"为例 [J]. 外语界, 2021 (2)：10-17.

[36] 杨金才. 新时代外语教育课程思政建设的几点思考 [J]. 外语教学, 2020, 41 (6)：11-14.

[37] 岳曼曼，刘正光. 混合式教学契合外语课程思政：理念与路径 [J]. 外语学, 2020, 41 (6)：15-19.

[38] 殷玉新. 情景学习理论及新进展研究：基于莱夫和温格的思想探索

[J]．成人教育，2014，34（10）：4-8
[39] 张丹．大学英语混合式金课的构建与实践研究［J］．外语电化教学，2021（1）：12，71-77，91．
[40] 郑春萍，卢志鸿，刘涵泳，等．虚拟现实环境中大学生英语学习观与学习投入研究［J］．外语电化教学，2021（2）：13，85-92，101．

线上学习资源个性化推荐在混合式教学中的应用研究

申 蔚 周晓磊 张亚翠

(首都经济贸易大学 管理工程学院)

【摘 要】 网络的个性化学习已经成为当今世界网络教育领域的发展趋势。如何从众多教育平台的海量资源中及时、有效地获取学习者切实需要的资源，已经成为困扰学习者和开发者的一个难题。个性化推荐系统是指建立在海量数据挖掘基础上的高级智能平台，用于向用户提供个性化的信息服务和决策。其宗旨是"信息找人"，解决花费大量时间查询资源的问题，并根据用户的行为轨迹，分析用户兴趣，从海量资源中主动筛选符合用户需求的内容。将个性化推荐应用于线上教学，能够为师生提供方便快捷获取有效教学资源的途径，从而最大限度地满足不同用户的个性化需求。

本文在对现有个性化学习和个性化推荐的相关理论进行梳理的基础上，提出了一种混合推荐算法，它能从使用者学习课程资源和学习者本身两个方面推荐课程和相似用户，从而有效提高推荐预测的准确度。同时，本研究设计并实现了一个软件系统，可以从多个教育平台挖掘线上学习资源，向使用者提供个性化推荐。研究以计算机专业课程为例进行了实践，通过功能测试和数据分析，验证了系统的技术有效性，从而为促进混合式教学质量的提高提供了技术支持，也为更多课程的教学改革提供了可行性参考。

【关键词】 个性化推荐；混合推荐算法；混合式教学；协同过滤

一、引言

（一）研究意义

在"互联网+"时代，融合课堂学习与在线学习优势的混合式教学正逐渐成为教学组织的重要方式。特别是 2020 年开始的后疫情时代，在教育部"停课不停学"的原则指导下，线下线上混合式教学模式将是新常态化的必然趋势。

为线上的"教与学"提供高质量的课程资源是非常重要的。目前国内外高校和培训机构纷纷推出视频公开课等多种线上资源向学习者开放。这既让学生可以随时随地通过网络完成学习任务和自我提高，也有利于教师在线上课程建设中获取辅助的教学资源。但是，面对海量的资源，如何快速有效地获取满意的信息已成为困扰师生们的难题。信息过载导致学生和教师都需要花费大量的时间和精力去查阅、检索、试听，并经常面对"如何选择、选择哪个"的困扰。

更为重要的是，混合式教学的一个关键含义是以建构主义学习理论为基础，强调"以学生为中心"的"自主学习"，而现阶段的学习平台建设大多停留在以物为主的层面，仅凭简单的关键词搜索和热门推荐会忽略学习者的个性化特征，不能从根本上满足用户需求。因此，迅速有效地为师生推荐个性化的线上学习资源是解决这些问题的有效方法。

（二）研究目的

本文尝试对个性化推荐的理论知识进行梳理和分析，研究其算法模型和应用原则，将个性化推荐系统引入在线辅助学习系统中，结合专业课程的教学进行应用实践。同时，分析效果、提出建议，以促进混合式教学课程建设项目中线上教学质量的提高，为更多课程的教学改革提供参考。

本研究拟解决的问题包括：在技术实现上，结合协同过滤与内容过滤算法，提出并构建了一个优化的组合推荐模型。同时，通过获取和分析学习者的个人信息数据、学习行为数据和交流内容数据，为学习资源的个性化推荐提供更好的数据依据，从而有效地提升个性化推荐的准确率。

本研究的重点是将个性化推荐系统与线上教育相结合，为教师和学生设计一个线上学习资源的个性化推荐系统。将解决方案在本系统的开发及实现中落实，并应用在教学环节中。同时，通过功能测试和数据分析，验证线上学习资源个性化推荐系统的技术有效性，探索其辅助线上教学、提高混合式教学质量的可行性。

二、研究内容

（一）研究现状

推荐技术是帮助用户确定符合需求的商品、服务或者资源等内容的一种计算机技术。它通常被用于电子商务、娱乐项目等领域。2000年，推荐系统出现在国际教育领域，国内外研究者开始着眼将此项技术应用在网络学习资源领域的个性化推荐上。近几年的热点，主要集中在研究推荐算法、模型及其效果等方面。研究的主要方向有基于协同过滤的推荐、基于内容的推荐和混合推荐。

最早研究个性化推荐系统的是 Altered Vista System（2003），该系统使用协同过滤技术探索学习者对学习资源的反馈如何存储并反馈给学习社区。巴斯卡兰（Bhaskaran）等提出了基于信任的混合推荐策略，他们使用 AprioriAll 算法对学习者的浏览日志序列进行挖掘，分析学习者的行为和偏好，实现对学习内容的自定义推荐。与国外相比，个性化推荐系统在我国的研究起步较晚，2011年网络学习资源个性推荐的名词开始出现在大众视野，它是由王永固等人定义的，也就是把用户兴趣、爱好、职业等这些个性化特征作为推荐系统依据，主动推送出适合当前用户的专属学习信息或其可能有兴趣的课程资源的一种推荐技术。另外，许薇设计并实现了基于个性化学习资源推荐的网络学习平台，使用社会化标签、隐式评分设计等方法对协同过滤算法进行了优化，与传统算法相比，推荐准确性有了一定的提升。

当前，个性化信息推荐服务正逐渐从理论走向实践，关于个性化推荐的研究也逐渐形成产学研相结合的模式。据不完全统计，迄今为止已有超过30个国家共开发了近百款用于与学习相关的推荐系统。但是，这些系统中已经开发并投入教学实践中的案例还不多，且使用效果尚缺乏普遍认可。因此，我们应该更多地在这方面深入开展研究，把重心放在推荐技术怎么实现、推荐模型怎么构建和系统设计方面的技术问题。

(二) 研究计划

1. 各阶段任务

第一阶段：理论研究与项目调研。

搜集资料，采用文献研究法对现有的个性化学习和个性化推荐服务应用模式的相关理论进行梳理，对其在辅助教学方面的应用现状和运作模式进行分析。同时，通过问卷星平台发放在线问卷对以大学生为主的群体进行调研，充分了解用户使用网络学习资源的现状、问题与需求。

第二阶段：个性化推荐系统的需求分析、系统设计与实现。

首先，在研究个性化需求的相关理论基础上，通过对大数据的信息采集、处理和挖掘，结合核心推荐技术，实现对整个系统需求的分析。其次，设计并确定系统的主要功能模块，如课程浏览与查询模块、收藏与评论模块、个性化推荐模块等。最后，进行系统搭建并实现各模块功能。

第三阶段：个性化推荐系统在对应课程上的实践。

尝试在程序设计基础课的线上教学环节运行"线上学习资源个性化推荐系统"，收集并记录使用数据，通过功能测试和数据分析，验证线上学习资源个性化推荐系统的技术有效性，以探索将其应用到专业课教育领域的实践效果。

第四阶段：对个性化推荐系统的效果进行调研和分析。

通过调查访谈、比较研究等方法和手段，对个性化推荐系统的实践效果进行深入研究，比较它与现有类似个性化推荐系统的不同，找出差距并分析其原因，从而进一步探索其辅助线上教学、提高混合式教学质量的可行性，构建更适合教学管理的应用模式。

2. 时间安排

本项目的时间安排如下：

• 2021 年 2 月 1 日至 2021 年 3 月 31 日：搜集线上资源、整理文献资料，进行相关理论方面的研究。

• 2021 年 4 月 1 日至 2021 年 9 月 11 日：初步设计并实现个性化推荐系统。

• 2021 年 9 月 11 日至 2021 年 12 月 31 日：在对应课程上进行实践，并对实践效果进行调研和分析。

• 2022 年 1 月 1 日至 2022 年 7 月 31 日：修改完善推荐系统功能，并进行新一轮结合课程的实践和数据分析。

• 2022 年 8 月 1 日至 2022 年 8 月 31 日：总结出系统的实施与改进原则，撰写结项报告与项目论文。

3. 人员分配

项目主持人和课题组成员主要由相关课程的专任教师和相关研究方向的教师组成，具有一定的组织、科研和教学能力，人员精干、结构合理。同时，申请者所在的管理工程学院为项目的实施提供了良好的软环境和硬件平台支持。另外，还有部分研究生和本科生参与其中。

项目组成员们的具体分工如表 1 所示。

表 1 项目组各成员的分工

姓名	年龄	专业技术职务	行政职务	工作单位	主要研究领域	承担工作
申蔚	49	副教授	无	管理工程学院	程序设计/虚拟现实	系统设计与实施、项目调研
周晓磊	40	副教授	无	管理工程学院	程序设计/人机交互	教学分析与系统设计
张亚翠	22	研究生	无	管理工程学院	程序设计/软件测评	系统资源管理与维护

三、研究的实施

（一）相关的理论研究

1. 算法设计

个性化推荐算法是推荐系统的最重要、最关键、最核心的技术，对系统最终的推荐结果和准确性有着决定性的影响，而且决定了推荐系统实现推荐的优劣性。目前常用的个性化推荐算法主要有基于内容的推荐、基于协同过滤的推荐和混合推荐技术。

基于内容的推荐最早应用于信息检索，主要用于发现物品"内容"上的相似性。这种推荐算法认为：如果物品在内容特征上相似，那么它们在得到用户评分上也应该相似。它不需要用户对推荐对象进行评价，而是把推荐对象的内容特征提取出来，然后从用户以往选择的对象的内容特征中获得用户的偏好兴趣，最后将与用户偏好兴趣匹配度较高的对象推荐给用户。基于内容的推荐在某种程度上解决了物品的冷启动问题，也不会存在数据稀疏的问题，推荐性能上较为稳定。

基于协同过滤的推荐的主要思想是借助了日常生活中身边好友所做的选择对自己产生的影响。协同过滤算法可以分为三步：收集数据，找到相似用户和物品，进行推荐。

（1）收集数据：这里的数据一般是指用户在系统中使用历史行为产生的数据，例如用户课程浏览记录，用户收藏课程记录，用户对某课程给予了评论，给某个课程进行了评分等，这些数据都可以在推荐课程时作为数据来服务于推荐算法。

（2）找到相似用户和物品：计算系统注册用户之间以及系统所有课程类别等属性之间的相似度。

（3）进行推荐：根据目标用户的信息，进行相似性的计算，最后找到相似用户群，将得到的预测值生成推荐结果展示给目标用户。

协同过滤算法主要分为基于用户的协同过滤推荐算法和基于项目的协同过滤推荐算法。前者是根据用户评分值，计算用户间相似度，再进行以上三步产生推荐结果；后者是利用用户对项目的评分，计算项目间相似度，最终产生推荐结果。内容过滤推荐的关键是用户模型描述和推荐对象内容特征描述，它的优点是简单有效，不需要历史数据，也没有协同过滤技术中出现的冷启动和数据稀疏性等问题，但是存在受到推荐对象特征提取能力的限制以及在新用户出现时的冷启动的问题。

由于每种推荐技术都有自己的优缺点和技术特点，因此在实际应用的推荐系统中，通常混合几种推荐技术来对用户进行推荐，从而能够扬长避短，提高推荐系统的整体性能。前期调研的结果显示，本推荐系统的实现，重点要解决的问题是如何判断推荐视频是否为用户想学习的课程。因此，本文最终决定采用基于内容和基于协同过滤的混合推荐算法。

2. 软件技术

（1）数据采集技术。网络爬虫技术是从想要获取网页内容的网站上自动爬取需要的内容，可以为个性化推荐的数据库系统提供和更新原始数据。网络爬虫的方式之一是使用 Python 爬虫。Python 是一款开源的、可以运行在任何主流操作系统中的高级程序设计语言，它具有开发效率高且修改方便等特点，可以高效地节约开发时间和成本。本文选取了使用者数量庞大、影响力较强的几个学习平台，如慕课网、bilibili 网站、中国大学 MOOC 等，使用网络爬虫技术采集相关课程数据，并将采集到的数据结果进行有效的整合与处理。

（2）Django 框架技术。Django 是由 Python 写成的一个开源的 Web 应用开发框架，是采用 MTV 设计模式。各自的职责是：模型 Model（数据库存储层）将数据库中的表进行 ORM 映射，ORM 很好地衔接关系数据库与数据模型，从而处理与数据有关的事务，数据库存储、更新等操作，保存在 models.py 中。模板 Template（表现层）一般是与 HTML、CSS、JS 结合在浏览器端呈现页面结果。视图 View（业务逻辑层）主要描述系统后端的业务逻辑，与前端正确交互。

（3）MySQL 数据库技术。MySQL 数据库是典型的关系型数据库，是许多企业的首选数据库，而且同时支持多种编程语言，便于开发者使用。由于本次系统的后端框架使用的是 Django，MySQL 可以和 Python 语言完美配合，所以本系统选择使用 MySQL 数据库。

（二）系统的设计

1. 系统架构设计

本系统的架构设计采用分层设计模式，如图 1 所示。

系统架构中各层次的作用如下：

（1）网课学习资源个性化推荐系统的数据库层部分是使用爬虫技术对慕课网的课程信息进行爬取，经过处理后存入 MySQL 数据库备用。在数据层中，主要存储用户对数据库的操作记录，在业务逻辑层描述了用户对数据库操作的各种逻辑判断。

（2）业务服务层中，应用 Django 架构，对用户操作系统的各种行为以及

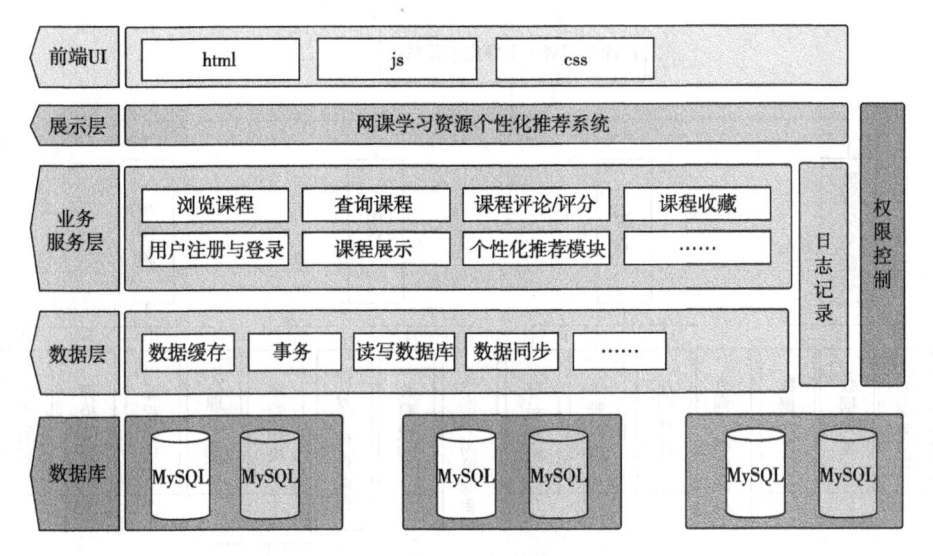

图 1 系统架构

用户注册系统的信息进行收集处理，最后通过个性化推荐模块为用户推荐课程信息和用户信息。

（3）展示层主要是系统使用用户和系统的交互界面，也就是 Web 界面。主要功能是实现系统数据的输入和输出，是用户直接的操作界面。

除此之外，系统还会记录系统用户的操作日志，形成日志记录，实时监控和记录用户的行为，有效地防止外部用户侵入。

2. 系统功能设计

根据对系统的需求分析，系统可以从四大部分来进行各功能模块设计。各模块的功能如图 2 所示。

（三）系统的实现

1. 数据采集模块

数据采集模块为整个系统提供数据支持，是推荐系统模块的重要基础。本文采用 Scrapy 框架与 Splash 结合的方式进行信息爬取。对于每个视频的信息获取设置了 10 个字段，爬取的示例内容如图 3 所示。结果将被插入 MySQL 数据库，并通过多次爬取来降低因反爬虫爬取失败的概率。同时，爬虫程序的搜索关键词可以以列表的形式增加，爬虫程序会一次性爬取所有搜索关键词的搜索结果，只需在程序中添加即可。

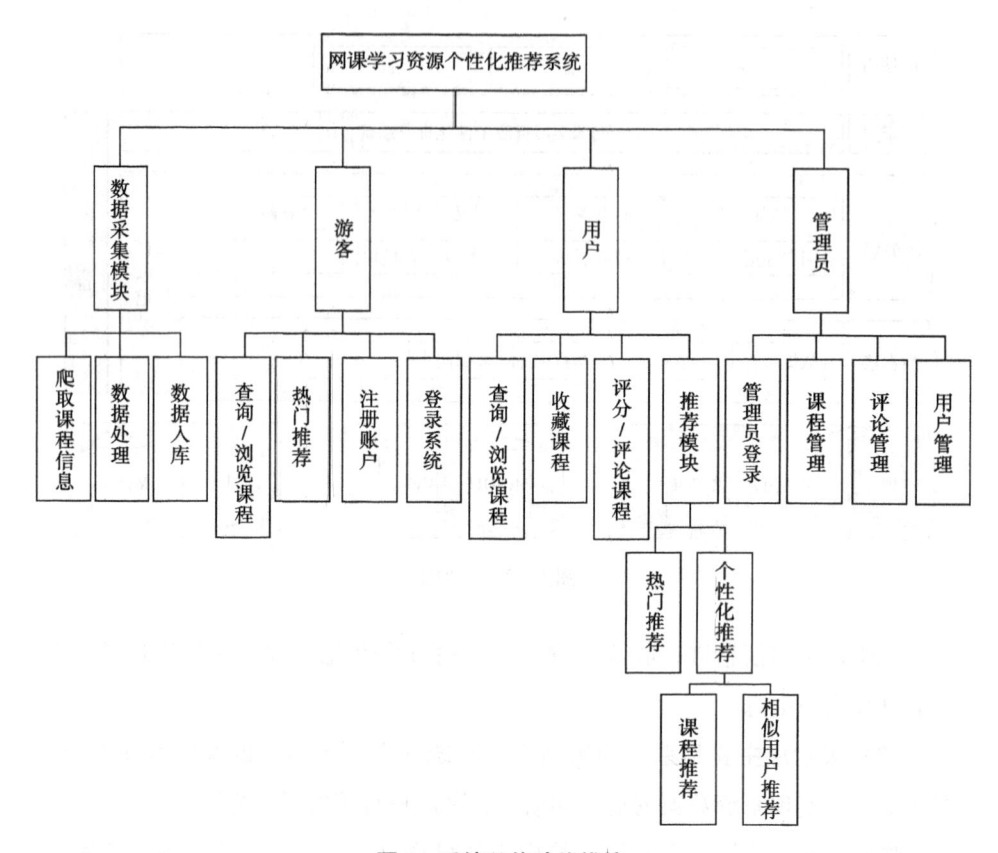

图 2 系统总体功能模块

图 3 网络资源的爬取内容

2. 推荐模块

用户端的推荐模块是本系统的核心功能，推荐内容由推荐算法得出，为使用者提供多种模式的学习资源推荐，同时帮助用户减少因浏览大量无效数据而造成的时间、精力浪费。本系统分别开发了网页端和微信小程序端，以方便用户在不同的环境和设备条件下使用。个性化推荐示例的展示页面如图4和图5所示。

图4 网页端　　　　　　　　图5 微信小程序端

对新用户进行课程推荐采取的是通过将用户的信息特征转化成特征向量，使用one-hot编码方式，将新加入系统的用户特征向量进行提取，与系统已有的用户特征向量进行计算余弦相似度，并最终通过计算的相似度信息，计算出与新用户最相似的用户，在此基础上为新用户产生推荐课程信息和相似用户信息。

面向老用户的个性化推荐是通过收集用户行为信息来进行推荐的。系统收集了用户收藏课程、评分课程等用户行为信息，从而生成特征向量，用当前用户的特征向量与系统已有用户的评分或收藏课程数据向量来计算相似度，再根据相似度最高的前 k 个用户对课程的喜好进行评分，统计用户对课程的评分总和，取出最高评分的 N 个课程项目，最终形成推荐列表展示给当前用户。

（四）系统的性能测评

为了更好地了解个性化推荐的使用效果，本研究通过问卷调查、平台的统计数据、在线离线数据验证等方法对系统性能进行了多方面的测评与分析。

1. 用户满意度

用户满意度是评测推荐系统的最重要指标，可以直接反映用户作为被推荐者对推荐结果的满意程度。通过调查问卷和学生访谈可知，学生对这种新的辅助学习模式总体较为满意。84.13%的用户认为推荐预测的精确度和覆盖率很好，不仅推荐了符合需求的项目，而且也能够从多个教学平台获取较多的资源。

2. 信任度

用户对系统的信任度较高，约93.65%的用户愿意听从系统的推荐，能够积极努力地完成推荐资源的学习。

3. 实时性

85.71%的用户认为推荐系统能够实时更新推荐列表以满足用户不断变化的行为需求。同时，能够将新加入系统的项目推荐给用户，即处理冷启动的问题。

4. 准确率与召回率

评测推荐效果，准确率与召回率是两个最为重要的指标。本研究对个性化推荐候选集的测试结果获得了较高的准确率0.081，召回率为0.012。由此可知，采用混合推荐方法能够满足用户个性化需求，推荐效果达到了预期目标。

四、结论与展望

随着技术的发展，网络上的资源日益增多，因此就需要更准确的推荐技术来帮助使用者迅速获取更加符合个人需求的学习资源，同时也能让优质的学习资源得到更加充分的利用。因此，个性化推荐技术在学习资源上的应用一定是未来主流的发展趋势。

本研究的个性化推荐系统现阶段虽只是初步尝试，但已在一定程度上为学习者发现资源、减少学习者搜索资源的时间提供了有效帮助。计划未来改进的系统将不仅只是根据用户的行为信息进行推荐，还可以与机器学习、深度学习、自然语言处理等技术相结合，实现更准确、更能符合用户意愿的推荐结果，成为不可或缺的混合型教学的辅助应用。

参考文献

[1] 潘澄，陈宏．我国学习资源个性化推荐研究进展［J］．现代教育科学，2015（4）：31-34，37．

[2] 贾帆帆，袁丹．高校慕课现状与存在的问题分析［J］．花炮科技与市场，2020（3）：155，181．

[3] 姚金平．个性化推荐系统综述［J］．中国集体经济，2020（25）：71-72．

[4] 李斌，孙经纬．个性化学习资源精准推荐系统设计研究．［J］．电脑知识与技术，2020，16（2）：57-58．

[5] 李昂．国外个性化学习的研究现状与发展趋势：基于引文分析及可视化共词网络图分析．［J］．中国教育信息化，2017（16）：9-14．

[6] 袁雅倩．视频网站个性化推荐服务模式研究［D］．武汉：武汉大学，2017．

[7] 任敏．个性化推荐及其在MOOC中的应用［J］．信息通信，2019（9）：149-151．

[8] 牛文娟．基于协同过滤的学习资源个性化推荐研究［D］．北京：北京理工大学，2016．

[9] 杨凯，王利，周志平，等．基于内容和协同过滤的科技文献个性化推荐［J］．信息技术，2019，43（12）：11-14．

[10] 巩晓悦．基于个性化推荐的在线学习系统研究与实现［D］．北京：北京邮电大学，2017．

[11] 陈洁敏，汤庸，李建国，等．个性化推荐算法研究［J］．华南师范大学学报（自然科学版），2014（5）：8．

[12] 牛亚男. 教学资源个性化推荐系统的设计和实现 [D]. 大连：大连理工大学，2013.

[13] 徐锦阳，张高煜，王曼曦，等. 招聘网站职位与简历的双向匹配相似度算法 [J]. 信息技术，2016（8）：43-46，51.

后疫情时期基于教学支架的高校混合式教学模式构建与实验研究

姜金秋

(首都经济贸易大学 城市经济与公共管理学院)

【摘 要】 在后疫情时期,将线上与线下教育优势相结合的混合式教学已经成为高校课堂教学改革的新思路。文章以支架教学及最近发展区理论为基础,结合高校混合式教学特征,构建了五种相适应的教学支架,包括概念性支架、元认知支架、程序性支架、战略性支架和同伴支架。在此基础上,将五种支架运用到混合式教学的课前、课中和课后三个阶段中,搭建了基于教学支架的高校混合式教学三阶段模式。以高校应用统计学课程为例,详细介绍了该模式在实际教学课程中的具体应用,并采用准实验研究方法对比了此教学模式与传统面对面教学模式的教学效果,研究结果表明,此教学模式能够显著提高学生的课程成绩,以期为高校开展混合式教学提供启示。

【关键词】 后疫情时期;高校混合式教学;教学支架;准实验研究

自 2020 年开始,受新冠疫情影响,我国高校纷纷响应教育部"抗疫不停教,抗疫不停学"的号召,积极开展在线教学。据高教司统计,全国共有 1 454 所高校在线开学,95.2 万名教师在线授课,713 万门在线课程线上运行,11.8 亿人次的学生上线学习,规模之大、范围之广、程度之深,前所未有。随后,我国的疫情得到了有效的控制,高校陆续开学复课,进入了后疫情时代,即"并非疫情完全消失、一切恢复如前的状况,而是疫情时起时伏,随时都可能小规模暴发"。2022 年初,上海地区出现了新一轮的疫情,教育系统坚持"外防输入、内防反弹"的总策略和"动态清零"的总方针,全国多所高校暂缓返校并封闭式管理，且均实行线上教学。据教育部高等教育司司长吴岩介绍，国家高等教育智慧教育平台已于2022年3月28日上线，高校教师使用混合式教学的比例已从疫情前的34.8%提升至84.2%，并全部实现了线上线下教学的一键切换、从容应对，全国高校师生已经从"新鲜感"转变成了"新常态"。在后疫情时代这一特殊背景下，高校如何将疫情时期"战时举措"转化为"平时机制"，如何将线上与线下教育的优势互补，怎样提升混合式教学的效果，是高校亟须思考的重要课题。本文将基于最近发展区理论，构建基于教学支架的线上线下混合式教学模式，并运用该模式在北京市一所高校的学生中开展教学改革实验，检验该模式在后疫情时代高校教学中的效果。

一、基于教学支架的混合式教学的理论基础

（一）混合式教学的内涵

截至2002年，混合式教学没有明确的定义。美国斯隆联盟将混合式教学界定为"混合式教学"（blended-teaching），是面对面教学与在线教学的结合，即在教学内容上有30%到80%是在线授课。国内关于混合式教学的概念最早由何克抗提出，他认为"混合式教学就是要把传统学习方式的优势和e-Learning的优势结合起来，既要发挥教师引导、启发、监控教学过程的主导作用，又要充分体现学生作为学习过程主体的主动性、积极性与创造性"[①]。南国农教授认为，"混合学习理论的基本观点是：把传统学习方式的优势和数字化学习的优势结合起来，使两者优势互补，才能获得最佳的学习效果"[②]。

与传统的教学模式相比，混合式教学在一定程度上是一种教学改革和创新，对于提升高校的教育教学水平和人才培养质量具有积极作用。具体而言，学生的理解能力与互动水平有所提高、自主学习能力增强、认知技能和独立学习技能等有所提高，运用知识分析和解决实际问题的能力、创新能力等学习力有所提升，同时混合式教学改变了传统的师生结构，节约了课堂时间，提高了教学效率。

---

① 何克抗. 从Blending Learning看教育技术理论的新发展 [J]. 电化教育研究，2004，(3)：1-6.

② 南国农. 我国教育信息化发展的新阶段、新使命 [J]. 电化教育研究，2011 (12)：10-12.

综上所述，混合式教学是以学生为主体、教师为主导的线上教学与线下教学的混合，将线上与线下学习方法的优势结合、线上与线下教学资源巧妙结合，在恰当的时机采用恰当的教与学方法，运用恰当的学习资源开展教学活动，进而激发学生学习兴趣、获得良好的教学效果的教学方式。

（二）支架式教学的内涵

支架（scaffolding）的定义最早由美国学者伍德、布尔纳和罗西（Wood, Bruner, and Ross, 1976）提出，他们认为"学习者在辅导者提供的支持下，能够解决一个问题，完成一项任务或实现一个目标，而这些事是他们无法独立完成的"[1]。维果茨基（Vygotsky）的最近发展区理论也指出，"儿童的实际发展水平由独立解决问题决定，潜在发展水平由专家（教师或更有能力的同伴）指导或合作解决问题决定，两者之间的距离就称为最近发展区（ZPD），而专家在最近发展区内提供的协助即为支架"[2]。此后学者们以上述概念和理论为基础，认为支架为教师、专家等人为学习者提供适当的帮助。随着研究的深入，学者逐渐强调教学支架的移除，如罗勒（Roehler）等人提出，教师在学生无法独立完成任务时提供支架，使学生可以得到尽可能多的支持，然后，提示和帮助逐渐消失，即"渐隐"，随着学生越来越熟练，他们承担的任务越来越多。何克抗"根据欧共体'远距离教育与训练项目'（DGX）的有关文件提出：支架式教学应当为学者对知识的理解提供一种概念框架（conceptual framework）。这种框架中的概念是为发展学习者对问题的进一步理解所需要的，为此，事先要把复杂的学习任务加以分解，以便于把学习者的理解逐步引向深入"[3]。

进入21世纪以来，随着互联网技术不断发展，"支架"的含义已经扩展到能够帮助学习者的各种工具、策略和指南，其具体形式包括问题提示、专家建模、专家建议、学习者指南和资源等。"支架式教学"即指教师或专家通过提供这些支架（工具、策略和指南等）帮助学生完成他所不能独立完成的

---

[1] WOOD D, BRUNER J, ROSS G. The role of tutoring in problem-solving [J]. Journal of child psychology and psychiatry, 1976, (17): 89-100.

[2] VYGOTSKY L. Mind and society: the development of higher psychological processes [M]. Cambridge: Harvard University, 1978.

[3] 何克抗. 教学支架的含义、类型、设计及其在教学中的应用 [J]. 中国电化教育, 2017 (4): 1-9.8

任务，当学生能独立完成任务时，支持就会消失，学生会承担更多的责任和控制。

将支架式教学引入混合式教学后，可以有效解决目前高校开展混合式教学中出现的课堂讨论不够深入，部分学生参与度低；知识点零散，学生课前自主学习难度较大，学习效果参差不齐；对学生缺乏学习支持、学生情感孤独体验增强等问题。在混合式教学的不同阶段搭建教学支架的益处在于：①学生能与教师分享对教学目标的理解；②支架能根据学生的能力进行动态调整；③支架能促进责任的转移。教学支架的作用体现在学生无法完成学习任务时通过外力辅以恰当的帮助，激发学生的主动性和积极性，提高学生课程参与度，进而提高混合式教学的学习效果。

二、高校混合式教学中教学支架的分类及运用

本文在综合已有教学支架分类研究的基础上，结合高校混合式教学的特征，构建了适合高校混合式教学的五种教学支架，包括概念性支架、元认知支架、程序性支架、战略性支架和同伴支架。这五种支架的形式多样，提供对象既有教师也有学生，能够满足线上和线下不同形式的教学需求，在混合式教学的课前、课中、课后三个阶段都能发挥各自的功能，综合运用可以激发学生学习反思、提高学生自我学习及相互学习的能力（详见表1）。

表1 支架类型

支架类型	主要特征	示例
概念性支架	● 帮助定义要考虑的事项，即帮助学习者在开始学习之前考虑哪些是要优先考虑的，以及哪些是重要的 ● 由教师提供	● 在开始编写或检查某个位置的地图以确定到达目的地的最佳方式（在纸上或物理位置中）之前，先创建论文的大纲
元认知支架	● 协助确定已知的内容以及如何思考，即帮助学习者反思和评估哪些知识已经掌握，哪些尚需进一步学习 ● 可以由教师提供，也可以由学生提供	● 为学习者提供结构化的"反思提醒"，可能以每日日记条目的形式出现 ● 启用支架式探究，当学习者参与该过程时，他们会以对他们最有意义的方式获得帮助

续表

支架类型	主要特征	示例
程序性支架	● 协助使用资源，即帮助学习者使用资源 ● 由教师提供	● 提供并鼓励使用工具中的帮助功能来帮助学习者排除故障和解决问题 ● 创建网站地图，使学习者可以了解网站的范围，以及网站中各种元素如何链接在一起的
战略性支架	● 指完成任务的不同方式，提供了完成任务的可替代方法 ● 由教师和学生共同提供	● 安排一位专家顾问来演示如何执行任务，以便学习者在学习新技术时可以观察和提问 ● 创建"问题库"，学习者可以向其他人提出问题并提供回答，从而实现对问题的多角度分析
同伴支架	● 由学习伙伴所提供的支持与帮助 ● 由学生提供	● 学习伙伴或同学之间的交流讨论、提问和解释

（一）概念性支架（conceptual scaffolds）

概念性支架旨在帮助定义要考虑的事项。概念性支架帮助学习者在开始学习之前考虑哪些是要优先考虑的，以及哪些是重要的。概念性支架可以由教师提供，也可以由学习者提供。它们可能以大纲的形式出现，使信息更清晰地呈现以及突出主题；也可以地图的形式，来显示各种概念之间的联系，以及学习内容之间的层次关系。支架可以简化复杂的概念，将有限的认知资源分配给其他任务；可以使学习情境能够以保留了复杂性和真实性的形态被展示、被体验，给学习者提供帮助和支持。

（二）元认知支架（metacognitive scaffolds）

元认知协助确定已知的内容以及如何思考。元认知支架帮助学习者评估哪些知识已经掌握，哪些尚需进一步学习。温伯格（Wineburg）的研究表明，元认知的知识包括：①对自己思维的认识和意识，如自己的能力、局限和困难。②何时何地使用已获得策略的知识。它可以提醒学习者进行反思，或考虑其他方法来解决问题或达成目标。元认知支架也可以帮助学习者整理他们的知识。在加州大学伯克利分校的知识集成环境（KIE）项目中，元认知支架是通过同时使用以活动为中心的提示和自我监控的提示来实现的。元认知支架可以减轻认知负担，通过引导学生参与元认知活动和研究，设计问题解决

485

过程。

（三）程序性支架（procedural scaffolds）

程序性支架指协助使用资源，即帮助学习者使用资源。程序性支架强调在给定环境中利用可用资源和工具的各种方法。汉纳芬（Hannafin）等认为这种支架经常被用来解释如何返回到一个想要的位置，如何标记或写书签，来为后续的学习定位，或者如何部署给定的工具。程序性支架既能阐明要求，又能降低认知负担，让学习者专注于完成任务，而不是在程序上浪费精力。例如，学习者可以在微软 Word 中的帮助系统搜索特定功能，并提供"办公室助理"，以找到执行程序功能所需的步骤。许多网页上的导航地图也是程序性支架。站点地图，从简单的文本组织图到复杂的图形表示，指导特定站点或资源的使用。一家大型电信公司的"面向新手教师的 EPSS"项目，通过为用户提供必要的工具和资源，一步一步地指导用户进行教学。

（四）战略性支架（strategic scaffolds）

战略性支架指完成任务的不同方式，提供了完成任务的可替代方法。它们可能来自专家，例如图书管理员，他们建议在寻找书目时使用不同的关键词或搜索工具。战略性支架也可以嵌入特定的环境中。例如，DOROTHIE 是一个基于网络的电子性能支持系统，是由美国国家航空航天局的研究人员开发的，为宇航员设计指令，以帮助他们确定接下来该做什么。支架为用户提供了在执行任务时要考虑的其他观点。为了支持学生的学习，佐治亚理工学院也开发了许多基于支架技术的计算机支持工具。例如，他们开发了几个案例库来支持学生真正解决问题。案例库保存了类似的问题情境中其他人的经历和结果。研究他人的案例可以帮助学生发现他们需要解决的问题。这也可以提供解决问题的建议，提出可行的解决方案，并帮助学生估计所提出的解决方案的效果。MITRE 公司的"Intranet URL 推荐系统"有一个功能，即提醒用户其他可能有用的资源。

（五）同伴支架（peer-learning scaffolds）

同伴支架是指由学习伙伴提供支持与帮助。学生之间的能力是有差异的，通过同伴学习、交流讨论、思想碰撞，可以相互促进，达到更高层次的思维。"同伴学习"指的是在来自类似社会群体或教育水平的伙伴之间，同伴们在学习过程中相互支持的情况。在教育方面,成年人可以是老师或内容领域的专家,而更有能力的同龄人可以是同一班级或更高年级的学生。从社会建构主义的角度来看,同伴通过有效的对话(如提问和解释)来协调彼此的学习。另外,同伴支架对小组互动的有效开展具有积极作用,还可以激励学生,促进学生充分参与同伴学习与讨论,提高学生的学习成绩。

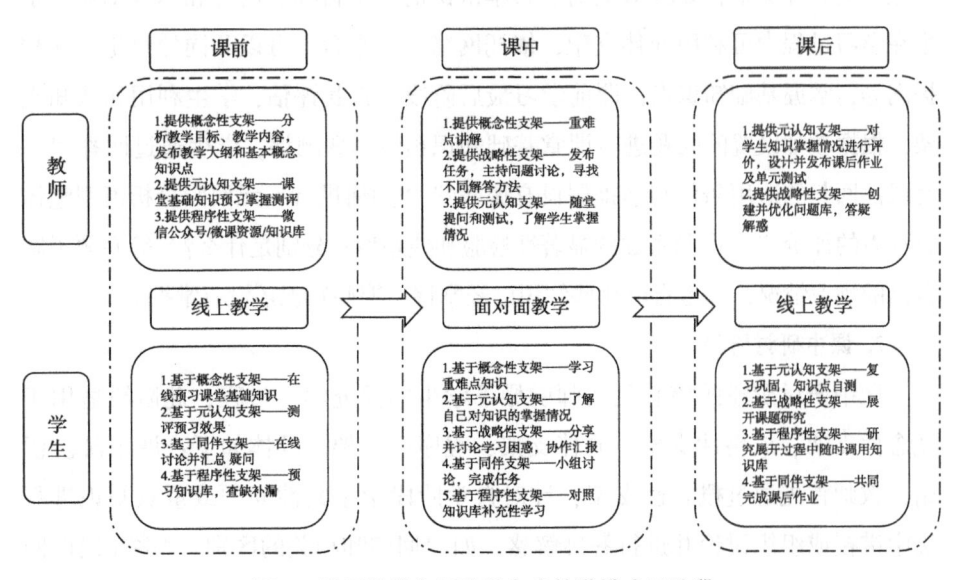

三、基于教学支架的混合式教学模式三阶段设计——以应用统计学课程为例

(一)构建基于教学支架的混合式教学模式

在混合式教学中搭建适当的教学支架,进而构建出基于支架的混合式教学模式,是实现教师行为、学生行为以及师生交互联结完成教学过程的必要支撑。混合式教学模式将教学过程分解为课前、课中、课后三阶段,其中课前与课后阶段以线上教学为主,课中以线下教学为主,每一阶段都对应搭建不同类型的教学支架。教学支架的运用,使教师在教学活动中充分发挥引导、启发、监控等主导作用,并且更注重激发学生的积极性、主动性,体现学生的主体作用,以达到最佳教学效果。基于教学支架的混合式教学模式如图1所示。

图1 基于教学支架的混合式教学模式三阶段

（二）基于教学支架的高校混合式教学模式应用——以应用统计学课程为例

应用统计学课程是一门统计方法的应用课，课程主要讲授问卷设计与调查研究基本规范，包括差异分析、相关分析、回归分析等核心统计方法在内的问卷分析方法，应用统计软件 SPSS 完成数据录入清洗并对结果进行分析，撰写量化研究报告等核心内容。依托已构建的基于支架的混合式教学模式，本研究以应用统计学课程中"回归分析及其 SPSS 实现"为例，介绍此模式在课程教学设计中的应用。

1. 课前自学阶段

课前阶段是指学生根据自主学习任务单的相关内容，利用网络学习平台上的相关资源开展自主学习，完成教师设定的任务，并将自主学习过程中遇到的相关困惑及建议提交至学习平台，形成课前自主学习反馈。因此，课前阶段教师应根据学生的思维方式与认知水平搭建合理的教学支架，此阶段适用于程序性支架、同伴支架、元认知支架。具体如下：搭建程序性支架，教师在微信公众号创建知识库——"SPSS 讲堂"（如图 2 所示），知识库以知识点命名，学生对哪个知识点有疑问就点击哪个链接；在课前自学阶段开始前教师还会为学生搭建好概念性支架，如教师提前发布本次课的教学目标、内容和基本知识；学生在学习过程中可利用同伴支架，依托网络讨论平台，可以和同伴讨论、互相提问等，掌握基础知识点；课前学习最后阶段是自我评估，学生利用元认知支架，根据教师设置的问题进行课堂基础知识预习掌握测评，学生通过回答"一元线性回归的适用条件与前提假设有哪些？""如何进行一元回归分析模型整体解释力的评价？""回归系数的显著性检验和残差检验分别是什么？"等问题了解自己的预习情况，知道自己哪些知识已经掌握，哪些知识还没有掌握。

2. 课中研讨阶段

课中研讨阶段的核心是教师引导下学生的探究学习过程，此阶段适用于概念性支架、战略性支架、同伴支架、程序性支架。具体如下：课中阶段伊始，教师首先通过概念性支架，针对自学阶段学生共性问题或重点知识进行集中讲授或组织讨论并进行答疑解惑，如"回归和相关的区别""多元线性回归的变量选择模式"等知识点；通过战略性支架，教师在讲授知识后，设计

图 2　微信公众号"SPSS 讲堂"

研究性学习活动，如 SPSS 实现一元回归和多元回归分析的案例操作。在方法应用环节，提出核心问题——"一项研究试图分析学校类型、教师特征、学生特征、学生家庭条件等因素对学生成绩的影响"，此问题是课中阶段的核心任务，学生需要基于教育生产函数讨论哪些因素会影响学生成绩。由于此类问题具有探究性，需要较复杂的综合能力，故需要引入同伴支架，一方面通过交流和讨论实现思维碰撞，另一方面基于理论和现实认知，彼此协助以分析和解决问题。值得注意的是，在学生进行研究性学习活动中，教师始终以引导者身份关注学生的学习状况，在共性、典型问题上随时构建战略性支架，主持问题讨论，例如讨论"结合自身成长经历，谈谈哪类因素对自己的学业成绩的影响最大？"。在完成探究性学习活动后，教师组织学习成果展示与交流也是重要的教学环节，此为元认知支架的重要体现。学生首先通过作品展示、言语陈述等与其他同学分享学习心得与体会，教师则不仅要对学生的学习成果予以点评和指导，还要引导学生相互点评、提问，并学习反思。在展示与讨论环节后，教师对本节课重点知识进行随堂提问和测试，如"请举例说明回归分析试图回答什么问题？进行回归分析研究的步骤有哪些？如何对回归分析模型的整体显著性进行评估？如何对回归结果进行解释？"。另外，学生在学习过程中可以随时利用程序性支架，对照教师提供的知识库进行补充性学习。

3. 课后复习阶段

课后复习阶段是教学过程中的重要一环，是学生知识内化、迁移的关键环节，帮助学生进一步总结、反思学习效果，提高学习力。此阶段适用于元认知支架、同伴支架、战略性支架。课后复习阶段以学生自主线上学习为主，教师设计并发布课后作业及单元测试，学生在课后自己操作 SPSS 软件，练习逐步回归，弄清输出结果的含义，以及如何描述预测类回归的结果。学生凭借教师搭建的元认知支架测评自己知识点掌握程度，如果不能独立完成作业，可以借助同伴支架的力量，经过讨论共同完成。在此基础上，搭建战略性支架，为学生熟练掌握、运用知识提供发展路径，鼓励学生开展课题研究，如提供文献《经济增长时期的国民幸福感——基于 CGSS 数据的追踪研究》，学生基于文献中的兴趣点展开课题研究，也可以与同学组成小组共同完成。尤为重要的一点是，课后复习阶段教师是以引导者身份介入的，除布置作业、引导研究外，教师还要利用战略性支架的特点，建立线上问题库，收集同学们的疑问，放到问题库里启发同学们一起讨论。

四、基于教学支架的高校混合式教学实验效果分析

（一）研究设计

本研究选取北京市某高校开展教学实验，将基于教学支架的高校混合式教学模式应用于应用统计学课程教学中，采用实验组和控制组的准实验研究模式，探究此教学模式的教学效果。

1. 实验目的

本研究重在探讨基于教学支架的混合式教学环境下，学生的学习成绩是否优于传统面对面教学环境。

2. 实验对象

本研究随机选取了北京市某高校两个班的学生为受试对象，由同一位教师为两个班级学生开展应用统计学课程教学，一个班级作为对照组（20 人），采用传统面对面教学模式，一个班级作为实验组（21 人），采用基于教学支架的混合式教学模式，被试的人口统计学特征如表 2 所示。

表 2 被试的人口统计学特征

人口统计学变量	类别	例数（所占百分比）	
		实验组	控制组
年龄	21~26 岁	21（100%）	20（100%）
性别	男	7（33.3%）	1（5%）
	女	14（66.7%）	19（95%）
民族	汉	21（100%）	20（100%）

3. 实验过程

本实验研究从 2021 年 9 月开始，为期一个学期，共 16 个学时，每个学时 2 个小时。应用统计学先前知识可能会对实验结果产生影响，故采用自编 SPSS 软件使用问卷和应用统计学先前知识试卷进行测试和分析。对实验组和控制组学生的先前知识做独立样本 t 检验，$t=0.465$，$P=0.645>0.05$，见表 3；SPSS 软件使用问卷的调查题目为"是否有 SPSS 软件使用经验"，因此，对数据结果进行了皮尔逊卡方检验，$\chi^2=0.610$，$P=0.435>0.05$，见表 4。以上统计结果均表明 SPSS 软件使用经验和先前知识在实验组和控制组均没有显著性差异，说明实验组和控制组的学生水平相当。

表 3 实验组和控制组被试的先前知识的差异性检验（M±SD）

	控制组	实验组	t	P
先前知识	91.10± 3.42	90.41±5.71	0.465	0.645

表 4 实验组和控制组被试 SPSS 软件使用经验的差异性检验

			是否有 SPSS 软件使用经验		Pearson Chi-Square	P 值
			是	否		
组别	实验组	观察值	13	8		
		期望值	11	11		
	控制组	观察值	10	10	0.610	0.435
		期望值	10	10		
总计		观察值	23	18		
		期望值	21	21		

(二) 基于教学支架的高校混合式教学效果分析

1. 成绩评定

根据应用统计学课程的教学特点及教学目标，课程总成绩包括基础知识成绩和综合应用成绩两大部分，两部分成绩各占比 50%，成绩均采用百分制。基础知识成绩来自课堂上学生对 SPSS 例题的练习情况；综合应用成绩主要来自学生结合感兴趣的研究问题，运用本学期所学知识完成的期末调研报告。由于研究问题都是结构不良问题，即问题呈现不清晰、问题解决方案不单一、问题解决方案不明显，所以依据结构不良问题的解决步骤和维度来对学生的期末调研报告进行评价，并邀请三名教师采用结构不良问题解决评估量表独立进行评价打分，三名教师的评分一致性很高，皮尔逊相关系数分别为 0.82、0.88、0.81，最后成绩取平均分，进而保证了评价结果的客观性和一致性。

2. 教学效果分析

为了比较基于教学支架的混合式教学与传统教学模式在教学效果上的差异，对实验组和控制组学生的应用统计学课程成绩进行对比分析。

（1）基础知识成绩实验组显著高于控制组。对实验组和控制组学生的应用统计学的基础知识成绩进行独立样本 t 检验，结果表明，两组学生的基础知识成绩差异非常显著（$t=-3.457$，$P=0.001<0.01$），实验组学生的基础知识成绩平均比控制组学生高 16.75 分（如表 5 和图 3 所示），说明实验组的学生基础知识掌握得更好。

表 5 实验组、控制组基础知识成绩情况分析

	成绩构成及来源	组别	人数	均值	标准差	均值标准误	t 值	P 值	差异显著程度
基础知识成绩	课堂练习	实验组	21	69.61	17.01	3.71	-3.457	0.001	非常显著
		控制组	20	52.86	13.75	3.07			

（2）综合应用成绩实验组显著高于控制组。数据统计结果显示，实验组学生综合应用成绩（$M=88.33$，$SD=8.01$）显著高于控制组（$M=82.40$，$SD=8.83$）（如表 6 和图 4 所示），表明实验组的学生在教学支架和混合式教学的帮助下具有更高的知识迁移能力，能更好地将知识应用到实践中去。

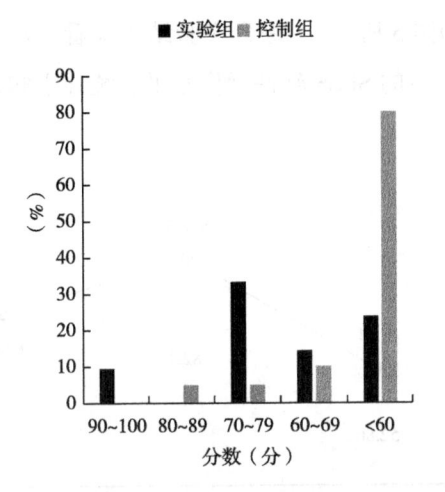

图 3　实验组和控制组应用统计学课程基础知识成绩分布

表 6　实验组、控制组综合应用成绩情况分析

	成绩构成及来源	组别	人数	均值	标准差	均值标准误	t 值	P 值	差异显著程度
综合应用成绩	撰写调研报告	实验组	21	88.33	8.01	1.75	-2.252	0.030	显著
		控制组	20	82.40	8.83	1.96			

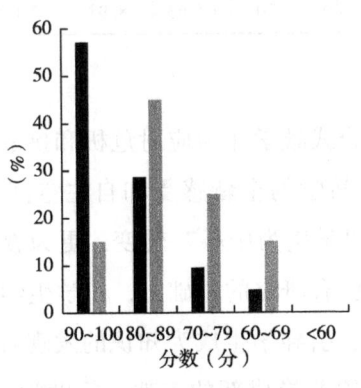

图 4　实验组和控制组应用统计学课程综合应用成绩分布

（3）课程总成绩实验组显著高于控制组。对实验组和控制组学生的应用统计学课程总成绩进行独立样本 t 检验，结果显示，总成绩差异非常显著（$t=-3.795$，$P=0.001<0.01$），实验组学生的总成绩平均比控制组学生高

11.34 分（如表 7 和图 5 所示）。综合实验结果来看，基于教学支架的混合式教学模式对于提高学生的 SPSS 软件操作水平、统计学知识及综合应用水平都具有明显的作用。

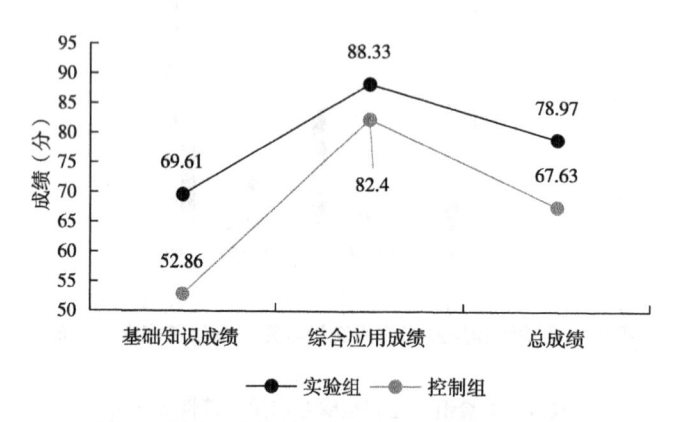

图 5　实验组和控制组应用统计学课程成绩对比

表 7　实验组、控制组课程总成绩情况分析

成绩构成及来源		组别	人数	均值	标准差	均值标准误	t 值	P 值	差异显著程度
总成绩	基础知识成绩+综合应用成绩	实验组	21	78.97	10.08	2.20	-3.795	0.001	非常显著
		控制组	20	67.63	8.98	2.00			

五、结论

在后疫情时期，混合式教学作为应对危机和挑战的重要教学改革，将为学生带来超越传统教育教学的全新感受和自主空间，促使教学过程真正由"以教师为中心"向"以学生为中心"转变，更为教师教学能力的发展提供广阔平台。本文在综合已有研究的基础上，在学生学习的各个阶段选取和构建适合的五类教学支架，引导学生成为知识的发现者、探究者和整合者，然后在合适的时机逐渐撤除并换成新的支架，帮助学生不断跨越最近发展区，实现从现有水平向潜在水平的过渡，提高其知识内化能力、知识迁移能力和问题解决能力。在教学实践过程中，通过应用统计学课程案例介绍了本文构建的基于教学支架的混合式教学课前、课中和课后三阶段模式的应用过程，

并对基于教学支架的混合式教学环境下和传统面对面教学环境下的学生应用统计学课程成绩进行了统计分析，研究结果表明，前者学生的课程成绩明显高于后者，差异显著，表明此教学模式能够取得预期的教学效果，从而为高校开展混合式教学提供理论与实践参考。

参考文献

[1] 吴岩. 应对危机 化危为机 主动求变 做好在线教学国际平台及课程资源建设 [J]. 中国大学教学，2020（4）：4-16，60.

[2] 王竹立. 后疫情时代，教育应如何转型？[J]. 电化教育研究，2020，41（4）：13-20.

[3] 教育部. 教育系统必须坚持"动态清零"不动摇 [EB/OL]. [2022-03-30]. http：//www.moe.gov.cn/jyb_xwfb/s5148/202203/t20220330_612075.html.

[4] 教育部. 面对疫情，全国所有高校已实现线上线下教学一键切换 [EB/OL]. [2022-03-29]. http：//www.moe.gov.cn/fbh/live/2022/54324/mtbd/202203/t20220330_612091.html.

[5] 何克抗. 从 Blending Learning 看教育技术理论的新发展 [J]. 电化教育研究，2004，(3)：1-6.

[6] 南国农. 我国教育信息化发展的新阶段、新使命 [J]. 电化教育研究，2011（12）：10-12.

[7] 管恩京，张鹤方，冯超，等. 混合式教学有效性的实证研究：以山东理工大学的68门多学科课程为例 [J]. 现代教育技术，2020，30（3）：39-44.

[8] 单妍，李志厚. 基于教育高质量发展的混合式教学模式建构 [J]. 教育理论与实践，2019（39）：48-51.

[9] 邢丽丽，费祥历. 混合式教学环境下讨论式教学模式中师生角色转换研究 [J]. 现代教育学，2019（3）：100-105.

[10] 何克抗. 教学支架的含义、类型、设计及其在教学中的应用 [J]. 中国电化教育, 2017 (4): 1-9.

[11] 梁爱民. "可理解性输入"与"最近发展区"概念支架类型研究 [J]. 济南大学学报（社会科学版）, 2010, 20 (4): 33-36.

[12] 李逢庆. 混合式教学的理论基础与教学设计 [J]. 现代教育技术, 2016 (9): 18-24.

[13] ALLEN I E, SEAMAN J. Sizing the opportunity: The quality and extent of online education in the United States, 2002 and 2003 [J]. Sloan consortium, 2003 (23): 659-673.

[14] WOOD D, BRUNER J, ROSS G. The role of tutoring in problem-solving [J]. Journal of child psychology and psychiatry, 1976, (17): 89-100.

[15] VYGOTSKY L. Mind and society: The development of higher psychological processes [M]. Cambridge: Harvard University, 1978.

[16] ROEHLER L R, CANTLON D J. Scaffolding: a powerful tool in social constructivist classrooms [M]//HOGAN M P K. Scaffolding student learning: instructional approaches and issues. Cambridge, Massacheusets: Brookline Books, 1997: 6-42.

[17] RAES A, SCHELLENS T, DE WEVER B, et al. Scaffolding information problem solving in web-based collaborative inquiry learning [J]. Computers & education, 2012, 59: 82-94.

[18] HILL J R, HANNAFIN M J. Teaching and learning in digital environments: the resurgence of resource-based learning [J]. Educational technology research and development, 2001, 49 (3): 37-52.

[19] GE X, LAND S M. Scaffolding students' problem-solving processes in an ill-structured task using question prompts and peer interactions [J]. Educational technology research and development, 2003, 51 (1): 21-38.

[20] AN Y J. Scaffolding wiki-based, ill-structured problem solving in an online environment [J]. Journal of online learning and teaching, 2010, 6 (4): 723-734.

[21] LINTON F. The intranet: an open learning environment [J]. Retrived march, 2000, 14: 2005.

[22] RASHEED R A, KAMSIN A, ABDULLAH N A. An approach for scaffolding students peer-learning self-regulation strategy in the online component of blended learning [J]. IEEE access, 2021 (99): 1-1.

[23] BYUN H, LEE J, CERRETO F A. Relative effects of three questioning strategies in ill-structured, small group problem solving [J]. Instructional science, 2014, 42 (2): 229-250.

面向留学生的分层级古诗词在线教学研究

郭凌云

（首都经济贸易大学　国际学院）

【摘　要】 后疫情时期，为了满足留学生线上学习古诗词的需求，提高古诗词学习的针对性和系统性，本文探索了一种分层级古诗词在线教学模式。本文首先对古诗词进行分级编选，在语言层面依照教育部中外语言交流合作中心2021年颁布的《国际中文教育中文水平等级标准》中的1~9级汉字表为语言分级依据，将中国古诗词分成初、中、高三级；在内容上兼顾了诗歌的可读性、艺术性、完整性以及普世性，综合确定了三个等级的诗词篇目共150篇。在此基础上，综合运用CBI、认知图式、支架式教学等教学理论建构了中国古诗词线上教学模式，借助唐风国际教育云平台，完成上传课程教学资料、课程录播及直播教学视频、相关作业发布以及课堂交互等一系列活动，从而推动留学生在课程前、课程中、课程后的相关学习活动，调动留学生学习古诗词的兴趣，促进不同水平留学生对古诗词字面义及文化隐含义的理解和接受，提高留学生的跨文化理解能力和汉语实践水平。

【关键词】 分层级；古诗词在线教学；线上教学

一、留学生学习古诗词的意义和现状

中国古诗词在形式上以典雅的汉语书面语为主，在内涵上承载了中国文化精神，体现了中国人民的思维方式和民族精神，是留学生学习汉语和了解中国文化的经典语料。学习中国古诗词有助于提高留学生的汉语水平和跨文化能力，很多留学生都有学习中国古诗词的需求和热情。

然而，在教学层面，目前学界面向留学生的古诗词课程设置尚未形成共识，各教学机构选讲古诗词的篇目不同，编选的语言标准模糊，编选诗词数量不一。在编目上，多以诗歌史发展为序或者以某些著名作家为专题；在语言上，对所选诗词不分层级，只是凭借编选者自身的语感选择一些看上去语言较为浅显的诗歌；且教学方式多为讲座式，以教师输出为主，授课语言多采用英语或者较复杂的汉语，教学过程缺乏互动性和思辨性，不符合新时代留学生的学习特点和需求。

在研究层面，目前关于古诗词教学的研究多散见于文化教学的研究文献中。其中，《日本学生学习中国古代诗歌的思维导向》（1998）是目前能检索到的比较早的中国古诗词教学研究论文。自1998年至今，在知网上共收集到约90篇面向留学生进行诗词教学研究的相关文献。研究成果分为两大类：一类为宏观研究，主要概括阐述诗词教学的基本原则，但系统性、层级性的研究相对缺乏；另一类为微观研究，主要聚焦于某篇诗词教学方法的探讨，对于诗词中语言本体的研究涉猎较少，而针对古诗词进行线上教学的课程实践和研究则更是数量寥寥。

后疫情时期，为了满足留学生线上学习古诗词的需求，提高古诗词学习的针对性和系统性，本文探索了一种分层级古诗词在线教学模式，对中国古诗词依据语言的难易程度进行分级，以汉语为中介语学习中国古诗词，促进不同水平留学生对中国古诗词的跨文化理解和汉语水平的提高。

本研究和教学的展开主要基于唐风国际汉语云平台（以下简称"唐风平台"）。唐风平台是专门针对汉语国际教育而设计的集教学、资源、测评等于一体的信息化云平台，已经应用于海内外432所院校，为分布在90多个国家的60多万名国际学生提供了课程服务。自2020年疫情开始，该平台已在首都经济贸易大学国际学院使用两年半，国际学院的老师和学生对这个平台都能够熟练操作和使用。因此，本课程将利用唐风平台上传课程教学资料、课程录播及直播教学视频，发布相关作业和考试以及利用唐风平台进行课堂交互活动。

二、古诗词语言及主题分级标准

进行古诗词教学，首先要对浩如烟海的中国古诗词篇目进行适当的筛选和分级。因为留学生古诗词课的本质仍是语言习得的课程，仍然要为提高留学生的汉语水平和跨文化交际能力服务，因此选择诗词篇目时应首先着眼于语言的难易程度，其次应考虑内容是否适合留学生阅读，需要综合考虑话题的广泛性、内容的适用性，既要具有民族共通性和普世性，又要具有中华文化的代表性，以帮助留学生读懂中国故事，更好地了解中国。

（一）古诗词分级的语言量化标准

从语言上看，目前市面上尚未发现面向留学生的分层级古诗词选本。已有的各选本作者对语言标准语焉不详，例如《中国古代诗歌选读》中只是说"所选诗歌均为文字较为浅近的名篇"①。《唐宋诗初读：拼音、注释、英译》编者在说到选取标准时说："大都是五言、七言绝句，并且都是内容健康，语言流畅，久为传诵的名篇，因其篇制短小，浅显易懂，故能朗朗上口，易于背诵，也适合初学者。"② 这些选本多用"浅近""浅显"等作为语言标准，缺乏科学性，只是依赖于编者的语感，并未依据学界已有的语言分层研究成果，因此不利于不同水平留学生的古诗词学习。

因此，在对古诗词进行编选时，应依据教育部中外语言交流合作中心（以下简称"语合中心"）于2021年颁布的《国际中文教育中文水平等级标准》（以下简称"等级标准"）中的1~9级汉字表为语言分级依据，严格区分各级诗词的语言等级。等级标准将汉语分为初、中、高三等，1~3级为初等，4~6级为中等，7~9级为高等。其中，初等汉字共900个，中等汉字共900个，高等汉字共1 200个。我们据此将中国古诗词分为初级古诗词、中级古诗词和高级古诗词三个等级。初级古诗词文本中，1~3级共900个初等汉字，占比75%以上；中级古诗词文本中，1~6级共1 800个初中等汉字，占比75%以上；高级古诗词文本中，1~9级共3 000个初中高等汉字，占比75%以上。

该功能的实现主要通过唐风国际教育云平台提供的HSK词汇等级标识工具（以下简称"唐风工具"，见图1），首先编者初步选定相关等级的中国古诗词，然后输入唐风词汇等级标识界面进行筛选和鉴别，最终确定不同层级的诗词。

图2为用唐风工具对古诗词《静夜思》进行分级标识的结果。

---

① 钱华，刘德联. 中国古代诗歌选读 [M]. 北京：北京大学出版社，1997.
② 王志武. 唐宋诗初读：拼音、注释、英译 [M]. 北京：北京语言大学出版社，2000.

图1 唐风云平台界面上的 HSK 词汇等级标识工具

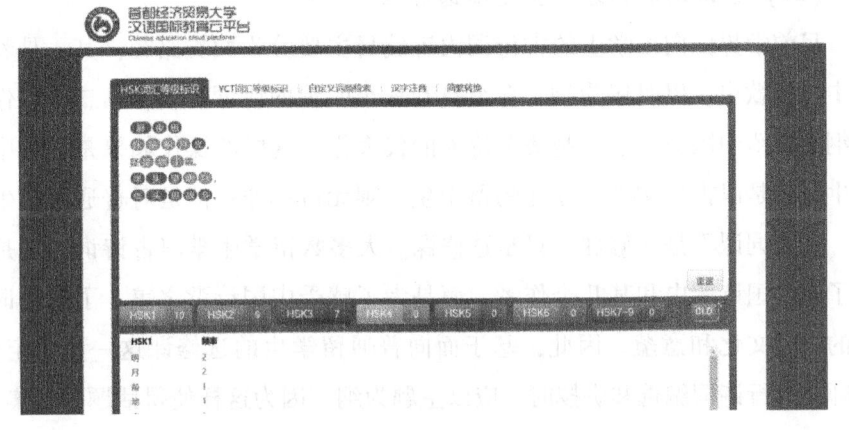

图2 用 HSK 等级标识工具对《静夜思》进行等级标识的结果

唐风工具用不同的颜色标注不同等级的词汇，绿色为一级，蓝色为二级，紫色为三级。《静夜思》全篇 20 个字，标题 3 个字，共 23 个字，经唐风工具标识后属于 1~3 级的汉字共 21 个，占比为 91%，因此应将其归类为初级古诗词。其他诗词篇目的分层级方式以此类推。

当然，因为诗词语言的特殊性，在对古诗词进行分级编选时，除了考虑语言等级外，还要考虑诸多语言相关因素，如文章的长短，冷僻字词的多少，诗词中蕴含的意象、典故等的难易与多寡以及文章思想内容理解的难易等，这些因素都应认真考虑和周密设计。例如，初级阶段的古诗词编选多以绝句为主，因为绝句只有四句，相对来说语言简单、篇幅短小，容易理解。虽然初级古诗词也间或介绍少量的律诗和词，但占比很少，主要是为了丰富留学生对古诗词体裁的认知，因为律诗和词的篇幅较长，涉及的难字、典故、意象也较多，不适合初级阶段的留学生。中级阶段则适当增加律诗和令词的数量，因为经过初级阶段的学习，留学生已经初步掌握了诗词音律、对仗、修辞等方面的知识，而且对诗歌的语言和基本表现形式都有了一定的了解，在这个基础上引入篇幅稍长的律诗和小令，对留学生来说是水到渠成之事。高级阶段则可适当增加篇幅较长的古体诗和中调、长调的词。

依据上述标准，最终选定古诗词150首，初、中、高三级每个级别各选择50首古诗词，其中精读30首，泛读20首。

（二）古诗词的内容、主题筛选标准

目前学界面向留学生的古诗词内容编目主要分为两类路径：其一是着眼于中国诗歌史，以时序为纲，介绍自春秋至明清的诗词名篇；其二是以作者为纲，介绍中国历史上一些著名诗人的代表作。这样的操作如果是面向中国学生或者是以古代文学为专业的留学生，则无可厚非；但是对普通留学生而言，古诗词课不是必修课，只是选修课。大多数留学生学习古诗词并不是为了了解中国诗歌史和某几个作者，而是为了感受中国诗歌之美，了解诗词背后的中国文化和意蕴。因此，基于面向普通留学生的选修课这一课程定位，教师在进行诗词编选和讲授时，应以主题为纲，因为这样使得话题相对集中，便于留学生激活大脑中相应的意象图示，也便于他们实现跨文化理解；从教学层面而言，也使得每一讲的内容相对独立而完整。

在进行诗词编选时，应在内容上重视诗歌的可读性、艺术性、完整性以及普世性。中国诗歌历史悠久，源远流长，佳作频出，浩如烟海。而中国古诗词选修课时长有限，怎么在有限的时长内，让留学生尽可能地欣赏更经典的中国古诗词，了解中国古诗词的语言和文化特点，领略中国古诗词之美，是编选者面临的难题。

首先，不能为了迁就语言层级就忽视诗歌的艺术性。所编选诗歌要能够体现中国诗歌含蓄蕴藉的风格，富有诗的韵味和中国文化的独特意象。例如郑板桥的诗歌《咏雪》，"一片两片三四片，五六七八九十片，千片万片无数片,飞入梅花总不见",语言简单,结尾构思巧妙,虽具有趣味性,但终究少了一些内蕴。相对而言,同为咏雪,柳宗元的《江雪》"千山鸟飞绝,万径人踪灭,孤舟蓑笠翁,独钓寒江雪"在艺术性上就显得更胜一筹,这首诗情景结合,雪中独钓江雪的渔翁意象,体现了中国文化所推崇的清高傲岸的出世精神,而且《江雪》在形式上属于五言绝句,体现了中国近体诗对仗、押韵等形式、结构的特点,更适合推荐给留学生。

其次,要考虑诗歌的可读性。有些诗歌虽是佳作,但是诗歌中所用语言较难,典故应用较多,会影响留学生的理解,就只能忍痛割爱,而是精选一些深入浅出、雅俗共赏的名篇佳作。例如杜甫的《自京赴奉先县咏怀五百字》这首诗中虽然有名句"朱门酒肉臭,路有冻死骨",也反映了唐代安史之乱的历史现实,是不可多得的佳作,但是一方面受限于字数过多,另一方面这首诗语言对留学生来说比较艰涩,因此只能舍弃。

再次,要从诗歌的完整性出发进行编选。有的诗歌虽然其中有一些名言佳句,但是整体上可能意义比较晦涩或者整体艺术性略有逊色,比如贾岛等苦吟派诗人的一些诗作等。因此,要尽量选择全篇语言比较简练优美的诗歌,注重整体性。

最后,还应兼顾诗歌主题的普世性及是否具有中国文化的代表性与独特性。在编选古诗词时,一方面,所选诗歌主题应具有人类共通性,能引起留学生的共鸣,例如反映思乡主题的《静夜思》,表现爱情主题的《红豆》等;另一方面,所选诗歌也要能反映中国人独特的思维方式、文化传统和价值观,例如咏物诗《梅花》,在中国文化中,梅花和松、竹一起被并称为"岁寒三友",因其寓意志向高洁,而成为中国古代文人经常歌咏的对象,这样的诗歌更能激发留学生的跨文化比较和思考。

基于上述考虑,在依据语言等级标准将中国古诗词分为初级、中级、高级三个等级后,我们在每个等级中各设十个专题,每个专题中包含三首精讲诗词,两首泛读诗词。这样的设置既适合古诗词教学的需要,也便于留学生日常的分主题阅读。

初级古诗词中包括思乡、咏物、友情、爱情、哲理、人物、咏史、风景、节令和物候等十个主题(表1展示了这些主题的文化切入点)。这些主题既是中国传统诗歌的母题，也是人类永恒的话题，便于留学生理解和接受。中级古诗词的诗歌仍采用主题式，但是在初级诗歌主题基础上进行了深化，更富有思辨性，诗歌的内涵更加深刻复杂。高级古诗词则在初、中级古诗词学习的基础上，利用专题的形式介绍中国诗歌史上不同时代的诗歌名篇和著名诗人与词人。这样的编排形式，将初级到高级阶段的古诗词构成了从点到面的兼具广度和深度的立体式知识结构，便于留学生更全面地了解中国古诗词以及其背后蕴含的中国人的思维模式、价值观、审美情趣和传统文化。

表1 初级古诗词各主题与文化切入点

序号	主题	文化切入点
一	思乡	中国流传至今的家-乡-国观念，如安土重迁、叶落归根等
二	咏物	中国文化中的传统意象，如松、竹、梅、鹤、鸳鸯、红豆等，体会这些意象背后以物喻人、借物明志的表达手法
三	友情	中国古代友道观，如高山流水遇知音、志同道合、守望相助等
四	物候	中国古代时间观念，如物候轮转与人生变迁的映像关系等
五	爱情	中国古代婚姻和爱情观，如相思的含蓄表达、对坚贞感情的歌颂等
六	咏史	中国古代史及历史观，简要介绍中国古代史以及以史为鉴的历史观等
七	节令	中国古代民俗，如中秋、重阳、七夕、寒食、元宵等传统节令以及踏春、斗草、传烟、乞巧等各节令风俗
八	人物	中国古代人们的生活，侧重描写社会底层人物、隐士、历史人物等
九	风景	中国的地理、自然风光和人文观照
十	哲理	中国古代哲学观，如天人合一的理念等

三、古诗词课程的主要教学内容

中国古诗词课的主要教学内容包括三个板块：中国古诗词字面义的理解和隐含义的解读；中国古诗词的语言特点；中国古代诗歌常识。这三个板块在实际教学中并不是平均用力的，而是有所侧重的，其中对于诗词意义的理解是教学重点，但是对于其他两个板块的知识，应当采取适当的方式进行简短的介绍，这样才有助于留学生真正理解中国古诗词的特点。

(一) 中国古诗词字面义的理解和隐含义的解读

古诗词的教学中，教师首先应该帮助留学生了解诗歌的字面义。在教学中一方面应选择汉字构词能力强的基础汉字，帮助留学生学会利用已有的知识来分析和预测词义，进而理解整句诗句；另一方面还要帮助留学生利用诗词内构筑的语义场，建立网状的词语记忆结构，以期有助于留学生现代汉语的习得。在教学过程中，教师还应鼓励学生用现代汉语翻译诗歌，以练习现代汉语书面语中长句和篇章的表达，因为翻译过程中要把单音节字替换成现代汉语中的双音节词，还要补足诗词中没有的虚词和关联词语等，从而更好地体会诗词学习中的信、达、雅以及汉语意合的特点。

在理解诗词字面义的基础上，教师还应采用多种手段帮助留学生理解诗词的隐含义，感悟古诗词的思想性和文化性，体会各民族文化"和而不同"的特点。人类的思想和文化是相通的，但是不同民族的文化也是不同民族思维的产物。古诗词中体现的既是中国历代思想的精华，更是古往今来中外人类共通的情感。教师应对古诗词中典型意象和典故进行适当解读，帮助留学生更好地理解诗歌要传达的情志，帮助他们理解中国人的文化传统和思维方式，促进留学生跨文化交际能力的提高。

教师应鼓励留学生对古诗词进行个人化、跨文化的思考。留学生能否对诗词进行个人化理解和解读是整个古诗词教学活动得以进行的基础，也是这一教学活动的主要教学目标之一。是否能够引起留学生的共鸣和思考，能否促进留学生在学习古诗词的过程中，结合自身文化背景和个人成长经历对相关古诗词的内涵、主题、思想观念等产生个性化的理解和主体性的思考，是评价这门课程效果的重要标准之一。

(二) 中国古诗词的语言特点

面向留学生的中国古诗词课程，应引导留学生学习和了解中国古诗词的语言特点，例如，语言凝练，独体单音，表达方式灵活，有自己独特的语词、句法和语序以及独特的表达方式等。如果不了解这些语言特点，就会影响留学生对古诗词的理解。相对于现代汉语来讲，中国古诗词的语言在词汇、句法、语序、修辞等方面有如下特点。

首先，中国古诗词中常出现的词类包括动词、名词、形容词、数词和虚词等，其功能和特点不同。数量词常用来突出时间和空间，例如"一去二三里，烟村四五家""南朝四百八十寺""危楼高百尺""千里莺啼绿映红""故国三千里，深宫二十年"等。形容词常用来增强画面感，如"微云淡河汉，疏雨滴梧桐""知否，知否？应是绿肥红瘦"等。疑问词常用来表达作者强烈的感情，激发读者共鸣，如"明月几时有""往事知多少""江畔何人初见月，江月何年初照人"等。动词常用来领起全文，如"念去去千里烟波""疑是地上霜"等；还能构建意境以及通过使动或者意动用法传情达意，如"春风又绿江南岸"中的"绿"，既丰富了诗歌的内涵，又增加了诗歌的表现力。唐诗中的名词常为自然现象，如日、月、云、山、树、草、烟、雾等，呈现出一种画面感；且常以名词构成全句，如"床前明月光""鸡声茅店月，人迹板桥霜"等。唐诗中还常用叠词，比如"穿花蛱蝶深深见，点水蜻蜓款款飞""梨花院落融融月，柳絮池塘淡淡风""漠漠水田飞白鹭，阴阴夏木转黄鹂""无边落木萧萧下，不尽长江滚滚来"等，用叠字突出景物的状态，使诗歌传情达意更加精妙和生动，增加了诗词的艺术表现力，在教学时要适当对留学生进行提示。

其次，中国古诗词的句式相对于现代汉语而言更加灵活、留白和想象空间较大。这是因为诗词篇幅不长，诗人意图在一句或一联或一首诗中尽可能地包括更多的内容，写景、抒情、状物时尽可能用最精练的字表达最丰富的内容。这些是教师在教学中需要提示留学生的，目的是帮助学生理解诗歌意在言外的主旨。古诗词中常出现的句式包括以下几类：其一，由主谓结构转换成的名词语，这些句式的结构为 VP+N，可以还原为"N+VP"的形式。例如，苏轼的"潜鳞有饥蛟，掉尾取渴虎"，杜甫的"月明垂叶露，云逐渡溪风"，温庭筠的"江上柳如烟，雁飞残月天"等。其二，紧缩句。紧缩句之间的语义关系，在现代汉语中是需要通过不同的虚词和连词来表示的，但是在诗词中却不需要用这些虚词，而是要读者自己去体会。如表示因果的，王维的"草枯鹰眼疾，雪尽马蹄轻"，王湾的"潮平两岸阔，风正一帆悬"等；表示假设的，如杜甫的"田父要皆去，邻家问不违"，白居易的"遇酒多先醉，逢山爱晚归"等；表示让步的，白居易的"饭粗餐亦饱，被暖起常迟"，杜甫的"翠柏苦犹食，晨霞高可餐"等。其三，连贯句，即几个句子连在一起表达某个完整的意思，常由某些词领起。例如高适的"丈夫不作儿女别，临歧涕泪沾衣襟"，陆游的"人生不作安期生，醉入东海骑长鲸"，皇甫松的"闲梦江南梅熟日，夜船吹笛雨潇潇，人语驿边桥"等。其四，特殊述宾式。这类句子为O1+V+O2，实际上应为V+O2+O1，其中O2是O1的修饰语，是为了符合诗歌格律而做的移位。例如：孟浩然的"山水寻吴越，风尘厌洛京"，戴叔伦的"寥落悲前事，支离笑此身"，李白的"弄珠见游女，醉酒怀山公"等。

再次，中国古诗词中的语序往往出于押韵或者对仗的需要而比较灵活。其一为主谓倒置，如魏征的"古木吟寒鸟，空山啼夜猿"，王维的"竹喧归浣女，莲动下渔舟"，苏轼的"簌簌衣巾落枣花，村南村北响缫车"等。其二为述宾倒置，如王维的"连天汉水广，孤客郢城归"，卢纶的"地僻无溪路，人寻逐水声"。其三为主述宾倒置，这类句式由N1+V+N2构成，但实际上应为N2+V+N1，如李白的"客心洗流水，余响入霜钟"，王勃的"城阙辅三秦，风烟望五津"等。其四为状语后置，包括副词后置，如"渭水自萦秦塞曲，黄山旧绕汉宫斜""绮陌朝游间，绫衾夜直频"；处所词和时间词后置，如"但旅寓年年，梦添夜夜，饭减朝朝""路沾湖草晚，月照海山秋"等。

最后，为了提高表现力，中国古诗词中还采用了多种修辞手段。其一，比喻。与现代汉语不同的是，诗句中的"如""似"等常被隐去。例如苏轼的"只恐夜深花睡去，故烧高烛照红妆"，吴文英的"落絮无声春堕泪，行云有影月含羞"等。其二，代指。沈义府《乐府指迷》中说：炼句下语，最是紧要，如说桃，不可直说破桃，须用"红雨""刘郎"等字。如咏柳，不可直说破柳，须用"章台""灞岸"等字。又咏书，如曰"银钩空满"，便是书字了，不必更说书字。"玉箸双垂"，便是泪了，不必更说泪等。其三，用相对固定的意象表达某类感情，如望月常表思念家乡，折柳表留恋不舍等。

（三）中国古代诗歌常识

在学习中国古诗词过程中，留学生还需要学习中国古代诗歌的一些常识，例如诗歌的韵律、篇章、修辞、平仄、韵脚等内容，了解中国古诗词的文体构成规则。这门课程除了让留学生读懂中国古诗词外，还要让留学生学会欣赏中国古诗词，对什么是好的中国古诗词建构起一定的评价标准。具体来说，包括以下几点：

其一，了解古体诗和近体诗的区别。古体诗在形式上是比较自由的，在用韵上不需要遵守平仄规律，既可用平声韵，也可用仄声韵；而近体诗只能用平声韵，并且对诗歌的句数、字数、平仄、押韵等都有比较严格的规定。例如，除了排律以外，近体诗每首诗的句数必须是固定的，而且字数限定为五言和七言；韵脚固定，只能押平声韵，并且不允许换韵；对于每个句子的平仄也有着严格的规定，而且要求五言律诗、七言律诗的中间两联必须对仗；等等。

其二，了解绝句的特点。以近体诗的格律为标准，绝句又可以分为律绝和古绝两种。律绝是合乎近体诗格律标准的绝句，古绝指近体诗尚未定型前的绝句。古绝不要求平仄、押韵等形式，比较自由，而律绝则必须合乎近体诗的格律。

其三，了解律诗的特点。律诗每首八句，包括五言律诗、七言律诗和排律。其中五言律诗和七言律诗都必须严格遵守格律，韵脚必须押平声韵，严格遵循平仄要求，并且每首诗的中间两联要求必须对仗等。

其四，了解词的特点。词产生在诗之后，兴起于晚唐五代，也叫曲子词，在产生之初是为了配合宴乐的乐曲而填词谱写的歌词。因为词的句子长短不一，因此词又被称为长短句。一般公认宋词的成就最高。根据词体的字数可以将其分为三类：58字以内是小令，59字到90字为中调，91字以上是长调。

其五，了解中国古诗词声律的特点。中国古诗词声律的特点包括平仄格式、用韵、对仗等。近体诗要求两个字为一节奏，平仄相继。近体七言律诗每句的一、三、五字平仄不拘，而二、四、六字则必须严格遵守平仄格式。在韵律方面，近体诗只能押平声韵，而且不能换韵，必须一韵到底。诗词创作时还要符合对仗规律，例如，相对的两句必须字数相等、结构相似、词性一致等。

其六，了解中国诗歌"诗言志"的宗旨。从本质上看，中国古诗词与西方诗歌"poem"是不同的，西方的诗歌主流是史诗和叙事诗，而中国古诗词主要是表达作者的主观情志。其中词和诗又有不同，王国维曾说过，"词之为体，要眇宜修，能言诗之所不能言，而不能尽言诗之所言"。而且诗歌多采用赋比兴等手法，评价一首诗歌，除了语言，更重要的是看其兴寄与风骨，看重诗词所创造的"诗境"。王国维说："词以有境界为最上，有境界则自成高格。"

四、中国古诗词课程相关教学理论

古诗词课程的教学目标是通过本课程的学习，使留学生能够理解和掌握所学古诗词的字面意义和隐含义，并进一步理解诗词背后所蕴含的中国文化精神以及中国人的思维特点和价值观，从而切实提高学生的汉语实践水平和跨文化理解与接受能力。

在教学过程中，教师需要综合运用CBI教学理论、认知图式理论、支架式教学理论等。

（一）基于内容的语言教学理论（CBI）

古诗词课是基于内容的语言教学（content-based language instruction, CBI）。CBI指以内容为主体进行学科知识本位的二语教学，教师以目标语作为教学语言教授全部或部分课程。

面向留学生的古诗词课是以汉语作为教学语言教授中国古诗词的课程，符合CBI的教学理念。CBI的学习和教学过程是一个连续统，连续统的一端是以内容驱动的教学项目，另一端是以语言驱动的教学项目，在连续统的中间，是学生用目的语学习学科内容。在这个意义上，古诗词的教学过程也是一个连续统，一端是古诗词的理解，另一端是汉语的习得，在这个连续统的中间，是留学生以汉语为工具学习古诗词的过程。在学习过程中，语言学习和内容学习是互相融合的，汉语只是一种获得信息的手段和桥梁，对古诗词的理解为显性学习，汉语的习得为隐性学习。教学过程中。CBI要求用意义引导教学，在学习过程中学习者应该将精力集中于意义。古诗词教学以促进留学生对中国古诗词的理解和感受为主要学习内容，而不再是以掌握汉语本体知识（即以语言要素和语法功能为主的语言课程）为主体，从而更有助于激发留学生的学习兴趣和动机，加强他们通过汉语学习相关文化知识的自信，切实提高汉语水平和跨文化理解能力。

CBI教学要遵循以下几个原则：一是要以学科知识为核心，一切教学活动围绕此展开；二是文本材料要尽可能真实，以推动沉浸式学习；三是要尽量适应特殊学生群体的具体需求。CBI教学中，如何将汉语与不同主题进行有机融合，一直是教学中存在的问题。因为语言是文化的载体，如果语言和课程内容及其所体现的情感、价值观的融合度较高，那么留学生就会更容易理解和习得。而中国古诗词课程正好实现了语言和教学内容的契合。中国古诗词中表达的是一种普世的价值观，具有人类共通性且留学生比较感兴趣，既能够体现中国古代传统文化，又能够反映中国传统的思维方式和价值观。在学科知识和语言层面，中国古诗词课程的知识体系也十分清晰，学生在学习过程中既要理解诗词的字面义和隐含义，还要了解中国古诗词的相关知识，如格律、意象、情境等。古诗词体裁短小，内容精练，由丰富的汉语词汇构成，是典雅的书面语，其中很多语词在现代社会仍有很强的生命力。教师在进行课程设计时应将对诗词的赏析、汉语的习得以及跨文化理解能力的提升有机地融合在一起。

CBI要求所学内容的难易程度要适合学习者的语言水平，注重可理解输入和语义交流，而分层级的古诗词内容正好符合这一要求。虽然汉语是学生的第二语言，学生使用起来会感到陌生和不熟练，但是学习内容的主题是学生熟悉的，从而弱化了学生学习过程中的紧张感。

古诗词课程是一种完全沉浸式的教学。课堂上的教学语言95%以上为汉语，教师在教学过程中在发音上要语音标准、吐字清晰、语速适中，充分发挥汉语示范作用。在使用词语上，要有限使用常用词，重复使用关键词。在句子选择上，要多使用短句，简化句子的语法结构。在评价话语上，要尽量使用多样化的积极评价性话语，鼓励学生，提高学生学习的积极性。

教师教学中还需要通过丰富的教学内容和形式，创设丰富的情境帮助学生理解古诗词，还要与学生进行交流和互动。在教学手段上，综合使用道具、动作、图片、多媒体资料来辅助教学，通过设计一些游戏、绘画、表演之类的活动使教学内容更为简单易懂，从而降低学习者的学习焦虑，促进留学生对古诗词内容和汉语的习得。相较于单一的语言教学，CBI的学习过程的意义呈现更为丰富，在古诗词的教学过程中，教师会融入中国历史、地理、文化等内容，学生在学习过程中，需要运用分析、归纳、综合等能力去理解古诗词的文本，从而提高汉语认知能力，建构起对古诗词的跨文化理解。

(二) 认知图式理论

认知图式理论是人们运用头脑中已有知识来理解语言、解读文本的学说，源于德国哲学家康德（Kant）提出的哲学概念"图式"（schema），"图式"是指个体对世界的知觉、理解和思考的方式。图式理论认为，"任何语言素材，不论何种形式都只是一种符号，其本身没有任何意义，而其作用就是指导阅读者根据自身已有的知识恢复或构成语料的意义"（Bazerman, 1985）。

图式原理被引入阅读理论后，形成了现代图式阅读理论。目前普遍认为与阅读理解有关的认知图式可分为三大类：语言图式、内容图式、结构图式（于敏，2008）。语言图式指语音、字词、句式结构等语言本体方面的知识，也指学习者使用语言的能力；内容图式指文本中蕴含的文化背景知识；结构图式是关于语篇特征的知识，指对文章段落层次、词汇链接等的熟悉程度及对文章体裁、结构知识和类型特点的掌握等。在阅读过程中，这三种图式与文章共同作用，最终实现对文章的理解。

古诗词的学习本质上是一种阅读理解活动，需要学生调动头脑中原有的汉语知识和人生经验对诗词文本进行解读和诠释。因此，诗词教学中要始终围绕帮助学生建构语言图式、内容图式和结构图式这三类图式而展开。具体到古诗词教学中，语言图式指在古诗词教学中，首先要帮助留学生理解古诗词的字面意思，让学生掌握古诗词中每个字的发音，能熟练流利地朗读古诗词，理解古诗词中每个字的意思并进一步理解整首诗歌中每个诗句的意思。内容图式指理解古诗词的语句的深层含义，包括诗词中的意象、诗词创作背景，其中蕴含的中国古代人文精神、文化传统和思维方式等。结构图式指留学生对诗词文体特点的了解，例如诗词中关于对仗、押韵等的格律知识，"诗言志"的本质特点，"意在言外"的审美追求等。

留学生作为成年人，他们学习古诗词与中国的儿童学习古诗词不同，在语言上，他们都经过了一段时间的汉语学习，已经掌握了部分汉字的音形义，为学习古诗词做好了语言上的准备；在内容上，他们头脑中已有相关的生活阅历和人生感悟；在形式上，他们也对本国和世界的诗词有了一定的了解，对中国古诗词具有一定的审美期待。因此，在教学中要尽量激活留学生头脑中原有的语言图式、内容图式和结构图式，帮助他们在跨文化语境的基础上建构新的中国古诗词图式。

(三) 支架式教学理论

"支架式教学"是建构主义学者根据维果茨基（Vygosky）的"最近发展区"理论而提出的教学理论。所谓支架式教学，是指教师为学习者搭建不断向上攀缘的支架，从而帮助学生完成对知识意义的自我建构。教师在进行教学活动前应首先对相对复杂的学习任务进行拆分，将其分解成彼此有关联却又呈现递进式的学习模块，在每个模块提供相应的学习资源和辅导作为"支架"。学习者沿着"支架"在相应的教学情境内进行自主探索和学习，并进行协作学习，直至完成对整体复杂概念意义的建构。支架式教学的教学环节通常可分为五步：搭建支架；进入情境；独立探索；协作学习；效果评价。

"支架"是指在教育活动中，教育者或者学习伙伴对学习者习得知识提供的有效支持。支架具体可分为两种：一种是教师通过启发示范、案例分析、同伴互评培训以及过程监控给学习者们提供的"专家建构"；另一种是同伴通过小组协商、协作学习、同伴互评及反馈为学习者提供的"同伴建构"。针对支架在外语学习中的价值，国外的研究者界定了"支架"的7种功能，分别是：引起兴趣、简化任务、维持既定目标、指出理想解决方案与当前产出之间的相关特点及差距、控制挫折感、示范理想的解决方案及反馈。

古诗词课程中，教师在学生阅读古诗词的前、中、后期都要搭建支架促进他们的理解和表达。阅读前教师可通过图画、视频、提问等引起学生兴趣，激发原有语言图式、内容图式和结构图式。阅读中教师应注意通过搭建支架帮助学生在头脑中建构相关的图式，例如在语言图式层面，教师可提供单个字词的解释，让学生在此基础上理解全句的意思，并能理解近似的诗歌。在内容图式层面，教师可介绍背景信息，帮助学生理解诗词的隐含义，同时让学生表达自己的感受，实现跨文化理解。在结构图式层面，教师可介绍诗词知识，让学生自己找出平仄、对仗，帮助学生建构古诗词知识体系。阅读之后，在课程的小结阶段，教师也要适时为学生搭建支架，一方面归纳总结本课的重要词语，为学生提供意义建构是否正确的标准，让学生对本课所学知识框架有更清醒的认识；另一方面教师对学生进行评价，要求学生自我评价，激发学生的学习动机，使学生获得成就感，增强自信心。

"进入情境"指教师应为学习者建构相应的学习情境，帮助留学生领悟诗歌的意境、主旨等，使其联系自身感受，进行跨文化解读。教师应提供相关图片、音乐、电影、电视剧、网络素材等多媒体资源，帮助学生进入相关情境。例如，学习唐诗《红豆》时，可以提供上海嘉定区委重点投资拍摄的"中国唱诗班"系列动画短片之一《相思》。这部短片画面优美，语言简洁，围绕着王维的《红豆》这首诗，演绎了一个凄美的爱情故事，有助于留学生理解这首诗的主旨。

"独立探索"指学生在教师提供的各类支架的帮助下，自行理解诗词的字面义和隐含义，并进行内化和比较。"协作学习"指学生以小组合作的方式进行学习和探讨，交流诗词学习心得等。"效果评价"指教师对学生的学习情况进行评估时更注重过程性评价。

五、中国古诗词课程教学目标

（一）古诗词课程的特点

留学生古诗词课程既有一般语言课程的共性，也有自己的特性。一方面，它仍要遵循留学生语言类课程的原则，努力实现结构-文化-功能相结合。另一方面，古诗词课程又与传统的汉语综合课、文化课及口语课存在一定差异。

汉语综合课重视对语词音、形、义、用的全面学习，以语言习得为核心；而古诗词课则重点在于帮助留学生扫清古诗词阅读障碍，帮助他们更好地理解诗词的内涵和外延，更偏重于对诗词篇章内容的理解。

面向留学生的一般文化课，如中国概况等课程，教学重点是帮助留学生了解中国社会文化从古至今的发展变化，其文本比较复杂，既不能用来作为语言习得的范本，也不能作为普通的阅读资料，只能作为学习参考的泛读资料。而中国古诗词课程的文本则是中国经典古诗词，篇幅短小精悍，经过分层级之后，完全适合留学生的语言水平，留学生自己基本上能够读懂诗词的字面义，教学重点在于围绕诗词文本本身帮助留学生进行深层文化解读。

传统口语课以每课的话题为依托，围绕课文进行重点词语和结构的输出训练，重点考查学生表达的正确性、准确性和流利度。而古诗词课程的表达则以诗歌文本为依托，重点在于考查学生是否理解了古诗词蕴含的言外之意和深层的文化含义，帮助学生调动脑海中的图式并积极输出个人对诗词文本的感受，鼓励学生进行跨文化比较和输出。在语音层面，古诗词课程鼓励留学生大声朗读、吟诵诗词，在整句语流中练习音节和语调。赵元任先生（1980）指出，"发音的部分最难，也最要紧，因为语言的本身、语言的质地就是发音，发音不对，文法就不对，词汇就不对"。曹文（2021）指出，比起西方语言，音节的重要性在汉语研究和教学中是非常高的。在古诗词的学习中，留学生通过优美而有意义的诗歌的诵读学习，对音节的发音和声调将会有较为系统的认识和把握，能够更熟悉汉语音节的发音，规范语音语调，把握诗词断句和节奏，加深对诗歌的理解，感受中国古诗词的节奏和韵律之美，从而为中文学习打下良好的语音基础。

（二）分层级教学目标

中国古诗词课程的教学目标分为总目标和分级目标。

1. 总目标

总目标包括语言习得、诗词知识、文化理解、跨文化意识四个维度。

（1）语言习得：能够用比较准确的语音语调阅读诗词文本，理解诗词的基本内容。

（2）诗词知识：了解诗词的相关知识，包括诗歌的种类、韵律、对仗、平仄、修辞、意象、意境等以及中国古诗词的文体构成特点和规则。

（3）文化理解：了解诗词文本所蕴含的中国古代历史、文化、思想观念和风俗传统等。

（4）跨文化意识：理解中国文化和学习者本国文化的异同，培养对中外文化异同的敏感性；以尊重、包容、共情的态度看待和评价中国文化的特点和文化间的差异；超越刻板印象和文化偏见。

2. 分级目标

（1）初级古诗词的教学目标：要求留学生能够在教师示范下，采用跟读的方式用比较准确的语音、语调朗读诗词；能够基本掌握诗词中重要字词的音、形、义、用；能够在教师讲解后理解诗词的字面基本含义和创作背景；能够用简单的汉语大致翻译诗词的主要意思；能够初步理解古诗词种类以及形式上的押韵、对仗等规律；能够基本理解古诗词所关联的中国文化以及本国文化的相应文化因素。

（2）中级古诗词的教学目标：要求留学生能够在教师指导下用准确的语音、流利的语调带有感情朗读诗词；能够熟练掌握诗中全部字词的音、形、义、用；能够借助词典等工具基本理解诗词的字面义和隐含义；能够用比较复杂的汉语比较准确地翻译诗词意思；能够理解中国古诗词中特有的意象和意境，能够理解中国诗歌采用的赋比兴等表达方式；能够理解诗词中蕴含的中国传统文化和思想，能够比较中国文化和本国文化的异同。

（3）高级古诗词的教学目标：要求留学生能够自己用标准的语音、语调带有感情地朗读诗词；能够掌握诗词中字词除音、形、义、用之外的言外之意，理解诗词所蕴含的文化含义；能够比较准确恰当地翻译诗词的意思和言外之意，基本达到信雅达的程度；能够理解中国古诗词的兴寄、主旨、趣味等特点；能够在适当场合应用所学诗词表达相关感情，能够客观评价中国文化和本国文化的特点以及文化间的差异。

六、中国古诗词课程线上教学模式研究

中国古诗词线上课程属于面向留学生开设的通识类选修课，主要是向留学生分专题介绍中国古代优美的古诗词。根据国际学院选修课要求，中国古诗词选修课每个学期共20课时，10次课，每次2课时。该课程每学期共包含十个主题，每次课围绕一个主题，选择3首诗歌精讲，2首诗歌泛读。不计学分，属于考查课。

中国古诗词课程为系列选修课，包括初级古诗词、中级古诗词和高级古诗词选修课。其中初级古诗词课程面向HSK（汉语水平考试）3级及以上水平的留学生；中级古诗词课程面向HSK 6级及以上水平的留学生；高级古诗词课程面向HSK 7~9级及以上水平的留学生。

中国古诗词的在线教学模式主要包括三个板块：阅读前、阅读中和阅读后。

（一）阅读前

上课前教师会在微信群以及唐风平台发送古诗词学习材料等课程资源（如图3所示），留学生可以基于移动端或者PC端学习教师指定的课前材料和主题背景资料。教师可以利用唐风平台对留学生的预习进行监测，跟踪学生的学习情况，收集学习的问题，并进行课前答疑。这有助于激活学生头脑中的原有图式，并初步进行古诗词意义的建构。

图3 课前发送学习材料

（二）阅读中

阅读中包括以下几个教学环节：

第一，教师搭建支架，组织和引导学生在课前自主学习和探究的基础上，首先对古诗词的字面义进行解读，鼓励学生先利用工具和辅助材料进行自行解读。解读过程中学生如果有不明白的问题，可以在腾讯会议的聊天区进行实时反馈。教师组织学生就疑难词句进行讨论和重点讲解，帮助学生建构正确的解读范示，这既能满足学生的求知欲，也促进了小组合作。学生通过自主探究和小组合作，也在课堂上获得了满足感。

第二，在理解字面义的基础上，教师提供图片、影像资料等，介绍古诗词的作者和相关背景，为理解诗词创设相关情境，鼓励留学生对诗歌进行个人化的解读。在此基础上，不同国家和文化背景的留学生对这首诗进行跨文化的比较和输出，包括口语表达和书面表达。例如，学完王勃的《送杜少府之任蜀州》后，可以让学生就"海内存知己，天涯若比邻"进行表演，让学生表演送行场景。学生的表演要包括以下要素：事情发生的背景，发生的时间、地点、相关人物，要求表演过程中使用诗句"海内存知己，天涯若比邻"。书面表达主要是进行想象性的书写，例如根据《回乡偶书》详写一下当时的情景，学完《九月九日忆山东兄弟》后模仿王维的口气给兄弟们写信等。

第三，效果评价。教师通过唐风系统设置相关题目，例如诗词书写、填空、朗读、理解类似诗句等练习，以对学生的学习成果进行评价。课堂上还可以让留学生对彼此朗读的情况互相进行评价，分享本次课的心得和体会，实现自我评价和互评。教师则使用过程性评价和结果性评价相结合的评价方式，采取多种方式提升留学生的学习兴趣，促进学习成果的展示。例如，进行古诗词的背诵大赛，以古诗词为背景进行剧本的创作和表演比赛，诗词书法大赛等。

教师在教学过程中应不断扩充和丰富留学生的语言图式、内容图式和结构图式，如通过语词方面的练习以扩充语言图式，通过图片、视频等以丰富内容图式，通过用现代汉语翻译诗句等以充实结构图式，包括增加诗歌知识、增加古代文化知识等。最终帮助留学生完成认知图式由具体到抽象的进阶，形成较高的语言逻辑思维。

（三）阅读后

诗词课后，教师应通过唐风教学平台向学生布置学习任务，上传直播课视频，发布听说读写等综合性的作业，对已学过的知识内容进行跟踪测试和评价。同时，鼓励学生在微信群里发布自己学习古诗词的感受，并就专题进行现代式的仿写。阅读后的学习任务环节有助于学生巩固所学图式，实现激活图式—扩充图式—巩固图式的闭环教学。

图4为诗歌《静夜思》的课后作业。

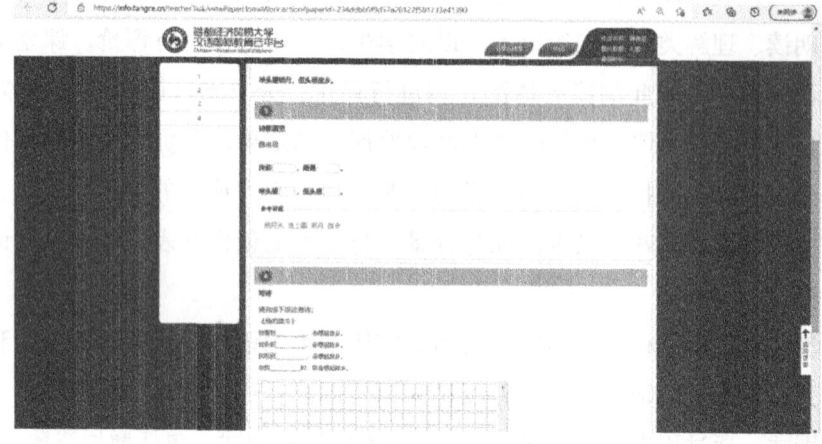

图4 《静夜思》的课后作业

七、小结

本文基于唐风国际教育云平台探索了一种面向不同水平留学生的、分层级古诗词在线教学模式，通过以汉语为中介语学习中国古诗词，促进留学生对中国文化的跨文化理解和汉语水平的提高。在教学对象上，该模式针对不同汉语水平的留学生提供了分层级的诗词学习模块，而不像传统古诗词教学只针对高级水平留学生进行教学；在学习内容上，该模式兼顾语言要素的习得和诗词内涵的跨文化解读，而不再仅以文化学习和鉴赏为目标；在学习方式上，该模式利用唐风平台的相关功能使留学生的学习过程更具有交互性和趣味性，从而为"互联网+"时代的留学生古诗词在线教学提供一种新对策、新思路。

参考文献

[1] 教育部中外语言交流合作中心. 国际中文教育中文水平等级标准［S］. 北京：北京语言大学出版社，2021.

[2] 教育部中外语言交流合作中心. 国际中文教育用中国文化和国情教学参考框架［S］. 北京：华语教学出版社，2022.

[3] 喻守真. 唐诗三百首详析［M］. 北京：中华书局，1983.

[4] 郭伯勋. 宋词三百首详析［M］. 北京：中华书局，2005.

[5] 钱华，刘德联. 中国古代诗歌选读［M］. 北京：北京大学出版社，1997.

[6] 王志武. 外国人汉语古诗读本：唐宋诗初读［M］. 北京：北京语言大学出版社，2000.

[7] 邓小宁，叶亮. 支架式对外汉语课堂活动设计与效益分析［J］. 海外华文教育，2018（5）：9.

[8] 惠天罡. 基于CBI的美国汉语沉浸式教学的分析与思考［J］. 世界汉语教学，2020（4）：14.

[9] 杨园，徐冰. 图式理论视角下任务型阅读教学模式研究［J］. 外语学刊，2020（2）：7.

教育信息化背景下虚拟仿真技术在法学实践教学中的应用研究

张 建

(首都经济贸易大学 法学院)

【摘 要】 网络信息化时代的到来使高等院校的法学教育既面临着新的机遇，也经受着新的挑战。传统的法学课堂在师生双向互动、实践元素融入等方面存在多重弊端。虚拟仿真技术的引入给法学教育注入了新的活力，提升了法学课堂的现代感、技术感，使授课对象能够身临其境，真正做到以学生为主体。对于民事诉讼法、仲裁法等偏重于实践运用能力的程序法学科，虚拟仿真实验项目的设计和实验平台的打造能够塑造一种仿真的法律应用场景，学生通过扮演具体的角色，在法律检索、问题分析、诉状写作、口头辩论方面得以全面提升，为参与学科竞赛奠定扎实基础。

【关键词】 虚拟仿真技术；法学教育；学科竞赛

一、虚拟仿真技术与法学实践教学的契合性

（一）虚拟仿真技术的普及与高等教育的变革

人类对创造臆想空间的追求从未改变，这也是虚拟仿真（virtual reality, VR）技术得以飞速发展的根本动力。业界有观点指出，自 2016 年起，知名互联网企业纷纷涉足 VR 产业。作为一种全新的产品形态，VR 技术将"人机交互"升级为"人机交融"，强化沉浸式体验，使参与者有了身临其境的用户感受。不仅如此，VR 技术逐步被广泛运用于娱乐、教育、医疗、体育、旅游等多个产业，展现出了强劲的发展潜力，为研发者打开了巨大的想象空间。学术界通常认为，2021 年是 VR 产业发展的元年，在这一年，元宇宙成为举

世瞩目的焦点，而 VR 技术与之息息相关，堪称元宇宙的"入场券"。

2022 年 10 月 28 日，工业和信息化部等五部门联合发布《虚拟现实与行业应用融合发展行动计划（2022—2026 年）》，健全虚拟现实标准和评价体系，建设产业公共服务平台，在 VR 技术推广与应用方面起到了引领作用。互联网科技的迅猛发展释放出一个信号，即人类已经无法逆转地进入了信息化时代。对于具有较强实践性的法学教育而言，必须直面信息技术革命，并与时俱进地对教学方法、教学手段、教学内容、教学媒介进行更新，才有机会获得新的突破。特别是，突如其来的新冠疫情，使得高等教育与信息技术的关联越发紧密，技术在推动教育变革的同时，也在不断基于教育的需求获得新的发展和进步。将 VR 技术有效应用于法学教育中，已经成为当前法治人才培养中不可忽视的议题。

（二）虚拟仿真技术符合法学教育的客观需要

法学教育是传授法律知识与技能、为国家培养法治人才的教学活动。传统法学坚持严格的规范/价值分析方法，并不主张"实验"的方法进入法学领域，这不可避免地导致了法学与现实社会生活相互脱节的后果。为了克服这一弊端，现代法学产生了关切现实的需求，要求通过现实反映法律真实的运行状况，因而"实验"这一具有科学标志的方法进入法学领域存在其内在必然性。相比于其他的人文社会科学，法学尤其注重理论与实践的融通，尤其是当代的法学教育，绝不仅仅沉醉于逻辑思辨和规范释义，而是越来越注重提升解决实务问题的能力。由此，在法学人才培养方案的制订、课程设计、教学规划中，案例教学、实训课程、法律诊所、专业实习等侧重于实践技能的教学活动比例正在日益提升。但是，应当注意的是，现有的社会实践、专业实习，虽然初衷是良好的，但其往往从一个极端步入了另一个极端，在学生步入实习单位后，往往将只受到实习单位和实习导师的单方面训练，从而忽视了法学院对学生的智力支持和专业指导。据调查，有相当一部分法学专业的学生（尤其是低年级本科生），在实习单位仅仅从事日常的事务（如打印复印、接听电话、财务报销、接待当事人等），并没有机会接触到第一手的法律实务工作，即便有机会接触具体案件的法律实务，由于能力所限，也无法得心应手地处理相关工作。故而，以 VR 技术为载体，在法学院开设虚拟仿真

521

的实训课程，便有了用武之地。法学实验的出现，在法学理论与法律现实之间架起了一道沟通的桥梁。那么，针对法学专业课程的特点，设计好实验目的、实验手段、实验内容，将成为人工智能融入法学教育、法学院开展实训教学活动的重点。

二、虚拟仿真技术应用于法学教育的挑战与调适

针对 VR 技术在高等教育领域的应用，我国教育部先后发布了多个政策性文件，其中主要包括：《教育部办公厅关于 2017—2020 年开展示范性虚拟仿真实验教学项目建设的通知》（教高厅〔2017〕4 号）；《教育部关于开展国家虚拟仿真实验教学项目建设工作的通知》（教高函〔2018〕5 号）；《教育部关于一流本科课程建设的实施意见》（教高〔2019〕8 号）；《教育部办公厅关于开展第二批国家级一流本科课程认定工作的通知》（教高厅函〔2021〕13 号）。

综合这些重要的政策性文件，总体上对于虚拟仿真教学项目的建设提出如下要求：首先，开展 VR 技术应用于高等教育的基本点是为党育人、为国育才，故而坚持立德树人、强化以能力为先的人才培养理念，课件虚拟仿真教学与课程思政存在契合性。换言之，VR 教学只是对传统教学形式的创新和改进，理念和宗旨并无变化。其次，之所以将 VR 技术引入高等教育教学，主要是为了做到与时俱进，使学校、教师、学生能够更好地适应信息化条件下知识获取和传授方式的变迁，应对教与学之间关系的转型，以高质量的教学改革助力教育强国目标的实现。再次，无论是教育信息化、教学仿真化，还是实验虚拟化，都主要服务于实践类教学，特别是学生需要借助这类教学项目和课堂形式形成严谨的思维习惯和较强的操作能力，更好地分析并解决实际问题，故而，VR 技术运用于法学教育，应特别突出应用驱动、资源共享，遵循"学生中心、产出导向、持续改进"的原则。

具体来看，VR 技术与法学教育实现有效结合，通过新兴技术手段的引进来促进法学实践教学的更新，既有益处，也有挑战。一方面，VR 技术的应用，使得法学教育能够展现出更好的个性化，将场景化有机嵌入其中，通过虚拟导师、虚拟场景使学生切实有效地参与其中。但另一方面，VR 技术应用

于法学教育，也带来了法律风险、职业影响、教学方法改变等挑战，这主要体现在三个方面。其一，运用 VR 技术制作的课程项目、应用操作系统以及与此相关的人工智能产品，其制作及形成往往需要多方参与，其中包括以教师为主导的课程研发团队、以学生为主体的项目参与者、以第三方为代表的课程运营服务平台以及教育管理部门和学校教务处等保障团队，那么，针对技术应用后所产生的特定教育教学成果，其在知识产权归属方面可能存在一定的法律风险。其二，如前所言，开发以 VR 为载体的法学实践教学项目和实验流程，最终是为了培育德才兼备的法治人才，而传统教学模式下所培育的法学专业毕业生，其往往习惯于"填鸭式"课堂，自主探索、自我思考的意识以及法律检索、法律分析的能力相对薄弱，这很可能导致其在参与实验环节的过程中，过于依赖教师的引导，以至于难以保障实验项目的预期教学效果。其三，近年来，法学院校为了增强毕业生的就业竞争力，有意识地在培养方案中增加了实践教学的比重，具体的手段包括但不限于中英文模拟法庭竞赛、法律文书写作比赛、实训及案例研讨类课程、法律问题专业辩论赛、以向当事人提供无偿法律咨询服务为主要内容的公益性法律诊所等。VR 技术应用于法学实践教学，并探索创制一系列仿真实验项目，无疑可以较好地推动教师角色的转变，改变人才培养模式，促进学生全面发展和培养人类独有的法学能力。但与此同时，在教学效果评估过程中，以何种手段能够较好地审核相关仿真教学实验是否取得预期目标，需要增加相关的职业元素。譬如，以实验项目和具体实验流程为切入点，通过口试、笔试相结合的方式考查参与实验的学生能否准确并全面地掌握法官、检察官、仲裁员、律师、专家证人等不同职业所应当具备的知识。

就教学方法而言，不同的法学课程虽然各有侧重，但是亦不乏共性。概言之，法学类课程的教学，主要采取规范分析法、案例教学法、竞赛教学法、双语教学法。VR 法学实验教学项目的设计，可以在很大程度上促进各类教学方法的综合运用，达到博采众长、兼收并蓄的效果。譬如，以国际商事仲裁虚拟仿真实验教学项目的设计为例，在教学案例方面，立足于课程思政的建设目标，授课教师可以从我国最高人民法院近年来发布的多批次"一带一路"典型案例中选取具有示范意义的精品案例进入课堂，通过搭建找法、释法、用法的思维架构，使学生充分掌握解决法律冲突、调整涉外民商事关系的基本技能。首都经济贸易大学法学院的教师近年来先后指导学生参加了杰萨普、贸仲杯、世界贸易组织（WTO）、国际投资仲裁等多项国际法模拟法庭竞赛，形成了"学训一体"的法学实践教育模式，这种教学模式取得的有益经验，可以在 VR 实验项目中得到强化。特别是，参赛队员在指导和准备竞赛的过程中，既强化了法律检索、文书写作的能力，也培育了不畏困难、迎难而上的拼搏精神，以及放眼全球、立足中国的全方位思考能力。就 VR 法学实验来讲，其需要此种能力，又反过来进一步提升此种能力，将模拟法庭竞赛与虚拟仿真教学联系起来，可以实现良性的循环，大大提升法学专业的人才培养质量。

除此之外，借助 VR 技术，可以有效地打破时间、空间方面的局限，使得教学活动的组织更加灵活化。具体来讲，教师在向学生讲解总体的实验目标、实验步骤后，可要求学生自愿认领角色、组建相关团队，担负不同的实验角色。此后，学生只要在规定时限内提交相关诉状，并按时参与口头辩论即可，因而有较为充分的时间做好前期准备，不用担心临场发挥所带来的心理紧张感，真实再现仲裁或诉讼的真实场景，为未来的法律执业活动提供前期的铺垫。与此同时，考虑到每一位学生的外语水平不尽一致，在 VR 实验教学项目当中，可以将即时字幕和中英文切换等辅助工具纳入实验场景，在教学中较为流畅地开展中英文双语教学，营造出国际争端解决的真实环境，对标国际法律服务市场的人才需求，培养"具有国际视野、通晓国际规则、善于处理国际事务"的涉外法治人才。

总的来讲，VR 所带来的法学实验课程，强化了法学教育的现代感、技术感，使授课对象能够身临其境，既感受到法律人的责任与使命，又意识到法治在国家治理和纠纷解决中的重要价值，使其更加热爱自己所学的专业。尽管 VR 技术在法学实验教学中的运用仍然面临挑战，但这恰恰是法学教育转型期间所不容回避的。借助法庭辩论等场景，学生能够发现知识的不足、能力的欠缺，结合教师的引导和团队其他参与者的通力协作，在检索资料、撰写文书、参与辩论的过程中，全方位实现知识、能力、德行"三位一体"的全面发展，这无疑可助力法学院校培养并造就更多具有坚定理想信念、强烈家国情怀、扎实法学根底的法治人才。

三、编制及设计虚拟仿真法学实验的主要考量

（一）塑造仿真情景以激发学生的主观能动性

虚拟现实技术作为一种新兴的教育技术手段，其应用必然会对传统法学课堂的学习环境、教学方式、实验手段、教学活动设计、学习评价等内容产生综合效应，进而影响知识生产与知识认知。正如国际知名教育心理学家班杜拉所言，人在一生当中是动因的操作者，而不仅仅是由环境事件安排的脑机制的旁观者。随着法学教育的转型，越来越多的法学教师开始从以教师传授知识为中心转变为以学生主动建构认知为中心。依据现代认知心理学的观点，认知不仅仅是发生于内部心理空间的一种符号计算，更是与大脑以外的身体和环境形成紧密关联的联合体。在VR法学实验项目的编制中，作为实验的直接操作者和案件事实的首要认知者，学生的主体性地位比传统的法学课堂更为突出。因此，激发学生认知的主观能动性，可以更好地提升实验效果。兴趣是最好的老师，具体来讲，要想实现上述目标，首先应从具体学习任务的安排和实验项目的分配上激发相关成员自主学习的兴趣，尽可能支持其自主选择角色。此外，学习动机可能会因为具体任务的完成而受到驱动，因此，教师在设计实验项目时，不应简单地以陈述的方式泛泛介绍，而应当尽量以提出问题的方式引发思考，借助VR为学生带来轻松愉悦、身临其境的个性化学习体验，通过逼真的学习场景及高交互的动态设置，有效激发学习者的学习动机，提高学生的学习兴趣与参与程度。

（二）注重个性化体验以确保教学活动因材施教

在过往的法学教育中，教师往往以统一的教学大纲、教学内容来安排教学活动，并以闭卷考试方式对教学效果进行评价，虽然这种教学方式有助于保持教学内容统一，但却显得机械而僵化，以至于事实上存在学生将获取较高的考试成绩作为学习目标的倾向，这就在很大程度上牺牲了学生的个性化发展。按照马克思主义的观点，理想的教育应以促进人的自由而全面发展为价值追求。借助VR法学实验课，学生不仅能够自主参与，而且可以自由地表达见解、说出想法，并给自己的观点和主张提供论证。通过扮演特定的角色，

学生不仅在虚拟现实中得到锻炼，而且能够对法律伦理及职业操守形成更加直观且深刻的认识，结合多种渠道、多重视角（如听觉、视觉、触觉等）的反馈，帮助学习者将虚拟情境的所学迁移到真实生活中，满足情境学习的需要。虚拟现实能够有效实现教学内容和知识的可视化，增强学习的沉浸感，增加师生、生生及学生与环境之间的交互。

学习者在虚拟现实中学习，往往伴随着角色扮演。学习者被赋予明确的角色，如法官、律师、检察人员、当事人、证人等，通过这种自我表征的方式增强学习效果。此外，虚拟学习环境的设计者还可以结合社会大发展的需要，对学习活动进行跨学科、跨领域的构建，学生根据自身需求与兴趣构建更深层次的知识体系。虚拟现实技术可以在横向、纵向实现任何设想的教育教学环境，使学习者沉浸式体验个性化的学习对象和教学过程，拓展并深化教育信息化的维度和内容。

（三）强化问题导向以实现理论与实践的无缝衔接

尽管我国很多高校在法学教育上都引入法律调查、法庭观摩、法律实习、法律志愿服务等形式，但总体而言，我国的法学教育仍存在重理论、轻实践的现实问题。这种法学理论与法律实务之间的人为割裂，导致法学院培育出的毕业生在踏上工作岗位初期难以适应，甚至无所适从。之所以出现这种局面，主要归因于两点：第一，法科生要掌握的法律基础知识繁多，按照传统课堂的教学安排，留给学生实践的空闲时间非常有限；第二，这些传统形式的实践活动往往受经费、实践场地等诸多因素影响，成效微乎其微。在这种情况下，让学生较全面地顾及各种法律技能、熟悉庭审程序、掌握庭审技巧显然是不可能实现的。与真实环境下的法学实践基地、模拟法庭等实训场地相比，虚拟实践体系具有突破场地限制、改善教学环境、节约办学成本、规避安全风险、扩展学习空间等优势。法学院校可以通过VR技术创建更多的虚拟审判室、虚拟培训基地等，学生通过特定角色的自我定位与选取，获得与现实世界几乎等同的解决社会实践问题的能力。

法学课程体系庞大，门类众多，既有法理学、法制史等偏重理论的课程，也有民商法、刑法、行政法等偏重实践的课程。但总体来说，VR技术特别适合程序法课程，如民事诉讼法、仲裁法等。究其原因，主要是因为VR技术具有较强的场景化，学生作为参与者，可以在相互接续的各个环节中直观感受到每一个程序环节需要运用的知识，从而将法学知识体系和制度框架动态地、立体化地呈现给学生，这无疑将极大提升法学图书的阅读沉浸感和理解效果。实际上，早在2008年，国家图书馆就上线了我国第一套可交互的虚拟数字图书馆系统，各高校随之相继把虚拟现实技术运用于图书馆的数字化建设中。VR技术带来的沉浸式的教学体验可以更好地促进学生对知识的理解与吸收，打通横亘在理论与实践中间的鸿沟，真正实现知识传授、能力培养、价值引领"三位一体"系统性提升。

四、对虚拟仿真技术在国际法竞赛实训中应用及推广的展望

（一）将VR项目应用于国际法竞赛实训的动因

我国国际法教学存在形式单一、内容同质化、理论与实践脱节等弊病。法学类教学质量国家标准仅将"国际法"列入专业核心课程，至于国际私法、国际经济法、国际商事仲裁等课程，则由各个法学院校决定是否列入人才培养方案。此外，在法律职业资格考试中，国际法学的分值比例不断压缩，导致法科生对于涉外类的法律课程缺少兴趣。将VR技术引入国际法竞赛实训，事实上给国际法实践教学提供了宝贵的仿真机会，也为筹备相关的学科竞赛奠定了客观基础和演练平台。信息化技术与专业知识相融合的VR教学平台，契合国际法实践教学的痛点，且受众面广，可以使得法学院校师生广泛受益。值得一提的是，由于VR项目的研发和实验的开展需要投入前期资金，可以考虑在教育部门的统一指导下或者在高校自愿联合的基础上共同搭建相关的资源共享VR实验平台，或者与实务部门合作进行推广运用，从而达到真正让国际法实践教学落地、普通院校学生普遍受益的目的，也才能真正践行大力培养大批涉外法治人才的国家战略。

（二）以VR技术为抓手，强化竞赛实训的沉浸式效果

VR作为一种全新的、强大的教育技术，"虚拟现实+教育"无疑是高校法学教育发展改革的必然方向与要求。虚拟现实技术将极大地扩展学生的学习空间，为其创造沉浸式、个性化学习体验，从而充分激发学生学习兴趣，提高学习自主性与学习参与度。当然，高校在利用VR技术设计法学教育的情

境教学环境时，也要注意避免设计环节上产生冗余效应，即在学习对象的呈现上要避免对学生造成认知负荷。同时，还应配套开发有效的学习监控和评估系统，对虚拟现实教学环境下的学习行为进行有效评价。"虚拟现实+法学教育"是一个系统工程，不仅需要各参与方具有较高的信息技术素养，优化教学设计与教学内容，还需要加强虚拟学习空间的网络监管，建立多元化评价与反馈机制。

五、结语

新冠疫情给高等院校法学教育带来了挑战，但同时也促使教育技术信息化建设进一步完善。特别是，受制于客观条件，全国高校普遍加强了线上教学和网络课程资源的建设。VR技术的应用及其推广，毫无疑问是提升教育教学质量保障体系质量的重要途径。传统的校内、校外实践基地模式将向着校内、校外实训基地与虚拟现实实践相结合的教育模式发展。法学专业的实践教学应当与时俱进，紧跟时代发展的脚步，借助VR技术等新兴手段，打造行之有效的法学实验课程体系及教学环节，大大提高学生学习的主动性和积极性，提升其相应的职业能力。今后，在法学专业教育技术信息化的过程中，需要进一步从基础调研、资源建设、基础设施建设、师资培训、质量保障体系建设等方面发力，将新技术融入法学专业课程体系中，努力做新文科建设的排头兵。

参考文献

[1] 阎光才. 信息技术革命与教育教学变革：反思与展望 [J]. 华东师范大学学报（教育科学版），2021（7）：1.

[2] 陶宏光. 法学中的"实验"：由实证研究到实践教学的一体贯通 [J]. 法理——法哲学、法学方法论与人工智能，2020（2）：203.

[3] 朱全景. 法学实验论纲 [J]. 比较法研究，2013（4）：24.

[4] 王斯彤."人工智能+法学"模式对我国法学教育的推动和变革 [J]. 西

部学刊，2020（18）：113.

［5］王淑君. 虚拟现实技术在法学教育中的应用［J］. 教书育人（高教论坛），2020（36）：92.

［6］吴德刚. 关于马克思主义人的全面发展学说的再认识［J］. 教育研究，2008（4）：3.

［7］刘坤轮. 新冠病毒疫情下法学专业教育教学信息化问题研究［J］. 中国法学教育研究，2020（2）：12.

［8］王娜，张应辉. 基于有效教学的智慧型法学虚拟仿真实验室建设路径研究［J］. 实验技术与管理，2020（4）：24.

［9］齐伟等. 虚拟仿真环境下大学生创新能力培养的理论与实践：以法学专业模拟法庭实验为例［J］. 中国市场，2020（33）：184.